dtv

Die Karriere der Tochter eines Armeelieferanten, ihr Aufstieg aus dem Bürgertum zur Geliebten des Königs von Frankreich und zur Gesprächspartnerin von Fürsten und Philosophen ist beispiellos. Am Anfang war es Voltaire, der ihre Liebesbriefe korrigierte, später befand Madame de Pompadour (1721–1764) über Krieg und Frieden in Europa und pflegte Kontakte mit dem Papst. Am Ende ihrer neunzehnjährigen Herrschaft war der junge Mozart zu Gast in ihrem Pariser Stadthaus, dem Élysée-Palast. Gestaltungswille und der Drang nach bleibendem Ruhm prägten die Pompadour, die einen Feldherrn wissen ließ: »Ich erröte, wenn Sie weniger Mut haben als ich.« In ihren Briefen entfaltet sich nicht nur ein großer Charakter, sondern auch eine der glänzendsten Epochen Europas. Ihre Korrespondenz führt tödliche Spiele der Macht vor, doch ebenso gibt sie Auskunft über die große Melancholikerin, deren Sehnsucht nach Ruhe sich nie erfüllte. Hans Pleschinski hat die lange auf deutsch nicht greifbaren Briefe neu übersetzt und durch Zwischentexte zu einem spannenden Lebens- und Epochenbild gestaltet.

Hans Pleschinski, geboren 1956 in Celle, studierte Germanistik, Romanistik und Theaterwissenschaften in München. Er arbeitete für Galerien, Oper und Film. Seit 1985 ist er Mitarbeiter beim Bayerischen Rundfunk in München, wo er als Journalist und Autor lebt. Er erhielt zahlreiche Auszeichnungen, darunter zweimal den Buchpreis der Stadt München. Weitere Werke bei dtv: ›Ostsucht‹ (13090), ›Voltaire – Friedrich der Große. Briefwechsel‹ (13195), ›Brabant. Ein Roman zur See‹ (13194); ›Bildnis eines Unsichtbaren‹ (13276).

Ich werde niemals vergessen,
Sie zärtlich zu lieben

Madame de Pompadour
Briefe

Aus dem Französischen
übersetzt und herausgegeben
von Hans Pleschinski

Deutscher Taschenbuch Verlag

Von Hans Pleschinski
sind im Deutschen Taschenbuch Verlag erschienen:
Ostsucht.
Eine Jugend im deutsch-deutschen Grenzland (13090)
Brabant. Roman (13194)
Bildnis eines Unsichtbaren. Roman (13276)
Voltaire – Friedrich der Große. Briefwechsel (13195)

Dezember 2001
Neuausgabe Mai 2005
Deutscher Taschenbuch Verlag GmbH & Co. KG,
München
www.dtv.de
Lizenzausgabe mit Genehmigung des Carl Hanser Verlags

Umschlagkonzept: Balk & Brumshaben
Umschlagbild: ›Madame de Pompadour‹
von François Boucher (© Artothek)
Gesetzt aus der Walbaum 9,5/11· (QuarkXPress)
Satz: Fotosatz Reinhard Amann, Aichstetten
Druck und Bindung: Druckerei C. H. Beck, Nördlingen
Gedruckt auf säurefreiem, chlorfrei gebleichtem Papier
Printed in Germany · ISBN 3-423-13333-3

Paris, den 3. September 1741

Mein herzlieber Vater,
ich bitte Sie, seien Sie nicht länger wegen meiner Gesundheit besorgt; es geht mir jetzt sehr gut; ich habe zwei Anfälle von Viertagefieber gehabt, aber seit 10 Tagen kann davon keine Rede mehr sein; jetzt bin ich es ganz los. Ich habe viel Chinarinde eingenommen, 2 Aderlässe und reichlich Medizin haben mir wieder auf die Beine geholfen. Ich sage Ihnen das nicht zuletzt, um mich selbst über den Gebrauch all dieser üblen Heilmittel zu trösten, und heute abend werde ich mich in der Oper amüsieren. Der Bote mit Ihrem Brief hat mich wohlauf gefunden und kann Ihnen mein Wohlbefinden bestätigen ...

Es ist der erste erhaltene Brief. Seine Absenderin war neunzehn Jahre alt.
Neben Eva, neben Kleopatra ist Madame de Pompadour wohl die berühmteste Frau der Geschichte. Der Name Pompadour bedeutet überall etwas, löst Vorstellungen aus, die sich meist mit einem Lächeln verbinden. Doch dann verliert sich alles rasch in ein paar ungenauen Bildern: ... Perükken ... Sünde und Orgien ... Rokoko ... schließlich das Ende einer Welt, die unter das Fallbeil geriet.
War sie ein Vamp? Die größte Verschwenderin aller Zeiten? Eine glückliche Frau? War Madame de Pompadour früh und wissend todgeweiht? Verdanken wir ihr eher Gutes oder nur Schlechtes? Mehr als den nach ihr benannten Tragebeutel oder Tee und den ihr zugeschriebenen Satz: »Nach uns die Sintflut!«?
»... ich bin von Besuchen und Schreibarbeiten erschöpft; trotzdem habe ich noch sechzig Briefe zu schreiben«, teilte sie nach einem gewöhnlichen Arbeitstag in Versailles ihrem Vater mit. In Briefen ist die Lebensgeschichte der Mademoiselle Poisson, der späteren Madame d'Étiolles, späteren Ma-

dame de Pompadour festgehalten. In diesem Leben mischen sich unaufhörlich alltägliche und fast unglaubliche Szenen und Ereignisse. Vieles davon hatte für das Leben und Sterben Hunderttausender Menschen, für die politische Landkarte bis heute, für den Glanz der Zivilisation, für Filme, Romane, für die Lebenskunst weitreichende Folgen. Vor allem aber läßt sich verlernte Lebenskunst am Fall der Pompadour ermessen.

Hätte Jeanne-Antoinette de Pompadour an manchen Tagen andere Erwägungen angestellt, andere Entscheidungen getroffen, dann wäre Französisch heute wahrscheinlich die Amtssprache der Vereinigten Staaten. Diese Frau führte hemmungslos ihr Recht auf maximales Glück vor. Doch sie stiftete auch Hospitäler, versorgte Waisenkinder. Nebenbei gilt Jeanne-Antoinette de Pompadour auch als Erfinderin des *shopping*. Um sich zwischen ihren Einkaufsfahrten zu erholen, kaufte sie in Paris ein Palais und ließ es umbauen. Es wurde das Élysée-Palais.

Wenige Jahre nach dieser Erwerbung löschte ein Aprilregen die Fackeln ihres Totenzugs, den zweiundvierzig Diener und vier Schweizer Wachen nach Paris geleiteten. Hinter einem der vielen Fenster von Versailles fiel bei diesem Leichenbegängnis der weltberühmten, glanzvollen Frau wahrscheinlich die königliche Bemerkung: »Madame hat sich einen schlechten Reisetag ausgesucht.«

Es war eine lukrative Geschäftskumpanei. Sie mochte in einem Pariser Wirtshaus begonnen haben. François Poisson – zu deutsch: *Franz Fisch* – war das neunte Kind einer Weberfamilie aus Nordfrankreich. Die Berufspläne von François Poisson gingen dahin, Kutscher oder Lakai beim Gouverneur der Picardie zu werden.

In Paris lernte er jedoch die Brüder Pâris kennen. Ihr Stammvermögen hatten die vier Gastwirtssöhne mit Getreidespekulationen während einer Hungersnot in ihrer Heimatprovinz, der Dauphiné, gemacht. Antoine, Claude, Jean und Joseph Pâris belieferten bald die französische Armee mit Lebensmitteln. Keine Regierungsstelle prüfte exakt die Abrechnungen.

Die Brüder stellten François Poisson als Lagerverwalter ein. Aber nicht nur das.

Zum Freundeskreis der Karrieristen, die sich Adelstitel kauften, gehörte auch Louise Madeleine de la Motte. Ihr Vater war Metzger und Fleischlieferant für ausgemusterte Soldaten im Pariser Invalidendom. Auch bei diesen Staatsaufträgen ließen sich beachtliche Gewinne abschöpfen.

Louise de la Motte war »eine Venus«. Die schöne Zwanzigjährige lebte freizügig. Zu ihren Liebhabern zählten der Staatssekretär Le Blanc und sein Bruder, der Bischof von Avranches sowie Jean Pâris de Montmartel – eine große Clique mit wachsendem Einfluß.

Die Fleischlieferantentochter Louise de la Motte und der Lagerverwalter François Poisson verliebten sich und gaben sich 1718 das Jawort.

Die Verbindung war heikel. Das junge Paar aus einer Aufsteigerschicht lebte mit einem Aufwand, der ärmere Bürger neidisch machte, und legte einen Stolz an den Tag, über den der Adel die Nase rümpfte.

Dazu kamen die wohl nie beendeten Liebschaften der jungen Frau.

Doch es waren ohnehin unruhige Zeiten. Neuartige Finanzspekulationen mit Aktien, Handel mit Überseepapieren schufen über Nacht Millionäre und konnten ebenso über Nacht ruinieren. Über dies lebenspralle Frankreich – nach dem Tod des Sonnenkönigs – regierte bis zur Volljährigkeit seines Urenkels der Prinzregent Philippe von Orléans. Der Regent – Sohn der Liselotte von der Pfalz – vermied Krieg. Er war kein schlechter Verwalter, er ließ ein freies geistiges Leben zu und schränkte auch dann seine Privatgenüsse nicht ein, als sein Verhältnis mit der Herzogin von Berry bekannt wurde, seiner Tochter. Frankreich war Großmacht in einer dynastischen Zwischenphase.

Die Familie von François und Louise Poisson wuchs unterdessen auf etwas ungeklärte Weise. Am 29. Dezember 1721 wurde Jeanne-Antoinette Poisson geboren.

Möglicherweise war ihr leiblicher Vater der reiche Steuereinnehmer Charles Le Normant de Tournehem. François Poisson liebte seinen ersten Familienzuwachs dennoch ungebro-

chen und nannte das Kind »Ma reinette«, »Meine kleine Königin.«
Eine zweite Tochter starb kurz nach der Taufe. 1727 kam Abel-François Poisson zur Welt. Niemand konnte ahnen, daß er Jahrzehnte später aus der Hand des Papstes geweihte Rosenkränze geschenkt bekäme, um sie seiner mächtigen Schwester zu überreichen. Abel-François kam dem Wunsch des Papstes widerwillig nach. Der Bruder der Madame de Pompadour endete in großer Schwermut: »Beklagen Sie den unglücklichsten aller Menschen!« Einiges im Leben der berühmten Frau – wenn auch nicht vieles – wirkt nicht übermäßig erstaunlich. Über die Schwester schrieben hundertfünfzig Jahre später die Brüder de Goncourt: »Madame Pompadour! Uns ist das kein Name mehr, es ist eine Verkörperung, ein Begriff.«
Das Ehepaar Poisson – das immer aufwendigere Wohnungen bezog – wollte seiner Tochter eine erstklassige Erziehung angedeihen lassen. Jeanne-Antoinette wurde bei den Ursulinerinnen im Kloster von Poissy untergebracht. Mit anderen Klosterschülerinnen lernte sie Sticken, Malen und erhielt Grundkenntnisse höherer Bildung. Die Töchter armer Leute hingegen wurden im Internat Poissy auf Berufe wie Schneiderin, Hutmacherin oder Haushälterin vorbereitet.
Es trifft die neureiche Familie des Lebensmittellieferanten wie ein Donnerschlag: 1727 wird François Poisson der Veruntreuung von Staatsgeldern überführt. Er hatte die immense Summe von über 230 000 französischen Pfund unterschlagen. Trotz aller guten Beziehungen der Brüder Pâris zur Justiz wird ihr Mitarbeiter zum Tod durch den Strang verurteilt. Im letzten Moment gelingt François Poisson die Flucht ins Ausland. Bis zu seiner Rückkehr Jahre später meldet er sich aus England oder auch aus Hamburg bei seiner Familie. Seine Frau Louise Madeleine leitet die noch eilig mit ihrem Mann vereinbarte Gütertrennung ein und muß sich jetzt allein um ihre zwei heranwachsenden Kinder kümmern.
Die kleine Jeanne-Antoinette erhält Gesangsunterricht beim berühmten Sänger Jélyotte aus der nahegelegenen Oper. Im *Blaßgelben Salon* der Mutter bringt der Tanzmeister Guibaudet ihr gute Haltung, Menuett und den Hüpftanz

Gavotte bei. Schließlich besucht das hinreißend schöne Mädchen zur geistigen Vervollkommnung den Gesprächskreis von Madame de Tencin, bei der sich der Dichter Marivaux, der Philosoph Fontenelle oder auch der Staatsrechtler Montesquieu treffen. Der Dramatiker Crébillion wird ihr lebenslanger Freund. Offenbar gefällt die Tochter des entflohenen François Poisson durch ihr Gesprächstalent, ihre Anmut, durch ihr Äußeres, mit ihrem Haar »von fast aschfarbenem Kastanienbraun, dem Teint von blendender Weiße, den Wangen mit zwei Grübchen«, wie ein Augenzeuge schreibt.

Eine gute Partie ist für das Mädchen geplant. Ihr möglicher leiblicher Vater Charles de Tournehem kommt oft zu Besuch. Er ist ein Wohltäter der Familie und hat einen Neffen. Dieser recht attraktive Charles Guillaume Le Normant ist vierundzwanzig Jahre alt und hat – wie sein Onkel Tournehem – einen gewinnbringenden Posten. Er ist Steuereinnehmer. Überdies hat ihm sein Onkel das Schloß und die Ländereien von *Étiolles* als Erbe versprochen.

1741 heiraten Charles Le Normant und Jeanne-Antoinette Poisson. Das junge Paar bezieht Étiolles an der Seine. In den Augen der adeligen Nachbarschaft ist der Herrensitz nun von einer Metzgerstochter und einem Steuerpächterneffen in Beschlag genommen. Wie hatten sich Braut und Bräutigam und die Verwandten diese Ehe vorgestellt?

Ernste und zarte Pompadour,
Denn im voraus kann ich Ihnen geben
Diesen Namen, der sich reimet auf amour,
bald wird er Frankreichs schönster Name sein,

Die Verse dichtete Voltaire. Nicht nur dieser Literat und Philosoph verbrachte gerne ein Landwochenende in Étiolles. Vor allem die junge Ehefrau galt als Attraktion. Ein Besucher berichtete nach Paris: »Ich habe eine der schönsten Frauen entdeckt, die ich je erblickt habe.«

Die gut zwanzigjährige Madame d'Étiolles bekam von ihrem Mann ein kleines Theater geschenkt. Auf dieser Privatbühne spielte und sang Jeanne-Antoinette selbst mit

Freunden und Gästen. Nach menschlichem Ermessen schien das Glück an den Ufern der Seine vollkommen. 1744 wurde die Tochter Alexandrine geboren.
Voltaire hielt jedoch noch etwas ganz anderes und Verblüffendes über die Hausherrin von Étiolles fest: »Sie war gut erzogen, klug, liebenswürdig, voller Grazie und Talent, geboren mit gesundem Menschenverstand und dem Herzen auf dem rechten Fleck. Ich kannte sie recht gut: ich war sogar der Vertraute ihrer Liebe. Sie gestand mir, immer eine geheime Ahnung gehabt zu haben, vom König geliebt zu werden, und daß sie eine heftige, unklare Neigung zu ihm verspürt habe. Diese Idee, die angesichts ihrer Lebensverhältnisse verrückt erscheinen mochte, gründete darauf, daß man sie oft zu den Jagden mitgenommen hatte, die der König im Wald von Sénart veranstaltete. Tournehem, der Liebhaber ihrer Mutter, besaß in der Nähe ein Landhaus. Man fuhr Madame d'Étiolles in einer hübschen Kalesche spazieren. Dem König fiel sie auf, und er schickte ihr des öfteren Wildbret. Ihre Mutter wurde nicht müde, ihr zu sagen, daß sie hübscher sei als Madame de Châteauroux, und der brave Tournehem rief häufig aus: *Geben wir zu, die Tochter von Madame Poisson ist ein Bissen für den König.*«

Ludwig XV. ist 1745 fünfunddreißig Jahre alt. Er gilt als einer der schönsten Männer Frankreichs. Für seine Nation ist er uneingeschränkt ›der Vielgeliebte‹.
Unterstützt von ihrer Mutter und vom Onkel-Vater Tournehem – unverdächtig für ihren jungen Ehemann – arbeitet Madame d'Étiolles an ihrem ›Unternehmen L‹, dem ›Projekt Ludwig‹.
Die Lichtungen im Wald von Sénart sind dafür bestens geeignet. Hier finden sich regelmäßig Schaulustige ein, wenn die meist vielhundertköpfige Jagdgesellschaft eines der mächtigsten Männer der Welt, wenn die Hofdamen in riesigen Jagdwagen – den sogenannten *Gondeln* – und die Hundemeuten vorbeikommen. Aus einiger Distanz, aber gut erkennbar folgt auch die Kalesche von Madame d'Étiolles den Jägern und Jägerinnen. Und dem König. Einmal erscheint die Herrin von Étiolles mit einem rosa Kleid in einer

blauen Kalesche, dann, als Augenfang, mit einem blauen Kleid in einem rosa lackierten Wagen.
Als Madame de Pompadour wird sie später der Pariser Wahrsagerin Lebon eine Pension von 600 Livres aussetzen. Die Kartenlegerin hatte ihr als Kind prophezeit – aber wahrscheinlich nicht nur ihr –, sie werde dereinst die Geliebte des Königs von Frankreich.
Die verheiratete junge Frau mit den beiden Wangengrübchen, die für ihre Zeitgenossen unvergeßlich wurden, setzt für ihr Lebensziel weitere Hebel in Bewegung. Zu den Gästen auf Étiolles gehört auch ein königlicher Stallmeister, mit dem Jeanne-Antoinette d'Étiolles gelegentlich ausreitet, Nicolas Augustin de Briges.

1. An Monsieur de Briges *(1745)*

Ich danke Ihnen, mein lieber Briges, für all die Mühe, die Sie sich meinetwegen gemacht haben. Ihre Stellung, die Sie beim König innehaben, erlaubt Ihnen, mir gefällig zu sein, und ich zähle auf die zarte Freundschaft, die Sie mir versprochen haben. Aber dieser besondere Fall von Ehrgeiz verlangt völlige Vertraulichkeit: der Plan, wenn er denn gelingen sollte, muß ganz als ein Ergebnis des Zufalls erscheinen. Der König sah mich gestern und beobachtete mich flüchtig: er bemerkte meine Unruhe; aber noch blickt er nicht mit Ihren Augen, und ich weiß nicht, wann das geschehen wird. Er ist fortwährend von schönen Frauen umgeben, die aber nicht mein Herz haben; ach, daß ihm dieses Herz unbekannt ist!
Man erzählt, Madame de Mailly sei gottesfürchtig geworden. Sie lebt jetzt ganz nach den Anweisungen des Paters de la Vallette, des Generals der Oratorianer. Ach! wie beneidenswert ist sie, falls sie tatsächlich von ihrer Leidenschaft geheilt sein sollte! Glücklich sind die Gleichgültigen! Es heißt, sie sei kürzlich zur Predigt in Notre-Dame erschienen; doch da sie etwas zu spät kam, mußte sie, ehe sie zu ihrem Platz gelangte, einige Leute stören. Darunter befand sich ein rohes Subjekt, das laut zu rufen begann: *He! Ganz schön viel*

Krach für eine II… Die Gräfin wandte sich zu ihm um und erwiderte ganz sanft: *Monsieur, da Sie mich so gut kennen, seien Sie so gütig, für mich zu Gott zu beten.* In der Tat, eine wahrhaft sehr achtenswerte Frau. Falls meine Schwäche – oder mein Stern – mich dieselben Fehler begehen lassen sollten, so hoffe ich, daß ich am Ende bereuen werde wie sie. Adieu, Monsieur, besuchen Sie mich morgen: ich habe Ihnen eine Menge mitzuteilen und noch viel mehr zu verbergen.

1745: die erste englische Briefausgabe und weitere Ausgaben nennen für die beiden ersten Briefe das Jahr 1746. Ihr erstes Ziel hatte Madame d'Étiolles aber bereits im Jahr zuvor erreicht. Als Adressat wurde ein Monsieur Bridges angegeben. Dieser Name ist sonst nicht nachweisbar. Es kann sich also nur um den Stallmeister de Briges handeln. – *Madame de Mailly:* die erste aus dem berühmten ›Schwesternreigen‹, die älteste der Töchter des Marschalls de Nesle, die sich als Geliebte Ludwigs XV. ablösten. – *Oratorianer:* Orden zur Ausbildung geistlichen Nachwuchses, 1575 von Filippo Neri gestiftet.

2. *An Monsieur Binet* *(1745)*

Ich bin sehr verwundert, von Briges nichts zu erfahren: vielleicht hat er nur Schlechtes zu melden, und Sie wollen mich alle beide in meiner Schwäche nur schonen. Beinahe möchte ich über meine Verrücktheit losweinen: aber dennoch, ich könnte keine Reue empfinden. Was sagt der König? Spricht er von mir? Hat er keine Lust, mich zu sehen? Fühlt er etwas wie Wertschätzung für Ihre Cousine? Gnade, helfen Sie mir aus der schrecklichen Ungewißheit, in der ich lebe. Ach! Ich beginne zu fühlen, daß Ehrgeiz die größte Marter ist, vor allem wenn er im Herzen einer Frau keimt. Für einen neuen Versuch, der mir in den Sinn gekommen ist, erbitte ich Ihren Rat; und ich brauche Sie, genauso wie den dienstbaren Herzog, der mir weiterhin versichert, daß der *Grandseigneur* mich liebt. Ich erwarte Sie beide. Meine kleine Alexandrine umarmt Sie herzlichst: Ich hoffe, sie wird weiser und glücklicher sein als ihre Mutter. Seien Sie umarmt, mein lieber Cousin; kommen Sie unbedingt.

Binet: Gérard, Erster Kammerdiener des Königs und Vetter von Jeanne-Antoinette d'Étiolles. – *Dienstbarer Herzog:* der Duc d'Ayen hatte vor, im März 1745 im Pariser Rathaus einen großen Ball zur Thronfolgerhochzeit zu veranstalten. – *Alexandrine:* Madame d'Étiolles hatte 1741 einen Sohn bekommen, der im selben Jahr starb; Alexandrine war drei Jahre später zur Welt gekommen.

Der König war ein Kind der Trauer. In seinen frühen Lebensjahren hatte eine Serie von ungeklärten Todesfällen Frankreich heimgesucht.

Innerhalb eines Monats waren im Jahr 1712 der Thronfolger, seine Frau und beider sechsjähriger Sohn gestorben, also Vater, Mutter und der ältere Bruder Ludwigs. Das zweijährige Kind war mit einem Mal die letzte Hoffnung des alten Sonnenkönigs auf den Fortbestand seiner Dynastie. Mit »Mon papa roi« redete das Waisenkind seinen Urgroßvater an. Ludwig XIV. starb 1715.

Der alte französische Ruf »Der König ist tot! Es lebe der König!« ließ keinen Augenblick des Machtvakuums zu, das staatspolitisch Anarchie hätte bedeuten können. Dieser Ruf forderte kontinuierlich einen Herrscher und damit Ordnung.

1715 übernahm der Herzog von Orléans, der Neffe Ludwigs XIV., die Vormundschaft für den neuen und erst 5jährigen König.

Umsorgt von seinen Erziehern, Bediensteten und seinen Wachen wuchs Ludwig XV. in Paris, Saint-Germain und Vincennes auf. Seine Gouvernante war die freundlich-korrekte Madame de Ventadour. Nach den frühen Jahren unter der Obhut dieser Frau wählte der Bischof von Fréjus als nächster Erzieher die Spielgefährten, Lehrer, den Beichtvater für den Zögling aus und ließ vor dem Königskind auch die Komödien Molières, die Tragödien Racines aufführen, damit der Knabe Geschmack, Stilempfinden entwickle und Frankreichs Traditionen kennenlerne.

Das höchste Kind Frankreichs erwies sich als aufnahmefähig und intelligent. Es blieb allerdings schweigsam. Für alle spürbar fehlten Ludwig die Mutter und der Vater. Doch der Zehnjährige beeindruckte durch seine königliche Schönheit. Als Peter der Große Frankreich besuchte, wich der Zar kaum von der Seite des Knaben. Bei einer Audienz, die dem türkischen Gesandten Mehmet Effendi gewährt wurde, umschlang dieser das Kind und erdrückte es beinahe vor heller Begeisterung.

Schon mit fünf Jahren mußte Ludwig mit auswendig gelernten Worten eine Sitzung des Parlaments eröffnen. Ab seinem achten Lebensjahr wurde er als Zuhörer zu den Sitzungen des Staatsrats geführt. Der Junge lernte den Verlust seiner Eltern, die Anforderungen an seine kleine Person durch Selbstbeherrschung und dank der Liebe und Aufmerksamkeit seiner Erzieher allmählich auszugleichen.

Mit dem größtmöglichen Prunk, tagelangen Festen für Tausende von Menschen wurde der Zwölfjährige 1722 in Reims schließlich zum König von Frankreich und Navarra gekrönt. Er wurde mit einem heiligen Öl gesalbt, das wundersame Tauben im 5. Jahrhundert vom Himmel selbst nach Frankreich gebracht haben sollten. Der junge Monarch war eine geheiligte Person. An seinem Krönungstag trug Ludwig XV. purpurfarbene Gewänder. Sie symbolisierten, daß in seinen Adern das Blut seines Volks floß und sich in ihm vereinte. Nach altem Glauben, nach dem geltenden Staatsrecht, war er für die Menschen die personifizierte Nation: *Der Leib Frankreichs.*

Noch vor seiner Salbung zum *Allerchristlichsten König* war Ludwig verlobt worden. Die Braut des Elfjährigen war eine spanische Infantin. Sie war drei Jahre alt. Die Erbfolge sollte so früh wie möglich geregelt sein. Weil es aber bis zur dringend erwünschten Nachkommenschaft doch noch zu lange gedauert hätte, schickte man die Prinzessin bald wieder nach Madrid zurück. Die Spanier waren über diese Behandlung einer königlichen Tochter ihres Landes empört.

Die nächste Braut, die man für den jungen König aus einer Liste von neunundneunzig heiratsfähigen Prinzessinnen heraussuchte, war etwas älter. 1725 wurde der fünfzehnjährige Ludwig mit der Tochter des vertriebenen Königs von Polen vermählt, mit Maria Leszczynska. Ihr machtloser Vater, der am Rhein im Exil lebte, konnte sich nicht in die französische Politik einmischen. Das war ein großer Vorteil. Seine Tochter

Maria war überdies fromm und durfte sich wegen ihres Aufstiegs zur Königin von Frankreich glücklich schätzen.
Ludwig XV. ging als träger und vergnügungssüchtiger Mann in die Geschichte ein, der in seinem berühmten ›Hirschpark‹ Orgien veranstaltete und den Staat in den Ruin gleiten ließ. Nach seiner Herrschaft mußte unabwendbar die Große Revolution hereinbrechen.
Nichts stimmt so.
Ludwig »sah ganz klar, wie jede seiner Gesten, das kleinste Wort von einer Menge von Intriganten in ihrem Sinne interpretiert und skrupellos ausgeschlachtet wurden, wie sie ihn täglich mit ihren Klagen, Forderungen, Umtrieben und Streitereien quälten. Der schon von Kindheit an zur Verschwiegenheit erzogene Monarch sah nur eine Möglichkeit, sich gegen all dies abzusichern: eine reservierte, rätselhafte, verschwiegene und immer geheimnisvolle und äußeren Einflüssen unzugänglich scheinende Haltung zu zeigen. Wie viele schüchterne Menschen scheute er sich, seine Gefühle zu offenbaren ... dadurch entstand in der Öffentlichkeit der falsche Eindruck, er interessiere sich nicht für die Angelegenheiten des Königreichs.« (Peter Claus Hartmann)
Seine Frau Maria Leszczynska gebar Ludwig XV. bis zum Jahr 1737 zehn Kinder. Nur einer der beiden Söhne überlebte. Die acht Töchter – *Mesdames de France*, vor denen später Mozart spielen durfte – wurden der Einfachheit halber durchnumeriert und hießen gemeinhin *Madame Première, Madame Seconde ... Madame Huitième*. Die Liebe zwischen den Töchtern und ihrem Vater blieb zeitlebens »groß und rührend«.
Unter den Premierministern des jungen Königs, zuerst dem Kardinal Dubois, dann dem Kardinal Fleury prosperierte Frankreich. Das einzige Mal bis nach Napoleons Tod wies das Land einen ausgeglichenen Staatshaushalt auf. Der schweigsame Ludwig XV., der sich – anders als sein Urgroßvater – nach viel privatem Leben sehnte, war ein Aktenarbeiter, der um sieben Uhr morgens am Schreibtisch saß. Und er war ein attraktiver Mann, ausgestattet mit der Aura absoluter Macht, ein idealer, faszinierender *homme à femmes*.
An Ludwigs vielen Jagden durch die Wälder um Versailles

konnte seine Frau, bei zehn Schwangerschaften verständlicherweise, selten teilnehmen. Verstört, ja gekränkt zog sich der König schließlich von Maria Leszczynska zurück, als er nach einer langen Abwesenheit erstmals wieder eine Nacht mit ihr verbringen wollte: Maria Leszczynska hatte sich ihm verweigert und in ihrer Überraschung nicht erklärt, daß die Ärzte ihr »die Turbulenzen des Beischlafs« für einige Zeit untersagt hatten. Es kam nie wieder zu einem »Beischlaf« der Ehegatten. Die fromme Polin, mit ihrem persönlichen Hofstaat von 572 Personen, war treu, gutmütig, hatte jedoch keinerlei Talent zu Geselligkeit. Selbst manche ihrer Hofdamen schliefen bei ihr ein. Über die Jahre verbreitete dieses Phlegma Trostlosigkeit. Bald verbrachte die Königin von Frankreich die meisten Abende bei ihrer Freundin, der Herzogin von Luynes, welche sie »mein Huhn« nannte.
Es war üblich, daß Fürsten Geliebte, Ratgeberinnen hatten, eine Art Nebenehe mit aufmunternden Frauen führten, die allen übrigen Glanz durch ihre Schönheit und ihren Charme vermehrten. So fragte um 1720 auch ein Ratsherr in Gotha: »Taugt unser Herzog nichts, oder wieso hat er keine Maitresse?«
Die offizielle Geliebte des Königs, die *maîtresse-en-titre*, war in Frankreich unter dem Sonnenkönig zu einer festen Institution geworden. Ohne Maitresse fehlte ein Juwel, ein Geheimnis, ein schillernder Fixpunkt am Firmament des Staates.
Ludwig XV. hatte früh Favoritinnen gehabt. Spontane Liebe, Gewinnsucht von Eltern, die für ihre Töchter eine Karriere planten, Liebeskandidatinnen von Hofcliquen spielten bei diesen Affairen unterschiedliche Rollen.

Die eine fast vergessen, die andere fast schon Staub;
Die dritte auf dem Sprunge; die vierte wartet auch,
Um Platz der letzten dann zu machen.
Eine ganze Familie sich auszuwählen,
Heißt das denn untreu sein oder höchst beständig?

Das Chanson kursierte, als nacheinander die fünf Töchter des Marschalls de Nesle Liebhaberinnen des ›Vielgeliebten Ludwig‹ wurden. Alle fünf Nesle-Töchter waren verheiratet:

Madame de Mailly, Madame de Vintimille, Madame de la Tournelle, Madame de Lauraguais und Madame de Flavacourt. Sie drängten sich zu ihrem wichtigen Amt am Thron und im Bett. Madame de Vintimille aber starb schon mit neunundzwanzig Jahren. Der König zog sich, das einzige Mal in seinem Leben, für Tage völlig aus der Öffentlichkeit zurück, um sie zu betrauern. Eine der Schwestern Nesle, Madame de la Tournelle, erhob er zur Herzogin von Châteauroux.

Madame de Châteauroux glänzte für ein Jahr. Dann beging sie einen entscheidenden Fehler. Die schöne Geliebte begleitete allzu dreist, wie eine Herrscherin, den König an die Rheinfront. Hier kam es zu den berühmten ›Szenen von Metz‹. In der lothringischen Stadt, wo ein eigens gebauter Korridor das Quartier des Königs mit der Unterkunft der Maitresse verband, erkrankte Ludwig plötzlich so schwer, daß die Ärzte den Vierunddreißigjährigen aufgaben.

Auf seinem Krankenlager – unablässig von Geistlichen bedrängt – willigte Ludwig ein, im Falle seiner Genesung vor Gott und der Welt öffentlich seine Sünden zu bereuen und jeder außerehelichen Beziehung für immer zu entsagen. Madame de Châteauroux mußte aus Metz, wo die strenge Fraktion der Geistlichkeit gesiegt hatte, vor einer möglichen Verfolgung Hals über Kopf fliehen. Sie starb ein Jahr später.

Ludwig genas. Als tiefgläubiger Mensch faßte er ein sittenstrengeres Leben ins Auge. Vor allem jedoch schwor er sich, niemals wieder – gleich von wem – sich zu öffentlicher Reue erniedrigen zu lassen! Er verließ Metz noch verschlossener, schwermütiger, als er es zuvor gewesen war, mit bleibendem Haß auf die Menschen, die ihn quälten. In sich trug er wahrscheinlich nun eine noch größere Sehnsucht nach Geborgenheit, Lust nach Schönheit, nach Vornehmheit – und nach sorgenfreier Unterhaltung. Alles Ingredienzien des Stils *Louis Quinze*, der sich in vielerlei Beziehung entwickelte.

Es geschah nicht Schlag auf Schlag. Ludwig hatte tägliche Ratssitzungen zu absolvieren, Ordensverleihungen, Manufakturgründungen vorzunehmen. Dazu kamen Vorträge der Minister, Empfänge der Botschafter. Er war bei den Lagebesprechungen über Truppenbewegungen in Deutschland dabei. Dort kämpfte Frankreich an der Seite Preußens gegen die Habsburger um den Besitz von Schlesien. Drei- bis vierhundert Unterschriften leistete Ludwig täglich. Das königliche Arbeitspensum bedeutete, ein Land mit 25 Millionen Einwohnern und 11 Provinzparlamenten, mit Kolonien in Indien und Amerika, einen Hofstaat und ein Verwaltungszentrum, in dem 15 000 Menschen beschäftigt waren, zu dirigieren.

Madame,
M. le Duc de Richelieu hat vom König den Befehl erhalten, Sie zu benachrichtigen, daß am Mittwoch, dem 24. Februar um 5 Uhr abends zu Versailles ein Ball stattfinden wird.
Seine Majestät rechnet damit, daß Sie sich dazu einfinden. Die tanzenden Damen sind gehalten, en grandes boucles *frisiert zu sein.*

Madame d'Étiolles erhält dieses Schreiben am 18. Februar 1745.
»Wie dem auch sei, drei Herbste mit Jagden hatten ihr die natürlichste Gelegenheit gegeben, vom Herrscher erblickt zu werden … Mit Hilfe ihrer Mutter brachten die Brüder Pâris und Madame de Tencin sie auf ihre ›Umlaufbahn‹ … Der Karneval schien lebhafter als sonst zu werden, denn zufällig fiel er mit der Hochzeit des Thronfolgers mit der Infantin Marie-Thérèse-Raphaëlle zusammen, welche die glückliche Allianz zwischen Frankreich und Spanien besiegelte.« (Danielle Gallet)
Nun geschieht es Schlag auf Schlag.
Am 24. Februar findet ein berühmter Maskenball statt, der auf Stichen und in der Literatur verewigt und variiert wird. Jeanne-Antoinette d'Étiolles erscheint als Jagdgöttin Diana. Nach Mitternacht mischen sich der König und sieben Höflinge – alle als Eiben, als geschnittene Parkbäume verkleidet – unter das halbe Tausend Gäste in den Sälen von Versailles. Auf irgendeine Weise kommt es hier zum ersten Gespräch zwischen Ludwig XV. und Jeanne-Antoinette d'Étiolles.
Wenige Tage später veranstaltet die Stadt Paris ein Fest. Die

neue Liebeskandidatin läßt auf dem Ball ihr Schnupftuch fallen. Der König hebt es auf. Die Szene wird beobachtet, und die Bemerkung »Das Schnupftuch ist geworfen!« wird zu einem stehenden Begriff. Wahrscheinlich im Stadthaus des Onkels Tournehem verbringt das neue Liebespaar, der König und die Steuerpächtersgattin, die erste gemeinsame Nacht.

Jetzt entwickeln sich die Dinge noch schneller.

Am 11. April 1745 nimmt Jeanne d'Étiolles das erste Mal mit dem König das Frühstück in Versailles ein.

Am selben Tag wird ihr im Schloß die Wohnung der ersten *maîtresse-en-titre*, Madame de Mailly, zugewiesen. Diese Wohnung »umfaßte ein hübsches, aber sehr kleines Schlafzimmer mit nur einem Fenster und einem Bett in einer Nische, einen Eckraum, wo der König früher Pläne ausgearbeitet hatte, schließlich einen Salon in einem Winkel des Marmorhofs.« (Danielle Gallet)

Am 7. Mai ließ Jeanne-Antoinette d'Étiolles vor einem Pariser Gericht die Gütertrennung von ihrem Mann festlegen und forderte ihre Mitgift von 30 000 Livres zurück. Als er hörte, was seine Frau von ihm wollte, »fiel Herr von Étiolles in Ohnmacht. Da man fürchten mußte, er werde sich ein Leid antun, brachte man alle vorhandenen Waffen außer Reichweite. Er sprach dann zuerst davon, daß er nach Versailles gehen und seine Frau aus den Armen des Königs reißen wolle. Endlich aber entschloß er sich, ihr durch Herrn von Tournehem einen flehentlichen Brief zu senden, den Madame d'Étiolles aber ungerührt las und dem König weiterreichte.« Der betrogene Ehemann wurde in die Provinz verbannt »und gewöhnte sich an sein Schicksal«. (Herzog von Luynes)

Es war nicht einfach, die neue Liebesverbindung öffentlich, das heißt gesellschaftsfähig zu machen.

Ohne einen verbrieften, alten Adelstitel durfte die Tochter eines François Poisson bei Hofe niemandem vorgestellt werden, nicht öffentlich erscheinen. Doch es traf sich gut.

Eine Françoise de Pompadour, die letzte Trägerin dieses alten Namens – den Madame d'Étiolles von seinem Klang her liebte – war 1740 gestorben. Ludwig XV. kaufte Land mit Namen und Wappen der Familie Pompadour und schenkte es der neuen Geliebten.

Die Königin mußte erneut eine Nebenfrau hinnehmen und resignierte mit den Worten: »Wenn es denn eine sein muß, dann lieber diese als eine andere.«
Die frischgebackene Madame de Pompadour, die vierundzwanzigjährige Schönheit, die soeben ihren Ehemann verjagt hatte, durfte sich am Hof jedoch noch nicht offiziell zeigen. Im fein abgestuften Ritual der alten Welt war dies nur möglich, wenn sie zuerst eine ›Patin‹ von königlichem Blut fand, damit diese sie auch der Königin offiziell vorstellte.
Niemand erklärte sich bereit, für die ja vielleicht nur flüchtige Leidenschaft des Königs und für eine Frau aus dem Bürgertum einzustehen und vor die Königin und die Elite der Nation hinzutreten, um Madame de Pompadour damit öffentlich zu präsentieren. Auf Befehl des Königs wurde nach einer bereitwilligen Adeligen gefahndet. Schließlich spürte man aus höchster Familie die alte, bankrotte Princesse de Conti auf. Die Greisin war für die Belohnung dankbar und willigte ein, die unbekannte Favoritin hoffähig zu machen, indem sie sie offiziell vorstellte.
Am 14. September 1745 standen sich Jeanne de Pompadour und die Königin Maria Leszczynska vor Hunderten von Zuschauern gegenüber.
Die Königin mußte stets als erste das Wort an Anwesende richten, also auch an die Maitresse. Maria Leszczynska enttäuschte die vielen Hoffnungen auf einen Skandal. Mit Mühe brachte sie eine Belanglosigkeit hervor: »Geben Sie mir doch Nachricht von Madame de Saissac, ich habe sie gerne von Zeit zu Zeit in Paris gesehen.«
Sichtlich unsicher antwortete die vierundzwanzigjährige Pompadour: »Madame, ich habe den leidenschaftlichen Wunsch, Ihnen zu gefallen.«
Der Form war Genüge getan. Die Präsentation war, wie das Gespräch, beendet.
Ohne sich in ihrer Schleppe zu verfangen – eine schwierige Übung –, trat Jeanne-Antoinette de Pompadour rückwärts in die Reihe der Zuschauer zurück. Sie war jetzt Teil des Hofes von Frankreich.

Ihre Aufträge sind erledigt, mein lieber Vater.
Alexandrine hat sechs Tage in Marly und Versailles verbracht; sie ist wohlauf, wenngleich sehr mager. Wir reisen morgen nach Crécy, bis Samstag und dann vom Festmittwoch bis zum darauffolgenden Samstag. Ich glaube, Sie zweifeln nicht an dem großen Vergnügen, das mir diese Reisen bereiten werden, mein einziger Kummer ist, daß sie so kurz sind – ich könnte mein Leben damit zubringen.
Beunruhigen Sie sich nicht wegen meiner Gesundheit; es geht mir bestens; nichts, was geschieht, soll sie zerrütten, denn mein Grundsatz lautet, immer mein Bestes zu tun und mich nicht um Gerede zu kümmern, wenn ich keine Veranlassung dazu gegeben habe und mir selber keine Vorwürfe zu machen brauche. Und dem ist derzeit so; folglich bin ich völlig ruhig.
Einen guten Tag, mein lieber Vater, ich versichere Sie meines zärtlichen Respekts.
Die Jahresfrist zum Rückkauf von Montrauil ist abgelaufen. Unter welchem Namen sollen Ihre Ländereien zur Markgrafschaft erhoben werden?

Viele Briefe sind verlorengegangen.
Im Frühjahr 1745 brach Ludwig XV. nach Flandern zu seiner Armee auf. Madame de Pompadour beging nicht den selben Fehler wie ihre Vorgängerin Madame de Châteauroux, auch mit Frontbesuchen glänzen zu wollen.
Täglich wechselten Ludwig und seine Geliebte Briefe. Waren es Zeilen der Sehnsucht, Tagesnotizen?
Madame de Pompadour hatte Helfer, die an ihren Briefen ins Hauptquartier feilten. Es waren Voltaire und der Abbé de Bernis. Sie schlugen der neuen Maitresse Formulierungen vor, segneten die Liebespost ab. Für diese Hilfe und Treue sollten beide später gut belohnt werden. Voltaire wurde zum Hofhistoriographen von Frankreich ernannt und erhielt den Auftrag, zusammen mit Jean-Philippe Rameau die Festoper

Die Prinzessin von Navarra zu schreiben. Der Abbé de Bernis wurde später Außenminister. »Ein Mann, zu schwach, um einen Fächer zu halten.« (Jean Orieux)
Die Arbeit der Schreibkooperative währte einen Sommer lang. Dann kehrte der König zurück.
Aber der Krieg von Preußen und Frankreich gegen Österreich, England und Sardinien ... um den Besitz von Schlesien und um die Anerkennung von Maria Theresia als Erbin des Habsburgerreichs ging unvermindert weiter. Jeanne de Pompadour, die Tochter des Webersohns François Poisson, lebte jetzt in einem Zentrum der Macht und weltpolitischer Geschehnisse.
In ihrem ersten Appartement in Versailles, das sie verschönern, in das sie einen Fahrstuhl einbauen ließ, weitete sich die Kontaktnahme und Korrespondenz der zielbewußten Frau im Nu aus. Französische Truppen operierten weiterhin in Flandern gegen die Österreicher.

3. An den Comte de Clermont, Generalleutnant der Armeen und Ehrenabt des Klosters Saint-Germain-des-Prés

Zu Choisy, den 3. Juni 1746

Erlauben Sie mir, Monseigneur, daß ich Ihnen auf Ihr Schreiben, mit dem Sie mich geehrt haben, mit meinem Kompliment zur Einnahme der Zitadelle antworte. Man erwartete nicht, daß diese Operation so zügig vonstatten ginge; unter Ihrem Kommando überraschte es mich nicht. Die Stuarts sind wahrlich unglücklich, und angesichts ihrer Tapferkeit finde ich das höchst ungerecht. Ich werde entzückt sein, Nachricht von Ihnen zu erhalten und Gelegenheiten zu finden, Monseigneur, Sie abermals meiner aufrichtigen Verbundenheit zu versichern.

Clermont: Louis de Bourbon-Condé, Comte de Clermont, 1709-1771. Der Geistliche erhielt von Papst Clemens XII. die Sondererlaubnis, Waffen führen zu dürfen. Vor allem im Siebenjährigen Krieg sollte er zu einem Hoffnungsträger der Marquise werden. – *Zitadelle:* von Antwerpen.

4. *An denselben* *8. Juli 1746*

Ich habe den Brief, mit dem Sie mich am 29. Juni ehrten, erhalten, Monseigneur. Ich weiß nicht, weshalb Sie von der guten Meinung, die ich über Sie hege, bewegt und geschmeichelt sind. Es liegt kein Verdienst darin, wie alle Welt zu denken, und so verhält es sich bei mir mit Ihnen. Madame la Dauphine schürt hier unsere große Ungeduld, und ich versichere Ihnen, daß unser Herr keineswegs ruhig ist; er brennt darauf, dort zu sein, wohin sein Ruhm ihn ruft, und was immer mich das auch kosten würde, wünschte ich doch, er wäre dort. Es ist unnötig, daß ich vor ihm Ihren Namen ausspreche, damit er Sie nicht vergißt, es scheint mir, daß er Sie gebührlich behandelt, er liebt Sie sehr. Ich schmeichle mir, daß Monseigneur an meiner aufrichtigen Verbundenheit mit seiner Person nicht zweifelt.

Madame la Dauphine schürt... Ungeduld: die Kronprinzessin Marie-Thérèse-Raphaëlle war hochschwanger. Am 19. Juli brachte die Zwanzigjährige eine Tochter zur Welt, starb jedoch drei Tage darauf am Kindbettfieber. Der spanische Hof schlug ihre jüngere Schwester als nächste Thronfolgerbraut vor.

5. *An denselben* *3. Oktober 1746*

Wenn ich es aufgeschoben habe, Monseigneur, Ihnen mein Kompliment zur Einnahme von Namur zu machen, so deshalb, weil ich mir recht sicher war, auf welche Weise Sie die Kastelle angreifen. Die Lektüre zweier Briefe wollte ich Ihnen ersparen, und dieser enthält meine Glückwünsche – sie kommen von Herzen. Trotz der guten Meinung, die ich von Ihnen hegte, stellte ich mir nicht vor, daß für Sie ein Werk von zwei Monaten zu einem von fünf Tagen würde. Ich bitte Sie, Monseigneur, seien Sie von meiner Anteilnahme an Ihrem Ruhm und meiner aufrichtigen Verbundenheit überzeugt.

Namur: wurde am 30. September erstürmt.

Bei Raucoux, in der Nähe von Lüttich, erfochten die Franzosen am 11. Oktober 1746 einen bedeutenden Sieg über die mit Österreich verbündeten Briten, die vom Herzog von Cumberland angeführt wurden.

6. An den Marschall Moritz von Sachsen *(Oktober 1746)*

Immer sind Sie krank, und immer schlagen Sie den Herzog von Cumberland: für Ihre Freunde bedeutet das Kummer und Freude zugleich. Kleine Seelen würden sagen: lieber weniger Ruhm und mehr Gesundheit; die Ihre zählt nicht zu diesen.
Hier hört man große Klagen über die Proviantlieferanten: diese Diebe ziehen in den Krieg, allerdings nicht, um sich mit Ehre zu bedecken, sondern um Reichtümer einzuheimsen: Blutegel sind sie. Sie tun gut daran, sie in ihre Schranken zu weisen.
Mir wurde eine kleine Anekdote erzählt, die Sie betrifft; und Sie verdienen es, sie zu erfahren, falls sie Ihnen nicht schon bekannt ist. Nach der Schlacht von Raucoux schien der Chevalier d'Aubeterre vom guten Mut und dem kriegerischen Blick eines gefangenen Engländers verblüfft und sagte zu ihm: »Ich glaube, wenn fünfzigtausend Männer wie Du in der feindlichen Armee gewesen wären, hätten wir sie nur mit Mühe geschlagen.« Der Soldat entgegnete munter: »Wir hatten genug Männer wie mich; aber es fehlte uns einer wie der Marschall von Sachsen.« In dieser geistvollen Antwort lag viel Wahrheit. Der Herzog von Cumberland ist im Vergleich zu Ihnen, was der arme Marschall de Villeroy im Vergleich zum fürchterlichen Marlborough war, ein Zwerg, der einem Riesen entgegentreten will. Ansonsten sagt man, daß er ein freigebiger und großmütiger Prinz sei, obwohl er sich durch die Affäre bei Culloden entehrt habe, als er gnadenlos zweitausend Bergschotten niedermetzeln ließ, die auf Knien um ihr Leben flehten; allerdings wird niemand bestreiten, daß er ein schlechter General ist. Was seinen Sieg über die Schotten angeht, so haben sie, wenngleich geschlagen, mehr Ruhm geerntet als er: zwanzigtausend Mann mußten unweigerlich fünftausend besiegen: daran ist nichts Wundersames.

Man glaubt, daß die Belagerung des Ortes, den Sie ins Auge gefaßt haben, schwierig sein wird: aber gibt es für Sie etwas Schwieriges? Bringen Sie diese Eroberung unseren Politikern zum Trotz nur rasch hinter sich, und kommen Sie, um mit uns das Te Deum anzustimmen. Sie werden Notre-Dame mit Ihren Trophäen geschmückt sehen: man kann Sie auch deren *Dekorateur* nennen, wie einst den Herzog von Luxemburg. Adieu, Mars; jeder liebt Sie und verlangt nach Ihnen.

Moritz von Sachsen: der natürliche Sohn von August dem Starken und Aurora von Königsmarck. Als Maurice de Saxe trat er in französische Dienste und wurde der erfolgreichste Feldherr der Franzosen im 18. Jahrhundert. Nach seinem Sieg 1745 über die Engländer und Österreicher bei Fontenoy, den er krank vom Bett und von einem tragbaren Korbstuhl aus errang, schenkte ihm Ludwig XV. zur Belohnung das Schloß Chambord. Seine Urenkelin aus unehelicher Verbindung war übrigens die Schriftstellerin George Sand. – *Herzog von Cumberland:* Sohn König Georgs I. von England und Kurfürsten von Hannover. Beim Versuch der katholischen Stuarts, durch einen Aufstand in Großbritannien wieder die Macht zu erringen – der letzten Invasion des Inselreichs – hatte Cumberland 1746 bei Culloden die schottischen Clans niedermetzeln lassen. Deren Anführer Prinz Charles Edward, *Bonny Prince Charles*, entkam nach Frankreich.

7. An den Comte de Clermont — *16. Oktober 1746*

Die Nachricht von der Schlacht und Ihrem Anteil an den schönen Taten, die dort vollbracht wurden, hat mir die größte Freude bereitet, da ich am Staat und an Ihrem Ruhm interessiert bin. Er ist groß, und alle Welt wird Ihnen Gerechtigkeit widerfahren lassen. Der König ist mir für das, was Sie geleistet haben, sehr empfänglich vorgekommen. Gestatten Sie mir, Sie neuerlich meiner unverbrüchlichen Verbundenheit zu versichern.

Schlacht: von Raucoux.

Sie machen mich lachen mit Ihrem vierschrötigen Holländer; ganz nach der Art seines Landes ist er linkisch und plump. Ich weiß, daß er unerträglich ist; man muß ihn dennoch erdulden, da er zu unseren Freunden gehört. Wenn Sie vollendete Bekanntschaften wollen, so suchen Sie unter den Engeln. Der Botschafter Van Hoy ist ein ganz anderer Mann; er ist verdienstvoll, und Sie haben mit Ihrer Wertschätzung recht: bisweilen ist er sogar angenehm und geistreich, wie Sie gleich sehen werden.
Der Marquis de Fontaine lud ihn letzten Dienstag zum Souper ein: zum Dessert nun kam ein gewaltiger holländischer Käse auf den Tisch, und Fontaine erklärte: »Herr Botschafter, die Früchte Ihres Landes.« Bei diesen Worten erhob Van Hoy sich schwungvoll, fuhr mit der Hand in seine Tasche und warf über die Tafel eine Handvoll Dukaten, wozu er sagte: »Das auch.«
Falls Sie sich nach Val-de-Grâce begeben, bitte ich Sie, Madame de Sennaterre von mir zu grüßen. Ach! Sie hat das Beste erwählt: die Welt verdiente nicht das Herz, das Gott ihr gab. Ihre Jugend und ihr Liebreiz haben anfangs eine Unzahl Bewunderer angezogen; jetzt will sie eine Heilige werden: also ist der Teufel aufs Glatteis geführt. Haben Sie nicht auch ein bißchen Lust, Heilige zu werden, meine liebe Comtesse? Entscheiden Sie sich, wie Sie wollen; aber lieben Sie mich immer.

Comtesse de Brezé: frühe Freundin der Madame de Pompadour und Gattin des Zeremoniengroßmeisters von Frankreich. – *Val-de-Grâce:* von Mansart 1645 bis 1665 erbaute Abtei in Paris.

Ohne Zögern begann die fünfundzwanzigjährige Geliebte des Königs sich in die Rituale des französischen Hofs und in die Politik einzuüben. Nur so konnte sie eine gewichtige Gesprächspartnerin und Ratgeberin werden. Dieses Studium der großen Welt erforderte eine schnelle Auffassungsgabe.

Jean Marc Nattier
Madame de Pompadour

»Mit den Reichtümern, den Freuden und den Ehren nahm sie zugleich die Pflichten, Ermüdungen und Kummer in Kauf, ohne diese noch ermessen zu können.« Jeanne de Pompadour »mußte sich mit allen Geheimnissen der Etikette und der feudalen Überlieferung vertraut machen. Sie ließ sich Auszüge der Memoiren von Dangeau und Saint-Simon bringen, bat Clairambault, Genealoge des Königs, für sie einen Katalog mit den Wappen der großen Familien des Königreichs malen zu lassen. Voltaire hatte ihr ein Exemplar des *Abrißes der Geschichte Frankreichs* geschenkt, das er vom Autor selber bekommen hatte, dem Präsidenten Hénault. ›Sie hat in ihrem Alter mehr gelesen als irgendeine Dame des Landes, in dem sie bald regieren wird und wo es wünschenswert ist, daß sie regiere‹, schrieb Voltaire 1745. Ludwig XV. mit seinem phänomenalen Gedächtnis war ihr ein ausgezeichneter Lehrmeister. In diesem Herbst 1745 wich er nicht von ihrer Seite. Vor und nach der Messe, vor und nach der Ratssitzung suchte er sie auf. Er verkürzte die Jagden und speiste zum Gabelfrühstück bei ihr ein Kotelett.« (Danielle Gallet)

Mit ihrem Wissen wuchs ihr Einfluß. Und damit wurde die schöne, äußerst umsichtige Frau – und Patriotin – für viele Zeitgenossen schnell immer interessanter.

9. An Mijnher Van Hoy, Botschafter der Niederlande *(April 1747)*

Nicht mir, sondern dem Minister hätte Eure Exzellenz schreiben und klagen sollen. Trotzdem bin ich Ihnen für Ihr Vertrauen verbunden und werde versuchen, es zu verdienen.

Sie wissen, daß der König seit dem Beginn des Kriegs von Ihrer Republik nie etwas anderes als Neutralität in diesem großen Kampf der Hauptmächte Europas verlangt hat, und als Pfand für sein Wort hat er Ihnen Dünkirchen zurückzugeben. Aber die Generalstaaten haben seine Bitten und Angebote rundum abgeschlagen: sie haben den Feinden Frankreichs unter dem Vorwand ihres Bündnisses mit England und dem Wiener Hof Hilfe jeder Art geleistet; sie haben sogar eine Armee aufgestellt, welche die Franzosen des öfteren – wenn auch mit Bedauern – zu besiegen sich die Freiheit nahmen. Sie können darauf bauen, daß Frankreichs Politik zu jeder Zeit die Neutralität der Sieben Provinzen verlangen wird: das ist Frankreichs Interesse, und Ihres auch.

Heute beklagen Sie sich, daß der tapfere Maurice auf Ihr Territorium vorgedrungen sei und Ihre Städte erobere. Dieses Vorgehen scheint mir gerecht und nötig: Wir baten Sie um Neutralität; Sie wollten nicht; also muß man Sie dazu zwingen: Wir bitten Sie dafür um Verzeihung.

Sie sagen, daß es den Holländern immer zum Ruhme gereichen werde, die Freunde Frankreichs zu sein: Das kann sein und das wollen wir. Doch mögen sie auch so gütig sein, uns Beweise davon zu geben. Freunde schlagen sich nicht: dennoch war der Marschall von Sachsen gezwungen, Sie zu schlagen; gestatten Sie uns also, an Ihrer Aufrichtigkeit zu zweifeln.

Was Sie persönlich betrifft, Herr Botschafter, so hegt der König für Sie alle Wertschätzung, die Ihnen zukommt. Insgeheim verurteilen Sie vielleicht die Halsstarrigkeit Ihrer Dienstherren. Was auch immer geschehe, Ihnen gebührt der Ruhm, Ihr Amt, wenn auch nicht erfolgreich, so doch gewissenhaft wahrgenommen zu haben.

Ich verbleibe etc.

… hat er ihnen Dünkirchen zurückzugeben …: den Niederländern. – *Die Sieben Provinzen:* Holland, Seeland, Utrecht, Geldern, Overijssel, Friesland und Groningen hatten sich 1587 zu den *Generalstaaten* oder der *Republik der Vereinigten Niederlande* zusammengeschlossen. Die Seefahrernation geriet im 18. Jahrhundert immer tiefer und unglücklicher in den Machtkampf zwischen Großbritannien und Frankreich.

10. An die Marquise de Saussay *(April 1747)*

Hier sind wir mit den Neuigkeiten aus Holland vollauf beschäftigt: ich sehe voraus, daß Frankreich gezwungen sein wird, das Land der Goldenen Kälber zu deren Zähmung zu besetzen.

Unser Freund du Thiel hat mir genauere Nachrichten über den Tod des armen Lord Lovat geschickt: man kann nicht mit größerem Mut sterben; er war ja Schotte, diese Leute verstehen zu kämpfen und zu sterben. Eine Stunde vor seiner Hinrichtung hat er mit großem Appetit gefrühstückt und mit seinen Henkern gespaßt; er hat das Schafott so fröhlich bestiegen, als ginge es zu einem Fest, und den tödlichen Hieb ohne ein Wimpernzucken empfangen. So sind nun alle Freunde des Prinzen Edward der Reihe nach hingeopfert: die Engländer sind unfähig zu Gnade. Ich finde, Frankreich hat schlecht daran getan, diese tapferen Leute zur Rebellion anzustiften, und noch schlechter gehandelt, sie der Rache eines unerbittlichen Feindes zu überlassen: so darf man nicht mit dem Leben von Menschen spielen.
Die Zeichnungen, die Sie mir geschickt haben, sind bezaubernd; zweifelsohne hat Göttin Flora selbst Ihre schöne Hand geführt. Ich zeige sie jedem; man bestaunt sie, und ich bin zufrieden. Aber ich bitte Sie, meine liebe Freundin, Ihre schönen Augen zu schonen; zeichnen darf nur Amüsement sein; machen Sie daraus kein ernstes Geschäft.

Etc.

Marquise de Saussay: diese Freundin oder Bekannte ist nicht näher identifizierbar; ebenso: *du Thiel. – Lord Lovat:* Parteigänger des Stuartprinzen Edward und nach der Schlacht von Culloden, s. S. 24, als Achtzigjähriger von den Briten der Rebellion angeklagt und enthauptet. Frankreich hatte die Machtübernahme der katholischen Stuarts in Schottland und England gefördert.

11. An den Marschall de Boufflers *(1747)*

Sie wissen, Monsieur le Duc, um meine große Wertschätzung für Sie: eine Gelegenheit ist da, Ihnen davon einen Beweis zu geben, und die wollte ich mir nicht entgehen lassen. Der König hat Sie erwählt, um als Befehlshaber der Truppen nach Genua aufzubrechen, das wieder von den Österreichern bedroht wird, das will jedoch nichts bedeuten, da die Republik Sie zum Verteidiger hat: diese armen Fischerhosen sagen, daß sie sich nicht selbst verteidigen können.

Gleichwohl wird diese eigentümliche Revolution, mit der die Genueser ihre Freiheit zurückerobert und ihre Zwingherren verjagt haben, immer bewundert werden, und mit Staunen sieht man, daß trotz des erniedrigenden Zustands, in dem sich Italien heute befindet, noch einige Funken jenes schönen Feuers glühen, das die alten Römer beseelte: Entfachen Sie es neu.

In der gegenwärtigen kritischen Lage sind die Genueser nützliche Freunde; sie haben Don Philipp den Weg nach Italien geebnet; sie haben dort die Macht des Hauses Bourbon gesichert: Wir sollten sie es nicht bereuen lassen. Frankreich ist übrigens ihr natürlicher Verbündeter, und das spüren sie wohl. Die Kaiser, die sich als Nachfolger der Caesaren aufspielen, erheben auf Grund dieses fabulösen Titels Anspruch auf jedes italienische Gebiet, dessen sie sich bemächtigen können und das sie als Lehen des Heiligen Römischen Reiches betrachten. Folglich können die Fürsten Italiens, die ständig Beschützer brauchen, keinen sichereren oder mächtigeren haben als das Haus Bourbon.

Sie werden trotzdem bald erleben, daß die Genueser aufbrausend, unruhig und umstürzlerisch sind: eben deshalb habe ich dem König geraten, ihnen einen Mann zu schicken, der guter Offizier und umsichtiger Politiker zugleich ist, fähig dazu, die Geister des unregierbarsten Volks der Erde zu versöhnen. Ludwig XIV. kannte sie genau; eines Tages schickten sie ihm Gesandte, um ihm die Schutzherrschaft über ihre Republik anzutragen. »Ihr überlaßt euch mir«, sagte dieser Fürst, »und ich überlasse euch dem Teufel.« Was Sie angeht, Monsieur, überantworten Sie sie nicht dem Teufel, sondern retten Sie sie aus Dankbarkeit und zum Nutzen Ihres Vaterlandes. Ich werde Sie vor Ihrer Abreise sehen und Ihnen keineswegs die Klugheit und den nötigen Mut zum Erfolg wünschen: Sie besitzen beides; doch Geduld werden Sie brauchen: haben Sie die? Etc.

Duc de Boufflers: Charles Joseph, Herzog und Marschall von Frankreich. – *Republik:* Genua. – *Don Philipp:* spanischer Schwiegersohn Ludwigs XV., der Herzog von Parma, Piacenza und Guastalla werden sollte. Don Philipp »nahm an den Italienfeldzügen des österreichischen Erbfolgekriegs teil, ohne dabei zu glänzen: seiner Natur nach glänzte er in nichts, egal, worum es sich handelte.« (Michel Antoine). – *Heiliges Römisches Reich:* ... deutscher Nation.

12. An den Comte de Clermont *Zu Versailles, den 18. Mai 1747*

Die Nachrichten, die ich von Ihnen erhalten habe, Monseigneur, haben mir die denkbar größte Freude gemacht. Sie beweisen mir, daß Sie mich liebenswürdigerweise nicht vergessen wollen. Niemand wüßte das mehr zu würdigen. Um meine Gesundheit steht es recht gut: die beiden letzten Tage habe ich Brunnen getrunken wegen einer abscheulichen Galle, die mich plagte, verursacht vom Lauern auf den Augenblick, der täglich näher rückt und vor dem mich mein sicherer Tod nicht zurückschrecken ließe, wenn er für den Ruhm des Mannes nötig wäre, dem ich verbunden bin. Aber ich will Sie nicht allzusehr mit meinen Leiden unterhalten. Ich schließe mit der inständigen Bitte, Monseigneur, niemals an meiner aufrichtigen und ewigen Anhänglichkeit zu zweifeln.

Nachrichten: Die Franzosen können das 1746 eroberte Namur halten. – *Augenblick:* unklar gewordener Bezug.

Jeanne-Antoinette de Pompadour begann, von ihrem Appartement aus die Stimmung bei Hof maßgeblich zu beeinflussen.

Nach den ersten zwei Jahren an der Seite Ludwigs XV. war vieles geschehen.

Sie stand zwischen 6 und 7 Uhr auf. Zu ihrer Morgentoilette fanden sich immer zahlreicher Höflinge, Politiker, Botschafter ein, um mit der Freundin des Königs, die keinerlei Amt, aber Einfluß hatte, zu plaudern.

Nach diesen Morgenunterhaltungen besuchte Madame de Pompadour in der Hofkapelle von Versailles die Messe. Sie hatte sich dort eine eigene Tribüne, eine Loge mit Betschemel bauen lassen. Vor seinen Ratssitzungen kam Ludwig XV. zu ihr.

Nach den Besuchen weiterer Gäste, nach dem Mittagessen

ging sie an bestimmten Tagen mit dem König auf die Jagd. An anderen Tagen fanden Empfänge, Ordensverleihungen, Diners statt. Spät am Abend zog sich der König mit seiner Geliebten und engen Freunden zum Souper in die ›Kleinen Kabinette‹ zurück. Wer hier Zutritt erhielt, konnte viel erreichen. Eine Treppe, die ins Mauerwerk eingebaut worden war, verband die Räume der Marquise mit denen des Königs. Jeanne de Pompadour wollte und mußte erlesene Unterhaltung entfalten.

Um dem gläubigen Wesen Ludwigs entgegenzukommen, vielleicht auch aus einem eigenen inneren Bedürfnis heraus, veranstaltete sie in ihren Räumen ›Geistliche Konzerte‹. Aus Paris wurden dafür die besten Sänger und Musiker engagiert. Schon als Madame d'Étiolles hatte Madame de Pompadour Theater gespielt. Die *maîtresse-en-titre* entwarf jetzt das erste transportable Theater der Welt. Bühne und Zuschauerraum konnten binnen vierundzwanzig Stunden von einem Schloß ins nächste gebracht werden. Mit Freunden des Hofadels spielte und sang sie selbst. »Sie sind die reizendste Frau, die es gibt!« rief Ludwig aus, wenn er sie in einem Stück Molières oder in einer Tragödie als Kleopatra erlebte. Stand sie nicht auf der Bühne, dann saß sie mit Ludwig XV. hinter den vergoldeten Gittern seiner Loge.

Es war ein außergewöhnliches Privileg, zu einer dieser Vorstellungen eingeladen zu werden. Vor vierzig Zuschauern spielten manchmal vierzig Musiker. Jeanne de Pompadour verhalf Jean-Jacques Rousseau, den sie »Kauz« nannte, zu einem seiner größten Erfolge zu Lebzeiten: in Fontainebleau ließ sie sein Singspiel *Der Dorfwahrsager* uraufführen. Für ihr Theater arbeiteten alsbald sieben Schneider, ein Musikkopist, der Perückenmacher Notrelle, zwei Garderobieren, welche die Magazine für schließlich 202 Männerkostüme, 153 Frauengewänder, Helme, Borten, Pailletten, 4 silberne Hirtenstäbe, 12 blaue und silberne Pilgerstäbe, Herkules-Keulen aus Pappmaché, 1 Glücksrad und 1 Zauberstab für Madame de Pompadour, Federn und Tanzschuhe beaufsichtigten. In diesem Theater wurde auch ein Dorfjahrmarkt inszeniert, bei dem die Damen und Herren Sänftenträger, Liedverkäuferinnen, armenische Kaffeehändler oder Bauernburschen spielten. Dazu gab es Buden, chinesische Marionetten, Narren oder echte Schwachsinnige und zur Belustigung Charaktertypen aus Deutschland!

Wegen der Kosten, die ihn schockierten, schränkte Ludwig XV. 1750 die Privatvorstellungen von Opern, Balletten, Schäferspielen und Dramen auf Schloß Bellevue ein.

»In der Tat vergaß sie nicht, ihre Verwandten unterzubringen. Ihre allgegenwärtige Cousine Elisabeth d'Estrades wurde ihre Gesellschaftsdame, dann Schmuckaufseherin bei den königlichen Prinzessinnen. Ihre Schwägerin, Charlotte de Baschi, alsbald am Hof eingeführt, wohnte weiter im Palais der Königlichen Baubehörde, um mit Tournehem [dem Onkel und Oberaufseher der Behörde] dem Haus vorzustehen. Ihr Cousin Laurent René Ferrand erhielt einen Anteil an der Postpacht. Ihr Freund Savalette de Magnaville war bereits zum Provinzgouverneur von Tours ernannt worden.« (Danielle Gallet)

Bisweilen sprach Jeanne de Pompadour von »wir«. Wenn sie zu Staatsangelegenheiten ihre Meinung äußerte, meinte sie damit den König und sich selbst.

Der lange Krieg war noch nicht entschieden, in dem es darum ging, ob das Habsburger Reich zerstückelt, ob der Gemahl von Maria Theresia – Franz von Lothringen – als deutscher Kaiser anerkannt werden sollte. Und: es ging blutig weiter im Kampf um die Vorherrschaft Frankreichs oder Österreichs in Italien, Frankreichs oder Großbritanniens Vorherrschaft auf den Weltmeeren.

Es waren Kriege, die ausgebrochen waren, nachdem Kaiser Karl VI. in Wien 1740 ohne männliche Nachkommen verstorben war. In der ›Pragmatischen Sanktion‹ hatte er seine Tochter Maria Theresia zur Erbin von Ungarn, Böhmen, Schlesien, Österreich, Parma ... eingesetzt. Diese weibliche Erbfolge wurde angefochten und bot den Nachbarmächten eine hervorragende Gelegenheit, sich auf Kosten Österreichs zu bereichern. Doch Maria Theresia wehrte sich mit Geschick und Zähigkeit gegen Preußen und Frankreich. In Preßburg hatten die Ungarn ihr Treue geschworen, aus England flossen Hilfsgelder nach Wien, Piemont-Sardinien stellte sich auf die Seite Habsburgs.

Ich bin sehr verärgert, Ihretwegen und wegen Frankreich, über diese unglückliche Affäre von Exiles. Man kritisiert hier heftig die Tollkühnheit des Chevalier de Belle-Isle und meint, daß ein kluger General sich nie töten läßt: die so reden, sind vielleicht selbst überklug. Ich meinerseits kritisiere niemanden und schon gar nicht die Toten. Ihr Herr Bruder war vielleicht zu feurig; zumindest kann man ihn nicht der Feigheit beschuldigen; er ist auf dem Feld der Ehre gefallen: das ist der Ruhm und Lohn der Helden, und das reicht aus, um Sie zu trösten.
Vermutlich steht es einer Frau nicht an, über diese Dinge zu reden: der Ehrgeiz der Mehrheit unseres Geschlechts besteht darin, den Lebenden zu gefallen, ohne sich mit den Toten zu belasten: der Ihrige ist es, sich den Kopf einschlagen zu lassen. Jeder nach seinem Geschmack. Mir aber liegt es am Herzen, das Verdienst und die Männer, die Ihnen ähneln, zu ehren.
Ganz Frankreich ist in heller Aufregung wegen dieses plötzlichen Einfalls der Österreicher und Piemontesen in die Provence. Was mich betrifft, wenngleich gute Französin, ängstige ich mich nicht im geringsten: sind denn nicht Sie dort?
Während man sich bekämpft, sprechen unsere Politiker beständig vom Frieden. Ich konferiere oft mit diesen gewichtigen Köpfen, die ich nicht so bewundernswert finde, wie ich sie mir vorstellte, ehe ich sie aus der Nähe betrachtete. Die Kunst eines Politikers besteht darin, zum Wohle des Staates zur rechten Zeit zu täuschen und zu lügen: diese Kunst kommt mir nicht schwierig vor. Ich werde Ihnen etwas Verrücktes sagen: gelegentlich stelle ich mir vor, daß eine hübsche Frau bei ihrer Toilette mehr Geist und tiefe politische Umsicht walten läßt, als in sämtlichen Kabinetten Europas herrschen; denn die Kunst zu gefallen ist noch schwieriger als die Kunst zu täuschen.
Gewiß sind Sie nicht meiner Meinung; aber ich will Sie nicht zum Richter nehmen, denn Sie sind alt.
Versäumen Sie nicht, Herr Marschall, diese Herren, die den armen Chevalier getötet haben, ordentlich zu züchtigen: Ich

wünsche es zu Ihrem eigenen Ruhm und zur Ehre der Nation. Schicken Sie uns schleunigst gute Nachrichten: der König wird Sie als König belohnen und ich als hübsche Frau: ich lasse Sie vielleicht meine Hand küssen. Adieu, Herr Marschall, erinnern Sie sich an Ihren vortrefflichen Rückzug von Prag: ich habe den Sieg versprochen; machen Sie mich nicht zur Lügnerin.

Marschall de Belle-Isle: Charles Louis Auguste Foucquet, Comte, dann Duc de B.: Marschall von Frankreich, später Kriegsminister. – *Exiles:* gemeint ist Exilles; dieses kleinere Blutvergießen im österreichischen Erbfolgekrieg fand am 19. Juli 1747 in Piemont statt. – *Rückzug von Prag:* im ersten Akt des europäischen Konflikts, also im Ersten Schlesischen Krieg, wurden die Franzosen von den verbündeten Preußen, nachdem diese Schlesien besetzt hatten, in Böhmen im Stich gelassen. Fern der Heimat gelang es den französischen Truppen jedoch, sich durch eine nächtliche Bravouraktion aus dem belagerten Prag zu retten.

AN MEINE LIEDER

Seid, geliebte kleine Lieder,
Zeugen meiner Fröhlichkeit;
Ach sie kömmt gewiß nicht wieder,
Dieser Tage Frühlingszeit.

Bald entflieht der Freund der Scherze,
Er, dem ich euch sang, mein Freund.
Ach, daß auch vielleicht dies Herze
Bald um meine Liebste weint!

Doch, wenn nach der Trennung Leiden
Einst auf euch ihr Auge blickt,
Dann erinnert sie der Freuden,
Die uns sonst vereint erquickt.

Johann Wolfgang Goethe

Krieg an allen Ecken und Enden, Truppenaushebungen, Folter, dann und wann Hexenprozesse in den meisten Staaten. Außer an den Härten, den gewöhnlichen Bedrückungen der Zeit hatte Jeanne de Pompadour an einer neuen Gefühlswelt teil. In der Dichtung, wie beim jungen Goethe, vielleicht auch in der Wirklichkeit ließen die Menschen mehr und offener ihrem persönlichen Gefühl freien Lauf. Gegen die Kirche, die Einordnung in Klassen begann der Mensch, der Bürger seine privaten Regungen zu behaupten, manchmal im idyllischen Rahmen, mit sehr zarten Tönen. Der Brief wurde europaweit das große Medium der neuen Zeit zur Erkundung und Darstellung der eigenen Seele.

14. An die Marquise de Blagny *(1747)*

Wollen Sie nicht kommen, meine Tauben zu sehen und sie zu küssen? Sie sind so entzückend; ihre zarten Schnäbeleien rufen sehr süße Erinnerungen wach und lassen Mädchen immer träumen: deshalb zeige ich sie nie Alexandrine. Madame de Montespan besaß sechs Mäuse, die sie vor eine kleine Kutsche aus Silberdraht schirrte und die so ungezogen waren, in ihre schönen Hände zu beißen. Unsere reizenden Frauen haben entweder Hunde oder Katzen; das mag ich alles nicht; ich liebe nur meine Täubchen.
Der König ist zur Jagd: ich wollte ihn nicht begleiten, weil ich schlechte Laune hatte; er mußte lachen. Ich sage ihm des öfteren, daß er diesem Nimrod gleiche, von dem ich in einer Predigt hörte, daß er »ein großer Jäger vor dem Herrn« war. Doch dieser Nimrod war ein böser König, und Ludwig XV. ist gut; das ist ein großer Unterschied.
Während er jagt, verbringt die Königin ihre Zeit mit Gebeten: sie ist eine Heilige; Glanz und Eitelkeiten der Erde berühren sie nicht mehr. Gerne würde ich von mir das gleiche sagen, denn die Welt, mit all ihrer Pracht und ihren Genüssen, langweilt mich manchmal tödlich: aber ich will es nicht mit aller Kraft. Anscheinend haben wir zwei Seelen: eine, um das Gute zu loben; und die andere, um das Böse zu tun.

Doch die Königin hat, trotz all ihrer Heiligkeit, einen großen Fehler: sie haßt mich; mir gegenüber scheint sie das Gebot zu vergessen, das Königinnen wie alle übrigen Menschen verpflichtet, ihren Nächsten zu lieben wie sich selbst. Ich, ich habe diesen Fehler nicht, durch Gottes Gnade; ich liebe diese Fürstin und verehre sie, weil sie tugendhaft ist, und ich wäre gerne so mutig, ihr nachzueifern. Auch Sie liebe ich zärtlich, meine schöne Freundin; und Sie wissen es wohl.

Etc.

Marquise de Blagny: nicht nachgewiesen. Die Marquise stand jedoch zeitweise in Kontakt mit einer Madame de Blegny, Stiftsdame in Chartres. – *Madame de Montespan:* eine frühe Geliebte des Sonnenkönigs. – *Unsere reizenden Frauen:* die Marquise ließ für ihren Dachgarten große Volièren bauen; später hielt sie sich auch die King-Charles-Hunde *Inès, Mimi, Milady* und den Pudel *Bébé*, ein Geschenk des Prinzen von Soubise. François Boucher malte sie mit *Mimi* zu ihren Füßen.

15. An den Marschall Moritz von Sachsen *(1747)*

Man muß Sie immer bewundern und Sie lieben. Frankreich war es nicht gewohnt, die Engländer zu schlagen: dieser Ruhm blieb Ihnen vorbehalten. Ein Marschall von Frankreich, ein großer Mann und guter Bürger, der sich nicht darum kümmert, wer dem König dient, vorausgesetzt, er macht es gut, und dem die Niedrigkeiten von Eifersucht fremd sind, sagte kürzlich, daß Sie in sich die Kühnheit des großen Condé und die Umsicht Turennes vereinen. Ich weiß nicht, ob diese berühmten Generäle, die unter dem letzten König Europa erzittern ließen, so bedeutend waren, wie man sie darstellt; doch ich weiß, daß Sie von größerem Nutzen sind. Jene machten in ungerechten Kriegen Eroberungen, die der Nation keinen dauerhaften Vorteil brachten: jene griffen an; Sie jedoch verteidigen uns; das ist wichtiger und ehrenvoller. Es wird erzählt, Herr Marschall, daß Sie inmitten der Mühen und Plagen des Kriegs noch Zeit für die Liebe fänden. Ich bin eine Frau und tadle Sie nicht: die Liebe bildet die Helden und macht sie lebensklug. Karl XII. von Schweden ist vielleicht der einzige, der nie geliebt hat, doch dafür ist er bestraft worden; er ist umnachtet und unglücklich gestorben. Die alten Germanen meinten, etwas Göttliches wohne in einer schönen Frau: fast teile ich ihre Ansicht, und ich glaube, daß Gottes Größe in einem schönen Gesicht glanzvoller strahlt als in den Gehirnwindungen Newtons.

Wir werden Ihren neuen Sieg genießen; erobern Sie noch fünf oder sechs Städte, um sich für den Rest des Feldzugs zu unterhalten, und besuchen Sie sodann Ihre Freunde.

Die Konferenzen in Breda ziehen sich hin; ich weiß nicht, wie sie enden werden und ob sie uns den Frieden bescheren, den Frankreich dringend braucht: aber unsere Bevollmächtigten verlangen zuviel, und die Feinde wollen ihnen nicht genug geben. Ich fürchte sehr, daß dieses Verhandlungstheater mit nichts enden wird; es hat bis jetzt nur Höflichkeitsfloskeln und Ehrbekundungen hervorgebracht. Sie sind darüber sicherlich nicht böse; denn für euch Helden bestehen euer Ruhm und euer Vergnügen im Töten von Menschen: dem König aber wäre es ausgesprochen lieb, sie glücklich zu machen. Eben deshalb ist er stets bereit, die Hände zum Frieden zu reichen: jedoch muß er ebenso ehrenhaft wie gewinnbringend sein.

Gestern wurde hier in der Königlichen Kapelle das Te Deum für die Schlacht von Lawfeld gesungen; aber ich mag diese Zeremonie nicht, die mir als Beleidigung Gottes erscheint: es ist, als danke jemand einem guten Vater, das Glück gehabt zu haben, ihm seine Kinder zu erwürgen; es wäre angemessener und natürlicher, ihn um Vergebung anzuflehen.

Wie geht es dem Comte de Frise? Ich hoffe, er wird seinem Onkel ebenbürtig. Der König erwägt, ihn zu verheiraten und ihn so unterzubringen, daß es Ihrer und seiner würdig ist. Adieu, Herr Marschall; ich will Ihnen nicht nahelegen, den Feind immer weiter zu schlagen, vielmehr im Namen des Dienstes für den König und zum Wohlgefallen Ihrer Freunde auf Ihre Gesundheit zu achten. Der Verlust eines einzigen Mannes ist oft eine allgemeine Katastrophe: die würde Frankreich heimsuchen, wenn es das Unglück hätte, Sie zu verlieren.

Großer Condé Turenne: Louis Prince de Condé und Henri de La Tour d'Auvergne, Vicomte de Turenne, herausragende Feldherrn unter Ludwig XIV.; letzterer Mitverwüster der Pfalz. – *Karl XII.*: 1682-1718, der ›Sturmwind des Nordens‹; die Eroberungswut dieses schwedischen Soldatenkönigs wurde erst durch den russischen Sieg 1709 bei Poltawa gezügelt. – *Konferenzen in Breda*: der Friedensversuch scheiterte, woraufhin französische Truppen in die Niederlande einrückten. – *Schlacht von Lawfeld*: gemeint ist Lafeld; hier bei Maastricht unterlag am 2. Juli 1747 der Herzog von Cumberland dem Marschall von Frankreich.

16. An den Comte de Clermont — *8. Juli 1747*

Die Einnahme von Axel, von der uns der Chevalier de Broglie heute in Choisy berichtet hat, wird Ihnen, glaube ich, Schwierigkeiten bereiten. Ich bin sicher, das wird Ihnen nur recht sein. Der König empfängt immer freudig die Versicherungen Ihrer Anhänglichkeit. Er liebt Sie sehr.
Obwohl ich keine Nachricht von Monseigneur habe, will ich ihm doch zu den großen Taten, die er vollbracht hat, gratulieren. Der König hat mich davon unterrichtet und ist, dank der Freundschaft, die er für Monseigneur empfindet, sehr erfreut darüber. Danach wage ich nicht mehr, ihm zu sagen, daß ich davon überwältigt gewesen bin, denn ich bin ihm aufrichtig ergeben.

Axel: niederländische Festungsstadt an der Schelde. – *Monseigneur:* wahrscheinlich der Adressat selbst, der könglichen Geblüts, ein Bourbone war.

17. An den General Graf Löwendahl — *(1747)*

Ich danke Ihnen für Ihren Brief und Ihre Eroberung. Sie haben also den Neidern zum Trotz und den Holländern zum Verdruß Bergen-op-Zoom eingenommen. Diese Stadt, die dem Genie eines Spinola widerstand und die man eine *Jungfrau* nannte, hat Ihnen nicht standhalten können; das beweist, daß die Franzosen alles erreichen können, wenn sie von Männern wie Ihnen befehligt werden. Während dieses ganzen Krieges haben Sie wie im Lustwandeln Städte einge-

nommen: aber die Eroberung dieser letzten krönt Ihren und der Truppen Ruhm: ich bin entzückt, daß wir Ihnen dafür zu Dank verpflichtet sind.
Die Alliierten melden in ihren Zeitungen, daß Ihre Soldaten beim Eindringen in die Stadt ohne Unterschied Männer, Frauen und Kinder massakriert hätten. Ich weiß nicht, ob diese fürchterliche Lüge ihnen hilft, den Zorn der Völker aufzustacheln; aber ich weiß, daß vernünftige Menschen es nicht glauben werden. Die Franzosen genießen vielmehr den Ruf, das menschlichste Volk auf Erden zu sein: den Sieg lieben sie, nicht das Blut.
Fahren Sie fort, Monsieur le Comte, dem Vaterland, das Sie zu Ihrem eigenen erwählt haben und das Sie hochachtet, Ehre zu machen. Wenn Alter und Krankheiten uns während dieses allzu langen Krieges vielleicht bald des tapferen Maurice berauben sollten, so werden doch Sie uns bleiben, und man wird kaum merken, daß er tot ist.
Es ist beschämend für Frankreich, daß seine beiden größten Heerführer Ausländer sind; dies ist eine Bemerkung des Königs, als er von der Eroberung Bergen-op-Zooms erfuhr; er verwunderte sich, daß die Nation keine so bedeutenden Männer mehr hervorbringt wie unter der letzten Regierung. Der Prinz von Conti, der zugegen war, erwiderte ganz laut: »Nur deshalb, weil unsere Frauen sich heutzutage mit ihren Lakaien abgeben.« Dies Aperçu ist beißend, aber vielleicht nicht völlig unzutreffend.
Die Gräfin Lowendal kam gestern zur Audienz. Der König empfing sie als Gemahlin eines Helden und sagte zu ihr: »Madame, jeder wird aus dieser Eroberung von Bergen-op-Zoom irgendeinen Gewinn ziehen; ich verleihe dem Grafen den Stab eines Marschalls von Frankreich, und ich hoffe das Vergnügen zu haben, meinen Untertanen Frieden zu schenken.« Ich empfing die Dame sodann privat, und dabei ist sie in meiner Wertschätzung gestiegen. Zu all den Reizen ihres Geschlechts gesellen sich Verstand und Geist des Ihrigen. Ich habe um ihre Freundschaft nachgesucht: was die meinige betrifft, so bin ich sie ihr schuldig, und ich erklärte, daß ich hoffe, sie möge mich, wann immer ich ihr nützlich sein könnte, für würdig erachten, ihr dienlich zu sein.

Der König hat eben Ihrem Sohn ein Regiment gegeben: Monsieur d'Argenson erhob Einwände, da er noch zu jung sei; ich habe ihm jedoch mit diesem Wort Corneilles geantwortet:

... Bei edel geborenen Seelen
Harrt Tapferkeit nicht der Jahre größere Zahl.

Ich war im Recht: das Verdienst des Vaters bürgt für jenes des Sohns. Ich wünsche Ihnen, Monsieur, nichts weiter als gute Gesundheit: das übrige werden Sie in sich selber finden.

Graf Löwendahl oder *Lowendal:* Ulrich Friedrich Waldemar, Urenkel König Friedrichs III. von Dänemark und in französischen Diensten. Die Zahl der Marschälle von Frankreich schwankte. 1775 zählte die Armee allein 1072 Generäle. Das waren wenige, verglichen etwa mit der bayerischen Armee, die für 3000 Mann mehrere Generalfeldmarschälle und für drei Schiffe auf dem Rhein einen *Großadmiral* hatte. – *Spinola:* spanischer Feldherr des 17. Jahrhunderts. – *Monsieur d'Argenson*: Pierre Marc de Voyer, Comte d'Argenson, 1696-1764, französischer Kriegsminister mit dem Beinamen *d'Argenson-la-Guerre.*

18. An die Comtesse de Brézé *(1747)*

Ich habe eben eine ermüdende Frau weggeschickt, die mir Unwohlsein verursacht hat. Es gibt beinahe keine andere Gesellschaft bei Hof, den man nichtsdestoweniger den Ort des Geists und der Höflichkeit nennt. Meiner Meinung nach besteht Höflichkeit aus Liebenswürdigkeit, und jeder, der mich langweilt, ist ein Flegel: ich erfahre täglich, daß es keine schlechtere Gesellschaft gibt als die sogenannte gute.
Man erzählt, meine Liebe, daß Sie sich derzeit damit amüsieren, sich malen zu lassen: das stimmt mich froh; denn dies ist ein Zeichen dafür, daß Sie noch immer schön sind. Van Loo ist unerreicht, wenn es darum geht, den wahren Ausdruck zu treffen: richten Sie ihm aus, nicht die beiden kleinen Grübchen zu vergessen, die Ihr Lächeln so reizend machen, auch die Rosenlippen nicht, die ich so gerne küsse, nicht die zärt-

lichen und warmen Augen, die mir so gut zu verstehen geben: ich liebe Sie.
Es heißt, ein Sultan ließ eines Tages einen berühmten venezianischen Maler in seinen Serail rufen, damit er seine Lieblingsfrau portraitierte, doch als der Maler ihm sagte, daß er sie zu diesem Zwecke sehen müsse, fand der eifersüchtige Fürst ihn unverschämt und schickte ihn fort. Wären Sie in diesem Serail, kämen Sie niemals zu dem Vergnügen, Ihr Portrait zu sehen.
Morgen ist in der Oper Maskenball: ich habe beinahe Lust, mich dorthin zu begeben und Sie auf dem Wege abzuholen. Ich werde mich als Murmeltier verkleiden, Sie sich, wie Sie wollen: aber wir werden die Männer in Hitze bringen. Bis es zu dieser edlen Tat kommt, geben Sie mir noch einen Kuß; ich werde ihn bald wieder einlösen.

Van Loo: unklar, welcher van Loo oder Vanloo aus der Maler-Dynastie gemeint ist. Sowohl Charles-André, genannte Carle, 1705-1765, als auch Louis-Michel, 1707-1771, arbeiteten als erfolgreiche Portraitisten.

19. An den Marschall Moritz von Sachsen *(1747)*

Sie senden uns immer gute Neuigkeiten; jeder Ihrer Briefe verkündet einen Sieg oder eine Eroberung, und Sie sind das Schoßkind des Glücks. Caesars Briefe sahen gewiß ähnlich aus: doch jener Caesar war wohlauf, als er die Welt eroberte, Sie aber sind krank, wenn Sie Schlachten für uns gewinnen: gestehen Sie, daß Glorie eine grausame Herrin ist, die sich ihre Gunstbeweise teuer bezahlen läßt.
Apropos Caesar – Monsieur de Brissac, welcher der letzten Ruhmestat beiwohnte und mir Genaueres darüber berichtete, sagte: »Ich habe am Vorabend mit dem Sachsen soupiert.« Hier unterbrach ich ihn kurzerhand und machte ihn darauf aufmerksam, daß er, aus Respekt vor Ihrem Rang, zumindest zu sagen hätte, *Monsieur de Saxe.* »Bah! Zum Donnerwetter, Madame,« fuhr er munter fort, »sagt man Monsieur Caesar, Monsieur Alexander? »Diese gascognische Eingebung ist wunderbar und soviel wert wie die größte Eloge.

Ihnen fehlt einzig, Herr Marschall, ein wenig Gesundheit, um der glücklichste Mensch der Welt zu sein, denn deren größter sind Sie schon: Helden sollten niemals krank sein.
Die Holländer rumoren heftig und sehen Sie gar nicht gern in ihrer Nachbarschaft: sie entsinnen sich der Invasion Ludwigs XIV. und befürchten, obwohl sie derzeit nur eine Nebenrolle spielen und Lieferanten sind, das nämliche Schicksal unter seinem Nachfolger. Aber es steht, alles in allem, in ihrer Macht, das Gewitter abzuwenden, das sie bedroht und das sie fürchten. Man verlangt von ihnen nichts weiter, als in einem Krieg, der sie nichts angeht, neutral zu bleiben; und ich bin verblüfft, daß diese Krämer, die sich sonst so vorzüglich auf ihren Vorteil verstehen, in diesem Fall nicht zum weisesten und unverbrüchlichen Entschluß kommen. Sie scheinen die Lektion ihres berühmten Jan de Witt vergessen zu haben, der ihnen riet, niemals ein Offensivbündnis einzugehen, »sondern besser die vorsichtige Katze zu spielen, die einzig für sich die Mäuse fängt«.
Im übrigen ist die englische Partei bei ihnen, auf Grund des Einflusses des Hauses Oranien, allmächtig. Die guten Patrioten ahnen wohl, welchem Unheil ihr Land alsbald preisgegeben sein wird: aber sie murren nur und können nichts ausrichten. Ihr Gesandter van Hoy überreicht Denkschriften um Denkschriften: er beteuert, daß die Amtsgewaltigen dort voller Respekt für den König seien und nichts brennender wünschen, als mit uns in gutem Einvernehmen zu leben. Unsererseits beteuern ihnen unsere Minister, daß die französische Nation von größtem Respekt für die berühmte holländische Nation durchdrungen sei und von Herzen wünsche, daß sie einsichtig und vernünftig werde. Wir hoffen, daß sie es wird, wenn wir vor ihren Toren stehen, und daß unsere Siege uns einen Frieden verschaffen, den die Helden nicht lieben, den aber ganz Europa braucht. Inmitten von Jubel, Freudenfeuern und »Vive le Roi!«-Rufen verhungern die Franzosen.

Ich grüße Sie etc.

Gute Neuigkeiten: nicht klar, welche Nachricht gemeint ist. – *Jan de Witt:* Johan de Witt, 1625-1672, zusammen mit seinem Bruder Cornelis in Den Haag gelyncht, war ›Ratspensionär‹, das heißt höchster Beamter Hollands, der zum Schutze der Niederlande vergeblich versuchte, Frankreich und Großbritannien gegeneinander auszuspielen. Nach der Ermordung dieses entschiedenen Republikaners kam es zur Erbstatthalterschaft des Hauses Oranien.

»Als ich fortging, nahm er [der Marschall d'Harcourt] mich mit zu Mme. la Marquise de Pompadour und stellte mich ihr vor. Ich kannte sie noch nicht: in Erscheinung und Charakter schien sie mir bezaubernd zu sein. Sie saß bei ihrer Morgentoilette, und hübscher konnte niemand sein. Im übrigen zeichnete sie sich durch eine Fülle anregender, unterhaltsamer Talente aus, so daß der König sie mehr zu lieben schien als jede andere, und er hatte recht: als Maitresse war sie das Allerreizendste. Und sie war ganz offiziell die Geliebte, und zwar nach einem der größten Skandale bei Hofe. Sie verstand sich sehr gut mit der Königin, da sie den König dazu bewegt hatte, sie bestens zu behandeln, und sie ließ sie [die Königin] nach [Schloß] Choisy kommen, an allen Ausflügen teilnehmen, wie auch den Thronfolger und die Königstöchter (sehr eigentümlich!), bei denen sie ihre Freundin Mme. d'Estrades als Hofdame untergebracht hatte.
Sie saß immer, anmutig und zurückhaltend, am Spieltisch der Königin, und ich bemerkte, daß sie, wenn die Zeit nahte, sich in die *Kleinen Kabinette* zu begeben, die Königin um die Erlaubnis bat, das Spiel beenden zu dürfen, worauf diese gütig antwortete: »Gehen Sie!« (in Anbetracht all der Umstände eine wunderbar philosophische und christliche Bemerkung!)
Der König ging weiter drei-bis viermal die Woche auf Jagd, entspannte sich dabei, doch war er nicht mehr ganz versessen darauf. Im übrigen widmete er viel Zeit der Arbeit.«

Emmanuel de Croÿ, *Tagebuch*

Die »allerreizendste« Maitresse ging geschickter vor als ihre Vorgängerinnen. Sie bewegte den König, sein platonisches Verhältnis zu seiner Frau zu verbessern. Wohl auf Anraten von Madame de Pompadour erhielt Maria Leszczynska erst-

mals nach Jahren ein kostbares Neujahrsgeschenk: eine goldene Dose mit Uhr. Zum Staunen aller saßen sie bisweilen zu dritt beim schlichten Cavagnole-Glücksspiel mit Kugeln und Bildkarten beisammen, das die Königin liebte und den König langweilte: »Dies ewige Cavagnole!«
Ein dezenter *Modus vivendi* etablierte sich zwischen der Königin, der Pompadour und beider Mann. Neben allem Kalkül der machtbewußten Maitresse mochte der Respekt der gebürtigen Bürgerlichen vor der Königin von Frankreich eine Rolle spielen.
Von den wichtigen Persönlichkeiten haßte hauptsächlich der Kronprinz, der Dauphin, die mächtige Schöne. Er nannte sie gegenüber Dritten gerne »Mama Hure«. Jeanne de Pompadour wird das bald erfahren haben.
Nach dem Tod der Thronfolgerbraut Marie-Thérèse-Raphaëlle, die nach einem Jahr Ehe am Kindbettfieber starb, wird eine neue Frau für den Dauphin nach Frankreich gebracht.

20. An die Duchesse de Duras *(1747)*

Wissen Sie denn schon, daß wir bald eine neue Dauphine bekommen? Es ist die Prinzessin von Sachsen. Man wird einen gewissen Herzog schicken, der glänzende Auftritte schätzt, um in aller Form um ihre Hand anzuhalten. Sie kennen diesen Herzog: er hat einen schönen Kopf, aber es ist nichts darin. Übrigens und ganz nebenbei, dieser Ehebund wird seltsam sein; der Dauphin wird die Tochter jenes Mannes zur Gattin bekommen, der seinen Großvater vom Thron verjagt hat und der weiterhin dessen Krone trägt. Aber die Ratschlüsse der Fürsten sind wie jene der Götter, ziemlich anders als die der Menschen. Hat man nicht zu Beginn dieses Jahrhunderts erlebt, wie der Herzog von Savoyen sich alle Mühe gab, Philipp V., König von Spanien und sein Schwiegersohn, zu entthronen, weil er den hohlen Titel eines Königs, den er dadurch gewann, höher schätzte als den des guten Vaters?
Alles in allem bin ich froh, daß man dem Dauphin eine Frau gibt; denn ich habe einige Sorge, daß ihm die Frömmelei den Kopf verwirrt: die Ehe ist das beste Heilmittel gegen diese

Krankheit schwacher Seelen. Der junge Prinz ist gut wie sein Vater, und es fehlt ihm nicht an Verstand: doch seine Erziehung ist sehr vernachlässigt worden. Man hatte dem Kardinal Fleury vorgeschlagen, er solle ihm den Abbé Rome, einen klugen und vollendet rechtschaffenen Mann, zum Erzieher geben: Seine Eminenz antwortete, dieser wäre zu geistreich, und vertraute den Erben des ersten Throns Europas der Fürsorge eines Einfaltspinsels und Frömmlers an, der sich mehr darum bemühte, aus ihm eher einen, wie man so sagt, Heiligen zu machen als einen großen Fürsten. Ohne Zweifel hoffte der Kardinal, obwohl er selbst schon über siebzig war, nach dem Vater auch noch den Sohn zu beherrschen.

Falls Sie die schöne Comtesse sehen, so bitte ich Sie, sie in meinem Namen zu umarmen und sie an ihre Worte zu gemahnen: *meine Freunde müssen sich erinnern können.* Was mein Gedächtnis angeht, so ist es recht gut: ich werde niemals vergessen, Sie zärtlich zu lieben, und dieses Gefühl ist eine der größten Freuden meines Lebens.

Etc.

Duchesse de Duras: Gattin des Ersten Kammerherrn des Königs. – *Gewisser Herzog:* Louis François Armand du Plessis, Duc de Richelieu, Großneffe des Kardinals, einer der berühmtesten Lebemänner seiner Zeit, Diplomat, gelegentlich Heerführer. Aus Sachsen holte er Maria-Josepha ab, eine muntere Prinzessin, die in Dresden *Pepa* gerufen wurde. Pepa war Tochter Augusts III. von Sachsen und Polen, der den Vater der französischen Königin, Stanislaus Leszczynski, 1736 aus Polen vertrieben hatte. – *Kardinal Fleury,* André Hercule, 1653-1743, ehemaliger Bischof von Fréjus, Erzieher Ludwig XV., dann sein Premierminister. Fleurys Wahlspruch lautete: »Gold und Silber fallen nicht von Bäumen.« Der geistliche Greis konsolidierte die Staatsfinanzen, gewann gegen die Zusage, Maria Theresia als Erbin Kaiser Karls VI. anzuerkennen, friedlich Lothringen für Frankreich. – *Schöne Comtesse:* nicht zu identifizieren.

21. An den Außenminister *(Januar?) 1747*
Monsieur d'Argenson

Ich bin sehr erzürnt, daß Sie, wie man dies nennt, in Ungnade gefallen sind, doch nicht Ihretwegen, der Sie mutig sind, sondern um des Staates willen. Der König verliert einen guten Diener, und Sie werden Ihr eigener Herr: nicht Sie sind zu beklagen. Es gibt hier einen gewissen Klüngel junger Wichtigtuer, entschiedene Feinde des Verdiensts und der Talente, die ihnen selbst fehlen; und ich finde, daß sie zu mächtig sind. Sie gleichen dem Hund an der Futterkrippe, der kein Heu fressen konnte, aber auch das Pferd nicht fressen lassen wollte: obwohl sie zu untalentiert sind, dem König zu dienen, wollen sie nicht, daß andere ihm dienen: *Quella rabbia della gelosia!*

Ihr eigenes Beispiel, Monsieur, läßt erkennen, daß die guten Eigenschaften oft mehr Haß schüren als die schlechten. Es heißt, Sie ertrügen Ihre Verbannung mutiger und geduldiger als ein Stoiker; das überrascht mich nicht: Ich kenne Sie. Ich würde Ihnen gern einen Vogel Strauß als Wappen mit der Devise geben: *So Hartes gibt es nicht, daß der Starke es nicht verdaute.*

Alle redlichen Leute hoffen dennoch, Sie bald wieder an der Spitze des Ministeriums zu sehen, dem Sie so viel Ehre gemacht haben: nicht nur Glück ist unbeständig; das Unglück ist es auch. Obwohl der König gegen Sie eingenommen ist, ist er doch auch gut und gerecht; er wird bald fühlen, daß Sie ihm fehlen. Falls ich zu Ihrer Rückberufung beitragen kann, werde ich mich glücklich schätzen, dem König den größten Minister dieses Jahrhunderts wiedergegeben zu haben und Ihnen zu beweisen, daß ich nicht undankbar bin.

Etc.

Monsieur d'Argenson: René Louis de Voyer, Marquis d'Argenson, genannt *d'Argenson-la-Bête*, das Tier, Bruder des Kriegsministers, genannt *d'Argenson-la-Guerre*. Das Schreiben wird den infolge spanischer Intrigen Gestürzten und auf seine Güter Verbannten kaum getröstet haben: sein Nachfolger im Außenministerium wird am 10. Januar der Botschafter in Madrid, Marquis de Puisieulx, ein Vertrauter von Jeanne de Pompadour. – *Quella rabbia della gelosia:* welch Wut der Eifersucht!

Was machten Sie gestern mit diesem langen Gerippe von Marquis? Ich hasse ihn, weil er langweilig ist; er kann nicht lachen, nicht plaudern wie Leute von Welt, und ich sehe ihn nie, ohne heftiges Kopfweh zu bekommen: er hat eines dieser tierischen Gesichter, das die Italiener *volto senza senno* nennen. Nun heißt es ja, daß er gut, großherzig sei und immer bereit, Freunden und Unglücklichen zu helfen. Ich kann es kaum glauben, denn um Gutes zu tun, muß man Verstand haben; die Tolpatsche sind dessen nicht fähig. Mit einem Wort, Madame la Comtesse, mit Ihrer Erlaubnis, dieser Mann gehört nicht zu denen, die ich gerne sehe.
Raten Sie, was ich heute getan habe. Ich bin um sechs Uhr früh aufgestanden und in den Park gegangen, um mit den Nachtigallen zu weinen, die sich darum nicht kümmerten. Ich bin aus mancherlei Gründen traurig, und ich beginne zu erkennen, daß ich eine Torheit begangen habe, als ich an den Hof kam. Glanz, Pracht, die Wonnen dieser verzauberten Welt bezaubern mich nicht mehr: die Lockung ist verflogen, und ich entdecke in meinem Herzen nichts weiter als eine gewaltige Leere, die nichts ausfüllen kann. Die Welt ist eine Lügnerin; sie verspricht ein Glück, das zu geben sie nicht imstande ist. Manchmal will es mir scheinen, daß ich anders denke, und ich bin recht heiter: wir sind Marionetten der Vorsehung. Man möchte meinen, im menschlichen Herzen gäbe es zwei Schalen, eine der Freude und eine des Schmerzes, die sich im Wechsel leeren und füllen.
Der Allerchristlichste König ist, wie ich, bald traurig, bald fröhlich. Wenn Melancholie ihn überkommt, suche ich Zuflucht bei kleinen Liedern, die er sehr liebt; wir singen und wirken zufrieden. Der göttliche Jélyotte ist stets die Seele dieser intimen Konzerte; für einen Augenblick ist er unser Entzücken, so wie er das von Paris ist. Er verfehlt es nie, den Geist des Fürsten wieder aufzuheitern und zu beruhigen; und eben dadurch ist er oft die wichtigste Triebfeder für die größten europäischen Staatsgeschäfte; denn ein Monarch, der in seiner Melancholie alles verweigert, macht alle Zugeständnisse, sobald diese Dämpfe sich verflüchtigt haben.

Sie, meine werte Comtesse, Sie sind vielleicht ausgeglichener und glücklicher: aber seien Sie gewiß, daß ich Sie, ob betrübt oder beschwingt, immer mit derselben Zärtlichkeit liebe. Monsieur le Comte wird das Kommando im Elsaß bekommen, bitten Sie ihn, mich gleichfalls zu lieben, und mir nicht mehr zu grollen.

Comtesse de Noailles: Gattin des Comte de Noailles, des Gouverneurs von Versailles. – *Volto senza senno:* Gesicht ohne Verstand. – *Der göttliche Jélyotte*: der Sänger war bereits der Gesangslehrer von Mademoiselle Poisson gewesen.

23. An den Marquis de Lugeac *(1747)*

Der König hat Ihrem Sohn in Anbetracht Ihrer geleisteten Dienste und seines eigenen Verdiensts wegen eben ein Regiment gegeben. Kommen Sie alle beide, um dem guten Fürsten zu danken und Ihre Freunde zu sehen. Ich denke auch an Mademoiselle de Lugeac: doch ist sie noch zu jung, um ihr eine Abtei zu überantworten. Frauen und insbesondere Nonnen sind schwieriger zu regieren als Männer; und diese demütigen *Bräute Jesu Christi* verstünden sich nicht darauf, ihre Äbtissin zu respektieren, es sei denn, sie hätte Runzeln. Dennoch soll Ihre Tochter nicht bis dahin warten: ihre Tugendhaftigkeit und Besonnenheit müssen bei ihr das mangelnde Alter aufwiegen: im übrigen wird sie noch zeitig genug altern. Ich grüße Sie, Monsieur le Comte; es wird mir immer eine Ehre und Freude sein, Ihnen zu dienen.

Etc.

Marquis de Lugeac: des Sohn des Marquis, Charles Antoine, wurde zum Brigadier ernannt, später zum Generalleutnant. 1754 heiratete er auf Betreiben der Marquise die älteste Tochter ihrer Schwägerin Victoire de Baschi, geborene Le Normant.

24. An die Marquise de Châtelet (1747)

Es ist vielmehr an mir, Madame, Ihnen für eine Gelegenheit zu danken, Ihnen in der Person des jungen Grafen behilflich zu sein. Meine Wertschätzung für Sie und für ihn machten es mir zur Pflicht, die zu erfüllen ich bestrebt war.
Erlauben Sie mir im selben Atemzug, meinem Geschlecht ein Kompliment zu machen, das durch Sie und Ihre Fähigkeiten eine Ehrung erfuhr, auf die Männer eifersüchtig sein müssen. Als Newton mit seinen feinsinnigen Entdeckungen Europa verblüffte, hätte er sich niemals vorgestellt, daß eine Französin, berühmt durch ihren Rang und ihre Schönheit, nicht bloß fähig wäre, ihn zu begreifen, sondern sogar ihn zu erläutern; das macht deutlich, daß Geist kein Geschlecht kennt. Während der ingeniöse Voltaire Sie besingt und Frankreich Sie bewundert, gestatten Sie, daß eine Frau, die nichts weiß, doch voller Hochachtung vor dem Wissen ist, der gerühmten und charmanten *Émilie* jenen aufrichtigen Beifall zollt, den bald ganz Europa ihr spenden wird. Etc.

Marquise du Châtelet: Émilie le Tonnelier de Breteuil, Marquise de Châtelet, 1706-1749, war eine europäische Berühmtheit. Sie war wissenschaftlich tätig und verfaßte eine Untersuchung *Über das Feuer.* Mit ihrer Übersetzung von Isaak Newtons *Principia mathematica* bahnte sie der empirischen Physik auf dem europäischen Festland den Weg. Die Marquise lebte auf Schloß Cirey in Lothringen im Dreiecksverhältnis mit ihrem Mann und Voltaire. Das interessante Leben auf Cirey zog stets viele Besucher an. Ein Schreiben dieser herausragenden Frau an die andere, ihr ebenbürtige ist nicht überliefert. Antwortbriefe an die Marquise finden sich ab 1749.

Im Österreichischen Erbfolgekrieg tauschen Sieger und Besiegte in Italien ihre Rollen:

25. An den Marschall de Boufflers (Juli? 1747)

Sie haben unsere Hoffnungen nicht enttäuscht, Monsieur le Duc. Ich habe gerade Ihren Brief mit der Nachricht von der Befreiung des belagerten Genua erhalten. Ich bin damit so-

fort zum König geeilt, der mir versprochen hat, Sie zu belohnen. Sie loben die Genueser sehr und sagen, daß sie Ihnen mit aller Kraft beigestanden hätten: das überrascht mich nicht im geringsten; es interessiert jeden mehr als seinen Nachbarn, sein eigenes Haus zu verteidigen.
Ich bewundere wie Sie die Tat des Gouverneurs von Savona, der aus Treue zu seinem Vaterland dem Senat nicht gehorchen und seine Stellung nicht räumen wollte: solches Handeln wäre eines Römers würdig gewesen, und dabei ist es ein Italiener und Genueser, der es vollbracht hat.
Sie haben recht, nunmehr daran zu denken, den Staat Genua gegen eine neuerliche Aktion seitens der Österreicher zu rüsten und ihnen dort den Zugang zu versperren. Aber trotz all Ihrer Vorsorge und der guten Absichten des Königs wird es schwer sein, in Italien die Ruhe aufrechtzuerhalten: dies ist noch niemals gelungen, weil es sowohl das schönste wie das schwächste Land Europas ist: stets weckte es die Gelüste der großen Nationen, und sogar wenn diese dort Krieg vermeiden wollen, würden die Italiener selbst dies vereiteln. Da sie arm sind, brauchen sie fremde Armeen, die sich bei ihnen die Gurgel durchschneiden und Geld bringen. Genau deswegen haben sie unseren Truppen immer die Pforte dieses irdischen Paradieses geöffnet, das von Teufeln bewohnt ist und mit Fug und Recht *das Franzosengrab* genannt wird.
Der Senat hat nur seine Pflicht erfüllt, als er Sie zum genuesischen Nobile erhob: in Wahrheit ist dies eine mäßige Ehre; der Ruhm indes, den Sie sich erworben haben, und die Hochachtung des Königs sind weit mehr wert.
Würden Sie bitte, falls der Infant durch Genua reist, ihm meinen untertänigsten Respekt übermitteln? Nun wird er sich in Ruhe einrichten können: er ist dessen höchst würdig. Empfangen Sie, Monsieur le Duc, meine guten Wünsche und Komplimente; niemand ehrt Sie mehr als ich.

Duc de Boufflers: erreichte der Dank aus der Regierungszentrale den Marschall noch? Kurz nach seinem Einzug in Genua erlag er dort den Pocken. – *Senat:* Behörde der Republik Genua, die bis 1815 bestand. – *Nobile:* Edler, Adelsprädikat. – *Der Infant* (verheiratet mit Marie Louise Elisabeth, *Madame Première*): der »glanzlose« Schwiegersohn Ludwigs XV., der 1748 das Herzogtum Parma-Piacenza-Guastalla in Besitz nahm.

Ich danke Ihnen sehr für Ihren Brief und die Groteskfiguren. Dieser Raux ist ein bewundernswerter Mann; seine Emaillegestalten werden so in Mode kommen wie die Hampelmänner; doch die werden nicht so lächerlich wirken.
Die arme Marquise de Pouange ist geradezu Hals über Kopf gestorben: das wird die hübschen Frauen, die sich wohlauf fühlen, erzittern lassen. Zwei Tage zuvor war sie auf dem Ball; als sie nach Hause kam, legte sie sich sofort ins Bett und begann zu träumen. Sie erblickte also ihre Mutter als großes weißes Phantom in traurigem Totenschmuck, das ihr winkte zu folgen. Sie erwachte völlig entsetzt, rief ihre Frauen herbei, und erzählte ihnen ihr Traumbild, das diese als Wahnvorstellung abtaten: aber sie war in Schrecken versetzt. Sie bekam einen Fieberanfall, dann einen zweiten, der sie irre reden ließ, und nun hat sie ihre schöne Seele Gott zurückgegeben. Ich hoffe, Gott hat sie mit offenen Armen empfangen, war sie doch sanft und tugendhaft. Der Marquis, der sie anbetete, ist untröstlich: ich bedauere nicht die Verblichenen, sondern die, die weiterleben und zartfühlend sind.
Ich lese Ihr Schreiben abermals mit diesem süßen Wohlgefallen, das dem Briefaustausch mit wahren Freunden beigemischt ist; doch ich erröte bei dem Lob, das Sie mir spenden. Achten Sie mich, wenn Sie mich dessen für würdig halten; aber sagen Sie es mir nicht, das ist unnötig.
Ich zähle darauf, Sie nächsten Samstag im Theater in meiner Loge zu sehen. Es soll *Zaïre* gegeben werden; dieses Stück ist ein Meisterwerk: es ist uns besonders angemessen, denn es ist das Stück der empfindsamen Seelen. Adieu, *cor mio*, bleiben Sie wohlauf, ich umarme Sie.

Zaïre: Tragödie von Voltaire aus dem Jahr 1732.

General Brown war also gezwungen, über den Var zurückzuweichen, und dafür sind wir Ihnen verpflichtet, wie auch Don Phillip, der bei dieser Gelegenheit, sagen Sie, wie ein einfacher Freiwilliger seinen Mann gestanden hat. Mich wundert das nicht: in ihm fließt Bourbonenblut. So hat sich denn das schöne Vorhaben des Königs von Sardinien, in die Provence einzudringen, in Schall und Rauch aufgelöst. Die Franzosen sind unbesiegbar, wenn sie von Männern wie Ihnen befehligt werden und vor allem, wenn man sie in ihrer Heimat angreift: Karl V. hat das lange vor dem Savoyer erfahren. Sie haben den Tod Ihres Bruders gerächt: dieser Sieg wird den König die unselige Geschichte bei Exiles vergessen lassen.

Frankreich ist jetzt in sämtlichen Teilen Europas, in die man den Krieg getragen hat, siegreich. Aber, ach! auf den Meeren haben die Engländer nun die traurigen Reste unserer Marine endgültig vernichtet. Ich befürchte sehr, daß soviel Blut und verschwendete Reichtümer in diesem Krieg mit so lachhaften Ursachen und so grausamen Ergebnissen am Ende nicht den geringsten Vorteil bringen; und daß der König gezwungen sein wird, für seine Kolonien seine Eroberungen in Europa zurückzugeben. Jedesmal wenn die Engländer uns auf ihrem, wie sie es nennen: eigenen Element schlagen, bin ich sozusagen bereit, das Angedenken des Kardinals de Fleury zu verfluchen: dennoch bitte ich Gott um Vergebung, denn er war Priester. Seine schüchterne Politik und seine lächerliche Knauserei brachten es fertig, Frankreichs Ansehen als Seemacht zugrunde zu richten. Er mochte weder Krieg noch Ausgaben: er hatte diesen Sparsinn, der bei der Haushaltsführung einer Familie vorzüglich, bei der Lenkung der großen Staatsfamilie jedoch oft höchst schädlich ist, wo man auch auszugeben und sogar Verluste einzukalkulieren verstehen muß. Es heißt, die Engländer hätten ihn sehr geachtet: das glaube ich gerne. Aus Angst, sie zu erzürnen, hat er unsere Schiffe in unseren Häfen verfaulen lassen; dies war ein todsicheres Mittel, diesen Ehrenmännern zu gefallen. Die Herrschaft der Priester ist für Frankreich immer mehr oder weniger unheilvoll gewesen, vielleicht auch in anderen Staaten: sie sind dazu geschaffen, zu Gott zu beten, und nicht, Menschen zu regieren: sind Sie nicht meiner Meinung?

Geben Sie auf sich acht, Herr Marschall, und seien Sie zufrieden: alle Welt schätzt Sie und ich mehr als andere. Hätte man dem glücklosen Monsieur Foucquet gesagt, daß sein Urenkel nicht nur ein großer Herr, sondern zudem ein großer Mann würde, hätte er seinen Kerker womöglich geduldiger ertragen. Ich grüße Sie aufrichtig und wünsche Frankreich viele Männer, die Ihnen gleichen.

General Brown: Maxim Ulisses Graf von Browne, österreichischer Generalfeldmarschall, der an der Seite der sardisch-savoyischen Verbündeten Maria Theresias in Frankreich eindringen wollte. – *Karl V.:* Kaiser Karl V. hatte in vier Kriegen gegen Frankreich um Burgund und Italien gekämpft. – *Exiles:* s. Anmerkung 13. Brief.– *Monsieur Foucquet:* Generalkontrolleur der Finanzen unter Ludwig XIV.; der stolze Schöngeist mit dem Wahlspruch »Bis wohin steigt er nicht?« beleidigte mit seiner Prachtentfaltung den jungen Sonnenkönig; Foucquet wurde verhaftet. Nach einem Prozeß wegen Unterschlagung wurde er wahrscheinlich der ›Gefangene mit der Eisernen Maske‹.

28. An den Chevalier de Sade *(1747)*

Ich habe dem König sofort die gute Nachricht überbracht, die Sie mir geschickt haben und für die ich Ihnen danke. Er rechnete zuerst nicht damit, daß ein Ort wie Antibes, ohne Festungswerke und bloß mit einer Handvoll Männer zu seiner Verteidigung, sich auch nur vierundzwanzig Stunden gegen eine starke Armee halten könnte. Sie haben indes einer vierzigtägigen Belagerung standgehalten und den Feind schließlich zum Abzug gezwungen. Wenn diese Tat auch nicht die wichtigste des Krieges ist, so ist sie dennoch um nichts weniger bewunderungswürdig. Der König wird Ihnen sobald als möglich Zeichen seiner Anerkennung zukommen lassen; und falls ihm hierin eine Vergeßlichkeit unterlaufen sollte, verspreche ich Ihnen, ihn daran zu erinnern. Ich, Monsieur le Chevalier, werde es immer als meine Pflicht betrachten, dem

Verdienst und der Tapferkeit dienstbar zu sein: hieraus mögen Sie erkennen, wie ich Ihnen gesonnen bin.

»Im April 1747, als die Opernsaison mit *Das Galante Jahr* eröffnet wurde, zeigte sich Mme. de Pompadour in der Loge des Königs... Die Zuschauer grüßten die junge Marquise ehrerbietig, bevor die bezaubernde Musik von Mion begann, den sie förderte. Jeanne-Antoinette erschien im Dezember abermals zu *Atys* von Lully. Nach dem Sinken des Vorhangs wurde ihr bis zu ihrem Aufbruch applaudiert. Die Pariser dankten ihr für ihren wohltuenden Einfluß auf Ludwig XV. und die Aufmerksamkeiten, die sie ihm hinsichtlich der Königin eingab.« (Danielle Gallet)
Im selben Frühjahr ist England siegreich auf den Meeren:

29. An den Marineminister Monsieur de Maurepas *(1747)*

Ich habe Ihren Brief eiligst geöffnet, da ich glaubte, es wäre die Nachricht von einem Sieg, doch es war die einer Niederlage. Dieser unglückliche Schlag bedeutet das Ende der restlichen französischen Flotte und unserer Hoffnungen. Dennoch, einen Funken Trost gibt es: Monsieur de la Jonquière hat kühn gefochten; doch, ach! er hatte es mit Engländern zu tun. Man kann sagen, es ist alles verloren, bis auf die Ehre. Ich glaube, für diese unaufhörlichen Erfolge des Feindes zur See kennt die Geschichte kein Beispiel: allein für ihn ist das Glück nicht unbeständig. Es gibt in Europa heutzutage nur zwei große Völker: es scheint, das eine ist dazu bestimmt, die Herrschaft über das Meer, das zweite die über das Festland zu besitzen; wir müssen uns in Geduld fassen.
Ich sehe voraus, daß Frankreich gezwungen sein wird, einen ehrlosen Frieden zu schließen und die flämischen Eroberungen herauszugeben: das Elend im Königreich, die Schwierigkeit weiterer Aushebungen und die Hartnäckigkeit der Verbündeten, die über mehr Geld und Zähigkeit verfügen, werden ihn bald unumgänglich machen. Der Marschall von Sachsen rühmt sich schon jetzt, im kommenden Feldzug

Holland zu erobern und auf den Wällen Amsterdams das Lilienbanner zu hissen. Um Ihnen die Wahrheit zu sagen, ich glaube nichts davon und ersehne das auch gar nicht. Diese Eroberung, vorausgesetzt, sie sei möglich, wäre höchst gefährlich: Ludwig XIV., dem sie gelang, mußte sie fast sofort wieder aufgeben: das einzige, was er dabei gewann, war die nichtige Ehre, in Utrecht öffentlich die Messe zelebrieren zu lassen: ein gutes Lehrstück für seinen Nachfolger. Ich bin der festen Überzeugung, daß die Regierung Ludwigs XV. niemals auf Eroberungen zielen wird: die Franzosen unserer Zeit unterscheiden sich zu sehr von denen des vergangenen Jahrhunderts. Ich wiederhole es noch einmal: wir brauchen Frieden; unsere Flotte ist vernichtet; wir sind erschöpft an Truppen und Geld, und wir haben mächtige Feinde. Sie, Monsieur, der Sie im Rat den ersten Platz innehaben und ihn durch Ihre Erfahrung und Ihre Kenntnisse auch verdienen, tragen Sie dazu bei, den Franzosen diesen Frieden zu verschaffen, den sie so dringlich brauchen und der das Allerkostbarste ist, was ein guter König Untertanen, die ihn lieben, geben kann.

Maurepas: Jean-Frédéric Phélypeaux, Comte de Maurepas, 1701-1781, wahrscheinlich auch Verfasser von Schmähgedichten auf die Marquise, 1749 durch sie verbannt, 1771 als Leitender Minister wieder eingesetzt. *Monsieur… hatte es mit Engländern zu schaffen:* ein Schiffskonvoi für Quebec unter Admiral La Joncquière war am 3. März 1747 bei Cabo Finisterre von den Briten vernichtet oder gekapert worden.

Das Sterben von Soldaten unter wechselnden Feldherrn, die kaum einer nationalen Idee, sondern den Beschlüssen wechselnder Kabinette folgten, fand noch weitgehend getrennt vom zivilen Leben statt. Neue Flaggen über den Städten und Landstrichen bedeuteten selten tiefgreifende Einschnitte. In der Hauptsache flossen die Steuern in andere Kassen. Ähnlich übernational verliefen die Verheiratungen zwischen den Dynastien. Die Ehe des französischen Thronfolgers mit der sächsischen Prinzessin Maria-Josepha war mit drei Söhnen gesegnet, deren Bedeutung bis ins 19. Jahrhundert reichte: Ludwig XVI., Ludwig XVIII., dann Karl X., der im Verlauf der Revolution von 1830 abdankte.

Acht Tage lang bin ich glücklich gewesen, das heißt die ganze Zeit, in der ich Sie gesehen habe: nun bin ich wie gewöhnlich wieder trübselig: ich kann Ihnen sagen, daß ich, trotz der Gunst und Wertschätzung durch einen großen Fürsten, zum Ärger der Großen dieser Welt manchmal nahe daran bin, den Hof zu verlassen, um mich in Zurückgezogenheit mit meinen Freunden zu trösten. Meine Schwachheit hält mich zurück: ich hasse diese Welt und kann ihr doch nicht entsagen.

Wie finden Sie die neue Dauphine? Schön ist sie nicht; aber sie besitzt Verstand, Anmut und dazu etwas, ich weiß nicht was, das mehr gefällt als Schönheit. Ihr illustrer Gatte ist zu fromm: wir werden sehen, ob sie ihn von diesem Gebrechen kleiner Seelen heilen wird, das einen Fürsten unfehlbar zu einem Verfolger und seine Untertanen fanatisch macht. Ich kenne keinen wahrhaft großen König, der gefrömmelt hätte: der gute Heinrich IV. jedenfalls nicht. Wir wollen Gott und die Tugend lieben: die Andachtsexerzitien sollten wir den Mönchen überlassen.

Die Dauphine hat einen deutschen Jesuiten mit Namen Pater Croust mitgebracht, der ihr Beichtvater ist: es handelt sich wahrscheinlich um das dümmste und fadeste Tier, das jemals aus dem Heiligen Germanischen Reich importiert worden ist. Sie vertraut ihm indes vollkommen; das läßt mich das Schlimmste befürchten.

Doch apropos Dauphin, ich habe Ihnen wohl nie von dem Vorfall erzählt, der sich, es ist gar nicht lange her, in Versailles zugetragen hat. Eine Frau aus Paris, schwanger, war versessen darauf, den jungen Prinzen zu umarmen, der, in der Tat, schön wie Gott Amor ist: ein Offizier kümmerte sich darum, sie vorzustellen; doch als der Dauphin sah, daß ihre Brust unbedeckt war, wandte er sich um und schlug ihr höchstselbst die Tür vor der Nase zu. Sie sehen, daß die Frömmigkeit ihn fast schon zum Grobian gemacht hat.

Ich war gestern verblüfft, die junge Dauphine mit den Armbändern der verstorbenen Infantin zu sehen, in denen ihr Miniaturporträt eingearbeitet ist: der Dauphin hat sie gebe-

ten, sie anzulegen, was ihr keine große Freude bereitet; solches Verhalten ist fürwahr nicht galant.
Es regnet immerfort, und ich werde keine frische Luft schöpfen können. Es bleibt mir nichts, als in meinen Gemächern zu bleiben und meine Tauben zu kosen. Auch an Sie denke ich, meine schöne Comtesse. Adieu.

Heinrich IV.: 1533-1610, ermordet durch den katholischen Fanatiker Ravaillac. – *Pater Croust:* durch die vielleicht eigenwillige Schreibweise nicht näher identifizierbar. – *Verstorbene Infantin:* erste, spanische Frau des Dauphin.

Wir wissen manchmal nicht, ob Stunden, Tage oder Wochen zwischen den Briefen liegen:

31. An dieselbe *1747*

Haben Sie vom Untergang des persischen Tyrannen, des nur allzu berüchtigten Thamast Kouli-Khan gelesen? Er wurde in seinem eigenen Palast von seinen Garden abgeschlachtet. Diesen Mann, so berühmt durch seinen Mut und seine Verbrechen, hat das verdiente Los ereilt: eine schöne Lektion für die Ehrsüchtigen. Drei Reisende entdeckten eines Tages einen Schatz; einer von ihnen zog los, um Lebensmittel zu holen und vergiftete sie, um sich seiner Kameraden zu entledigen und alleiniger Besitzer des Schatzes zu werden. Die aber beschlossen zur selben Zeit, ihn umzubringen, und vollbrachten es, als er zurückkam; dann begannen sie zu verspeisen, was er herbeigeschafft hatte: auch sie fanden den Tod, den sie verdienten. Getreues Sinnbild für Resultate des Ehrgeizes. O Eitelkeiten, menschliche Größe, glanzvolle Wahnbilder! Ich verabscheue euch aufrichtig; aber, wehe! noch habe ich nicht den Mut, euch zu hassen.
Man sinnt fortwährend auf Frieden. Der König macht sehr vernünftige Vorschläge: doch die Engländer machen sich darüber nur lustig, wollen mit uns wie mit Besiegten verhandeln. Die Verhandlungen in Breda haben bis jetzt nur eine

Menge schöner Ansprachen und Komplimente hervorgebracht; wir hoffen dennoch weiter.
Falls Sie dem schönen Marquis schreiben, sagen Sie ihm, er solle sich aus Liebe zu Ihnen und seinen Freunden nicht übermäßig der Gefahr aussetzen; denn Kanonen achten nicht darauf, wen sie treffen. Adieu, ich breche gleich nach Marly auf, es ist ein bezaubernder Ort, doch Ihre Anwesenheit würde ihn noch reizender machen.

Etc.

Kouli-Khan: der Eseltreiber war unter Schah Thamasip zum Feldherrn aufgestiegen. Er entthronte den Herrscher und ernannte sich selbst 1732 zum Schah Nadir. Schließlich wurde er von Verschwörern ermordet. – *Marly:* Pavillonschloß bei Paris, für die ›Dienstagsausflüge‹ des Sonnenkönigs erbaut. Lediglich Teile der Treppen und das Fundament sind erhalten geblieben.

Solche Schreiben hatte der erprobte Kriegsminister *d'Argenson-la-Guerre* nie zuvor bekommen:

32. An den Kriegsminister Monsieur d'Argenson *(1747)*

Die Engländer haben also ihren Vertrag mit den Wilden Rußlands erneuert, wodurch diese sich verpflichten, ihnen gegen Geld dreißigtausend Mann zu liefern. Sie gleichen den deutschen Fürsten, jedermanns Freunde, wenn man sie bezahlt. Ich weiß allerdings nicht, was die Verbündeten mit diesen Barbaren anfangen wollen. Der König von Preußen wird sie nicht ungestraft durchziehen lassen, und ich wage zu behaupten, daß sie niemals nach Flandern kommen werden, es sei denn, sie erreichen es über das Meer, auf englischen Schiffen, was kaum durchführbar ist; oder sie bewältigen die Reise auf einem Mühlstein, wie ihr großer Heiliger Nikolaus.
Nichtsdestoweniger erachte ich diese Bündnisse mit den Russen für sehr gefährlich und folgenschwer. Diese Nation, die vor hundert Jahren im übrigen Europa noch so unbekannt war wie die australischen Länder, wird nach und nach

kämpferisch werden und durch den Dienst bei den unterschiedlichen Mächten, welche sie benutzen, militärische Disziplin erlernen: bald wird sie in der Lage sein, ihre Lehrmeister zu schlagen und Furcht und Schrecken zu verbreiten. Man könnte durchaus eine neue Sintflut von Barbaren prophezeien, die aus den Höhlen Sibiriens hervorkommen, befehligt von einem neuen Attila, und Europa überschwemmen. Gott verschone uns davor!

Ich liebe die Politik nicht. Aber da mir mein besonderes Los ihr Studium unerläßlich macht, bitte ich Sie, mich weiterhin anzuleiten. Alles in allem stelle ich mir vor, daß man nur ein gerüttelt Maß an Redlichkeit und gesundem Menschenverstand braucht. Was jene Politik betrifft, die lehrt, die Menschen hinters Licht zu führen und sie unglücklich zu machen, so bedarf ich ihrer nicht, und Sie sind unfähig, sie mir beizubringen.

Ich verbleibe etc.

Der König von Preußen: Friedrich II. der Große; als er das habsburgische Schlesien überfiel, war er mit Frankreich verbündet. Später kämpfte Friedrich gegen »die drei Unterröcke«: Maria Theresia, die Zarin Elisabeth und die Pompadour. Besonders gegen letztere entfaltete die preußische Propaganda, dann auch die deutsche Geschichtsschreibung, eine Denunziationskampagne von bleibender Wirkung.

33. An die Comtesse de Noailles *(1748)*

Was treiben Sie die ganze Zeit, meine teure Freundin? Sind Sie glücklich und zufrieden? Ich für mein Teil bin mir sicher, daß, falls es auf Erden ein Glück gibt, man es nicht an den Höfen suchen darf. Es scheint hier die Höhle des Trophonios zu sein: nie lacht man hier aus vollem Herzen. Ich finde hier nur falsche Freude, falsche Vergnügungen und falsche Freunde, die mich im Umarmen umzubringen versuchen. Ich stelle alles mögliche an, um meinen Trübsinn zu verscheuchen: aber Heiterkeit ist ein Geschenk Gottes, das er niemals mit dem Ehrgeiz verbindet; Ausgelassenheit ist mir so abhanden gekommen wie Madame de Percival die Schönheit und der Verstand dazu.

Ich danke Ihnen für Ihre Kantaten; Musik und Verse sind sehr schön; doch im Moment habe ich keine Lust zu lachen. Sind Sie bei Martin gewesen, um, wie Sie sagten, meine neue Karosse zu begutachten? Ich habe ihm verboten, sie mit lüsternen Malereien zu verschandeln, die anständige Menschen nicht ohne Erröten ansehen können. Sie sind jedoch heute in Mode; aber was schert mich die Mode: umsichtige Frauen werden mich deswegen nur um so mehr achten. Der König hat mir sechs schöne Berberpferde geschenkt: der gute Fürst! er ist es würdig, geliebt zu werden!

Nebenbei, stimmt es denn, daß ein Blinder die Prinzessin de Conti, als sie kürzlich zur Messe bei den Theatinern war, um ein Almosen bat und dabei jammerte, *er hätte alle Freuden dieser Welt verloren*; worauf sie sich zum Comte de Clermont umgewandt und gesagt haben soll: »Ist der Mann ein Eunuch?« Eine recht beschwingte Überlegung, besonders in einer Kirche.

Ich bekam gestern Besuch von der schönen Herzogin, die mich von Ihnen grüßte, und ich umarmte sie für ihre Mühe. Sie denken also immer an mich? Das ist recht so: nächsten Sonntag wird es achtundzwanzig Jahre her sein, daß eine gewisse Person das Licht dieser Welt erblickte, die dazu bestimmt ist, Sie zärtlich zu lieben.

Ich bitte Sie, Madame de Nanteuil in meinem Namen herzlichst die Wange zu küssen: letztendlich kann ich mich doch glücklich schätzen, Freundinnen wie Sie zu haben.

Etc.

Trophonios: Das Orakel des Erdgottes Trophonios in Böotien erteilte so furchtbare Weissagungen, daß die Besucher seiner Höhle nie wieder lachen konnten. – *Madame Percival... Schöne Herzogin...:* von den etwa 10 000 Personen, die in Versailles lebten, sind viele der Damen und Herren nicht mehr nachweisbar.

Versailles war der Mittelpunkt der Macht und des Glanzes. Über das Leben der Adligen auf dem Lande, in den Schlössern und Burgen ihrer Ahnen berichtet der Dichter Chateaubriand: »Der Erstgeborene erhielt zwei Drittel, während sich die übrigen das letzte Drittel eines Erbes teilen mußten. Schließlich kam es dazu, daß die jüngsten Söhne der jüngeren Söhne sich eine Taube, einen Hund, eine Flinte und ein Kanichen zu teilen hatten.« Für die Töchter dieser verarmten Elite blieb zumeist nur das Kloster. Auf die Söhne war folgender Vorschlag zugeschnitten:

34. An den Kriegsminister Monsieur d'Argenson *(1748)*

Mir wurde eine Denkschrift über die Einrichtung einer Militärschule überreicht, die ich Ihnen schicke, da es sich um eine Angelegenheit Ihres Ministeriums handelt. Es ist durchaus nicht, wie Kardinal Dubois angesichts der Projekte des Abbé de Saint-Pierre meinte, »die Träumerei eines einfältigen Bürgers«. Mir scheint vielmehr, daß dies eine sehr brauchbare und sehr nützliche Institution wäre. Die Provinzen sind voller armer Edelleute, die in Schmach und Elend leben: man kann ihnen helfen, indem ihre Kinder zum Dienst für König und Staat erzogen werden. Der französische Adel ist der tapferste Europas, und es war stets offenkundig, was er vermag. Doch unsere armen Krautjunker, die nur einen Degen und Mut haben, sind für den Staat verloren, da sie zu mittellos sind, um als Offiziere zu dienen, und den Soldatendienst verachten sie. Ich glaube daher, daß das Vorhaben, sie über ihre Söhne nützlich zu machen, Aufmerksamkeit verdient. Wenn man beständig ein Corps von fünf- bis sechstausend jungen Männern unterhielte, die in allen Bereichen der Kriegskunst sorgfältig von den besten Lehrern unterrichtet würden, ergäbe das eine Pflanzstätte guter Offiziere, bei denen Wissen die Erfahrung aufwöge und die diesen kleinen wohlgepuderten Herren weit überlegen wären, die tagein tagaus in Ihrem Amt vorsprechen und für den Leutnantsrang kein anderes Verdienst mitbringen als ein wenig Geld und viel Anmaßung.
Ich habe noch nicht mit dem König über diesen Plan gesprochen, der mir klug und von größter Wichtigkeit zu sein scheint; zuvor möchte ich Ihre Meinung hören. Bedenken Sie, Monsieur, daß wir mit den Engländern Krieg führen und daß wir ihn aufgrund der Rivalität und Antipathie der beiden Nationen fast immer führen werden. Es sind dies die

einzigen Feinde, die Frankreich immer fürchten sollte und gegen die es sich gar nicht genug wappnen kann. Mit anderen Völkern führen wir Krieg um des Ruhmes willen, aber mit den Engländern, um fortbestehen zu können. Es lassen sich also gar nicht genug Vorsichtsmaßnahmen gegen solche Rivalen ergreifen, die mit aller Gewalt die Schiedsrichter Europas sein wollen und die infolge ihrer Tapferkeit und ihrer Reichtümer weit mehr zu fürchten sind, als es das Haus Österreich jemals war.
Ich bitte Sie, sich an den kleinen Saint Marc zu erinnern, von dem ich Ihnen schon erzählt habe. Wenn Sie ihn genau prüfen, werden Sie befinden, daß er würdig ist, dem König zu dienen, und ihm, eher seines Verdiensts als meiner Empfehlung wegen, den Posten zuzubilligen, um den er nachsucht.

Ich verbleibe etc.

Militärschule: ein Lieblingsprojekt der Marquise de Pompadour, deren Erfindung aber auch dem Kriegsminister zugeschrieben wird. Die bis heute fortbestehende und berühmte *École Militaire* wurde tatsächlich 1751 gegründet; s. auch S. 403 ff.

35. An Monsieur de Chevert, Generalleutnant *(1748)*

Ich habe für Sie, Monsieur, das kleine Gouverneursamt bekommen, das Sie wünschten; diese Bevorzugung hat zu einigem Gerede bei Ihren Rivalen geführt; schon das hätte mich am nachhaltigsten für Sie einnehmen müssen, wenn nicht bereits der Marschall von Sachsen Sie mir gegenüber oft als einen der besten Offiziere der Armee erwähnt hätte. Man wandte ein, daß Sie aus Not Soldat wurden, kein Mann von hoher Geburt wären. Das zeichnet Sie um so mehr aus: Ihr Verdienst ist, anders als bei anderen, persönlich. Es wird mir immer eine Pflicht sein, Ihnen und Ihresgleichen dienstbar zu sein: daran mag man erkennen, daß eine Frau, die so bitter und ungerecht angeklagt wird, Verdienst und Tugend zu ehren versteht. Danken Sie vor Ihrer Abreise dem König: auch ich werde Sie mit Freude empfangen, aber unter der Bedingung, daß Sie sich nicht bedanken.

Ich verbleibe etc.

Bitter und ungerecht angeklagt wird: mit ihrer Macht wuchs auch die Polemik gegen die *Kurtisane des Königs*: *Poissonaden* erschienen, *Fischgesänge* über das ehemalige *Fräulein Fisch*, in denen es hieß: »Eine kleine Bürgerin mit ziemlich flatterhaftem Sinn .../macht aus dem Hof 'nen Schweinestall.«

Nach jahrelangem Kampf zwischen Preußen und Frankreich gegen Österreich und England um den Besitz von Schlesien und die Vormacht in Europa, sowie um die Kolonien in Asien und Amerika, bahnt sich, dank verschiedener ›Vorstöße‹ der Feindparteien, 1748 der Friedensschluß von Aachen an.

36. An den Kriegsminister Monsieur d'Argenson *(1748)*

Dieser neue Vorstoß des Königs von Preußen erfreut, aber überrascht mich nicht: er versteht sich ebensogut auf seine eigenen Vorteile wie auf die Kriegskunst; so wollen wir unsere auch nicht hintanstellen. Ich habe vorausgesagt, daß die Verhandlungen mit Schweden zu nichts führen werden, und meine Prophezeiung hat sich erfüllt. Indem sie sich ihre Freiheit erkämpften, haben die Schweden ihren Ruhm verloren: sie sind so lange der Schrecken des Nordens gewesen, wie sie Sklaven ihrer Könige waren: jetzt leben sie frei, jetzt sind sie nichts mehr; das scheint mir zu beweisen, daß die Freiheit, um es so auszudrücken, ein besonderes Fleisch ist, das nicht jedem Magen bekommt. Vor allem uns nicht: die Franzosen brauchen einen Herren, und sie können sich glücklich preisen, einen guten zu haben.
Soeben habe ich die Bittschrift eines Proviantlieferanten erhalten, die ich Ihnen schicke, da dergleichen Angelegenheiten in Ihr Ressort fallen. Er beklagt sich, der Marschall von Sachsen sei zu streng; zweifelsohne weil er diesen ehrenwerten Leuten nicht gestattet, nach Belieben zu stehlen. Antworten Sie diesem Wicht, wie er es verdient. Ich bewundere die Frechheit dieser Raffer, die mit ihren kleinlichen Eigennützigkeiten die Regierung zu behelligen wagen: wenn der König ein Schiff nach China schickt, kümmert es ihn da, ob den Mäusen wohl ist?

Ich habe hier einen jungen Mann aus guter Familie, der mir empfohlen worden ist: er ist von angenehmer Gestalt, aber hauptsächlich ist er tapfer und imstande, gute Dienste zu leisten. Ich wäre sehr froh, wenn Sie etwas für ihn täten, und ich bitte Sie darum.

Die Schweden: die Stände in Schweden hatten dem Reichsrat nach 1720 verschiedene Freiheitsrechte abgetrotzt. – *Proviantlieferanten:* aus ihrer eigenen Familie wußte die Marquise über deren Finanzakrobatik und Bereicherung Bescheid. – *Junger Mann:* nicht identifizierbar.

37. An die Äbtissin von Saint-Antoine *(1748)*

Ich habe hochachtungsvoll den Brief Ew. Hoheit erhalten und würde Sie gerne trösten und Ihnen behilflich sein. Aber ich kann nichts unternehmen in dieser Affaire, die dem König in den schwärzesten Farben gemalt wurde. Man beschuldigt Sie, Ihre Nonnen zu tyrannisieren. Man sagt, daß Sie jeden Morgen in einem Bottich voller Milch badeten, die Sie sie nachher trinken ließen. Das wäre einer Prinzessin vom Blut der Bourbonen höchst unwürdig, und ich glaube es nicht. Aber unglücklicherweise wird es hier geglaubt, und der König ist äußerst verstimmt. Man hat also beschlossen, Sie von der Aufsicht über Ihre Mädchen zu dispensieren. Desungeachtet werden Sie Ihre Einkünfte behalten: bei rechtem Licht besehen, wäre ich beinahe versucht, Sie eher zu beglückwünschen als zu bedauern. Das Amt, fünfzig immer kummervolle und unzufriedene Mädchen zu lenken, ist höchst widrig, insbesondere für eine Person Ihres Rangs. Ich danke Ihnen ergebenst für Ihr Vertrauen in mich; ich habe versucht, mich dessen würdig zu zeigen. Wenn ich auch das Gewitter, das sich zusammenballte, nicht abwehren konnte, so ist es mir doch wenigstens geglückt, die Folgen zu mildern, wie Sie bald erfahren werden. Mein tiefer Respekt für Sie und das Geblüt, dem Sie entstammen, machten es mir zur Pflicht, die ich mich eifrig zu erfüllen bemüht habe.

Ich verbleibe etc.

Was haben Sie Madame de Fronlay angetan? Sie beklagt sich heftig über Sie. Dürfen Freunde denn einander ärgern? Sie hat mir Genaueres über Ihren Zwist berichtet: ich nehme es auf mich, Sie zu versöhnen und Sie sich in Arme fallen zu lassen, vorausgesetzt, daß Sie sie nicht als *häßlich* bezeichnet haben; unter Frauen ist dies unverzeihlich.

Der König reist morgen nach Compiègne, und ich soll ihn begleiten: aber ich trage dieselbe Melancholie überallhin; es ist leichter, die Umgebung als die Stimmung zu wechseln. Wer ist dieser Unverschämte, der, als er mich bei einem Spaziergang mit dem Marschall von Sachsen sah, ganz laut gesagt hat: »Da ist der Degen des Königs und seine Scheide?« Dieser üble Scherz hat sich schon in ganz Paris herumgesprochen, und ich zweifle nicht, daß er auch Ihnen zu Ohren gekommen ist. Ich würde den Urheber gerne wissen, nicht um ihn zu bestrafen, denn dergleichen Dummheiten beleidigen mich nicht, sondern um ihn zu bitten, in seine Scherze mehr Geist und Dezenz zu legen.

Ich bitte Sie, sich während meiner Abwesenheit die Gemälde von M. de Renusson anzuschauen und für mich zu kaufen, was Ihnen gefällt: ich verlasse mich auf Ihren Geschmack. Doch es gibt vor allem eine Arbeit, die ich sehr gerne hätte: den Raub der Proserpina; lassen Sie es sich nicht entwischen. Das ist mein erster Auftrag; der zweite, um dessen Erledigung ich Sie noch dringlicher bitte, ist, wohlauf zu bleiben und mich stets zu lieben. Adieu, meine Teure, ich wünsche und hoffe, Sie in Compiègne zu sehen, das wird der angenehmste Tag für mich sein.

Etc.

Spaziergang: der Zuruf in den Tuilerien ist eine der bekanntesten Bemerkungen über die *maîtresse-en-titre* geworden. – *Renusson:* in dieser Schreibweise nicht nachweisbar; es wird sich um Antoine Renousson, Erster Maler des Königs Stanislaus Leszczynski und Dichter der Tragödie *Die Witwe von Malabar* handeln.

Sie fragen mich, was ich tue, Madame la Duchesse. Ich langweile mich, und ich liebe Sie wie immer. Närrisch stellte ich mir einst vor, der Hof wäre der Ort des Lachens und der Freuden; es ist eher jener der Tränen, zumindest meiner. Ich habe sie heute aus Empörung vergossen, als ich meine Freunde, jene, denen ich mit aller Kraft gedient habe, sich gegen mich verschwören sah. Das wird mich indes nicht daran hindern, Gutes zu tun, gemäß dem Philosophenwort: *Gib den Hunden zu fressen, selbst wenn sie dich beißen.*
Ich bereue dennoch, zum Aufstieg einer gewissen Person beigetragen zu haben, die zu beidem unfähig ist, dem König gut zu dienen und dankbar zu sein; aber damals kannte ich den Betreffenden nicht.
Sie haben sicherlich von jenem Chamillard gehört, den Ludwig XIV. zum Kriegsminister machte, weil er gut Billard spielte. Ich habe in etwa das gleiche für diesen Mann getan; er hatte einzig das Verdienst, unterhaltsam zu sein, und jetzt ist er Staatssekretär.
Es gibt einen großen Mißstand in sämtlichen Regierungen: jedes Mitglied der Verwaltung sollte für immer auf demselben Posten bleiben, ohne Aufstiegshoffnung: anders läßt sich von ihm weder Gerechtigkeit noch Aufmerksamkeit erhoffen. Er kann die Pflichten des Amts, das er anstrebt, nicht erfüllen, weil er es noch nicht hat; die Obliegenheiten dessen, das er innehat, gleichfalls nicht, weil er es aufgeben möchte. Der Mann, um den es geht, bestätigt meine Anmerkung.
Man erwartet hier die Herzogin von Parma, und ich hoffe, daß ihre Gegenwart Heiterkeit an den Hof zurückbringen wird, wo nur mit gespitzten Lippen gelacht wird. Der König sagte mir gestern: *Ich habe viele Schmeichler, doch keine Freunde.* Das ist das Unglück der Fürsten; man betet sie an, aber selten liebt man sie.
Der junge Graf war da, um mir für das Regiment, das er bekommen hat, zu danken; es stimmt, daß ich ein Wort für ihn eingelegt habe, doch mehr noch hat sein eigenes Verdienst für ihn gesprochen, er erzählt von schönen Taten wie ein Mann, der sie auch bewerkstelligen kann.

Ich werde Sie vielleicht nächste Woche bei der schönen Comtesse treffen, die mich zu einem kleinen Fest eingeladen hat: es wird das Fest der Freundschaft und folglich sehr angenehm sein. Adieu, meine teure Herzogin; ich küsse Ihre schönen Hände.

Herzogin von Parma: die älteste Tochter Ludwigs XV., verheiratet mit Don Philipp von Parma, ›dem Glanzlosen‹. – *Der junge Graf:* nicht identifizierbar.

Zwei Jahre zuvor hatte der katholische Stuart-Prinz Charles Edward vergeblich versucht, in Großbritannien den Thron seiner Ahnen zu erobern und die protestantischen Hannoveraner zu vertreiben. Nach dem Gemetzel von Culloden, das auch das Ende von Schottlands Eigenständigkeit besiegelte, war der glücklose Prinz und Volksheld der Schotten nach Frankreich geflohen:

40. An die Marquise de Fontenailles *(1748)*

Der Hof ist ein gutes Land, um die Unglücklichen zu vergessen: schon spricht man nicht mehr von dem armen Thronanwärter, und vielleicht bedauere nur noch ich ihn. Es heißt, er bereise demnächst Deutschland, dieses Land des Hochmuts und des Elends, wo er bei jedem Schritt auf Fürsten und Bettler trifft. Er hat einen großen Plan im Kopf: ich wünsche, daß er gelingt, doch erwarte ich es nicht; Unglückliche haben keine Freunde. Der König hat ihm Wechsel in Höhe von sechshunderttausend Livres aushändigen lassen: ich wünsche von ganzem Herzen, das es hilft, ihn zu trösten, wenn denn ein bißchen Geld über den Verlust eines Throns hinwegtrösten kann.
Der kleine Marquis hat endlich erreicht, was er wollte: er war geschickt und hat geschmeichelt wie ein Spaniel; er machte denen Komplimente, die ihn verspotteten, ertrug die Beleidigungen und dankte Ihren Urhebern: das war das richtige Mittel, um bei Hof erfolgreich zu sein.

Wenn ich die Niederträchtigkeiten, die Unverfrorenheit und das kriecherische Wesen der meisten Höflinge erwäge, unterscheide ich doch sehr zwischen großen Menschen und großen Herren. Jene, die ich verachte, langweilen mich zu Tode: die anderen langweilen mich nicht; doch sie sind selten, und ich bekomme kaum welche zu Gesicht. Ich bedauere die Könige, daß sie von derlei vergoldeten Affen umkreist werden, so feige und bösartig wie die aus Angola. Die Höfe, die der normale Einfaltspinsel mit so viel Neid betrachtet, sollten nur Mitleid erwecken. Kürzlich besuchte uns in Versailles der Abbé de La Tour du Pin, der Lieblingsprediger der hübschen Frauen; als man ihn fragte, was ihn hierher geführt habe, sagte er: *Ich muß eine Beschreibung des Paradieses verfassen, und ich komme hierher, um Notizen zu machen.* Der arme Mann! Falls Exzesse der finstersten und niedrigsten Leidenschaften, Neid, Haß, Wut, Verzweiflung, falls das Toben und die Verbrechen des Ehrgeizes ein Bild vom Paradies vermitteln können, mag er nur hierherkommen.
Da ich an allem interessiert bin, was Sie angeht, will ich Sie zu der Angelegenheit in Boulogne beglückwünschen: das Parlament ist einstimmig für Sie gewesen; was beweist, daß die Gerechtigkeit nicht blind ist. Ich bin es gleichfalls nicht in meinen Gefühlen der Wertschätzung und Zärtlichkeit, die ich Ihnen immer entgegenbringen werde.

Der arme Thronanwärter: Prinz Charles Edward, Nachfahr von Maria Stuart und Verwandter der Queen Anne, die durch den Tod ihrer neunzehn Kinder die letzte protestantische Stuart auf dem Thron Großbritanniens war. 1714 folgte das Haus Hannover/Windsor. – *Angelegenheit in Boulogne:* unklar, welchen Prozeß das dortige Parlament und Gericht entschieden hatte.

Am 18. Oktober 1748 wird der *Frieden von Aachen* unterzeichnet.
Der achtjährige Kampf endet mit der Bestätigung der Machtpositionen in Europa: Preußen behält Schlesien. Dafür wird Maria Theresia, die es zurückobern wollte, als Erbin des Habsburger Reichs anerkannt. Das mit Preußen verbündete Frankreich räumt die österreichischen Niederlande. Die

Bourbonen in Spanien erhalten im Gegenzug Parma, das sie bereits besetzt halten. Im Friedensvertrag verpflichtet sich Frankreich gegenüber England, den Schottenprinzen Edward – seinen ehemaligen Verbündeten – auszuweisen. Über das Schicksal des katholischen Prinzen, in dessen Person England eine Bedrohung durch Frankreich erblickte, hält der Herzog von Croÿ, der genaueste und zuverlässigste Chronist seiner Zeit, in seinem *Tagebuch* fest:

»Am 10. Dezember endete die große und unselige Geschichte des armen Thronanwärters, die den Hof und Paris seit einem Monat beschäftigte: Gemäß dem Friedensvertrag durften wir ihm in Frankreich kein Asyl gewähren. Doch er wollte aus heldischem Eigensinn oder aus etwas seltsamen, verborgenen Motiven Paris nicht verlassen, obwohl der König es ihm in aller erdenklicher Form hatte übermitteln lassen. Um ihm seinen Ungehorsam vor Augen zu führen, ließ man ihm ausrichten, daß er verhaftet würde. Man setzte es in die Zeitungen und tat alles, um ihn zu warnen und dazu zu bewegen, von sich aus das Königreich zu verlassen. Schließlich, am 10., als er durchs Opernportal ging, wurde er im Namen des Königs von Monsieur de Vaudreuil, Major der Französischen Garden, sowie vom Duc de Biron verhaftet. Sergeanten der Garden griffen ihn im selben Moment bei den Armen, entwaffneten ihn, konfiszierten alle Waffen. Denn nach seinen Reden befürchtete man, daß er jeden, der ihn verhaftete, und dann sich selber sofort töten würde, was die Angelegenheit heikel machte. Man führte ihn durch Hinterausgänge zu den Karossen, von wo Abteilungen der Französischen Garden ihn nach Vincennes begleiteten, während die Engländer seines Gefolges von Garden in die Bastille gebracht wurden.

Dieses Ereignis erregte großes Aufsehen: er wurde wie ein Held verehrt und von allen Leuten bedauert, wenngleich man sich dazu veranlaßt sah, seine Starrköpfigkeit zu tadeln ... Das Volk murrte bei diesem Anlaß gegen den mittelmäßigen Frieden, den wir soeben geschlossen hatten. Es schien grausam, diesen Prinzen preisgegeben zu haben, der uns so nützlich gewesen war, und vor allem empörte man sich darüber, daß man ihn, um ihn daran zu hindern, sich zu

töten, gefesselt hatte. Es hieß, im ersten Augenblick habe er gerufen: *»Ah, wenn ich meine Schotten hätte!«*
Hätte Ludwig XV. diese Abschiebung, diesen Verrat an einem treuen Verbündeten und andere unpopuläre Entwicklungen seiner Regierungszeit verhindern können? »Kühn im Geiste und beseelt von dem zutiefst ehrlichen Wunsch, es gut zu machen, neutralisierte der König diese Urteilsfähigkeit und diesen guten Willen, indem er an seinen Fähigkeiten zweifelte.« (P. C. Hartmann)
Viele Jahre hatte Ludwig XV. Kardinäle für sich regieren und entscheiden lassen. Nun hatte er eine schwer einzuschätzende junge Frau, eine Ehebrecherin an seiner Seite, die mit ihm, dem königlichen Ehebrecher, zusammenlebte – Jeanne de Pompadour.

41. An die Comtesse de Brézé *(1748)*

Ich habe immer viele Feinde gehabt: nun finde ich sie unter den Frömmlern, die von allen die schlimmsten sind. Ein heiliger Mann dieser Gattung, der das Gesicht und vielleicht das Herz eines Dämons hat, stellte sich gestern am Weg des Königs auf, als dieser von der Messe kam, sank auf die Knie und streckte ihm eine Bittschrift hin, die dieser in seiner gewohnten Güte entgegennahm und in meinen Gemächern las; hier der Schluß: *Ich verkündige Euer Majestät im Namen Gottes, daß Madame de Pompadour unbedingt so schnell wie möglich weggeschickt werden muß; andernfalls wird Seine rächende Hand sich über das ganze Königreich ausstrecken und Eure Untertanen für die Schwäche ihres Herrschers strafen.* Solche Unverschämtheit verdiente vielleicht den Tod, zumindest jedoch lebenslangen Kerker. Aber der beste der Fürsten blieb sich in diesem Moment treu; er ließ den Boten des Himmels rufen und sagte ihm nur: *Mein Freund, lassen Sie einen Aderlaß vornehmen und Ihr Hirn zurechtrücken; denn im Namen des gesunden Menschenverstands verkündige ich Ihnen, daß Sie verrückt sind.*
Ich meinerseits halte ihn nicht für verrückt, sondern für einen gefährlichen Heuchler, der nicht von Gott gesandt

wurde, sondern von gewissen Leuten, die ich verachte und nicht fürchte. Soweit mein Abenteuer, Madame – was halten Sie davon?
Wissen Sie, daß ich das Palais d'Évreux gekauft habe? Denn ich muß unbedingt ein Haus in Paris haben: doch ich werde es abreißen lassen und ein neues mehr nach meinem Geschmack bauen. Überall wird über Bausucht gespottet: ich stehe voll und ganz zu dieser angeblichen Besessenheit, die so vielen Elenden Brot gibt: mich vergnügt es nicht, das Gold in meinen Truhen anzustarren; vielmehr finde ich Gefallen daran, es unter die Leute zu bringen. Ich bin sicher, Sie denken wie ich. Wir wollen uns immer lieben und Niedertracht und Neid verabscheuen.

Ich verbleibe etc.

Palais d'Évreux: das jetzige Élysée-Palais. Bei den Umbauten, dem Fällen von Bäumen kam es erstmals zu Ausschreitungen gegen die Bauherrin. Der Erzbischof verweigerte kühn die Segnung einer geplanten Kapelle für die Maitresse, die ja nach wie vor mit Monsieur d'Étiolles verheiratet war und also im Ehebruch lebte.

42. An dieselbe *(1748)*

Ich mag die *Gouvernante* Ihres wackeren La Chaussée ganz und gar nicht, denn diese Komödie ist keine Komödie, denn man muß, anstatt zu lachen, weinen. Dieses windige Genre *Weinerliche Komödie* ist albern und unglaubwürdig; es kommt jedoch in Mode, weil es leichter ist, sich an den großen Gefühlen der Tragödie emporzuranken, als anmutig Witz zu versprühen: der komische Genius ist mit Molière gestorben.
Ein anderes Laster der französischen Bühne ist, daß man dort immer nur feine Herren sieht, als wären alle als Marquis auf die Welt gekommen. Ein Autor glaubt, es wäre ehrenrührig, wenn er Bürger und Kaufleute auf die Bühne bringt; die Engländer zeigen dort sogar Schuhflicker, und das ist etwas, das ich an ihnen mag: die Kömodie ist ein Menschengemälde, und ein Schuster ist ein Mensch wie jeder andere.
Ein dritter Fehler besteht darin, daß unsere Lustspielschrei-

ber nur Lächerlichkeiten attackieren: sie sollten vielmehr die Laster angreifen. Ein lächerlicher Mensch richtet nichts Übles an – man lacht über ihn: ein lasterhafter Mensch jedoch schadet der Gesellschaft und ist eine Heimsuchung.
Weil ich es versprochen habe, werde ich mir dieses Stück trotzdem ansehen; und ich werde Sie unterwegs abholen: danach werden wir, wenn es Ihnen beliebt, hierher zurückkommen, wo wir etwas veranstalten, was die alten Franzosen unter Ludwig XIV. *Mitternachtsschmaus* nannten. Adieu, meine Teure, ich liebe Ihr gutes Herz und Ihren Esprit.

La Chaussée: Pierre-Claude Nivelle de La Chaussée, 1692 - 1754; mit *Die irrige Abneigung* schuf er das erste ›Rührstück‹ oder ›Melodram‹.

Zu einer solch außergewöhnlichen Abendgesellschaft zugelassen zu werden, gelang auch dem Offizier und Höfling Emmanuel Herzog von Croÿ. Er berichtet:
»Den 29. Januar, nachdem er es schon länger erwogen hatte, sprach M. Pâris de Montmartel mit Mme. la Marquise de Pompadour über mich.
Er und sein Bruder waren die Männer, denen sie, zu Recht, völlig vertraute, und die, glaube ich, im großen und ganzen ihr Verhalten bestimmten, das bei der Stellung, die sie innehatte, nicht vornehmer sein konnte. Ich war seit geraumer Zeit ungeduldig, da ich beinahe der einzige war, der mit dem König auf die Jagd ging, aber niemals in seinen Kabinetten soupierte: nachdem ich erfahren hatte, daß man außer über die Marquise kaum Zutritt erhielt, und da ich mich mit den Herren Pâris gut verstand, bat ich sie und auch M. de Tournehem, bei ihr vorstellig zu werden. An jenem Tag, morgens, sprach M. Pâris de Montmartel mit ihr rundum günstig über mich. Ich bemerkte zuerst, daß sie mich aufmerksamer behandelte. Sie versprach mir, mit dem König darüber zu sprechen, wie mir M. de Montmartel bei M. Le Bel mitteilte, und sie erwähnte mich tatsächlich am nächsten Tag.
30. Januar. Nachdem er, wie gewöhnlich, auf der Jagd gewesen war, ließ der König mich auf die Gästeliste setzen, die der

Türdiener verlas. Man trat dementsprechend ein und stieg über die kleine Treppe zu den *Kleinen Kabinetten* hinauf: dort speiste ich das erste Mal in Versailles ...
Als wir oben waren, warteten wir vor dem Souper im kleinen Salon. Der König trat ein, um mit den Damen an einem Tisch Platz zu nehmen. Der Speisesaal war entzückend und das Souper höchst angenehm, ja zwanglos. Man wurde nur von zwei oder drei Lakaien bedient, die sich zurückzogen, sobald sie alles Nötige vor jedem bereitgestellt hatten. Freizügigkeit und Anstand schien mir hier bestens beachtet: der König war heiter, aufgeräumt, aber immer von einer Erhabenheit, die nie seine Stellung vergessen ließ. Er wirkte durchaus nicht mehr schüchtern, sondern schien sich hier seinen Gewohnheiten hinzugeben. Er sprach sehr gut und viel, unterhielt sich und verstand auch zu unterhalten. Er wirkte sehr verliebt in Mme. de Pompadour, ohne sich dabei, nachdem er alle Beschämung abgeschüttelt hatte, irgendeinem Zwang zu beugen; und er schien mit sich ganz im reinen zu sein, sei es, indem er sich selbst etwas vortäuschte, sei es auf andere Weise, wozu er sich manchen Ratschlag eingeholt hatte ...
Über Kleinigkeiten und Nebensächliches schien er mir völlig auf dem laufenden zu sein, ohne daß es ihn belastete oder ihm eine Blöße bei großen Staatsangelegenheiten gab. Diskretion war mit ihm auf die Welt gekommen. Man glaubt jedoch, daß er privat fast alles der Marquise anvertraut. Ganz allgemein erschien er mir elegant und in dieser Privatheit ganz großartig, doch immer maßvoll und aufmerksam.
Ich bemerkte, daß er, scherzend, mit der Marquise über den bevorstehenden Feldzug sprach und daß er wirklich am 1. Mai [zur Armee] abreisen wollte. Es kam mir vor, wie wenn er mit ihr ganz freimütig plauderte, eben wie mit der Geliebten, die er in ihr hatte, mit der er sich jedoch vor allem vergnügen wollte, und als fühlte er insgeheim, daß er sie eigentlich nur deshalb hatte. Und sie, da sie sich vorzüglich verhielt, besaß großen Einfluß, doch der König wollte immer absoluter Herr bleiben und bewies darin Entschiedenheit.
So jedenfalls kam es mir vor, aber das alles ist so undurchschaubar, daß es sehr schwierig ist, die Wahrheit zu erken-

nen. Überdies schien mir, als beschränke das Private sich nicht auf diese Kabinette, als bestünde es nicht nur aus dem Souper und ein oder zwei Stunden Spiel nach dem Souper, daß vielmehr das wirklich Private sich in den anderen *Kleinen Kabinetten* abspielte, zu denen nur sehr wenige der altgedienten und vertrauten Höflinge Zutritt hatten.

Der König liebte hier, wie ich gesagt habe, seine Gewohnheit, liebte seine alten Bekannten, konnte sich nur mit Mühe von ihnen trennen und mochte keine neuen Gesichter. Etliche Leute, so glaube ich, verdankten die Dauerhaftigkeit ihrer spürbaren Begünstigung genau dieser Neigung zum Beständigen und Gewohnten, denn mit Ausnahme der wahren Vertrauten des inneren Zirkels besaßen andere Menschen, glaube ich, nur sehr wenig oder überhaupt keinen Einfluß.

Zu achtzehnt saßen wir dicht um den Tisch gedrängt, und zwar, um rechts von mir anzufangen und dann nach links zu gehen: M. de Livry, Mme. la Marquise de Pompadour, der König, Mme. la Comtesse d'Estrades, die vertraute Freundin von Mme. de Pompadour, der Duc d'Ayen, die füllige Mme. de Brancas, der Comte de Noailles, M. de la Suze, genannt *Grand Maréchal*, der Comte de Coigny, die Comtesse d'Egmont, M. de Croix, genannt *Pilo*, der Marquis de Renel, der Duc de Fitz-James, der Duc de Broglie, der Prince de Turenne, M. de Crillon, M. de Voyer d'Argenson.

Der Marschall von Sachsen war zugegen, aber er setzte sich nicht an den Tisch; trotzdem aß er fortwährend und griff sich, da er ein großer Schlemmer war, diesen oder jenen Happen. Der König, der ihn immer »Graf von Sachsen« nannte, schien ihn sehr zu lieben und zu schätzen und antwortete ihm mit wunderbarer Offenheit und treffsicher.

Wir saßen zwei Stunden bei Tisch, in großer Zwanglosigkeit, ohne irgend etwas zu übertreiben. Sodann ging der König in den kleinen Salon. Er erwärmte und goß sich selbst seinen Kaffee ein, denn niemand kam hinzu, und man bediente sich selbst. Er spielte mit Mme. de Pompadour, Coigny, Mme. de Brancas und mit dem Comte de Noailles eine Partie *Komet*, ein kleines Spiel, das der König liebte, aber das Mme. de Pompadour haßte und ihm austreiben zu wollen schien. Der Rest der Gesellschaft spielte zwei Partien, Spiele mit wenig

Einsatz. Der König befahl jedem, sich zu setzen, selbst jenen, die nicht spielten. Ich blieb, auf den Kaminschirm gestützt, stehen, um sowohl ihn beim Spiel als auch Mme. de Pompadour zu betrachten, die ihn drängte, sich zurückzuziehen; bereits dem Einschlummern nahe, erhob er sich um ein Uhr und sagte zu ihr halblaut und, wie mir scheint, heiter: »Auf! Gehen wir schlafen!« Die Damen verbeugten sich und zogen sich zurück. Er verbeugte sich gleichfalls und schloß sich in seine *Kleinen Kabinette* ein, und wir alle stiegen über die kleine Treppe von Mme. de Pompadour hinab, von der eine Tür hinausführt, und wie bei anderer Gelegenheit auch gelangten wir durch die Prunkräume zu seinem Coucher [das öffentliche Zubettgehen des Königs], das sofort stattfand.
So verlief es das erste Mal, als ich in den Kabinetten soupierte, in Versailles, und da mir alles schlicht und gut vorgekommen war, ganz im Stil der großen Welt, und ich dabeisein konnte, ohne mich in etwas einzumischen oder Böses anzurichten, beschloß ich, mich kräftig darum zu bemühen und alles zu tun, was nötig war, um von Zeit zu Zeit dort zugelassen, ein vertrauter Halb-Höfling zu werden, zu versuchen, wertgeschätzt und ein gewohnter Anblick zu werden, um dem Herrn und seinen Höflingen eine Art Zwanglosigkeit meiner Person gegenüber – und mir selber ihnen gegenüber – einzuflößen, welche mich in die Lage versetzen würde, schicklich meinen Nutzen daraus zu ziehen, aber auch nicht zu versuchen, mich allem zu sehr hinzugeben, damit ich nicht von diesem Strudel verschlungen würde ...«

Ein anderer Staatsmann wich diesen Gefahren nicht aus.
Jean Fédéric Phélypeaux, Comte de Maurepas, war seit fünfundzwanzig Jahren Marineminister und beaufsichtigte die Polizei. Maurepas haßte die junge Marquise und ihre Machtentfaltung. Er widersprach ihren Ausführungen und Wünschen, wo immer sich ihm Gelegenheit dazu bot. Der König beendete 1749 einen Streit zwischen der Marquise und dem Minister mit den Worten: »Tun Sie, was Madame will!«

43. An den Marineminister *(1748 oder 1749)*
Monsieur de Maurepas

Sie sind, Monsieur, der älteste Diener des König und Sie sollten sein weisester sein. Ist es nötig, daß eine Frau sich über einen Greis beklagen muß, den sie nie beleidigt hat? Ich erfahre, daß Sie sich täglich bei Ihren kleinen Soupers nicht nur auf meine Kosten, was unbedeutend wäre, erheitern, sondern sogar auf Kosten Ihres Herrn, den Sie achten sollen. Sie bedienen sich dabei ebenso ungerechtfertigter wie taktloser Ausdrücke, die weder zu Ihrem Alter noch zu Ihrem Rang passen. Wenn Sie nur mich angriffen, würde ich Ihnen vergeben und Sie verachten: doch wenn ein Mann, der seinen Anstand und seine Pflicht vergißt, den besten Fürst, der ihn mit Ehren und Wohltaten überhäuft hat, zu beleidigen wagt, dann ist das, erlauben Sie mir, es Ihnen zu sagen, von schändlicher Niedertracht.
Trotz Ihrer Verfehlungen, Monsieur, werde ich nicht ungerecht sein: ich werde mühelos erkennen, daß Sie ein guter Minister sind und dem König gut gedient haben. Doch Sie sollten sich nicht damit bescheiden, ihm gut zu dienen: Pflicht und Dankbarkeit zwingen Sie auch, Achtung vor ihm zu haben. Falls er Schwächen hat, sind nicht Sie sein Richter; er ist Ihrer. Wollen Sie diesen Hinweis, der mehr wert ist als ein Schlußgruß, bitte entschuldigen.

Greis: diese Wortwahl war möglicherweise als harter Hieb gedacht. Maurepas zählte keine fünfzig Jahre.

Der Minister zeigte sich unbeeindruckt. Er wies die ihm unterstellte Polizei an, gegen die Verbreitung von Haßversen auf die Marquise, die sogenannten *Poissonaden*, nicht einzuschreiten. Schließlich brachte er selbst einen eigenen Vierzeiler gegen die ›Kurtisane des Königs‹ unter die Leute. Die Marquise stellte den selbstbewußten Minister persönlich zur Rede: »Wann werden Sie endlich wissen, wer die Autoren jener Schmähschriften sind?«
»Sobald ich es weiß, werde ich es dem König sagen.«

»Sie nehmen wenig Rücksicht auf die Maitressen des Königs.«
»Im Gegenteil, Madame, ich habe sie immer geachtet, egal von welcher Sorte sie waren.«
Der Doppelminister im Rang eines Staatssekretärs berichtete Wißbegierigen sofort von der gefürchteten Schlagfertigkeit seiner Antworten. Am nächsten Morgen, dem 24. April 1749, öffnete er ein Schreiben aus dem Schloß La Celle, wo der König und die Marquise die Nacht verbracht hatten:
»Monsieur de Maurepas, ich habe es Ihnen versprochen, daß ich Ihnen sagen werde, wenn mir Ihre Dienste nicht mehr genehm sind. Ich bitte Sie durch diesen handschriftlichen Brief um Ihren Rücktritt vom Amt des Staatssekretärs. Da Ihr Gut Pontchartrain zu nahe bei Versailles liegt, ist es mein Wille, daß Sie sich im Laufe dieser Woche nach Bourges zurückziehen und niemanden außer Ihren nächsten Angehörigen empfangen. Ich will keine Antwort; überreichen Sie Ihr Rücktrittsgesuch Monsieur de Saint-Florentin. LUDWIG.«
Ein gefährlicher Gegner der Marquise verschwand von der Bildfläche. Am Minister erfüllte sich eine Prophetie, die er bezüglich der Marquise selbst in sein Tagebuch geschrieben hatte: »Sie ist äußerst gewöhnlich, eine fehlbesetzte Bürgerin, die alle Welt umbesetzen will, falls es nicht gelingt, sie selbst zurückzuversetzen.«
Nach Maurepas' Verbannungsort Bourges, tief in der Provinz Berry, wurde für ein plötzliches Verschwinden im Nirgendwo für eine Weile der Begriff ›embourgeoiser‹ geläufig.

Noch ein anderer Mann mußte nun endgültig von der politischen Bühne verschwinden: Charles Edward Stuart. Die Ursache dafür waren Englands harte Forderungen im *Frieden von Aachen*:
Um den Prinzen glimpflich aus Frankreich zu entfernen oder ihn durch ein geistliches Amt für immer loszuwerden, auch um London nicht länger mit diesem Thronanwärter zu provozieren, hatte Frankreichs Staatsminister Kardinal de Tencin die Einwilligung zur Abschiebung des ehemaligen Verbündeten von dessen jüngerem Bruder Henry Stuart, dem Kardinal von York, eingeholt.

Prinz Charles Edward war von Frankreich preisgegeben worden. Sein jüngerer Bruder hatte, als Kardinal, keine legitimen Erben. Damit stellten die katholischen Nachfahren Maria Stuarts mit ihren Machtansprüchen keine Bedrohung mehr für den Frieden in England, für die anglikanische Kirche und das Haus Hannover-Windsor dar.

44. An den Duc de Nivernois, Botschafter in Rom *(1749)*

Ich billige diese Eingebung des Kardinals de Tencin betreffs des Kardinals von York genausowenig wie Sie; und ich bin über die Schwachheit des Prinzen, dem Vorhaben zuzustimmen, verblüfft. Er war nicht dazu geboren, Priester zu sein, sondern die Ansprüche seines Bruders auf den Thron von England zu unterstützen und ihm im Fall seines Todes nachzufolgen. Aber nun ist er durch die Annahme der Kardinalsmütze selber schon tot; und dieses unselige Haus, das Frankreich so viel Blut und Gut gekostet hat, wird zum Spielball Europas. Ich hasse den alten Tencin für seine Fehlentscheidung; doch er und alle Priester sind wie die Eunuchen, die möchten, daß alle Männer sind wie sie selber. Er hatte kein Gespür dafür, wie nützlich die Ansprüche der Stuarts im Fall eines Kriegs mit den Engländern für Frankreich wären. Sie waren das Schreckgespenst, mit dem man bei ihnen immer Panik auslösen konnte. Nun ist das Unheil geschehen, und der König ist entschlossen, der neugebackenen Eminenz die erste reiche Abtei zu geben, die vakant wird; das dürfen Sie ihm versichern. Ich empfinde Mitleid mit dieser armen Familie, die während so vieler Jahrhunderte Spielball des Glücks gewesen ist. Frankreich, das immer die Zuflucht unglücklicher Fürsten war, wird auch diesen nicht im Stich lassen. Wenn es sie nicht auf den Thron ihrer Ahnen zurückbringen kann, so wird es sie doch stets mit allen Mitteln ausstatten, um würdig und ihrem Rang entsprechend zu leben.

Die Nonnen von Saint-Cyr haben mich gebeten, ihnen einen Heiligenleichnam zu besorgen, um ihn in einer neuen Kapelle, die sie gebaut haben, beizusetzen. Würden Sie sich,

Monsieur le Duc, um dieses gute Werk kümmern? Der römische Hof geizt nicht mit solchen Geschenken, er wird Ihnen anstandslos dergleichen überlassen: aber hüten Sie sich wohl, diesen guten Mädchen einen Heiligen mit zwei linken Beinen zu schicken, wie sie der Heilige Olivius bei den Kapuzinern hat. Ich muß einfach lachen, wenn ich dies schreibe: das ist ein hübscher Auftrag für einen Botschafter und einen Philosophen.

In Frankreichs Geistlichkeit gärt es immer heftiger: wäre sie der Herr, gäbe es wieder die Säuberungen mit Dragonerschwadronen wie unter Ludwig XIV. Aber durch Gottes Gnade ist unser Allerchristlichster König weder ein Frömmler noch ein Verfolger; er hat, sagt er, keine Macht über die Gewissen und will sie auch nicht haben. Der gute Fürst! Ich, ich hasse die unduldsamen Priester; wäre ich Herrscherin, würde ich nur die Verfolger verfolgen. Sie denken wie ich, Monsieur le Duc, und ich bitte Sie, im Namen der Vernunft und der Menschlichkeit, die römischen Winkelzüge aufzudecken und die ersten Funken dieses heiligen Kriegs, den sie so gerne entfachen wollen, auszutreten.

Übermitteln Sie bitte meine lieben Grüße der Prinzessin von Pamphilia: sie ist eine äußerst schätzenswerte Frau, wenngleich Italienerin. Bleiben Sie wohlauf und lieben Sie stets die, von denen Sie geliebt werden.

Ich verbleibe etc.

Duc de Nivernois: Louis Jules Barbon de Mazarini-Mancini, Herzog von Nivernois, war ein enger Freund der Pompadour, den sie gelegentlich mit »mein kleiner Gemahl« anredete. – … *Schwachheit des Prinzen:* gemeint ist Prinz Henry. – *Saint-Cyr:* Pensionat für Mädchen armer Adelsfamilien, gegründet von der Lebensgefährtin des Sonnenkönigs, Madame de Maintenon. Modell für die Kadettenschule, die Madame de Pompadour plante. – *Dragonerschwadronen:* mit den blutigen ›Dragonaden‹ hatte der Sonnenkönig die Hugenotten zu unterdrücken versucht.

Ich vermute, daß Sie noch in Paris sind. Sobald Sie diesen Brief erhalten, säumen Sie nicht, zweihundert Louis d'or zur beigefügten Adresse zu bringen und die Person, der Sie es aushändigen, meiner ganzen Wertschätzung zu versichern. Die unglücklichen Zeitläufte hindern mich, mehr zu tun: ich hoffe jedoch, ihr ein anderes Mal gründlicher danken zu können. Bis dahin werde ich mir einen Ort überlegen, der ihr genehm sein könnte.

Etc.

Beaussière: vielleicht ein Untergebener des Hauptverwalters Collin. – *Ich vermute ...:* manche Briefe lassen Fragen offen. Jeanne de Pompadour verheiratete gerne Leibeigene ihrer Besitzungen und beschenkte sie mit einer Aussteuer. Möglicherweise handelt es sich um einen solchen Auftrag.

Voltaire war schon früh ein Vertrauter der Marquise. Sie hatte ihm zu Aufträgen und Titeln verholfen. Als *Hofhistoriograph von Frankreich* und gut besoldeter *Kammerherr* Ludwigs XV. war Voltaire nahezu der einzige, der 1749 von Amts wegen den König und den *Frieden von Aachen* feierte, der Frankreich nichts eingebracht hatte: »Franzosen, glückliche Krieger, freundliche und gerechte Sieger...!«
Währenddessen wurde die Marquise in der Öffentlichkeit beschuldigt, den Kampf an der Seite Preußens gegen Österreich und England zu früh beendet zu haben. »Bête comme la paix!«, »Dumm wie der Frieden!« wurde zum Schmähruf.
Doch Voltaire quälten andere Sorgen. 1749 starb seine Lebensgefährtin Émilie du Châtelet. Zudem verbot die französische Zensur seine philosophischen Schriften und Satiren. Der stets kränkelnde, aber streitbare Dichter war überdies in einen Ruhmeskampf mit seinem Dramatikerrivalen Crébillon geraten, der mit Theaterclaqueuren und wechselseitigen Diffamierungen ausgefochten wurde. Wer von beiden schrieb die besseren Tragödien?
Es wurde bekannt, daß Voltaire seinem Heimatland den Rücken kehren wollte. Schon mehrfach hatte ihn sein Brieffreund Friedrich der Große mit vielen Lockmitteln nach

Preußen eingeladen. »Voltaire! Ein Preuße! Für einen Sou!« höhnte man ihm auf der Straße hinterher.
Und durch seine spitze Zunge hatte der Dichter es sich beinahe sogar mit seiner Förderin Jeanne de Pompadour verdorben. Bei einem Essen hatte die Bürgerstochter die aufgetischten Wachteln im Pariser Jargon als *grassouillettes*, als *fette Dinger* bezeichnet. In Stegreifversen wies Voltaire die Favoritin vor zahlreicher Gesellschaft auf ihren sprachlichen Mißgriff hin:

Unter uns, mir scheint, das Marktweib sagt: fette Dinger,
Nicht sehr nett;
Das flüstere ich Ihnen nur zu,
Schöne Pompadourette.

Es dauerte eine Weile, bis die Verärgerung Ludwigs XV. über die Zurechtweisung seiner Geliebten sich legte. Doch er verdankte dem unbotmäßigen Freigeist auch Verse für seinen Nachruhm (die der Monarch selbst wahrscheinlich nie gelesen hat).

46. An Monsieur de Voltaire *(1749)*

Mit Freude habe ich die Übersetzungen, die Sie mir geschickt haben, dem König überreicht, Monsieur. Seine Majestät hat sie mit gnädigen Bemerkungen über den Autor in seine Bibliothek eingereiht. Hätte ich nicht gewußt, daß Sie krank sind, so hätte der Stil Ihres zweiten Briefs es mich merken lassen. Ich sehe, Sie nehmen sich die Schandreden und Bosheiten, denen Sie ausgesetzt sind, zu Herzen. Sollten Sie nicht daran gewöhnt sein und bedenken, daß es das Schicksal aller großen Männer ist, zu Lebzeiten verleumdet und nach ihrem Tod bewundert zu werden? Erinnen Sie sich, was Corneille, Racine und anderen widerfahren ist, und Sie werden erkennen, daß Sie nicht grausamer gequält werden als jene. Ich bin weit davon entfernt zu denken, Sie hätten etwas gegen Crébillon unternommen. Eben deshalb sind Sie ein Talent, das ich liebe und achte. Ich habe gegen Ihre Beschuldiger für Sie Partei ergriffen, weil ich eine zu gute Meinung von Ihnen habe, als daß ich Sie solcher Infamien für fähig hielte. Sie haben recht, daß ich Schmähungen ausgesetzt bin; all diesen Abscheulichkeiten begegne ich mit der vollendetsten Verachtung und bewahre große Ruhe, denn ich erleide sie einzig, weil ich durch mein Bemühen um den Frieden zum Glück des Menschengeschlechts beigetragen habe. Wie ungerecht dieses sich mir gegenüber auch verhalten mag, ich bereue es nicht, dazu beigetragen zu haben, es zu beglücken. Was auch immer einem infolge dieser Denkungsart geschehen mag, die Belohnung finde ich in meinem Herzen, das immer rein ist. Adieu, und achten Sie auf Ihre Gesundheit; grübeln Sie nicht darüber nach, zum König von Preußen zu ziehen; ganz gleich, was für ein großer König er sein mag, man kann keine Lust haben, unseren Herrn zu verlassen, wenn man seine wunderbaren Eigenschaften kennt. Besonders ich würde Ihnen dies niemals vergeben. Guten Abend.

Übersetzungen: unklar. – *Erinnern Sie sich:* Pierre Corneille, 1606-1684, wurde nach dem Erfolg seiner ersten Dramen bereits in jungen Jahren verhöhnt, nur noch sich selbst zu wiederholen. Jean Racine, 1639-1699, fiel durch ein Mißgeschick in Ungnade: in Anwesenheit Ludwigs XIV. und dessen ihm insgeheim angetrauter Gemahlin Madame de Maintenon – ehedem verheiratet mit dem Kömodiendichter Scarron – sagte Racine versehentlich, in Paris würden nur noch die »Schmierenstücke von Scarron« gespielt. Daraufhin wurde Racine nicht mehr gefördert und empfangen und starb wenig später, wie Zeitgenossen berichten, an Kummer und Verzweiflung.

47. Von Voltaire *(1749)*

Man muß zugeben, daß Europa seine Glückseligkeit auf den Tag dieses Friedensschlusses datieren kann. Überrascht wird man später erfahren, daß er die Frucht des dringlichen Rats einer Dame von höchstem Rang war, berühmt durch ihren Charme, ihre einzigartigen Talente, ihren Geist und durch eine beneidete Position. Es war in diesem langen Kampf Europas Schicksal, daß eine Frau ihn begann und eine Frau ihn beendete. Die zweite hat ebensoviel Gutes gestiftet wie erstere Böses, wenn es wahr ist, daß der Krieg die schlimmste aller Plagen ist, welche die Erde heimsuchen, und der Frieden das größte Gut, das sie trösten kann.

Eine Frau: Maria Theresia, die ihr Erbland Schlesien verteidigen wollte.

Vielleicht geriet dieses Schreiben so kurz, weil Voltaire bereits seinen Aufbruch nach Potsdam plante, aber von Friedrich dem Großen noch die Reisekosten einforderte.
Für immer verlor Frankreich einen anderen großen Mann.
Im Dezember 1750 hält Emmanuel deCroÿ in seinem *Tagebuch* fest:
»Am 4. teilte meine Mutter mir eine für das gesamte französische Militär schreckliche Neuigkeit mit, den Tod des Marschalls von Sachsen.
Dieser große, oberste Marschall, oder vielmehr dieser große Held starb am 30. November in Chambord, um sieben Uhr morgens, an einem bösen Fieber.
Er hatte seine Fehler, was seine Sitten und vielleicht auch sein Benehmen in der feinen Gesellschaft betraf; dies, in Verbindung mit dem Neid mächtiger Männer, hatte ihm viele Feinde gemacht …
Die große Kunst des Kriegs war ihm völlig vertraut. Er hatte sie studiert und sein Leben lang bedacht, sogar inmitten der heftigsten Zerstreuungen. Oft habe ich an ihm erlebt, was meiner Meinung nach den wahren Helden ausmacht, nämlich seine Unerschrockenheit nicht nur angesichts des Todes, sondern sogar im Angesicht von Niederlage und Krankheit. Die Schlacht von Fontenoy beobachtete er lange und beinahe halbtot, doch ohne sich darüber zu beunruhigen, daß unser Sieg mehr als ungewiß war. Er erteilte, ohne sich auf seinem Bett rühren zu können, klar und entschieden die gewichtigsten Befehle … Er starb als Lutheraner – zumindest wurde er in dieser Religion geboren und hat sie nicht gewechselt. Die Religion war im übrigen nicht seine starke Seite, doch er schien unverbrüchlich zu der seinen zu stehen. Und, obwohl er sie nicht praktizierte, gehörte es zu seinen Grundsätzen, sie nicht in Frage zu stellen; das hätte er als eine Schwäche betrachtet.

Jean-Baptiste Pigalle
Mausoleum des Marschalls von Sachsen

Er starb, wie er gelebt hatte, mit erhabener Festigkeit, und als sein Arzt Senac, den der König ihm schickte, in Chambord eintraf, sagte er zu ihm: ›Mein Freund, Sie kommen zu spät; dies ist das Ende eines schönen Traums!‹«

48. An den Comte de Frise *(1750)*

Ganz Frankreich beweint mit Ihnen den Verlust des großen Mannes, der ihm so viel Ehre eingetragen hat. Er war alt und von Gebrechen heimgesucht: der Tod war für ihn eine Wohltat; nur den Staat muß man bedauern, der seinen Verteidiger verloren hat. Alle guten Franzosen empfinden Trauer: der König, der sie teilt, will Ihnen ein Zeichen seiner Wertschätzung des Marschalls von Sachsen geben und ihn noch nach seinem Tod in der Person seines Neffen ehren. Er überläßt Ihnen das Schloß Chambord mit all seinen Ländereien, dazu dieselben Privilegien, die ihr verstorbener Onkel genoß. Was das Begräbnis angeht, so trägt er die Kosten für alles, was seiner selbst und eines Helden, den er vermißt, würdig ist. Er hätte ihm sogar gerne einen Platz im Grabgelege der Könige von Frankreich zugestanden; da er jedoch als Lutheraner gestorben ist, erlauben die Vorurteile unserer Religion es dem guten Fürsten nicht, ihm diesen letzten Beweis seiner Dankbarkeit zu geben. Er wird also seinen Wünschen entsprechend bei den Protestanten von Saint-Thomas in Straßburg bestattet werden; und ich zweifle nicht, daß bei der Überführung der traurigen sterblichen Überreste dieses großen Mannes die Menschen in Scharen an die Straßen strömen werden, um in seinem Angedenken Tränen zu vergießen, wie sie vorzeiten für den Marschall de Turenne vergossen wurden.

Ich, Monsieur, ich werde ihn immer in Ihnen ehren, und ich wage zu behaupten, daß Sie ihm eines Tages ähneln. Wenn sich eine Gelegenheit zeigt, Ihnen dienlich zu sein, so bitte ich Sie, mir vor anderen dieses Vergnügen zu gönnen. Ich verbleibe aufrichtig.

Etc.

Comte de Frise: der Neffe des Marschalls von Sachsen glänzte alsbald im Privattheater der Marquise in der Rolle des *Champagne* in der Komödie *Der Mann des Tages oder wie der Anschein täuschen kann.*

49. An die Duchesse d'Estrées *(1750)*

Gestern sah ich Monsieur le Comte, der mir in Ihrem und im eigenen Namen Komplimente machte: er versicherte mir, daß Sie wohlauf sind, was das Wichtigste ist; denn ich lebe in meinen Freunden.

Uns hat eine traurige Nachricht erreicht. Der tapfere Maurice ist in seinem Schloß Chambord gestorben: dieser Verlust ist ein allgemeines Unglück. Man erzählt, daß der verstorbene Marschall de Villars, als er erfuhr, daß der Duke of Berwick bei der Belagerung von Philippsburg gefallen war, ausrief: »Dieser Mann hatte immer Glück!« Dem armen Sachsen widerfuhr nicht dieses glückliche Heldenlos; denn er ist in seinem Bett gestorben wie eine alte Frau und exakt wie Monsieur de Catinat, der an nichts glaubte und vielleicht auf nichts hoffte.

Ich hatte Gelegenheit, ihn häufig zu sehen, und ich glaube, seinen Charakter gut begriffen zu haben. Er war nur an der Spitze einer Armee groß: überall sonst hatte er die Schwachheit gewöhnlicher Seelen, was mich an den Ausspruch von La Bruyère erinnert: *Wie schwierig ist es doch, in den Augen seines Kammerdieners ein Held zu sein.* Es waren seine Ausschweifungen, die ihn getötet haben, mehr noch als das Alter oder die Plackereien des Kriegs; und er war nicht wählerisch in seinen Vergnügungen. Während seiner beiden letzten Lebensjahre war er ein wandelnder Leichnam und nur noch der Name war übrig. Doch trotz seiner Fehler, die der Menschheit Teil sind, war er ein bedeutender Mann, dem Frankreich vielleicht sein Fortbestehen verdankt und den es nicht genug betrauern kann. Er wird nicht in Saint Denys beigesetzt, denn die Priester meinen, er sei ein Ketzer gewesen. Ich jedoch liebe solche Ketzer, und ich wünschte, Gott möge uns noch so einen senden. Auch Sie liebe ich, Madame la Duchesse, aber ich sehe Sie nicht oft genug.

Ich verbleibe etc.

Duchesse d'Estrées: Gemahlin des Marschalls Charles César d'Estrées. – *Monsieur de Catinat:* Feldherr unter Ludwig XIV. – *Saint Denys*: das in der Revolution zerstörte Grabgelege der Könige in der Abtei Saint-Denis.

50. An dieselbe *(1750)*

Ich wollte Sie gestern aufsuchen, doch man sagte mir, Sie wären im Palais-Royal. Ich eilte dorthin und traf Sie nicht an. Die Herzogin war in einer Art und Weise beschäftigt, die unsere hübschen Pariser Frauen äußerst lächerlich fänden – raten Sie, womit! Sie häkelte für ihren schönen Herzog Manschetten. Im Homer gibt es eine bestimmte Prinzessin, die an den Brunnen geht, um die Hemden ihrer Brüder zu waschen, und die lamentiert, daß sie allzu schmutzig seien; doch zu jenen schlichten Zeiten hatten Prinzessinnen Hände wie Bäuerinnen; das ist heute nicht mehr in Mode. Die Herzogin erwies mir manche Freundlichkeit, und wir plauderten über Sie, wie es Ihnen zukommt. Ich bemerkte mit gewisser Selbstgefälligkeit, daß sie Sie ebenso schätzt wie ich, und ich schätze sie dafür um so mehr.

Ich habe dieses elende Schwadronieren über den Marschall von Sachsen zu Gesicht bekommen. Lebte er noch, würde er über die Plattheit und Abgeschmacktheit, mit der man ihn lobt, erröten. Ich nun, ich glaube, daß nur diejenigen, die es großen Männern gleichtun können, fähig sind, Ihnen angemessenes Lob zu spenden, und ich halte das Lob eines Tropfs für eine Beleidigung.

Der arme Sachse hatte übrigens bisweilen seltsame Ansichten. Ich fragte ihn eines Tages, weshalb er sich niemals verheiratet hätte. *Madame*, sagte er, *so wie es mit der Welt heute aussieht, gibt es wenige Menschen, deren Vater, und wenige Frauen, deren Gatte ich sein möchte.* Diese Antwort war nicht eben galant, hatte indes einiges Vernünftige an sich. Er sagte auch, daß eine Frau kein Möbel für einen Soldaten sei. Trotzdem hielt er Mädchen aus, die ihm schließlich den Garaus gemacht haben; und eine Schauspielerin war es, die ihm den Gnadenstoß versetzt hat: Beurteilen Sie danach seinen Umgang.

Nächste Woche werden wir hier eine Vorstellung des *Mahomet* geben; kommen Sie, um gemeinsam mit mir Abscheu vorm Aberglauben und Bewunderung für Voltaire zu lernen. Wir haben tausend Verseschmiede, aber nur einen Dichter. Gestern morgen machte er mir seine Aufwartung: aber da er mich nun als Königin behandelt, empfing ich ihn doch auch besser als einen König; denn man muß die großen Talente ehren. Falls er nicht an Gott glaubt, wie es heißt, so ist dies sein eigener Schade: es hindert ihn nicht, ein großer Mann zu sein; leider wird er alt.
Richten Sie dem Herzog aus, daß ich ihn hasse, weil er hier war, ohne mich zu besuchen: man möchte meinen, daß die achtenswerten Menschen mich fliehen, um mich einer Herde von Tieren mit Menschenantlitz auszuliefern, die mich langweilen und die ich verachte. Falls er bereut und schleunigst seinen Fehler gutmacht, könnte ich ihm vielleicht verzeihen. Bleiben Sie wohlauf, meine schöne Herzogin, und seien Sie immer heiter, wenn sie immer schön bleiben wollen; Traurigkeit macht häßlich.

Etc.

Im Homer: *Odyssee*, wahrscheinlich 6. Gesang: »Und Nausikaa trat zum lieben Vater, und sagte: / Lieber Papa, laß mir doch einen Wagen bespannen, / Hoch, mit hurtigen Rädern; damit ich die kostbare Kleidung, / Die mir im Schmutz liegt, an den Strom hinfahre zum Waschen.« – *Schwadronieren:* die Straßburger Totenrede auf den Marschall von Sachsen.– *Mahomet: Mohammed*, Drama Voltaires gegen den Religionsfanatismus, das er dem Papst widmete; Papst Benedikt XIV. bedankte sich dafür mit Gedenkmünzen.

»Die Marquise de Pompadour war von etwas überdurchschnittlicher Körpergröße, schlank, gewandt, geschmeidig, elegant. Ihr Gesicht ergänzte vortrefflich ihre Erscheinung: ein vollendetes Oval; schönes, eher hell kastanienfarbenes als blondes Haar, ziemlich große Augen mit schönen Brauen von der gleichen Farbe, eine reizend geformte Nase, ein bezaubernder Mund, sehr schöne Zähne und das feinste Lächeln. Die schönste Haut der Welt verlieh dem Mienenspiel den herrlichsten Glanz.

Einen besonderen Zauber besaßen ihre Augen, den sie vielleicht ihrer unbestimmten Farbe verdankten; sie hatten nicht die Lebhaftigkeit schwarzer, das Schmachtende blauer, die eigentümliche Feinheit grauer Augen; ihre ungewisse Farbe schien sie für jede Art von Verführung geeignet zu machen und alle Regungen einer sehr bewegten Seele ausdrücken zu können. So war denn das Mienenspiel der Marquise de Pompadour von unendlicher Vieldeutigkeit. Doch niemals nahm man einen Mißklang zwischen ihren Gesichtszügen wahr. Alles wirkte auf ein Ziel hin zusammen, was auf eine Seele schließen läßt, die ihrer selbst Herr ist. Ihre Bewegungen harmonierten mit allem übrigen, und ihre ganze Person schien der Übergang vom höchsten Grad der Eleganz zum ersten des Edlen und Adligen.«

Charles-Georges Leroy,
Leutnant der Jagden für die Forste von Versailles

Unter dem Motto »Unsere Damen bei Hofe sind wie die Pferde, die immer angeboten, doch nie geritten werden« sammelte sich eine Fraktion gegen die Marquise de Pompadour und ihre zunehmende Macht. Anführer der gegnerischen Partei war nun der Herzog von Richelieu. Kandidatinnen, die dem König zur Abwechslung ... oder zur Ablösung zugeschoben werden konnten, waren schnell zu finden und zu motivieren:

51. An Madame de La Popelinière *(1750)*

Ich ahnte nicht, Madame, daß wir uns jemals etwas zu sagen hätten. Sie haben mir einen aufbrausenden Brief geschrieben, doch ich werde maßvoll antworten. Ich weiß, daß Sie seit einiger Zeit an der Spitze jener schönen Frauen marschieren, die ein Auge auf das Herz des Königs geworfen haben: Sie folgen ihm überallhin; irgendwo findet sich immer ein Hinterhalt, wo Sie ihn überraschen können; wir können darüber nur lachen. Ich bitte Sie um Verzeihung, Madame; Narrheit sollte man eher bedauern, als darüber zu lachen. Heute gehen Sie weiter; Sie beleidigen mich mit einem

Brief ohne Verstand und Recht, als wäre ich das einzige Hindernis Ihres Strebens. Unseligerweise, Madame, sind mir Ihre Verdienste nicht vollends geläufig; und obwohl Sie Ihr Möglichstes getan haben, um den Allerchristlichsten König darüber in Kenntnis zu setzen, kennt er sie noch weniger als ich.

Sie sind die Frau eines reichen und achtenswerten Mannes: versuchen Sie, nur ihm zu gefallen; doch falls Sie es sich weiter in den Kopf setzen, dem Fürsten gefallen zu wollen, arbeiten Sie friedlich an diesem schönen Projekt, ohne sich über mich zu ereifern, die ich weder die Ehre haben, Sie zu kennen noch Sie zu mögen. Somit nehme ich mir erstmals die Freiheit, Ihnen zu schreiben: es wird überdies das letzte Mal sein. Die Barmherzigkeit hat mir diesen Brief diktiert; und falls die Besessenheit einer Frau kein unheilbares Leiden ist, so wünsche ich, er möge eine gute Wirkung zeitigen.

Ich verbleibe etc.

Madame de la Popelinière hatte bei ihrem Angriff auf das Herz des Königs laut verkündet, sie würde die nächste *maîtresse-en-titre*. Doch sie verschwand im Dunkel der Geschichte. Jeanne de Pompadour hingegen empfing, etwa ab sieben Uhr früh bei ihrer Morgentoilette und zum ersten Frühstück, die in Versailles akkreditierten Botschafter.

52. An Monsieur Campel *(1750)*

Die Erinnerung an den Prinzen Edward und an die Aufmerksamkeit, die Sie mir erweisen, bewegen mich sehr; aber ich fürchte, daß der Plan, den er hegt, recht schwierig ist: dennoch werde ich mein Mögliches tun, um ihm aus Hochachtung, auch vor seinem berühmten Haus, zu dienen. Der König, der ihn nur gezwungenermaßen und schweren Herzens verbannt hat, wird niemals seine Interessen aus den Augen verlieren: Sie können es ihm versichern. Seine Heirat mit der Prinzessin von Modena wäre ein kleiner Ausgleich für seine Thronansprüche und würde ihm eine Bleibe verschaffen: wir hier werden nichts versäumen, damit er Erfolg hat. Er hat so viel für uns getan, daß wir aus Dankbarkeit ver-

pflichtet sind, etwas für ihn zu tun. Es gibt Leute, sogar Franzosen, die meinen, der König hätte niemals die ernsthafte Absicht gehabt, ihn auf den Thron seiner Ahnen zu setzen, und daß er ihn nur aus dem Grund nach Schottland geschickt hätte, um bei den Engländern Panik zu stiften. Ich weiß aus gut unterrichteter Quelle, daß diese Leute lügen. Frankreich konnte ihm nicht helfen, wie es das wollte: die Feinde waren Herren des Meeres, und man hätte die Truppen, die ihn und seine Freunde bei seiner Sache unterstützen sollten, niemals nach Großbritannien transportieren können. In einem neuen Krieg (denn die zwei Nationen, die einander hassen, werden nicht lange in Frieden leben können), in einem neuen Krieg, sage ich, wird man eine günstigere Gelegenheit finden. Bis dahin ist der König, der Prinz Edward liebt und ihn bedauert, entschlossen, ihm mit all seiner Macht zu dienen.
Stimmt es, daß er bei Frankfurt von maskierten Attentätern angegriffen worden ist; daß er einen davon getötet und zwei weitere gefährlich verwundet hat? Seine Tapferkeit ist allgemein bekannt; aber es ist traurig für ihn, sie gegen elende Mörder einsetzen zu müssen: waren diese Verbrecher Engländer?
Ich bitte Sie, Monsieur, ihm meinen Respekt zu übermitteln und meine Dienste anzubieten. Seine Sache ist die Sache der Könige; und falls ich mit meiner geringen Macht dazu beitragen könnte, ihn triumphieren zu lassen, würde ich diese Tat bestimmt als die schönste meines Lebens betrachten.

Ich verbleibe etc.

Campel: Möglicherweise handelt es sich um ein Mitglied des schottischen Clans der Argylls, Earls, Lords oder Dukes of Campbell.

1750 war Jeanne-Antoinette de Pompadour neunundzwanzig Jahre alt.
Ihre Titel lauteten: »Marquise de Pompadour, Baronne de Brette, La Rivière und Saint-Cyr-la Roche, Dame de Crécy-Couvé, Tréon, Aunay, Garancières, Le Boullay-les-deux-Eglises, Saint-Rémy-sur-Avre, Boissy-en-Drouais und anderen Orten.«

1745 war ihre Mutter gestorben.
Der offizielle Vater François Poisson war nach seiner achtjährigen Flucht wegen Unterschlagung von Staatsgeldern nach Frankreich zurückgekehrt und wurde – wahrscheinlich auch dank des Einflusses seiner Tochter – rehabilitiert. Seine »kleine Königin« verschaffte ihm 1750 das Landgut Marigny. Es wurde dem ehemaligen Lebensmittellieferanten für – fingierte – Schulden der Krone bei ihm vom König überschrieben. Vier Jahre darauf wurde François Poisson zum Marquis de Marigny erhoben. Zu diesem Anlaß ließ er ein Te Deum komponieren, das in Anwesenheit des begeisterten Pfarrers und der Gemeinde in der Dorfkirche aufgeführt wurde. Im selben Jahr starb François Poisson dort siebzigjährig an der Wassersucht und wohl auch am Alkohol.
Für ihren Bruder Abel-François hatte Jeanne-Antoinette den Titel eines Seigneur de Vandières et de Montreuil-aux-Lions erlangt. Sie schickte den sechs Jahre Jüngeren auf eine exakt arrangierte, zweijährige Studienreise durch Italien. Daraufhin konnte er 1751 zum Oberaufseher sämtlicher königlicher Bauten, der Gärten, Künste und Manufakturen von Frankreich ernannt werden.
Den Bruder bedrückte sein Aufstieg. Er besaß nicht den Ehrgeiz seiner Schwester. Der stille Sechsundzwanzigjährige – in seiner Jugend gleich schön wie seine Schwester – hielt sich nur widerwillig in Versailles und in der Großen Welt auf. Von böswilligen Beobachtern seiner Karriere von Schwesters Gnaden wurde er, der Seigneur de Vandières, hämisch nur als *Seigneur d'Avant-hier*, *Herr von Vorgestern*, bezeichnet. Andere schrieben ihm ein durchaus erfolgreiches Wirken in seinem Amt zu, durch das er in Architektur oder Handwerk im ganzen Land dem neuen Stil, dem Rokoko, zum Durchbruch verhalf und das Gewerbe neu belebte.
Inzwischen hatte sich das Zusammenspiel zwischen Ludwig XV. und der Marquise de Pompadour, geprägt von beider unterschiedlichem Charakter, perfektioniert:
»Der König litt unter einer zeitweiligen und unerklärlichen Sprechstörung. Manchmal drückte er sich im rechten Moment scharfsinnig aus, erzählte, von seinem ausgezeichneten Gedächtnis unterstützt, angenehm. Sein wohlwollender Blick

ruhte auf dem Angesprochenen, und bei privaten Unterhaltungen schien er um Zuneigung zu werben. Dann wußte er seinen Charme einzusetzen, dessen er sich sehr bewußt war. Häufiger aber konnte er sich kaum dazu überwinden, einige verbindliche Worte denen zu sagen, die ihm gut gedient hatten: man erriet, daß er hatte sprechen wollen, aber die Worte verweigerten sich ihm, und er zeigte nur ein liebenswertes Gesicht. Entschlüpfte ihm eine Bemerkung, so war es eine gleichgültige Frage nach dem Alter seines Gesprächspartners oder dessen Kinder, über das Wetter, etwas zum liturgischen Kalender; geradeso, wie er nur mechanisch gefragt hatte, hörte er auch der Antwort nicht zu. Er war unfähig zu trösten, denn das Unglück eines anderen verschlug ihm die Sprache. Botschafter anzureden oder auf Komplimente zu antworten, bedeutete für ihn eine fast unmögliche Anstrengung. Bei Begrüßungen und Präsentationen fand er nicht die passenden Worte. Daher erleichterte es ihn sehr, von Madame de Pompadour unterstützt zu werden, die für diese Aufgabe wunderbar begabt war und sie anmutig und heiter erfüllte.
Zuerst nur als Privatperson, dann zunehmend offiziell und gemäß dem Willen des Königs nahm sie an den Dienstagsaudienzen im Apollosalon teil und gab Empfänge in Bellevue, die in Europa berühmt wurden.« (Danielle Gallet)
In ihren ersten fünf Jahren als offizielle Geliebte erhielt die Marquise de Pompadour eine monatliche Zahlung von 24 000 französichen Pfund. Diese enorme Summe steigerte sich auf gewaltige 50 000 Livres. Im Laufe der Jahre und mit dem Abnehmen der königlichen Leidenschaft für seine Geliebte sank der Betrag auf 4000 pro Monat. Dazu kamen aber gelegentlich Geschenke, die eines Königs würdig waren.
Den heutigen Wert des *Livre tournois*, der damaligen französischen Währungseinheit, anzugeben, ist schwer möglich. Zu sehr haben sich Einkünfte und Produktkosten gewandelt. Doch es lassen sich, bei einer Umrechnung von Livre in Reichstaler, einige Posten vergleichen: So verdiente ein preußischer Minister um 1750 umgerechnet etwa 20 000 Livres jährlich; für Voltaires Aufenthalt zahlte Friedrich der Große

25 000 Livres im Jahr. Das *Bildnis der Tänzerin Barbarina* von seinem Hofmaler Antoine Pesne kostete den Preußenkönig etwa 530 Livres, für Watteaus *Firmenschild des Kunsthändlers Gersaint* mußte er hingegen 10 000 Livres bezahlen. Ein preußischer Infanterist war mit umgerechnet 350 Livres im Jahr besoldet. Dazu einige Unkosten der Zeit: für eine einfache Perücke zahlte der Kunde 10 Livres, für ein Paar Stiefel 20 Livres; für die Übernachtung in einem erstklassigen Hotel einer großen Stadt wurden dem Gast um die 10 Livres berechnet, für ein Mittagessen 2 Livres und den Liter Wein bekam er für 1 Livre.

Madame de Pompadour bekam oder kaufte im Laufe ihres Lebens die Schlösser Montretout, La Celle, Crécy, Bellevue, ein Stadthaus in Versailles und das Hôtel d'Évreux, das spätere Élysée-Palais.

Infolge der umfangreichen Umbauten und Möblierungen, der Beschäftigung erstrangiger Künstler für ihre Häuser, wegen schlechter Karten beim Glücksspiel, ihrer steten Armenfürsorge wirtschafteten sie und ihre Bankiers immer wieder mit Schuldenmassen. Erst ihr Ende offenbarte dieses Finanzfiasko.

»Im Dorf Crécy hatte die Marquise die Häuser, die den Blick auf das Schloß störten, abreißen und neu aufbauen lassen. Sie übernahm die Kosten für ein neues Presbyterium und schmückte die Kirche von Couvé mit einer wunderbar geschnitzten und bemalten Altarwand, die man noch heute bestaunen kann ... Sie hängte ihr Herz weder an Orte noch Sachen. Ohne Umstände ließ sie etwas hinter sich, sobald sich dessen Zauber erschöpft hatte.« (Danielle Gallet)

Der Aufstieg von Mademoiselle Jeanne-Antoinette Poisson verlief für die Öffentlichkeit undurchsichtig. Diese Dame, die kein Amt bekleidete, aber mit immenser Macht ausgestattet war, wurde zur Zielscheibe für Neid, Spott und Kritik. Die ersten Hohngesänge, wahrscheinlich vom damaligen Minister Maurepas selbst verfaßt, waren 1749 erschienen:

Ob die Tugend ich verliere,
Ob mein Fehltritt öffentlich,
Ob mein Gatte Hörner hat,

Ob die Leute lästern,
Ah, was macht mir das?
Ehrsucht treibt mich an,
Ah, was macht mir das?
Ich bin des Königs Schatz.

Der ›vielgeliebte König‹ – der personifizierte Staat, also dessen Gerechtigkeit, dessen Tradition, dessen Zukunft –, der König blieb vom Spott noch ausgenommen.
Mitnichten nur leichtfertig ging der Monarch mit seiner Liebe zu Jeanne de Pompadour um. Der König von Frankreich war eine dermaßen geheiligte Person, daß seit Jahrhunderten an bestimmten Tagen Hunderte, ja Tausende von Kranken zu ihm pilgerten. Das rituelle Handauflegen des Königs versprach Linderung oder Heilung der Leiden.
Seit er zum ersten Mal eine Maitresse, Madame de Mailly, gehabt hatte, fühlte Ludwig sich sündig und vollzog diese großen Zeremonien des Handauflegens nicht mehr. Doch unbeabsichtigt beschädigte er gerade durch diese Gewissenhaftigkeit und Zurückhaltung den Nimbus der gottnahen Monarchie. Ludwig, mit dem Titel *Allerchristlichster König*, der im Ehebruch lebte, besuchte täglich die Messe. Seit Jahren jedoch war er wegen seines Liebeslebens von den Sakramenten ausgeschlossen. Das war eine schwerwiegende Dauerbestrafung für das sonst unantastbare Oberhaupt der Nation und eine hervorragende Gelegenheit für die Geistlichkeit, ihre Macht zu vergrößern, gegen ›Fäulnis im Staat‹ zu wettern.
Die Entschlossenheit des melancholischen Ludwig, mit seiner angefeindeten Geliebten zusammenzuleben, bleibt erstaunlich.
In Spanien regierten seit 1701 gleichfalls die Bourbonen. Und es hatte den Anschein, als wollte diese marode Macht im Süden ihre bisher sorgsam gehüteten Häfen in den südamerikanischen Kolonien plötzlich dem Erzfeind England öffnen.

Ich bin über diese Schikanen der Spanier erstaunt. Hat Frankreich nicht genug für sie getan? Nach über fünfzig Jahren Herrschaft und Ruhm sah Ludwig XIV. sich am Abgrund, weil er sich geweigert hatte, den König zu unterstützen, den der letzte Herrscher aus dem Hause Österreich zu seinem Nachfolger bestimmt hatte, was den Zerfall ihrer Monarchie bedeutet hätte. Ludwig XV. führte einen langen und blutigen Krieg , der nur für Don Philipp – wegen der ehrenvollen Inthronisierung, die wir ihm in Italien ermöglichten – von Nutzen war. Angesichts so vieler für Spanien auf Kosten Frankreichs geleistete Dienste könnte man einige Dankbarkeit erwarten. Es beharrt indes darauf, uns, wie allen übrigen Nationen, die Einfahrt in seine amerikanischen Häfen zu verweigern, ohne zwischen seinen Freunden und seinen Feinden auch nur den geringsten Unterschied zu machen. Man kann sogar sagen, daß die Engländer durch den Vertrag von Assiento in höherem Maße begünstigt werden als wir.

Ehrgeiz und Eitelkeit Ludwigs XIV. wurden befriedigt: vor seinem Tod hat er die spanische Krone seinem Haus gesichert. Aber allzu oft bedeuten Ehrgeiz und Eitelkeit der Fürsten das Elend der Völker, wie es durch diese Art Union zwischen den beiden Monarchien geschehen ist. Bis zu jener Epoche hatte sich Frankreich fast immer im Krieg mit Spanien befunden und hatte es so erschöpft, daß Karl II. Falschgeld prägen lassen mußte: unsere Korsaren kaperten seine Galeonen, und unsere Kolonien prosperierten auf Kosten der seinigen. Aber all das ist anders geworden, seitdem es einen König aus dem Hause Bourbon hat: befreit von einem gefährlichen Feind, baut es täglich seine Macht aus und wird durch die enge Allianz der beiden Kronen bald wieder in seinem alten Glanz dastehen: wir schlagen und wir erschöpfen uns dafür.

Soweit also, Monsieur, einige der Instruktionen, die man vielleicht gerade jetzt unserem Botschafter in Madrid schikken sollte, damit sie ihm, falls Sie mir beipflichten, bei seiner gegenwärtigen Verhandlung als Richtschnur dienen. Der

Wunsch, zu nützen und dem König zu gefallen, siegt, seitdem ich hier bin, über meine natürliche Neigung; denn ich liebe die Politik nicht, und diese Abhandlung ist meinem Geschlecht kaum angemessen. Dennoch muß ich mich, sozusagen widerwillig, einmischen, denn sonst würde ich, meine Herren, da ich nun einmal mit Ihnen verkehre, die Sprache dieses Landes nicht verstehen.
Ich bitte Sie, mir Ihren Kurier, bevor Sie ihn aufbrechen lassen, vorbeizuschicken: ich muß ihm ein Bündel mit Grüßen an einige Dons & Doñas mitgeben etc.

Geleistete Dienste: 1713 hatte Frankreich nach vierzehn Jahren Krieg gegen die Habsburger die zweite Linie der Bourbonen auf dem spanischen Thron durchgesetzt. Später hatte Ludwig XV. im Frieden von Aachen seinem spanischen Blutsverwandten und Schwiegersohn Don Philipp auf den Thron von Parma geholfen. – *Karl II.:* von Spanien. – *dieses Land: ce pays:* eine Bezeichnung der Marquise für Versailles.

54. An die Comtesse de Noailles *(1750)*

Ich bedaure und ich bewundere den Mut dieser armen, kleinen Vaubonne, die sich freiwillig vergiftet hat, um nicht mit einem Mann schlafen zu müssen, den sie nicht liebte. Dies arme Mädchen ist somit Opfer des schändlichen Geizes ihrer Eltern geworden. Wie grausam, sie zu zwingen, einen alten Affen von sechzig Jahren mit Glasauge und Holzbein zu heiraten! Das hieß die Marter jenes Mezentius wiedereinführen, der die Lebenden an die Toten fesselte. Es heißt, daß sie sich, nachdem sie zum Brautbett geführt worden war, in ein Nebenzimmer zurückzog, während das Ungeheuer sich entkleidete, und daß sie dort ein Glas mit Gift trank, das sie binnen einer Viertelstunde umbrachte. Ich billige Selbstmord nicht; dennoch hoffe ich, daß Gott ihr Gnade widerfahren läßt: es ist eher das Verbrechen ihrer Familie als ihres.
Ich sah gestern die venezianische Gesandtin, die Sie liebt und Sie sehr lobt; ich schätze sie deshalb um so mehr, denn man muß einiges Verdienst haben, um es bei anderen wahrzunehmen. Man hat die Schwangerschaft der Dauphine

bekanntgegeben, und alle freuen sich; freuen auch Sie sich und lieben Sich mich etc.

Mezentius: wegen seiner Grausamkeit berüchtigter etruskischer König, der laut Vergil von Aeneas getötet wurde. – *Lieben Sie mich:* diese spielerische oder ernste Aufforderung, geliebt werden zu wollen, war nichts Außergewöhnliches. So schreibt in diesem Zeitalter auch Friedrich der Große an Voltaire: »In zärtlicher Verbundenheit, und lieben Sie mich stets.«

55. An dieselbe *(1750)*

Gestern nacht ist etwas passiert, was viel Durcheinander verursacht hat und sonderbar ist; ich werde es Ihnen gleich erzählen. Ein Mann ist, ich weiß nicht wie, in die Gemächer von Madame, während sie lag und schlief, eingedrungen, hat sich auf ihr Bett gestürzt und sie umarmt. Die arme Prinzessin, sofort hellwach, schlug um sich und stieß laute Schreie aus. Man lief herbei, fand sie aus dem Bett gefallen und heftig von diesem Mann umschlungen, der nicht von ihr abließ. Um seine Dreistigkeit zu bestrafen, wurde er ins Gefängnis abgeführt, doch nach einigen Nachforschungen stellte sich heraus, daß es ein Schlafwandler war, der einen kleinen Posten bei Hof hat und unweigerlich jede Nacht umherläuft, sofern er nicht sorgsam einsperrt wird. Man hat ihn also wieder freigelassen, und alle Welt lacht über diese Geschichte, nur Madame nicht, die ein wenig verwirrt wirkt.
Nun die Neuigkeit des Tages. Ihr Mairan hat sein Buch dem König überreicht, der es wohlwollend entgegengenommen hat. Mein Gott, was für ein dummes Gesicht! und trotzdem sagen alle, daß er ein großer Mann ist: im übrigen sehen alle diese Landvermesser trottelig aus. Man hat mir über diesen Mann eine kleine Geschichte erzählt, über die ich laut gelacht habe. In seinem Haus war durch Unachtsamkeit ein Feuer ausgebrochen und erreichte fast schon den zweiten Stock, wo er seelenruhig mit seinen Zirkeln und Winkeln arbeitete. Die Leute liefen herbei, riefen, er müsse sich sofort retten, wenn er nicht das Vergnügen haben wolle, lebendig

zu verbrennen, daß er also schleunigst seine Anordnungen treffen müsse. *Reden Sie mit meiner Frau*, sagte er, *ich mische mich da nicht ein.* Worauf er wieder zu grübeln und zu werkeln begann. Man mußte ihn mit Gewalt aus seiner Stube zerren und aus dem Haus schaffen: was für Tiere!
Ich breche zur Messe auf und werde für Ihre arme Cousine beten. Ist sie noch immer so krank? Sollte sie sterben, werde ich all die guten Menschen bedauern, die sie lieben. Adieu, lieben Sie mich immer mehr und sagen Sie es mir oft.

Etc.

Madame: wahrscheinlich die zweite Königstochter, da die erste in Parma verheiratet war. – *Mairan:* Jean-Jacques Dortous de Mairan, Physiker, der unter anderem eine Abhandlung über *Die Leuchtkraft des Phosphors* verfaßte. – *Ich breche zur Messe auf:* Für die allmorgendliche Andacht hatte sich die Marquise ihr *Stundenbuch der Heiligen Jungfrau* von François Boucher illustrieren lassen.

56. An die Duchesse d'Estrées *(1750)*

Der verrückte Bâville ist von der nebligen Insel zurück und erzählt begeistert von den Engländerinnen. Die Philosophen jenes Landes, sagt er, haben die Welt erleuchtet, und die Frauen verschönern sie. Aber, hielt ihm der König entgegen, es wird behauptet, daß diese Engländerinnen äußerst blaß sind. *Ah! Majestät*, hub dieser Eigenbrötler erneut an, *es ist die Farbe der Zärtlichkeit und Wollust; und wenn ich noch dreißig wäre, fürchtete ich diese blassen Wangen mehr als unsere roten Gesichter in Paris. Falls es Mohammeds Paradies gibt, sind bestimmt Engländerinnen die Seligkeit der Heiligen.*
Bâville ist erstaunt, daß die Engländer keine guten Liebesgedichte haben; denn schöne Frauen müßten, sagt er, schöne Gedanken eingeben. Er hat sich vorgenommen, in zwanzig Jahren eine zweite Pilgerfahrt nach England zu unternehmen, um nachzusehen, ob die Töchter nach ihren Müttern geraten. Wir müssen täglich über seine Einfälle lachen: mit einem Wort, er ist noch immer so verzaubert, als käme er aus dem Palast der Armida. Er sagt, daß die finstere Art der Män-

ner ihn bei seiner Ankunft in London beinahe schwermütig gemacht hätte; aber die Schönheit, der Geist und die Anmut der Frauen hätten flink seine Melancholie vertrieben. Trotz all seines Lobs sieht er einen großen Mangel bei diesen liebreizenden Frauen: sie lieben unsere Mode zu sehr. Solange die Engländerinnen, sagt er, reine Engländerinnen sein werden, bleibt es ein göttliches Geschlecht; doch sobald sie Französinnen sein wollen, übertrumpfen die Französinnen sie.

Nun glaube ich, daß er die Frauen jenes Landes nicht völlig zu Unrecht preist: ich habe einige gesehen, die entzückend waren, doch wenige angenehme Männer. Dieser Bâville hat Sie übrigens nicht vergessen: er entsinnt sich, in Paris ein kleines Göttinnengesicht zurückgelassen zu haben, das er bald anbeten möchte. Gott mit ihm! er beginnt, mich zu langweilen. Auch ich habe vor, Sie dieser Tage zu überraschen; aber warten Sie nicht auf mich. Adieu, meine Liebe, ich liebe Sie zärtlich.

Armida: schöne Zauberin in Tassos ›Befreitem Jerusalem‹, die die Kreuzfahrer verwirrte.

57. *An den Marquis de Saint-Contest* *(1750)*

Mit dem Rücktritt von Monsieur de Puisieulx wird das Außenministerium frei. Er war ein guter Minister: der König will dort einen noch besseren, und er hat Sie ernannt. Sie haben den Frieden ausgehandelt: kommen Sie, ihn zu bewahren, was noch heikler ist. Die Holländer werden Sie vermissen, denn sie schätzen Sie: aber ich stelle mir vor, daß Sie sie nicht vermissen werden. Marschall de Belle-Isle meint, daß die holländische Gesandtschaft die schwierigste und unangenehmste von allen sei. An allen sonstigen Höfen hat man es mit Fürsten zu tun, die großzügig denken: aber bei diesen Kaufleuten, die in Japan das Kruzifix in den Staub treten, um Geld zu verdienen, werden Verhandlungen wie eine Geschäftssache betrieben; und mit Königen verfahren sie wie mit ihren Geschäftspartnern, stets auf Gewinn erpicht. So verlassen Sie denn, Monsieur, die frostigen Bataver, um mit Ihren Befähigungen und Ihren Kenntnissen, die der König entlohnen will, Ihrem Vaterland Ehre zu machen. Ich bin Ihnen dafür zu besonderem Dank verpflichtet, den er für mich begleichen wird.

Etc.

Saint-Contest: François Dominique de Barberie Marquis de Saint-Contest, vordem Intendant von Burgund, dann Botschafter in Den Haag. – *Bataver:* Volksstamm an der Rheinmündung.

Gerüchteweise wurde erzählt, Madame de Pompadour habe den berühmten Diamanten *Der Regent* geschenkt bekommen; eines Abends sei sie auf Schloß Marly in einem Kleid mit Spitzen und Edelsteinen im Wert von 22 500 Livres erschienen; zur Unterhaltung des Königs habe sie ein Hundeballett veranstaltet. Diese oder andere Erzählungen, ohne sichere Beweise, trugen erheblich zur Legendenbildung bei.
Jeanne de Pompadour, abhängig allein von der Liebe des Königs von Frankreich, hatte sich bald einen weiteren Rückhalt geschaffen: »Monsieur Janelle war ein unscheinbarer, aber mächtiger Herr. Er leitete das zentrale Postbüro, bei ihm liefen die Briefe der Ministerien ein, er verschickte die Korrespondenz des Hofes in alle Welt ... Fest steht aber, daß Janelle ihr sehr bald ergeben war und ihre Befehle befolgte wie ein gutmütiger, pflichtbewußter Hund ... Janelle ließ zu, daß die Marquise wichtige Briefe zensierte, und zwar so, daß in den Briefen das gesagt wurde, was sie für richtig hielt – was nicht immer das gleiche war, was der König oder seine Minister zu sagen wünschten.« (Tibor Simanyi)

58. An den britischen Botschafter Count of Albemarle (1750)

Milord, ich habe vorgestern erfahren, daß Sie in großer Gesellschaft und gegen Ende eines großen Soupers zu meinen Lasten Dinge geäußert haben, die weder wahr noch der

Würde eines Botschafters angemessen sind. Jeder weiß, daß Sie ein Mann sind, der sich gerne vergnügt; aber ich wußte nicht, daß es Sie vergnügen könnte, eine abwesende Frau, die Sie weder haßt noch mag, zu diffamieren. Wären Sie des Königs Untertan, würde ich mich durch stille Verachtung rächen. Da Sie jedoch der Botschafter einer angesehenen Nation sind, gestatten Sie, daß ich mit Rücksicht darauf, nicht auf Sie, hier Ihre Verfehlung offenlege.

Ihr Memorandum und Ihre Beschwerden über den Wiederaufbau der französischen Flotte sind im Rat verlesen worden, und man hat sie für höchst lächerlich befunden. Es ist, als würden Sie es verübeln, daß ein Mensch mit Fieber Chinarinde einnimmt. Der Minister hat mir diese schöne Denkschrift gezeigt, und ich habe meine Ansicht dazu sinnbildlich geäußert:

»Die Tiere haben Frieden geschlossen«, sagt der Wolf zum Igel: »Warum zupfst du dir nicht deine Stacheln?« »Gut«, antwortet dieser, »wenn du dir zuerst deine Zähne ausreißt.«

Das, Milord, ist alles, was ich angemerkt habe und anmerken mußte, als ich zu Rate gezogen wurde. Die Fabel hat Ihnen mißfallen, und um sich zu rächen, haben Sie mich verleumdet. Solches Vorgehen ist weder großherzig noch ehrenhaft, vor allem seitens eines Ausländers, der mich überhaupt nicht kennt und den kennenzulernen mir auch unwichtig ist. Ich zweifle sehr, ob der König von England, Ihr Herr, Sie für dergleichen hierhergeschickt hat. Ich respektiere Ihre Nation, und eben deshalb wünschte ich, daß ihr Repräsentant hier wahrheitsliebend und taktvoll wäre und daß seine Tafelrunden nicht zum Tummelplatz ehrloser Verunglimpfungen würden.

Pardon, Milord, für meine Offenheit: falls Sie mit Ihren Schmähungen fortfahren, würde mich das nicht überraschen; ich werde mich nicht mehr mit einer Klage dazu äußern.

Klage dazu äußern: der britische Botschafter war glimpflich davongekommen. Für ›Schmähungen‹ konnte Jeanne de Pompadour sich durchaus rächen. Der Schriftsteller Rességuier, der die Marquise als

»Blutsaugerin« bezeichnet hatte, wurde zu zwanzig Jahren Haft verurteilt, verbüßte auf Fürsprache der Angegriffenen jedoch ›nur‹ ein Jahr im Kerker. Einem anderen Autor, der in seinem Roman *Melotta Ossonpi* [= Poisson] die verstorbene Mutter der Marquise als afrikanische Prostituierte dargestellt hatte, wurde bis nach Holland nachgespürt, wo der Verleger Muntendam die verbliebenen Exemplare verbrannte.

Jeanne-Antoinette d'Étiolles-Pompadour hatte ihre Tochter Alexandrine zunächst zu sich genommen. Die Sechsjährige sollte aber eine ruhige, vorzügliche Erziehung erhalten. Mit einer Gouvernante und einer Untergouverante bezog sie Räume bei den Nonnen im vornehmen Kloster Mariä Himmelfahrt in Paris.

59. An ihre Tochter Alexandrine (1750)

Wie geht es Ihnen, mein schöner Engel? Alle Welt sagt mir, daß Sie Ihrer Mutter Ehre machen, und mein Herz zweifelt nicht daran. Ihre Damen sind sehr zufrieden mit Ihnen: sie werden nicht müde, Ihren Geist und Ihre Anmut zu preisen. Fahren Sie fort, sich ihre Zärtlichkeit und Aufmerksamkeit zu verdienen, so Sie mir Vergnügen bereiten und eines Tages geachtet sein wollen. Besuchen Sie mich nächsten Freitag mit Ihrer kleinen Freundin, Mademoiselle de Rosières. Der König liebt Sie wie seine Tochter und will Sie in seine Arme schließen: er erwähnt Sie mir gegenüber oft. Ich habe nicht den geringsten Zweifel, daß er etwas unternehmen wird, wenn es darum geht, Sie zu verheiraten. Adieu, mein teures Kind, achten Sie auf Ihre Gesundheit, und lieben Sie Ihre Mutter, wie diese Sie liebt.

1750: dies Schreiben wurde oft auf 1747 datiert. Alexandrine lebte jedoch bis zum Frühjahr 1750 bei ihrer Mutter.

60. An den Außenminister Monsieur de Saint-Contest (1750)

Ich heiße diese Affaire Valbure nicht gut: man sollte ihn ermutigen, aber nicht adeln. Da haben wir nun einen tüchtigen

Händler als kleinen Edelmann. Trotz der schönen Überlegungen, die man vorbringt, um das Renommee des Handels zu heben, glaube ich nicht, daß dergleichen in einer absoluten Monarchie angebracht ist. Ein Kaufmann sollte durch seine Redlichkeit und Dienste, die er dem Staat erweist, respektabel werden und nicht durch irgendwelche Adelspatente nach Auszeichnungen streben, die ihn nur lächerlich machen. Sie kennen den berühmten Bernard: er hat sogar den Grafentitel erhalten, doch dieser wurde ihm niemals in aller Form verliehen. Es gibt zwei zutiefst getrennte und unterschiedene Stände in einer Monarchie: den Adel und das Bürgertum; die Aufgaben des ersteren sind ihre Verteidigung, letzteres hat sie zu ernähren und den Wohlstand zu mehren, ohne unnütze Ehren anzuvisieren, die nicht für ihn gemacht sind. Ich habe den König nie aufgefordert und werde ihn nie auffordern, jemanden zu adeln; doch ich werde nicht immer gefragt.

Diese Angelegenheit der Eitelkeit, die, für sich genommen, nichts bedeutet, kann durch ihre Folgen gefährlich werden, denn derzeit scheint man bereit, alle in den Adelsstand zu erheben, die sich im Handel hervortun, was alle Ordnung im Staat zwangsläufig verwirren und vielleicht zu einer Revolution in der Regierung führen wird. In einer Monarchie gibt der König seinem Ersten Minister einen Fußtritt, dieser den großen Beamten der Krone, die ihn nach unten weitergeben; das setzt sich zwischen den verschiedenen Rängen der Nation so fort und endet bei den geringsten Untertanen. In Republiken ist das anders; wer ganz hinten steht, kann Vorderster werden; dadurch besteht immer eine Form von Gleichheit zwischen allen Gliedern der Gesellschaft, alle sind Bürger; die verbürgte Staatsordnung schafft keine dauerhafte Unterscheidung zwischen ihnen; sie sind alle adelig und Gesetzgeber. Falls man in Frankreich die Stände des Staats vermischt, falls ein Kaufmann Edelmann werden und trotzdem seinen Handel weiterbetreiben kann, werden sämtliche Unterschiede abgeschafft, und die Monarchie wird schrittweise zur Republik. Genau das muß man fürchten, und ich fürchte es. Fahren Sie fort, Monsieur, dem König zu dienen und ihn zu beraten: er ist ein guter Fürst, aber manchmal zu nachgiebig, stets bereit, das Gute zu tun, doch nur allzu bereit, auf Ratschläge zu hören, die ihm nützlich erscheinen und deren schlimme Folgen er nicht absieht. Was mich betrifft, so werde ich Sie in allem unterstützen, was mir vernünftig und dem Wesen der französischen Regierung angemessen erscheint. Sollte ich mich irren, wird es mir nicht als Fehler angerechnet werden: jeder unparteiische Mensch wird unabsichtliche Irrtümer verzeihen. Meine zärtlichen Grüße an Madame la Marquise: es wäre mir angenehm, sie zu sehen; umarmen Sie sie für mich.

Nie aufgefordert … jemanden zu adeln: eine Ausnahme war die eigene Familie. – *Unterschiede:* andererseits durfte der Adel bis ins 18. Jahrhundert keinen Handel treiben.

»Sie liebte den König seiner selbst wegen, als den schönsten und den liebenswertesten Mann des Königreichs. Sie liebte ihn sentimental, und wenn nicht mit tiefer Leidenschaft, so doch mit aufrichtiger Anhänglichkeit … Fünf Jahre, von 1745 bis 1750 war Frau von Pompadour die Geliebte des Königs … In den wenigen Jahren hatten die hohen Anforderungen, die das Hofleben an sie stellte, ihre Nerven zerrüttet und ihre zerbrechlichen Reize vernichtet.
Sie litt an Tuberkulose und hatte schon früh Blut gespuckt. Bis zum Aachener Frieden hatte sie sich, während der König im Feld war, viel Ruhe gönnen und sich viel in frischer Luft aufhalten können. Als Ludwig dann zurückkehrte, wurde sie die Sklavin ihrer fragwürdigen Größe, ihres wunderbaren, aber dauernd beneideten, angegriffenen und verratenen Glücks. Sie verteidigte sich mit rastloser Aktivität.« (Pierre Gaxotte)

Eine der berühmtesten Geliebten der Geschichte beklagte ihre »trauerentenhafte Kälte«.
Jeanne de Pompadours Kammerzofe Nicole Hausset hielt darüber in ihren Memoiren fest: »Ich hatte bemerkt, daß Madame sich schon einige Tage lang Schokolade mit einer dreifachen Portion Vanille und einer Dosis Amber zum

Frühstück bringen ließ, daß sie Trüffel aß und Selleriesuppe. Ich fand sie sehr erhitzt und sprach denn auch meine Bedenken gegen diese Diät aus, doch sie beachtete es nicht ... *Liebe Freundin*, sagte Madame zur Herzogin, *ich habe solche Angst, den König zu verlieren, wenn ich nicht mehr so bin, wie er es wünscht. Sie wissen doch, daß Männer bestimmte Dinge nun einmal besonders schätzen, und es ist mein Unglück, daß ich von Natur so kalt bin. So habe ich mir gedacht, ich müsse etwas finden, das mich erregt ... Sie wissen nicht, was mir vor einer Woche zugestoßen ist. Der König behauptete, es sei ihm zu heiß, und verbrachte die halbe Nacht auf dem Kanapee. Er wird sich noch von mir abwenden und eine andere nehmen.*«

Die Aufputschmittel halfen nicht. Die unaufhörliche Anstrengung, plötzliche Fieberanfälle brachten es dahin, daß einer ihrer Feinde, der Kriegsminister d'Argenson, vielleicht mit einiger Übertreibung, schrieb: »Die Marquise verändert sich von Tag zu Tag und wird dürr wie ein Skelett. Die untere Partie des Gesichts ist gelb und vertrocknet, und von Busen kann gar keine Rede mehr sein.« Die Abmagerung der Maitresse hatte Folgen für die Mode in Europa. Als Jeanne de Pompadour ihren kränkelnden Körper mit immer mehr Spitzen, Rüschen und Volants verhüllte, wurde das allerorten ahnungslos als *dernier cri de Paris* nachgeahmt.

Ludwig XV. hatte sich an seine Wesensgefährtin gewöhnt. Es gelang beiden der Übergang von der Liebe zur Freundschaft. Ja, durch bestimmte Ereignisse wuchs die Macht der »Mama Hure« noch, wie der Thronfolger die Vaterfreundin nannte. Zu ihrer Erholung und zum Nachdenken blieben der Neunundzwanzigjährigen die Kutschfahrten und die Eremitagen in den Parks ihrer Schlösser.

Inzwischen rüstete England sich zum Kampf um die französischen Kolonien auf dem amerikanischen Kontinent.

Herzogin: von Brancas.

Ihre Depeschen, Monsieur le Duc, sind viel wichtiger, als Sie vermuteten, und wir fürchten, daß die Streitereien um die Grenzen Kanadas schließlich zum Bruch führen. Ihr König Georg ist Deutscher, und er will uns in einen Zwist um sein Land verwickeln. Die Engländer, die man für schlechte Politiker hält, waren immerhin so gewitzt, im Aachener Frieden diesen Punkt offenzulassen und ihn der Beratung durch eine Kommission anheimzustellen: also ist dieser famose Friedensschluß, der Europa lange Ruhe zu bescheren schien, eigentlich nur ein Waffenstillstand, so daß man in Muße durchatmen und sich auf einen neuen Krieg vorbereiten kann. Monsieur de Montesquieu sagt, daß die Engländer nichts von Verhandlungskunst verstünden. Ich weiß nicht, wie er diese Finte einschätzt; aber die Fehleinschätzung unserer Bevollmächtigten ist unverzeihlich: die Falle war sichtbar, und dennoch sind sie wie die Kinder hineingetappt. Es bleibt uns jetzt nur, makellose Haltung zu bewahren und keine Furcht zu zeigen. Ist es vorstellbar, daß ein Engländer vor versammeltem Parlament erklärte, ohne Erlaubnis Großbritanniens dürfe auf See keine Kanone gezündet werden? Das ist lachhaft und dreist: doch zeigt es den Geist der Nation, die ihr besonderes Rechtsgefühl und ihre besondere Religion hat. Ich habe gelesen, ich weiß nicht wo, daß die Athener sich schworen, sämtliche Orte, wo Weinstöcke und Oliven wuchsen, als Güter ihrer Republik zu betrachten. Die Engländer leisteten diesen Eid nicht, doch sie handeln ihm gemäß.

Milord Albemarle läßt es sich hier gutgehen. Der König von England, der ihn liebt, und ich weiß warum, schickt ihm seinen fertigen Denkzettel, und er plappert ihn, wie ein Dorfschüler, vorm Außenminister nach. Dieser elende Botschafter hat nicht das Zeug, ein Earl of Bedmar zu werden, und so paßt er uns bestens. Was Sie angeht, Monsieur le Duc, hoffen wir, daß Sie Ihrer Nation durch Ihre Wachsamkeit und Befähigung Ehre machen werden. Gerade jetzt brauchen Sie die hundert Argusaugen, um alles zu sehen und zu überwachen. Albemarle vergnügt sich hier mit Zechgelagen: vergnügen Sie sich mit Diensteifer für Ihren König und Ihr Vaterland. Adieu, Herr Botschafter, lieben Sie stets Ihre Freunde und zählen Sie auf sie.

Mirepoix: Pierre Louis de Lévis, Marquis, dann Duc de Mirepoix. – *Ihre Depeschen:* alles steuerte einem Weltkrieg, dem im Grunde ersten Weltkrieg entgegen. Im Frieden von Aachen (1748), hatte man versäumt, die Grenzen der französischen und englischen Kolonien in Nordamerika festzulegen. Die Briten stellten Freibriefe zum Kapern französischer Schiffe aus. Auch in Indien kam es zu Gefechten zwischen den verfeindeten Europäern. – *Sein Land:* das Stammland Hannover. – *Diese Finte:* seitens der Briten. – *Die Falle:* die offene Grenzfrage in Kanada.

62. An den Außenminister Monsieur de Saint-Contest *1751*

Ihr Brief überrascht mich, Monsieur: diese Unbesonnenheit Monsieur Beuvrons, schon bei einem Kind unverzeihlich, ist es bei einem Botschafter noch viel weniger. Man hat mir genauer die Einzelheiten dieses grotesken Vorfalls zugetragen. Bei dieser Gala wurde viel getanzt, wie in Deutschland üblich. Die Fürstin, die sich bei dieser der weiblichen Eitelkeit so genehmen Beschäftigung nicht geschont hatte, mußte sich schließlich in einen Sessel sinken lassen, um ein wenig zu verschnaufen. In diesem Augenblick kommt Beuvron, um sie abermals um ein Menuett zu bitten: die Fürstin lehnt höflich ab und sagt, sie sei völlig erschöpft. Darauf schreit Beuvron los, dies sei eine Beleidigung seines Herrn, gerade so, als hätten wir ihn zum Tanzen nach Deutschland geschickt: er fordert auf der Stelle eine Sänfte und verschwindet ohne Abschied um Mitternacht. Dieser Krawall ist albern: der König hat nach außen hin darüber gelächelt, doch er ist empört. Sie werden Befehl erhalten, diesen pointierten Beobachter des Point d'honneur auf seinen vorherigen Posten zurückzuberufen und ihm zu empfehlen, in Zukunft weniger aufgeblasen zu sein.
Die Nachrichten aus Indien sind recht angenehm: endlich haben wir das Vergnügen, Frankreichs Namen in den äußersten Ecken der Welt geachtet zu sehen. Man erzählt sich, die groteske Gesandtschaft aus Siam habe Ludwig dem Großen

mehr geschmeichelt als die Eroberung einer ganzen Provinz. Die Verhandlungen von Monsieur Dupleix, der endlich die wetterwendischen Madraten in den Griff bekommen hat, indem er sich zu ihrem Generalissimus ausrufen ließ und ausschließlich für uns einen wichtigen Handelsweg eröffnete, sind von viel größerem Gewicht und werden eine der glorreichsten Epochen dieser Regierung einleiten. Dieser Dupleix, so wird berichtet, lebt in Pondicherry prunkvoll wie ein asiatischer Potentat. Er besitzt fünfhundert Sklaven, die ihn auf seinen Ausflügen begleiten, eine viel größere Garde, als jeder europäische König sie hat: zwanzig stemmen seinen Tragsessel; dreißig andere verscheuchen die Fliegen. Wahrlich, ein sehr glücklicher Mann, gesetzt denn, Eitelkeit kennt Glück.

Im übrigen sollte man ihm weder seinen Luxus noch seine Reichtümer neiden; er hat seiner Nation gut gedient, während wir hier vierzig Schelme haben, die sie aussaugen und nicht weniger üppig leben. Wir wollen hoffen, daß die Indische Kompanie bald mit größerem Glanz auferstehen wird, als sie ihn je in den schönsten Zeiten Ludwigs XIV. besaß, doch ich fürchte, daß sie nicht lange bestehen wird. Die Engländer werden immer ein Auge darauf werfen und nichts unterlassen, um unsere Hoffnungen zunichte zu machen. Doch bleiben wir hoffnungsvoll: zumindest ist es ein schöner Traum, man sollte nicht vor der Zeit unglücklich sein.

Alle Welt ist von dieser großen Umwälzung überrascht. Dupleix ist kein Genie; doch es gibt Menschen, die mit ganz mittelmäßigem Talent große Dinge vollbringen. Oft spielt das Glück bei öffentlichen Angelegenheiten eine größere Rolle als die Raffinesse der Verhandelnden.

Bald wird, wie Sie wissen, zu den Indienfragen der Große Rat einberufen werden; und nach einigen Bemerkungen, die einigen seiner Mitglieder entschlüpft sind, habe ich große Angst, daß man alles nur verdirbt, und ich wollte Sie warnen. Ich hoffe, daß Sie bei dieser Gelegenheit die Ehre des Staates hochhalten und nicht dazu beitragen, sie durch ängstliche Ratschläge zu beschädigen, indem Sie augenblickliche Vorteile aus Furcht vor zukünftigen ungewissen Schwierigkeiten opfern. Sie sind ein geschickter, zuverlässiger Minister: auf Sie kann man zählen. Ich grüße Sie, Monsieur, vergessen Sie, wenn Ihre Depeschen abgehen, nicht dieses besondere Paket für den Duc de Mirepoix.

Ich verbleibe etc.

Beuvron: wir wissen nicht, wo der Gesandte sich aufhielt, in Braunschweig, Mannheim, Ansbach oder andernorts. – *Die Nachrichten aus Indien:* bei Madame de Pompadour und ihrer Gesellschaft geht es selten um Kleinigkeiten: der französische Gouverneur Dupleix machte sich nach dem Tod des Khans Aureg Zeng die Anarchie in Indien zunutze, um mit Verhandlungsgeschick und mit 900 Mann große Teile des Subkontinents zu beherrschen. Über diesen Kolonialunternehmer urteilt der Historiker Pierre Gaxotte: »In gewisser Hinsicht verdient Dupleix, mit Napoleon verglichen zu werden, dessen grandiose Pläne er vorwegnahm, indem er auf einem anderen Gebiet, das so groß war wie Europa, denselben Feind [England] angriff.«

Verglichen mit dem Aufwand von Dupleix, ist eine etwas bescheidenere Reiseart der Pompadour anzumerken: »Um sich in ihre Einsiedelei am Drachentor von Versailles zu begeben, benutzte Jeanne-Antoinette einen kleinen, von Männern gezogenen Wagen, ihren *Essigkarren*, wie sie ihn nannte.« (Danielle Gallet)

63. An den Duc de Nivernois, Botschafter in Rom *1751*

Ihre Briefe entzücken mich immer wieder: ich entdecke daran nur einen Fehler: sie sind zu kurz. Sie behandeln mich wie eine junge Frau, die nur mit dem Treiben der Welt und ihren Eitelkeiten befaßt ist, bei ernsthaften Angelegenheiten aber gähnt. Falls Sie mich so einschätzen, Monsieur le Duc, irren Sie sich: ich halte Sie für den klügsten und redlichsten Mann Frankreichs; Ihre Schreiben ehren und belehren mich und bereiten mir reine Freude, wie sie im Tumult der Höfe undenkbar ist.

Der König spricht von Ihnen häufig mit größter Wertschätzung, und ich erfahre, daß Ihre neuen Römer, wiewohl so an-

ders als die alten, Ihre Befähigungen und Ihre Tugenden angemessen achten.
Ich hätte gerne bei Ihrer letzten Audienz hinter Ihnen gestanden: der gute Benedikt XIV. hält sich mehr auf den Titel eines Weltmanns zugute als auf den eines Heiligen: ich liebe ihn dafür um so mehr. Verblüfft sieht ganz Europa heute einen vernünftigen und philosophischen Papst. Trotz allem, er ist und bleibt ein Priester, so achtenswert er sonst auch sein mag; ich staune, daß die Könige noch immer Gesandte zu Priestern schicken, die ihnen in diesen Zeitläuften weder helfen noch schaden können; denn heutzutage zeigt alle Welt dem alten Tropf von Rom allmählich die Zähne. Seine Bullen und Exkommunikationen sind nur noch Papierfetzen.
Anstelle von Ablässen und anderen heiligen Nebensächlichkeiten haben Sie mir weltliche Gemälde geschickt, und die mag ich lieber: herrlich sind sie und gut ausgewählt; Sie glänzen in allem.
Wir hoffen, Sie bei der Hochzeit von Mademoiselle de Nivernois zu sehen: sie ist schön wie ein Engel, sanft, bescheiden, empfindsam und geistreich; mit einem Wort: Ihrer würdig. Ich denke, der Comte de Gisors muß sehr glücklich sein. Der König ist es nicht weniger durch das Vergnügen, zwei berühmte Familien so eng zu verbinden. Was ich an diesem Fürsten bewundere und liebe, ist weder sein Titel noch seine Macht, sondern seine Güte: genau deshalb betet man die Götter an; deshalb betet man ihn an. Adieu, Monsieur le Duc, bewahren Sie mir Ihre Freundschaft: ich glaube Sie durch meine Wertschätzung für Sie zu verdienen.

Ich verbleibe etc.

Benedikt XIV.: Papst von 1740-1758. Ihm hatte Voltaire *Mohammed*, eine Tragödie gegen den Glaubensfanatismus, gewidmet. – *Comte de Gisors:* s. auch S. 229 ff.

Bereits als junges Mädchen hatte Jeanne de Pompadour in Paris Charles de Secondat, Baron de la Brède et de Montesquieu kennengelernt. Der Politiker und Staatstheoretiker

hatte in seinen *Persischen Briefen* aus der Sicht eines Orientalen Mißstände der europäischen Gesellschaft angeprangert. 1748 war Montesquieus *Vom Geist der Gesetze* erschienen. In diesem Werk – es erlebte zweiundzwanzig Auflagen innerhalb von zwei Jahren – entwickelt er die Lehre von der Gewaltenteilung in einem modernen Staat: unabhängige Rechtsprechung, gewählte Gesetzgeber, öffentlich kontrollierte Staatsorgane. Die Schrift war von ungeheurer Tragweite, beinhaltete sie doch eine systematische Kritik an Monarchien und Alleinherrschaften.
Ihre Verbreitung wurde von der Sorbonne und 1751 vom Vatikan verboten.

64. An Monsieur de Montesquieu *1751*

Ich habe Ihr Buch erhalten und bin Ihnen sehr verbunden; es ist wunderbar, und ich habe ihm den besten Platz in meiner kleinen Bibliothek eingeräumt, die nur aus Autoren zusammengestellt ist, welche, wie Sie, die Ehre Frankreichs sind und den Neid der Ausländer hervorrufen. Sie verdienen den Namen des Gesetzgebers Europas, und ich zweifle nicht, daß er Ihnen bald einhellig zuerkannt wird.
Da ich gerade etwas Muße habe, plaudern wir doch ein wenig. Sie sagen, daß die christliche Religion nicht mehr länger als fünfhundert Jahre in Europa existieren wird. Es trifft zu, daß die meisten Priester ihr möglichstes tun, um sie durch ihren Ehrgeiz und ihre Intoleranz zu zerstören. Die Welt ist lange blind gewesen: doch allmählich bekommt sie nun Augen und beginnt, sich ihrer zu bedienen. Ich fürchte vor allem, daß die Philosophen, die doppelt soviel sehen wie andere, nun allzu eifrig sind.
Der christliche Glaube ist wahr, heilig und tröstlich; es geht nicht darum, ihn zu vernichten, sondern die Mißbräuche zu beseitigen: kappen Sie die unnützen Äste, aber fällen Sie nicht den Baum. Mir wurde manches über die Quäker in England zugetragen; es behagt mir nicht, daß sie an Eingebungen des Heiligen Geistes glauben, um dann in ihren Versammlungen dummes Zeug zu schwätzen; aber mir gefällt

ihr weiser Entschluß, auf Priester zu verzichten. Glaube ist gut; nur seine Diener sind oft von Übel. Demnächst wird es, so hört man, lächerlich, Christ zu sein: sollte es so kommen, so ist es deren Schuld. Ich erlebe übrigens jeden Tag, daß die römische Kirche schlechte Untertanen hervorbringt, da sie eine fremde Macht über ihr eigenes Land stellen: unsere Bischöfe sind keine Franzosen, sondern päpstliche Untertanen.

Eine Praxis, die mir an unserer Religion stets mißfallen hat, die man jedoch trotzdem achten soll, ist die Beichte: wie kann man sein Herz einem Unbekannten öffnen, der sich vielleicht über uns amüsiert und selber ein ebenso großer Sünder ist? Das Fasten, das man uns auferlegt, mißfällt mir nicht minder: es ist eine Sache für den Arzt. Es hilft vortrefflich bei Völlerei, aber ich bezweifle sehr, ob ein Schurke, der fastet, Gott angenehmer ist als ein Ehrenmann nach einem guten Mittagessen. Ich besuche bisweilen die Predigt, und ich langweile mich dort: diese heiligen Ansprachen haben tausend Fanatiker und nie einen anständigen Menschen hervorgebracht. Was die Moralpredigten angeht, so sind sie gut, aber nutzlos: wozu einen Engländer ermahnen, demütig, und einen Generalsteuerpächter, uneigennützig zu werden? Das hieße, einem Kranken zu sagen: Monsieur, bitte schön, haben Sie doch kein Fieber mehr. Die Laster sind die Krankheiten der Seele, mit Kanzelreden wird man sie nicht heilen.

Trotz aller Mißbräuche und Praktiken, die mir in unserer Religion fruchtlos erscheinen, achte ich sie zutiefst; aber diese Achtung hindert mich nicht, den unduldsamen Geist unseres Klerus zu verdammen. Man hört, daß die Frömmler sich vorbereiten, Sie anzugreifen, da Sie frei, nicht gegen den Glauben, vielmehr gegen den Aberglauben gesprochen haben. Ich hoffe, daß Ludwig XV. niemals zum Verfolger wird: er ist ein ehrenhafter Mensch und mitnichten Frömmler. Wenn ihm durch Machenschaften dennoch manche scharfe Entscheidung abgerungen werden sollte, so wird dieser Brief für mich antworten, und Sie werden mich nie der Teilhabe bezichtigen können.

Ich danke Ihnen, Monsieur, für Ihre Komplimente: obwohl ich sie nicht verdiene, wiegen sie mich doch, wenn ich höre, daß Sie mich ein wenig wertschätzen, ein bißchen in Eitelkeit. Ich bitte Sie, Madame la Duchesse d'Aiguillon von mir zu grüßen: die Glückliche kann Sie täglich sehen und mit Ihnen reden: mir ist es nicht beschieden, mit Weisen zu plaudern, denn hier gibt es keine. Hier leben nur Automaten, kein einziger Mensch, mit Ausnahme des Königs. Kommen Sie doch dann und wann, um mich zu bilden und zu trösten.

Ich verbleibe etc.

Kleines Buch: vielleicht Montesquieus *Die Verteidigung vom Geist der Gesetze,* erschienen 1750. – *Duchesse d'Aiguillon:* Lebensgefährtin Montesquieus.

Vorbehalte gegen Bischöfe sind bei der Marquise verständlich. Allen voran rief Jean François Boyer, Bischof von Mirepoix, der Erzieher des Thronfolgers, eine Partei der Maitressenfeinde ins Leben. In einem fortwährenden, erbitterten Machtkampf ging es nicht nur um öffentlichen Ehebruch, sondern auch um eine neue (klein-)bürgerliche Moral und Sittsamkeit. Für die Gegner der Pompadour war es eine harte Probe, wenn die Favoritin die zu lange Ausführung eines Ministers mit der Bemerkung unterbrach: »Es ist genug, Monsieur, der König ist schon wieder ganz grün im Gesicht.«

Dabei war körperliches Unwohlsein bei Ludwig XV. selten. Bereits in jungen Jahren galt er als die Vitalität in Person: »Um Mitternacht fährt er nach Paris, geht maskiert in die Oper, bleibt bis vier Uhr früh auf dem Ball, ist um sechs Uhr wieder in Versailles, hört die Messe, wirft sich aufs Bett, sitzt um elf Uhr schon wieder im Sattel und jagt den Hirsch. Nach der Jagd besucht er die Königin, erzählt ihr, was er getan, begibt sich in seine Gemächer, lädt dreißig Personen zum Abendessen und behält seine Gäste bis Tagesanbruch bei sich, ohne die geringste Müdigkeit zu zeigen ... Bewegung und frische Luft erhielten ihn schlank und behende. Als er siebenundzwanzig Jahre alt war, bereitete es ihm einen Heidenspaß, auf die Dächer zu klettern, an den Dachrinnen zu turnen und in die Schornsteine zu brüllen, um so die Gäste im Schloß zu erschrecken. ›Der König hat‹, schreibt d'Argenson, ›jene Art Phantasie, die sich in plötzlicher Wandlung über Kleinigkeiten freuen kann.‹« (Pierre Gaxotte)

65. An den Außenminister Monsieur de Saint-Contest *1751*

Ja, Monsieur, ich habe den Marquis de Bonac als Botschafter in Holland empfohlen und habe nichts dagegen, daß alle Welt es weiß: Wenngleich ich ihn nicht persönlich kenne, loben Leute von wahrem Verdienst, die ich schätze, ihn so außerordentlich, daß ich glaubte, mich für ihn einsetzen zu müssen; es ist eine Schuld, die ich dem Verdienst entrichten muß und die ich immer begleichen werde. Ich weiß, daß Militärs kaum für Verhandlungen taugen, weil sie, wie es bei solchen Aufgaben höchst förderlich ist, nicht leicht und wendig genug sind. Aber es gibt sicherlich Ausnahmen von dieser Regel, und Monsieur de Bonac ist eine: er kann sich schlagen und sprechen. Im übrigen leben wir in einer Zeit der Militärs. Ludwig XV. hat selten jemand anderes mit Verhandlungen beauftragt: früher griff man auf Bischöfe zurück; ich weiß nicht, ob sie mehr taugten. Ich hoffe, daß die Holländer Bonac ebenso schätzen werden, wie Sie geschätzt wurden, und daß er sich gleichermaßen Ehre erwerben wird. Eine andere Erkenntlichkeit erwarte ich von den Menschen, denen ich diene, nicht; keine andere habe ich von Ihnen erwartet, und Sie sind nicht undankbar gewesen.

Ich verbleibe etc.

66. An ihren Bruder, Seigneur de Vandières *1751*

Warum, mein Bruder, habe ich Sie seit vierzehn Tagen nicht gesehen? Während Sie sich vielleicht Ihren Vergnügungen hingeben, beschäftige ich mich mit Ihren Angelegenheiten. Kommen Sie schleunigst, dem König zu danken, der Sie zum Generalkontrolleur seiner Bauten ernannt hat. Dieser Posten gleicht dem des Petronius: Sie werden Richter der Eleganz sein und die schönen Künste beflügeln. Doch Sie werden sie noch studieren müssen und dürfen sich nicht auf jene kleinen Schmeichler verlassen, die Personen in wichtigen Ämtern belagern und dreist die Talente loben, die sie nicht haben; Voltaire sagt das sehr gut:

Welch Verdienst von Graden!
Anmut auch und Sinn fürs Große!
Ah! wie sehr wird Monseigneur
Doch mit sich selbst zufrieden sein!

Machen Sie sich selber und mir keine Schande, seien Sie nicht jener Monseigneur: ich hoffe, daß Sie sich der Wohltaten des König würdig erweisen.
Ich schicke Ihnen etwas für meine kleine Alexandrine: kommen Sie nicht hierher, ohne sie besucht und statt meiner umarmt zu haben. Geben Sie ihrer Gouvernante fünfzig Louisdors: ich mag diese Frau und bin mit ihrer Umsicht und Beflissenheit sehr zufrieden. Ich werde sicherlich etwas für sie tun; denn wir müssen gerecht sein und das Verdienst belohnen. Adieu, mein lieber Bruder, ich erwarte und umarme Sie.

Mein Bruder: Abel-François wurde Ende des Jahres zum obersten Bauaufseher Frankreichs ernannt.

1713 hatte der Papst eine Verordnung erlassen – die *Bulle Unigenitus.* Darin verbot er die Glaubensbewegung der Jansenisten. Für diese mächtige Gruppe stand fest: Der Mensch ist sündig. Der Mensch weiß nicht, ob er vor Gott Gnade finden wird. Gute Werke auf Erden sind keine Garantie, um im Paradies ewigen Frieden zu finden. Diese ›Gnadenlehre‹ hatte gewichtige Folgen: denn wenn der Mensch nicht weiß, ob er Gott gefällt, so können auch Priester, Bischöfe, Könige, der Papst nicht wissen, ob sie mit Gottes Segen leben und handeln. Der Mensch ist blind und muß bescheiden in sich gehen, muß still und ohne Ansprüche, ohne Rechthaberei Gutes tun, sich immer prüfen. Schnell stellte der Jansenismus damit auch die irdischen Machtstrukturen in Frage. Wer konnte denn wem den Weg weisen, wenn alle auf Erden ahnungslos sind? Der Jansenismus, eine pessimistische Weltsicht, fand bedeutende Anhänger, unter anderem Blaise Pascal und Jean Racine. Diese Lehre motivierte den Menschen zur Selbstbetrachtung, förderte die analytische Seelenkunde und die schonungslose Auffächerung der menschlichen Regungen.

Der Papst, der Sonnenkönig, die Jesuiten verfolgten die Abtrünnigen, die die Göttlichkeit der irdischen Einrichtungen anzweifelten und den Geist von Revolution und Anarchie verbreiteten. Allerdings nützte das Verbot wenig.

Die vatikanisch-jesuitische Partei griff deshalb zu drastischeren Mitteln: wer im Sterben lag und die Absolution erteilt bekommen wollte, mußte dem Priester einen ›Beichtzettel‹ vorlegen, um seine Kirchentreue zu beweisen!

Dies führte zu skandalösen Szenen an Sterbelagern.

Das Pariser Parlament forderte als oberster Gerichtshof vom Erzbischof von Paris, die zwingende Forderung nach ›Beichtzetteln‹ unverzüglich aufzuheben.

Der Streit wurde daraufhin noch grimmiger. Nach Jahrzehnten der Ohnmacht im absolutistischen Staat sah das Parlament nun erstmals eine Chance, gegen die einflußreichen Jesuiten, gegen Papst und König zu rebellieren. Das Volk stand auf Seiten der Parlamentsbeamten, die seine Persönlichkeitsrechte zu verteidigen schienen. Eine große Phase vorrevolutionärer Unruhen begann (in der Geschichtsschreibung wegen ihrer Kompliziertheit gerne ausgelassen). »Weg mit den Beichtzetteln und der vatikanischen Klüngelei!« forderte das Parlament von der mächtigen Geistlichkeit – blieb jedoch selber auf seine Vorrechte bedacht. Die reichen Mitglieder des Parlaments verweigerten zum Beispiel jedesmal ihre Zustimmung, wenn der König eine allgemeine Besteuerung der Franzosen durchführen wollte, die auch die Beamten betroffen hätte.

Im ›Beichtzettel‹-Kampf kam es zu Erlassen, Gegenverordnungen, Tumulten und Verunsicherungen ohne Ende. Der Streit um Beichtbescheinigungen von Sterbenden veranlaßte wahrscheinlich mehr Menschen, sich von der Kirche abzuwenden, als es der Aufklärungsliteratur je gelang. Der König sollte schlichten, Ordnung in die Wirrnis von Gewissens- und Meinungsfreiheit bringen. Noch lag die absolute Macht bei ihm.

67. An die Comtesse de Noailles *1751*

Der heilige Erzbischof von Paris ist weiterhin aufsässig; er stimmt den König traurig und folglich auch mich: er unterscheidet sich sehr von Ihrem Großonkel. Wie ich diese Priester hasse, die Ludwig den Vielgeliebten quälen! Aber sie behaupten, es geschähe im Dienste Gottes.
Es gibt in Frankreich nur zwei Stände, die sich gegen die Regierung aufzulehnen wagen und sich oft erfolgreich gegen sie stellen: das Parlament und die Geistlichkeit. Der König ist nicht resolut genug: er hat sein Leben damit zugebracht, Edikte zu erlassen und sie zu widerrufen. Der Regent Philipp, dem Gott und die Menschen gleichgültig waren, verstand sich besser auf Befehl und Gehorsam.
Gestern habe ich den Botschafter Ihrer Hochmögenden empfangen, der mir die Grüße der Republik überbrachte. Holländer sind recht tolpatschig: aber sie haben einen großen Vorzug: sie sind reich. Verdienst meinte einst Tapferkeit und Tugend; alles ändert sich.
Wir haben gestern abend in den Gemächern des Königs gespielt, der viel gewann: aber es hat sich eine Szene abgespielt, die mir mißfallen hat. Vor ihm lag ein großer Haufen Gold: da wischt er mit dem Ärmel plötzlich einen Louisdor vom Tisch und beugt sich vor, um ihn wieder aufzuheben. Der Prince de ..., der gleichfalls spielte und dies beobachtet hatte, fegte auf der Stelle mit Absicht hundert hinunter und kümmerte sich nicht weiter darum. Der König sagte: »Mein Cousin, warum heben Sie nicht auf, was heruntergefallen ist?« – »Eine Bagatelle«, antwortete der Prinz, »das ist für die Auskehrer.« Seine Majestät spürte die Bosheit und verließ das Spiel. Derselbe Prinz weiß indes besser als jeder andere, daß der König nicht geizig ist und es nicht sein kann. Vor noch nicht einmal zwei Wochen hat er ihm sämtliche Schulden bezahlt, die sich auf über eine Million beliefen, so daß er

bestenfalls noch bei seinem Pastetenbäcker Kredit hatte: aber es schert ihn nicht, undankbar zu sein, wenn er nur eine Bissigkeit loswerden kann.
Haben Sie Nolivaux gesehen? Ich habe ihn mit einer kleinen Besorgung beauftragt, die mir sehr am Herzen liegt, denn es geht um die Unterstützung einer braven Familie, die man mir anempfohlen hat: besonders in einem solchen Fall ist Eile vonnöten: für seine Vergnügen wird ihm noch genügend Zeit bleiben.
Mademoiselle de Randan ist durch Ihre Klugheit und Schönheit die Zierde des Hofes: alle, die Ihnen nahestehen, sind so vollkommen wie Sie. Adieu, falls Sie nicht undankbar sind, meine Teure, lieben Sie mich allezeit.

Der heilige Erzbischof: der Beichtzettelerfinder Beaumont wurde sogar aus Paris verbannt, aber das steigerte das Märtyrerbewußtsein des romtreuen Erzbischofs nur. – *Großonkel:* der vorherige Pariser Erzbischof. – *Mademoiselle de Randan:* eine Verwandte des Generalleutnants der Franche-Comté, Duc de Randan.

Madame de Pompadour bezog die ›Kapellen-Gemächer‹ mit Gartenblick in Versailles.
Zuvor waren der Herzog von Penthièvre, Admiral von Frankreich und Großjägermeister des Königs, sowie die Gräfin von Toulouse ausquartiert worden: »Man hat getrennt, improvisiert und aufgeteilt, und jeder ist unzufrieden!« Madame de Pompadour war es nicht. Sie ließ die schönste Innenarchitektur des Rokoko entwerfen. Wahrscheinlich schlief sie nicht mehr mit dem König; es gab keine geheime Treppe mehr. Der Herzog von Croÿ hielt fest:
»Mme. de Pompadour ließ mich zu sich bitten. Die Zahl ihrer Vertrauten nahm zu und betrug schließlich etwa vierzig, die sie zum Diner aufsuchten. Es wurden Maronen gereicht. Alles ist Manna in diesem Gefilde.«
Zwei Besucher, zwei Gegner, den Thronfolger und die Thronfolgerin empfing die mächtige dreißigjährige Frau in ihrer neuen Wohnung wohl nie. Der Zeitzeuge Croÿ beschrieb beide: »Monsieur le Dauphin war für sein Alter außergewöhnlich fett, was bedenklich stimmte, denn man fürchtete, daß er

keine Kinder mehr bekäme, daß er faul und schwerfällig bliebe und daß dies, vom Körper her, auf den Geist übergriffe. Er hatte ihn allerdings kaum ausgebildet. Er war immer sehr kindisch, jedoch schläfrig, in allem unschlüssig, konnte sich mit nichts angenehm beschäftigen und war zum Repräsentieren vollends unfähig. Dabei konnte es sehr wohl passieren, daß er sich von einem Tag zum anderen völlig zu seinem Vorteil veränderte, zumal er gut sprach und gute Grundsätze zu hegen schien, wenn er denn erst einmal entkorkt und aufgeweckt wurde, was für ihn höchst nötig war, um vor den Augen der Welt liebenswert zu erscheinen.
Madame la Dauphine war ein überaus reizendes häßliches Entlein, daß heißt, ohne ein schönes Gesicht zu haben, strahlten ihre Augen, wenn sie lächelte, fein und entzückend. Das nun, verbunden mit einer gesunden, frischen, kaum weißen Haut, bewirkte, daß die Sächsin, wenn sie fröhlich war, gefiel und sogar bezauberte, und war sie traurig, so war sie dennoch nichts weniger als schön. Die Lebhaftigkeit ihrer Augen verhieß Geist, Feinsinn und Gefühl. Im übrigen zeigte sie davon weniger, als man anfangs vermutete, vielleicht aus Scheu und Verlegenheit, und man mußte, wie auch beim Dauphin, abwarten, wie der Gang der Jahre sie formen würde.«
Zu dieser Zeit erkrankte der Thronfolger Louis schwer.

68. An die Duchesse d'Estrées *1751*

Man wird die Genesung des Dauphins festlich begehen. Der König hat während seiner Krankheit so gelitten, wie ein guter König und guter Vater nur leiden kann: es waren die traurigsten Augenblicke meines Lebens. Monsieur de Paulmy, der in die südlichen Provinzen Frankreichs geschickt worden war, um den Zustand von Truppen und Festungen zu untersuchen, erzählte uns nach seiner Rückkehr, daß die Protestanten in der Languedoc, von denen man glaubte, sie würden sich in Kürze gegen ihren Herrscher erheben, zu eben dieser Zeit in ihren Kirchen zusammenkamen, wo sie vom Himmel die Genesung des Kronerben erflehten. Der König war gerührt.

Ich habe mir ein kleines allegorisches Fest ausgedacht, um zu diesem Anlaß meinen Eifer zu bezeugen, und es dem König dargelegt, der damit zufrieden war; so wird es aussehen: die Szenerie im Schloß Bellevue zeigt verschiedene Felsgrotten in einem Bassin, in dessen Mitte sich ein leuchtender Delphin befindet. Eine Unzahl von Feuer und Flammen speienden Ungeheuern wollen ihn angreifen. Aber die Götter beschützen ihn: Apollon sinkt auf einer Wolke herab und schleudert den Ungeheuern seinen Blitz entgegen; danach werden sie von einem Feuerwerk endgültig zur Strecke gebracht. In diesem Augenblick verwandelt sich die Szene und stellt den lichtstrahlenden Sonnenpalast dar, wo der Delphin durch große Illumination wieder in vollem Glanz erscheint. Ich zähle darauf, Madame, daß Sie sich all das ansehen werden: es ist keine große Sache; aber der Freundschaft ist nichts gleichgültig, und dieser Brief gilt als Zutrittsbillett, das Sie im Grunde gar nicht brauchen. Bringen Sie ganz Paris mit, wenn Sie wollen; jeder wird aus Liebe zu Ihnen gut empfangen.

Etc.

Delphin: französisch *dauphin* = Thronfolger.

69. An den Duc de Mirepoix, Botschafter in London *1752*

Ich fürchte fast, Monsieur le Duc, daß Sie den Versprechungen und Bekundungen Ihres alten Königs zu sehr vertrauen: alle Menschen sind Lügner, die Könige ebenso wie die anderen. Im übrigen steht dies – angenommen, er möchte wirklich ernsthaft in Frieden leben – gar nicht in seiner Macht. Läßt er seine Untertanen keinen Krieg gegen ausländische Feinde führen, dann werden sie seine Feinde; er muß in diesem Fall zu seinem eigenen Schutz Unrecht begehen. Hören Sie nicht auf das, was man Ihnen bei Hof, sondern auf das, was man Ihnen an der Londoner Börse erzählt; denn in England wollen nur die Kaufleute Krieg und lassen ihn erklären, wann es ihnen paßt. Sie leben vor Ort und können dies daher genau beobachten.

Der kleine Marquis hat mir einen Ihrer Briefe gezeigt, in dem Sie von den Engländerinnen schwärmen: das Thema paßt vielleicht nicht ganz zu einem Botschafter, der niemals über schöne Frauen sprechen sollte, da man ihn verdächtigen könnte, zu inniglich in sie verliebt zu sein.
Liebeswirren und Liebeleien kann man einem Lebemann verzeihen, der nichts Besseres zu tun hat: aber ich meine, für einen Mann mit öffentlichem Amt sind sie ein kapitales Laster, zumindest wenn er nicht die Seelenstärke hat, um, wie Augustus, mit politischem Verstand zu lieben.
In London lebt derzeit ein Mann, der zutiefst verletzende Verse gegen mich geschmiedet hat: er sei, heißt es, vor meiner Rachsucht geflohen. Doch er kann zurückkommen: obwohl ich eine Frau bin, kann ich Beleidigungen vergeben; ich kann meinen Feinden sogar Wohltaten erweisen und sie zwingen, wenn auch nicht mich zu lieben, so doch, mir einige Achtung entgegenzubringen. Ich möchte, daß er das weiß: es wäre besser, wenn er mit seinen schönen Versen die Franzosen vergnügen würde, anstatt Fremde unsinnig aufzuscheuchen, die ihm vielleicht glauben und ihn verachten werden.
Ich hätte gerne ein paar englische Pferde, denn die sind, wie man hört, das Beste, was das Land hervorbringt, das Sie bewohnen. Ich werde so frei sein, Ihnen diesen kleinen Auftrag zu erteilen, und ich bitte Eure Exzellenz um Pardon, daß ich aus einem Botschafter und Herzog und Pair einen Roßhändler mache: doch Freundschaft adelt alles. Wählen Sie mir sechs für ein Gespann aus und schicken Sie sie mir, sobald Sie können.
Sie haben hier Feinde, die behaupten, Sie beschäftigten sich mehr mit Vergnügungen als mit Staatsgeschäften, doch ich entgegne klipp und klar, daß das nicht wahr ist; und der König glaubt mir, weil er Sie liebt. Ich schmeichle mir, daß Sie diese Herren Lügen strafen und sich in London dieselbe Reputation verschaffen werden wie der berühmte d'Estrades unter der letzten Regierung in Holland. Ich wünsche es für Sie und für mich, denn ich betrachte die Ehre meiner Freunde als meine eigene. Adieu, Euer Gnaden.

Ihres alten Königs: Georg II. von England.

Die Marquise erwägt, für ihr einziges Kind einen Mann zu finden. Täglich kann es mit Macht und Einfluß vorbei sein. Alexandrine soll eine sichere und glänzende Zukunft haben.

70. An den Duc de Richelieu *1752*

Ich glaube, Monsieur le Duc, daß es Zeit ist, mit Ihnen über ein Projekt zu sprechen, das ich schon lange erwäge und das ich bereits erwähnt habe. Der Duc de Fronsac ist in das Alter gekommen, das Sie bald seine Verheiratung erwägen lassen wird. Mit meiner Tochter verhält es sich ebenso, und ich wäre froh, sie zu versorgen. Falls ein großes Vermögen und große Erwartungen, Anmut, Geist, Schönheit, Tugendsinn sie einer Verbindung mit Ihnen würdig machen können, würde ich sie, glaube ich, glücklich machen, und mich auch. Der König, der Sie liebt und schätzt und weit entfernt davon ist, Einwände zu erheben, wird die Gelegenheit nutzen, neue Wohltaten über Ihr Haus auszugießen. Dies ist nun mein Geheimnis, das mir entschlüpft ist, Monsieur de Duc; ich erwarte Ihre Antwort.

Ich verbleibe etc.

Duc de Fronsac: Sohn des Herzogs von Richelieu und der Maria von Lothringen, somit einer der vornehmsten Heiratskandidaten. Der Vater lehnt ab.

71. An denselben *1752*

Ich habe, Monsieur, Ihr Schreiben und Ihre Entschuldigungen erhalten. Es ist eine höfliche Absage, die Sie mit viel Geschick zu süßen versuchten; doch ich habe verstanden. Sie sagen, Ihr Sohn hätte die Ehre, mütterlicherseits dem erhabenen Hause Lothringen anzugehören, und Sie könnten ohne dessen Einwilligung nicht über ihn bestimmen. Ich bitte Sie für meine Kühnheit um Nachsicht; ich muß Ihnen jedoch sagen, daß ich um keinerlei Gnade nachgesucht habe: ich wollte Ihnen eine erweisen. Meine Tochter besitzt alles, um den Ehrgeiz eines Prinzen zu befriedigen. Trotzdem ist sie einer Verbindung mit dem illustren Duc de Richelieu unwürdig; sie muß sich gedulden. Ich erröte beinahe über meine Unachtsamkeit; ich sehe, daß wir beide uns fremd sind.

Etc.

72. An die Duchesse de Boufflers *1752*

Ihr deutscher Fürst war gestern zur Audienz bei mir, marterte mich mit seinen germanischen Komplimenten. Oh! düsterer Mann! Ich glaube tatsächlich, daß es keine Anmut, keinen Geist bei den Deutschen gibt; andererseits behaupten sie aber auch, die Franzosen hätten keinen gesunden Menschenverstand. Was den Fürsten betrifft, wurde mir ein Streich des Comte de Lestignac berichtet. Nachdem Seine Hoheit ihm ein Spielchen vorgeschlagen hatte, erwiderte der Comte: »Gerne, vorwärts, vier Louisdors die Partie.« Seine Hoheit antwortete: »Das ist ein zu geringer Einsatz für mich.« »Nun gut!« rief Lestignac verärgert, »dann spielen wir doch gleich eine Partie Piquet um alle Ihre Zwergstaaten gegen eine Scholle meiner Ländereien.«

Hier sehen Sie übrigens, wie Eitelkeit die Eitelkeit abstößt: aber es ist im Grunde nicht schlecht, diese kleinen Fürsten ein bißchen zu demütigen, die ihre Untertanen bis aufs Hemd ausnehmen, um in Paris glänzen zu können.

Stimmt es, daß Sie Mademoiselle dÉrouville verheiraten wollen? Glücklich, wer sie bekommt! Sie ist schön, bescheiden, durch und durch anmutsvoll; und was der springende Punkt in der Liebe und bei Heiratsgeschichten ist, sie ist jung: küssen Sie sie von mir. Aber apropos Ehe, ich habe ein erwachsenes Mädchen, das ich auch bald unterbringen muß. Dies gemahnt mich unweigerlich daran, daß ich alt werde, mögen auch die Eitelkeit und der Spiegel mir das Gegenteil sagen. Ach, das Schicksal der Frauen! Sie leben, das heißt, sie gefallen höchstens fünfzehn Jahre lang: welche Mühe, schön zu sein. Ein anderes Zeichen für das Altern bei Frauen ist es, wenn ihr Herz zur Freundschaft mit dem eigenen Geschlecht

fähig wird: die jungen Mädchen lieben nur sich selber. Ich spüre dies auch an mir: ich liebe Sie, und vielleicht noch ein halbes Dutzend andere, mit einer Zärtlichkeit, derer ich mich nie fähig gehalten hätte. Freundschaft meint zu jeder Zeit Vergnügen; im Alter ist sie ein Bedürfnis. Ich fühle dies Bedürfnis, und das kündigt mir an, daß ich auf der Schwelle stehe.
Adieu, meine liebe Duchesse, und trösten wir uns: jedes Lebensalter hat sein Glück – versuchen wir, es zu erkennen und zu genießen. Ich umarme Sie zärtlich.

Etc.

Giacomo Casanova berichtet von einer öffentlichen Speisezeremonie der Königin:
»Ich sah die Königin von Frankreich, die kein Rouge aufgelegt hatte und einfach gekleidet war. Auf dem Kopf trug sie eine große Haube und sah alt und fromm aus. Sobald sie an den Tisch kam, dankte sie auf das liebenswürdigste zwei Nonnen, die eine Schüssel mit frischer Butter auf den Tisch stellten. Sie setzte sich, und sofort nahmen auch die Höflinge, zehn Schritt vor der Tafel, in einem Halbkreis Aufstellung. Ich hielt mich in ihrer Nähe, ebenso schweigsam wie sie. Ihre Majestät begann zu essen, ohne jemanden anzusehen, die Augen unverwandt auf den Teller gesenkt. Ein Gericht hatte ihr besonders geschmeckt, so nahm sie nochmals davon und musterte den Halbkreis, der sie umgab, ohne Zweifel, um zu sehen, ob nicht jemand darunter sei, mit dem sie über diesen Leckerbissen sprechen könnte. Sie fand ihn und sagte: ›Herr von Löwendal‹. Bei der Nennung dieses Namens erblickte ich einen prächtigen jungen Mann, der mit gesenktem Kopf vortrat und sagte: ›Madame?‹ – ›Ich glaube, daß dieses Ragout ein Hühnerfrikassee ist.‹ – ›Ich bin ganz Ihrer Meinung, Madame.‹ Nach dieser Antwort, die in ernstestem Ton gegeben wurde, fuhr die Königin fort zu speisen, und der Marschall nahm rückwärts schreitend wieder seinen Platz ein. Die Königin beendete ihr Diner, ohne weiter ein Wort zu sprechen.«

Der König hat gestern öffentlich mit der königlichen Familie gespeist, wie es der Brauch will, und ich war zugegen. Mit Wohlgefallen bewunderte ich die innige Befriedigung, die er beim Anblick seiner Kinder empfand, und die Güte, die er all seinen Untertanen entgegenbringt. Drei oder vier Pariser Bürgerinnen, die zusahen, hat er eigenhändig Früchte gereicht. Er ist ein bezaubernder Mann. Manchmal sage ich ihm, wie schade es sei, daß er König ist, und daß ihn das verderbe. Ich werde Ihnen noch einen Beweis seiner Güte und Höflichkeit geben.

Vergangenen Donnerstag jagte er bei Choisy. Die Tochter eines Edelmanns aus der Umgebung, die gerade von einem Ausritt heimkehrte, stürzte unglücklicherweise. Der König, der in diesem Augenblick etwa hundert Schritt entfernt war, sah dies, verließ sofort seinen Troß, sprengte in vollem Galopp dem Mädchen zu Hilfe, sprang vom Pferd, hob es auf, fragte es, ob es sich verletzt habe und brachte es selbst zu seinem Vater zurück. Die vollkommenste Ritterlichkeit aber bestand darin, daß dieses Mädchen ausnehmend häßlich war.

Man sagt, Ludwig XIV. habe sogar vor Bettlern seinen Hut gelüftet; ich habe seinen Nachfolger ihn vor Leuten ziehen sehen, die kaum besser gestellt waren. Die Güte, die immer zu spüren ist, erweckt überall Liebe, wobei das Majestätische seiner ganzen Person Respekt einflößt und kundtut, wer er ist.

In welcher Dunkelheit auch immer zur Welt er kam,
Jeder säh' in ihm seinen Herren sich nahen.

Der Duc de Villeroy erzählte mir eine Geschichte, die Sie vielleicht nicht kennen. Als der König noch minderjährig war, schickte der König von Persien einen Gesandten nach Frankreich, der bei seiner ersten Audienz von der Schönheit und dem majestätischen Anblick des jungen Monarchen so hingerissen war, daß er alle zeremonielle Zurückhaltung vergaß, zu ihm lief, ihn in seine Arme schloß und ihn mit solchem Entzücken umarmte, daß man ihn nur mit Mühe zurückdrängen konnte.

Aber um von Ihnen zu sprechen: geht es Ihnen gut? Lieben Sie Ihre Freundin noch? Ich fühle allmählich, daß Freundschaft das Leben der Seele ist: die Liebe erfreut nur eine gewisse Zeit, doch Freundschaft tut dies durch alle Jahreswechsel, und ich will mein Herz all ihre Köstlichkeiten genießen lassen.
Adieu etc.

Blagny: s. Anmerkung zum 14. Brief. – *In welcher Dunkelheit…:* Verse nicht identifizierter Herkunft. – *Ein Gesandter:* vermutlich der türkische Botschafter Mehmet Effendi.

74. An den Marineminister Monsieur Rouillé *1752*

Sie haben mit der Bemerkung wohl recht, daß die Depeschen des Duc de Mirepoix nicht so günstig lauten, wie er meint. Man hält ihn bei guter Laune, lädt ihn zu Festen, und derweil rüstet man sich heimlich für den Krieg: das ist meine Meinung und was ich befürchte. Er schreibt, der König von England habe ihm höchstpersönlich seine friedfertigen Absichten versichert: vielleicht ist der Fürst aufrichtig, doch ich glaube es nicht. Die Engländer sind wirklich ein höchst eigenartiges Volk: ich habe sie nie gemocht, obwohl ihre Klugheit und Hochherzigkeit so gelobt werden; sie sind habgierig, ungerecht und folglich natürliche Feinde anderer Nationen. Ich gebe dennoch unumwunden zu, daß es sehr achtenswerte Menschen unter ihnen gibt. Doch insgesamt ist dieses Volk überspannt, im Laster wie in der Tugend: ein böser Engländer ist ein Monstrum; ein guter Engländer ist fast ein Gott; aber die guten sind rar.
Monsieur de Brissac, der vor wenigen Tage aus diesem Lande zurückgekehrt ist, berichtet, daß in England in einem Monat mehr Verbrechen begangen würden als im übrigen Europa während eines Jahres; daß dort nur die alten Weiber an Gott glaubten und zur Kirche gingen und die ganze Religion daraus bestünde, den Papst zu hassen und ihn jedes Jahr zu verbrennen. Aber das sind nicht unsere Angelegenheiten; es geht nur darum, den üblen Absichten dieser üblen Nation gegen uns zuvorzukommen. Ich hoffe, der

Duc de Mirepoix, der eifrig und scharfsinnig ist, läßt sich nicht überrumpeln und wird uns beizeiten benachrichtigen. Ich bitte Sie, Monsieur, ihm den beiliegenden Brief zu senden.

Ich verbleibe etc.

75. An denselben *1752*

Die Nachrichten aus Amerika klingen vorzüglich. Da dieser riesige Kontinent allem Anschein nach der Anlaß für einen Krieg sein wird, ist es wichtig, sich dort Freunde zu machen. Ich liebe diese ehrenhaften Wilden, die den »Häuptling der Franzosen und seine standhaften Krieger« so mögen. Sie bieten uns so großherzig »den rechten Arm ihrer tapferen Jugend« an, daß man ihn um Himmels willen nicht ablehnen darf. Ihre Nation, die »mehr als zehntausend Monde zählt, schickt sich an, ihre Frauen und Kinder mit Engländerleichen zu erfreuen« und sie dann zu essen. Auf Geheiß des »Großen Geistes« haben sie geschworen, mit uns »die Friedenspfeife« zu rauchen. Obwohl ich es nicht gutheiße, die Toten zu verspeisen, darf man sich mit diesen ehrbaren Leuten nicht über Kleinigkeiten streiten. Ich hoffe, dieses Bündnis wird Frankreich nützlicher sein als die pompöse siamesische Gesandtschaft, von der Ludwig XIV. so viel Aufhebens machte.
Die Franzosen, die von allen Völkern Europas gehaßt, beneidet und nachgeahmt werden, sind bei zwar barbarischen, doch einfachen und aufrichtigen Völkern beliebt, da sie gut und menschlich sind. Die französische Nation ist womöglich die einzige auf der Welt, die ihrem Wesen nach wohltuend ist; bei den anderen geschieht dies nur aus Laune oder Eigennutz: deshalb fällt es einem Huronen nicht schwer zu sagen: »Ein Franzose ist ein Mensch wie ich.« Täglich hört man von Erschütterungen und Revolten in den Kolonien der anderen Europäer; doch das kommt bei uns fast nie vor: da wir so begabt dafür sind, Liebe zu erwecken wie die anderen den Haß. Auch Sie besitzen diese Gabe, Monsieur, wenngleich Sie Minister sind. Fahren Sie fort, durch Ihre Befähigung und

Dienste weiter die Wertschätzung des Königs und der Öffentlichkeit zu verdienen: Männer wie Sie sind selten.

Ich habe die Ehre, Monsieur etc.

Huronen: Indianervolk im Gebiet um das heutige Toronto.

Jeanne de Pompadour wollte Unvergängliches hinterlassen. Sie reorganisierte die Porzellanmanufaktur von Vincennes und ließ sie schließlich nach Sèvres übersiedeln. Das neue *Porcelaine de France* sollte dem Meißner Porzellan den Rang streitig machen. Demonstrativ benutzte die Marquise nur die Sèvres-Services. Sie drängte den Adel, ihr nachzueifern, und veranstaltete selbst Bazare. Und es war mit Sicherheit heikel, dort nichts zu erstehen.
Auf einem Hügel bei Meudon, mit Blick über die Seine, ließ sie ab 1748 Schloß Bellevue errichten, dazu die Eremitage ›Brimborion‹, also ›Nebensächlichkeit‹. Hier wurden erstrangige Künstler mit Aufträgen bedacht. Die Bildhauer Pigalle, Adams und Falconet – dieser wirkte später in Petersburg – schufen die Statuen. Der Dekorateur Verberckt gestaltete die Inneneinrichtung. Carle Vanloo, François Boucher, der Lieblingsmaler der Auftraggeberin, Jean-Baptiste Oudry und andere schmückten die Räume mit Bildern. Die ›Girlanden-Galerie‹ entwarf die Marquise selber.
Kunst und Kunsthandwerk vereinigten sich zu einer vollendeten, in ihrer Nuancierung vielleicht nie übertroffenen Harmonie. Für das Einweihungsfest von Schloß und Park Bellevue ließ die Bauherrin für ihre Gäste Kostüme entwerfen, die sich ins Ambiente des Anwesens fügten. Für die Herren purpurne Gewänder, mit bordiertem Gold bestickt, Westen aus grauweißem Satin mit purpurner Verschnürung und vier Finger breit mit mattem Gold gesäumt. Die Kleider der Damen variierten diese Kreation.
1752 ließ die Marquise sich von François Boucher portraitieren. Keine Spuren der Erschöpfung oder Tuberkulose hatten auf diesem Werk für die Ewigkeit Platz.
Jeanne de Pompadour, die Verschwenderin, die ihre Finanzberater in Atem hielt, vertrieb sich selbst die Zeit mit Kup-

ferstecherei. Sie schnitt unter Anleitung des Juweliers Guay Edelsteine. In ihrer Privatdruckerei im Nordflügel von Versailles setzte sie eigenhändig eine Tragödie von Corneille. Sie plante – was erst Napoleon verwirklichte –, den Louvre zum Nationalmuseum Frankreichs umzugestalten und die umliegenden Stadtviertel zu sanieren; letzteres wurde über ein Jahrhundert später unter Napoleon III. durchgeführt.

Die tonangebende Mäzenatin ließ die Militärschule in Paris vom Architekten Ange-Jacques Gabriel entwerfen. Sie förderte Jacques Germain Soufflot, der die Kirche Sainte-Geneviève, das spätere Panthéon, baute. Madame de Pompadour nahm Einfluß auf die Gestaltung eines der größten Bauvorhaben Europas, den Platz *Louis XV.*, heute *Place de la Concorde.* Nicht nur in Frankreich entstanden nach diesem Vorbild neue Stadtteile und zahlreiche öffentliche Gebäude. Die Marquise und Ludwig XV. entflohen Versailles, sooft sie konnten. Beide hatten sich an rasche Abwechslung gewöhnt. Beinahe rastlos – dabei immer den Staatstroß als Gefolge – eilten sie durch die Schlösser um Paris. Neben dem dezenten, geselligen Umgang miteinander – der vor Bösartigkeit oder plötzlichen Katastrophen natürlich nicht schützte – reifte bei den Soupers in Fontainebleau und in Bellevue auch die französische Kochkunst zu ihrer Perfektion. Von den einzelnen Gängen wurde zumeist nur gekostet, von Weinen, Champagnern, Likören oft nur genippt.

Abendliches Menue der Marquise de Pompadour
im Schloß Choisy

Dormants:
Hammelbrühe
Gemüsesuppe *financière*

Hors d'œuvres:
Poulardenfilets à la Monglas
Gurkenklein
Tauben mit ganzen Trüffeln
Pute à la Villeroy

Hirnwürstchen von Kaninchen
Pastetchen à l'Espagnolle
Hühnchen auf polnische Art
Rebhuhnfilets in Saft
Turteltauben auf italienische Art
Kalbsfilet auf Wildart
Ragout von Rebhuhn
Fasanenfilet *à la Chirac*
Hühnerflügel en surprise

Relevés:
Ochsenlendenbraten in Saft
Lammrücken
Kalbsviertel
Fasanenpastete

Entremets:
Pastetchen
Kuchen aus Compiègne

Braten:
Enten aus Rouen
Rebhühner
Regenpfeifer
Junge Hühner
Fasanen
Wachteln

Entremets:
Schinken
Gebackenes mit Pfirsich
Crème à la Genest
Trüffeln in der Serviette
Eier in Kalbsbrühe
Blumenkohl mit Parmesan
Truthahnfüße à la St. Ménéhould
Kleine Zungen
Appetithappen
Geschlagene Crème

Gebackenes Kalbshirn
Ragout à la Provençale
Artischockenherzen
Artischocken in Singara

Korsika gehörte damals zu Genua und wurde erst 1769 französisch. Doch man konnte bereits jetzt die Hand danach ausstrecken.

76. An den Marquis de Cursay, Kommandant in Korsika 1752

Der König hat Sie, Monsieur, als Dankesgeste an die Genueser nach Korsika geschickt: aus demselben Grund sollen Sie ihnen dienen, und jeder billigt Ihr Verhalten. Schon lange erschöpft sich die Republik in einem glücklosen Krieg gegen die Rebellen; dem muß ein Ende bereitet werden. Es geht nicht darum, die Korsen zu schlagen, sondern ihnen endlich den Frieden zu geben, den sie ebensosehr brauchen wie die Genueser, die sie ihre Tyrannen nennen und die diesen Titel womöglich verdienen.
Doch hier befürchtet man, daß Ihre genuesischen Offiziere alles verderben; sie sind eifersüchtig, daß Ausländer in dieser Geschichte vermitteln. Eifersucht, diese italienische und vor allem genuesische Krankheit, wird Ihre Geduld oft auf die Probe stellen, denn sie wollen allen Friedenslorbeer, den sie nicht selbst pflücken können, für sich verbuchen. Beachten Sie sie nicht, Monsieur, und Sie werden sich durch die Erfüllung Ihrer Aufgabe Ehre erwerben.
Die Korsen sind bezüglich der Republik Genua jetzt in derselben Lage, wie es die Holländer vor fast zweihundert Jahren vis-à-vis ihres Herrn und Tyrannen Philipp II. waren. Nach vielen Schlachten und Belagerungen ändern die Rebellen ihre Bezeichnung: sie sind nicht länger aufständische Untertanen, sondern unversöhnliche Feinde; so zerstört Gewalt das Recht und ebnet alles ein. Deshalb fordern die Korsen viel, aber die Genueser wollen ihnen bestenfalls verzeihen: sie reden wie verwirrte Herren mit ihren aufsässigen

Sklaven: aber es wird nicht lange bei diesem Ton bleiben. Der Angelpunkt ist, die Herrschaft der Republik zu erhalten und die Korsen zufriedenzustellen; das ist eine sehr delikate Angelegenheit: wir überantworten sie Ihrer Bedachtsamkeit und der von Monsieur Chauvelin. Ehre und Wort des Königs sind damit verbunden; das ist mehr als genug, um Ihren Ehrgeiz anzustacheln.

Was mich betrifft, Monsieur, ich wünsche Ihnen aufrichtig den denkbar möglichen Erfolg; Sie sind wohl würdig und fähig, ihn zu haben. Ich wünsche, daß das Glück, das in den Geschicken dieser Welt oft mehr ausrichtet als Können und Wissen, Ihren Anstrengungen beisteht.

Etc.

Republik … Rebellen: korsische Separatisten hatten sich vom Stadtstaat Genua losgesagt und schon 1736 den deutschen Baron von Neuhof als König Theodor I. ausgerufen. (Er kam 1749 in ein Londoner Schuldgefängnis.) Später leitete der Inselheld Pasquale Paoli den Aufstand. – *Philipp II.:* von Spanien.

77. *An Monsieur de Machault, Generalkontrolleur der Finanzen* — *1752*

Sie hegen die Absicht, Monsieur, gegen vierzig privilegierte Diebe, die Frankreichs Verderben sind, in den Krieg zu ziehen: ich liebe Ihren Mut und mißbillige ihn nicht. Es heißt, das Staatsvermögen belaufe sich derzeit auf ungefähr zwölfhundert Millionen Livres, von denen die Hälfte im Besitz von zweihundert Personen sei. Das steht in keinerlei Verhältnis und ist ein großes Übel. Ich denke wie Sie, daß der König, indem er den Generalsteuerpächtern die Zollrechte einräumte, niemals die Absicht hatte noch haben konnte, seine Untertanen zu ruinieren. Dieses Monopol verschlingt unmerklich alle Kapitalien des Königreichs: es ist nur gerecht, diese Herren zur Rechenschaft zu ziehen; und ich bin überzeugt, daß dieser Eingriff, wenn er sorgfältig und rechtschaffen durchgeführt wird, mehr als dreihundert Millionen in die Truhen des Königs fließen lassen wird. Sie werden dadurch, Monsieur, dem Staat einen sehr großen

Dienst erweisen und vor der Nachwelt den Ruhm jenes Sully erwerben, der würdig war, dem guten Heinrich IV. zu dienen.

Etc.

Privilegierte Diebe: Die Steuerpächter. – Die Amtsbereiche der Ministerien überlappten sich. Es gab Ratskollegien für Inneres, Äußeres oder ›Brücken und Straßen‹. Die Leiter der Ressorts hießen bisweilen Minister, bisweilen Staatssekretäre. Was kompliziert anmutet, funktionierte recht geschmeidig: die Politiker waren flexibel, die enge Fachbürokratie war gerade erst im Entstehen. Viele Staatsämter waren käuflich. Hier in Kürze die Staatsstrukturen des alten Frankreich wachzurufen ist unmöglich. Die Steuern wurden von den Finanzpächtern eingetrieben. Dabei kam es allerdings zu permanenten Mißbräuchen. Darüber hinaus waren der Adel und der Klerus (der ja das Gelübde der Armut abgelegt hatte!) von Steuern befreit. Beide Gruppen stellten, neben einigen wenigen Bürgern, die reichsten Einwohner. Sie durchkreuzten bis zur Revolution immer wieder die Pläne, eine gleiche Besteuerung einzuführen. Die Kirche war nur zu einer alljährlichen ›Spende‹ an den Staat verpflichtet. Die Kirchenfürsten bemerkten sie kaum, für Landgeistliche, deren Gemeinden sich aus Kleinbauern und Tagelöhnern zusammensetzten, war sie eine quälende Last.

78. An den Marineminister Monsieur Rouillé *1752*

Sie behaupten, Monsieur, der König besitze zur Zeit 50 Linienschiffe und 30 Fregatten: aber ist diese Berechnung nicht ein bißchen übertrieben? Haben Sie nicht auch die mitgezählt, die Sie noch bauen wollen, die es aber noch nicht gibt? Falls Ihre Aufstellung exakt ist, bedeutet dies, daß Frankreich in der Lage sein wird, den Engländern, wann immer diese es zum Angriff kommen lassen wollen, die Stirn zu bieten; ich hoffe es.
Der arme Albemarle beobachtet Ihr Wirken mit unruhigen und neidvollen Augen; aber er wagt es nicht mehr, sich zu beschweren: in der Tat ist es lächerlich, einem Mann zu verübeln, daheim etwas zu bauen und sein Haus zu vergrößern. Ich weiß nicht, wer dem König zu der jetzigen Ernennung von Geschwaderkommandanten und weiteren Marineoffizieren geraten hat. Mir scheint, man sollte das nicht zu laut

herausposaunen: wir sollten kein Spektakel vor den Augen Europas aufführen, das sich empört geben wird. Im übrigen haben wir nur die Engländer zu fürchten.
Aber, mein werter Monsieur, wenn Sie schließlich eine Flotte haben, haben Sie dann auch Matrosen? Das ist der wichtigste Punkt und der schwierigste. Die Franzosen mögen weder das Meer noch den Dienst in den Kolonien, was mich im voraus zittern läßt; und ich wage zu behaupten, daß Frankreich niemals als Seemacht glänzen wird. Monsieur d'Argenson hat soeben die Hälfte der Offiziere des Regiments Guyenne ihres Diensts entbunden, da sie weder nach Kanada noch sich dort von den Wilden, wie sie sagten, fressen lassen wollten: diese Geisteshaltung verheißt nichts Gutes. Ich denke also, das Wesentlichste ist, zum Dienst auf See zu ermutigen: doch das wird sehr schwierig sein.
Der alte Maurepas ist eifersüchtig. Er hat öffentlich gesagt: »Mein Nachfolger wird nicht eher rasten, bis er die französische Flotte vernichtet hat.« Ich hoffe, daß Sie ihn Lügen strafen werden. Zumindest ist der König sehr zufrieden, und die Nation liebt Ihren Eifer. Ludwig XIV. hat nur vier Jahre lang auf dem Ozean gestrahlt; falls Sie Ludwig XV. dort länger strahlen lassen, werden Sie ein großer Phöbus Apollon sein.

Ich verbleibe etc.

79. An den Duc de Mirepoix, Botschafter in London *1753*

Ihre Briefe, Monsieur le Duc, bereiten mir, wie Sie wissen, immer Vergnügen: ich liebe die kleinen Kleinigkeiten sehr, die Sie für mich auserkoren und mir geschickt haben, denn Sie stammen von Ihnen: das ist ihr hauptsächlicher Wert. Die Engländer verstehen weder mit Geschmack zu essen noch zu leben, noch zu arbeiten. Ich bedauere Sie aufrichtig, im Lande des *Rosbif* und der Frechheit leben zu müssen. Ich zweifle nicht, daß Sie noch mehr als wir Zielscheibe der bösartigen Streitereien und gehässigen Finten dieser anmaßenden Insulaner sind: es scheint, daß sie Krieg wollen; ihr einziges Problem ist, sie müssen einen brauchbaren Vorwand finden. Doch das wahre und größte Verbrechen, dessen Frankreich in ihren Augen fähig ist, ist der Wiederaufbau seiner Flotte.

Der Vorstoß des englischen Parlaments, die Juden einzubürgern, verblüfft ganz Europa: der alte Marschall sagt, daß ihre Religion, Gesetze und Bräuche die Israeliten unfähig machen, gute Bürger und gute Untertanen zu sein; es ist immer ein Volk am Rande, das einen Staat im Staate bildet und dem man nur sehr behutsam Vorrechte zugestehen darf. Man vermutet, daß Gold, welches wie die Liebe alle Menschen gleich macht, das stärkste Argument ist, das die Juden bei dieser Gelegenheit in Umlauf gebracht haben. Frankreich weiß seit langem, daß dies kostbare Metall in England allmächtig und alles dort käuflich ist, der Friede, der Krieg, das Recht, die Tugend. Sie sind mit der Höflichkeit der Minister König Georgs zufrieden; aber wir sind es nicht mit deren Politik: sie begehen, wie Kardinal Mazarin, bei allen Verhandlungen einen gravierenden Fehler; immer wollen sie betrügen; seien Sie auf der Hut und haben Sie immer Ihr Vaterland und Ihre Freunde im Auge.

Kardinal Mazarin: 1602-1661, Nachfolger von Kardinal Richelieu als leitender französischer Minister.

Ab September 1753 sind, bis auf den Brief Voltaires von 1749, Antwortschreiben überliefert:

80. Vom Duc de Mirepoix *(London,) den 1. September, 1753*

Madame la Marquise,
ich lege mich zu Füßen der guten Freundinnen, die zu dem Gunstbeweis beigetragen haben, welcher Madame de Mirepoix jetzt zuteil geworden ist. Seit einiger Zeit hatte sie ein Recht auf diese Stellung. Aber genügt es, Rechte zu besitzen? Ich sage also Dank, so als hätte sie keines darauf gehabt, und wir wünschen lebhaft, sie alsbald mit dem Titel geschmückt zu sehen.

Nichts kann mich davon überzeugen, daß man hier ernstlich auf Krieg erpicht ist. Gerade daß man diesen Anschein erwecken möchte, beruhigt mich. Übrigens sehe ich auch nicht, daß man in der Lage wäre, ihn zu führen. Der letzte Krieg hat dem Königreich eine tiefe Wunde geschlagen, die in den Finanzen noch heute spürbar ist. Man mag mir noch so oft vortragen, daß die Engländer den Krieg wünschen, um ihren Handel auf Kosten des unsrigen zu erweitern. Ich bleibe dabei, daß Krieg den Handel zugrunde richtet; so ist man auf einem Auge blind, wenn man behauptet, sie würden aus Liebe zum Handel den Krieg anvisieren; zu seiner Belebung sich zu schlagen, hieße rückwärts zu gehen. Man sagt, Ruderer erreichen das Ufer, obwohl sie ihm den Rücken zukehren. Doch ein Gleichnis widerlegt nicht die bedachte Einschätzung. Der Krieg kann in England nur für den Herrscher vorteilhaft sein. Er vermehrt seine Macht; er vereinigt die Parteien, welche die Nation spalten. Alles was der König verlangt, wird ihm bewilligt, und während er den unruhigen Geist seiner Untertanen auswärts beschäftigt, genießt er im Innern die Fülle seiner Herrschermacht. Aber ich habe überzeugende Beweise, daß der König von England keinen Krieg will, daß er ihn verabscheut, daß er sich nicht imstande glaubt, ihn erfolgreich durchzustehen. Wer in der Nation wird ihn also wünschen, wenn der König ihn fürchtet? Außerdem werde ich seitens seiner Minister mit Zeichen der Aufmerksamkeit überhäuft. Es gibt Nationen, bei denen diese äußerlichen Bekundungen gar nichts beweisen; aber ich glaube, in England sind sie nicht erlogen.

Mr. Green hat das Porzellan aus den Händen einer meiner Offiziere erhalten. Er hat sich nach dem Preis erkundigt und wollte es sofort bezahlen. Es wurde ihm geantwortet, ich würde es ihn wissen lassen. Tatsächlich fragte er mich gestern nach dem Mittagsmahl, an wen er sich wegen dieser Kleinigkeit wenden müsse. Ich antwortete ihm, daß der König, eben weil es sich um eine Kleinigkeit handle, nicht wolle, daß er sie bezahle. Er erhob ein lautes Geschrei über diese Aufmerksamkeit, lehnte sie ab, verwahrte sich und kam schließlich dahin, daß er um Erlaubnis bitten müsse, um es anzunehmen. Sie sehen, Madame la Marquise, daß diese Sache geregelt ist. Es gibt allerdings nichts Schöneres als dieses Service. Besonders die Biskuitfiguren sind wunderbar. Die Manufaktur steckt noch in den Kinderschuhen, und dennoch ist das sächsische Porzellan nicht perfekter. Es ist bereits die Rede davon, etwas Ähnliches in Windsor herzustellen. Man hat eine brauchbare Erdschicht oder Erdmasse gefunden. Man hat ein leeres Gebäude; man hat ... Madame la Marquise, man hat alles, nur keinen Geschmack.

Madame de Mirepoix: unbekannt, welche Ehrung der Frau des Botschafters zuteil wurde. – *Mr. Green:* vielleicht ein Mitarbeiter des britischen Premierministers Pitt. – *... man hat alles:* für Wedgewood Cream-Ware/Steinzeug, das jedoch erst ab 1757 hergestellt wurde.

81. An den Duc de Mirepoix, London *1753*

Entgegen all Ihren Hoffnungen und Versprechen und den Lügen des Londoner Hofs betrachten wir, ohne uns zu echauffieren, den Krieg als unausweichlich: die Herzen aller amerikanischen Indianer schlagen für uns; wir besitzen Schiffe, eine gute Armee und gute Freunde. Milord Albemarle, der sich mehr mit Lustbarkeiten als mit Politik abgibt, hat indes eine voluminöse Denkschrift überreicht, worin er sich beklagt, daß die amerikanischen Wilden auf Anstiftung der Franzosen hin seine Nation angreifen. Es stimmt traurig, daß dieses kluge Volk es nicht fertigbringt, Liebe zu erwecken, und es ist eine Schande, sich darüber auch noch zu beklagen. Diese Denkschrift verdiente keine ernste Antwort, und es ist auch keine formuliert worden. Der Herr Botschafter hat sich überdies beklagt, daß Frankreich Schiffe vom Stapel lasse: auch diese Beschwerde verdiente keine Antwort, und sie wurde ebenfalls nicht erteilt. Der König zählt in dieser kritischen Zeit auf Ihren Eifer, Ihre Kenntnisse und Wachsamkeit: nehmen Sie alles wahr, beobachten Sie alles, prüfen Sie alles. Die Engländer sind nicht raffiniert: sie können Sie, glaube ich, nicht hinters Licht führen. Ich bitte Sie, die Herzogin von mir zu grüßen: es ist eine Frau, die ich wegen ihres Geists und ihrer Herzensgüte liebe: diese Wesenszüge sind selten in ihrem Land, daher um so achtenswerter. Adieu, Monsieur le Duc; achten Sie für den Dienst an Ihrem König und zur Genugtuung Ihrer Freunde auf Ihre Gesundheit. Mir will es scheinen, als würden wir uns bald wiedersehen: ich wäre froh darüber und gleichzeitig erbittert; denn ich liebe den Krieg nicht: er stiftet selten etwas Gutes und immer viel Böses.

Ich verbleibe etc.

Ein Leben ›wie Gott in Frankreich‹ scheint für manche möglich. Noch schweigen die Waffen.
»Das Gesellschaftsleben war niemals so glanzvoll wie in diesen Friedensjahren. Wenn sie den König zu Höflingen begleitete, die er mit seinem Besuch beehrte, war Madame de Pompadour die Göttin dieser Sommerfeste. Am 6. August soupierten sie bei Richelieu in seinem Pavillon ›Folie des Porcherons‹. Es war dies eine jener im Grünen versteckten Unterkünfte, wo die großen Herren und Financiers am Rande von Paris in Ruhe ihre Freuden auslebten. Richelieu besaß drei weitere in Vaugirard, am Boulevard und in Gennevilliers. Von einem zum nächsten transportierte er zwei Meisterwerke, die das Haus Montmorency dem seinigen vererbt hatte, nämlich *Die Gefangenen*, die Michelangelo für das Mausoleum Papst Julius' II. gemeißelt hatte.« (Danielle Gallet) ›Die Gefangenen‹ oder ›Sklaven‹ sind heute kunsthistorische Prunkstücke im Musée du Louvre.

82. An die Marschallin d'Estrées *1754*

Mehr und mehr bemerke ich, daß Stand und Leben der Könige und Großen recht traurig sind, und ich meine, ein Reitknecht ist ein bißchen glücklicher als sein Herr. Teuer muß man den Glanz, den Ruhm und die herrlichen Kleinigkeiten bezahlen, die das ahnungslose Volk blind beneidet! Was mich angeht, gestehe ich Ihnen, daß es keine sechs schönen Augenblicke gab, seitdem ich hier bin: jeder versucht, mir zu gefallen, und fast alle mißfallen mir: die funkelndsten Gespräche verursachen mir Kopfschmerz; ich gähne bei Festen

und erfahre ohne Unterlaß, daß der Eitelkeit kein Glück innewohnt. Ich muß indes, da ich es so gewollt habe, den Kelch, so bitter er ist, leeren. Der König ist wohlauf, aber er langweilt sich wie alle; das Gezänk zwischen Geistlichkeit und Parlament trägt nicht dazu bei, ihn aufzuheitern. Die Minister quälen sich, um beide zu versöhnen; aber die Priester wollen keinen Schritt zurückweichen. Ich kann mir jedoch weder vorstellen, daß ihre Beichtzettel unerläßlich sind, noch daß Gott einen braven Menschen fortjagt, der ohne solche Pässe stirbt. Ich stelle mir im Gegenteil vor, daß die meisten aufgeblasen, ehrsüchtig, schlechte Untertanen des Königs und schlechte Diener Gottes sind. Aber durch ihr heiliges Gebaren und den schönen Vorwand der Religion ist ihr Ansehen leider so groß, daß man sich mit ihnen arrangieren muß. Der König spürt wohl, daß das Parlament die Rechte seiner Krone gegen den Klerus verteidigt, der unabhängig sein möchte: er ist trotzdem gezwungen, um es so auszudrücken, seine Freunde zu bestrafen und seine Feinde zu liebkosen: so sieht es mit den Göttern dieser Welt aus, die angebetet und zugleich gehaßt werden. Diese Querelen schmerzen Sie nicht, meine liebe Freundin, denn für Sie ist die Bühne weit weg: aber mich, mich schmerzen sie, weil sie dem besten der Könige weh tun. Bitten wir Gott, daß er seinen Dienern den Geist des Friedens und der Barmherzigkeit einflößt. Haben Sie unseren Comte gesehen? Ich habe ihm einen kleinen Auftrag erteilt. Ist der erledigt, habe ich für ihn noch einen anderen, ebenso wichtigen: ich weiß um seine Talente, und man sollte sie nutzen; sprechen Sie mit ihm.
Ich umarme Sie zärtlich.

83. Von der Marschallin d'Estrées — *Montmirail, den 28. August 1754*

Ich habe Ihren Brief erhalten, Madame, und ich habe tausend Gründe zu bedauern, hierhergekommen zu sein. Doch zuerst muß ich Ihnen antworten, damit alles seinen ordentlichen Anfang hat. Nein, meine Freundin, ein Reitknecht ist, für gewöhnlich, nicht glücklicher als sein Herr. Ich sage,

für gewöhnlich, weil mir Glück völlig von den guten oder schlechten Lebensabschnitten abzuhängen scheint. Ich halte sie alle für gleichermaßen glücklich, das heißt, fast gar nicht. Sie halten sich für unglücklich: sagen Sie, weniger glücklich, als Sie geglaubt hatten. Aber stellen Sie sich einen Augenblick lang vor, Sie wären aller Größe, die Sie umgibt, beraubt, und sagen Sie mir, ob das nicht ein schrecklicher Gedanke wäre. Alles steht miteinander in Beziehung, und alles berührt uns, je nach Befinden unseres Geists, angenehm oder unangenehm. Ich bin mit der Absicht hierhergekommen, zwei Monate ruhiger Zurückgezogenheit zu genießen. Es ist einer der schönsten Orte der Welt. Es hat dem Marschall gefallen, ihn noch schöner zu machen, und ich versprach mir hier einen wohligen Herbst. Mußte ich denn hier ein Schreiben des Chevalier de Militerni vorfinden? Er berichtet mir darin ausführlich über die schreckliche Geschichte, die M. Jumonville zugestoßen ist, oder wie immer er auch heißen mag, denn der Chevalier schreibt wie eine Katze. Es ist greulich, es ist bestialischer Mord. Dieser tapfere Offizier muß gerächt werden. Begingen wir dergleichen Verbrechen, wir wären der Abschaum des Universums. Aber auch Militerni sieht nur Krieg um sich herum. Er hält ihn schon für eröffnet. Er brennt darauf, gegen die Mörder des armen Jumonville ins Feld zu ziehen. Ach! meine liebe Freundin, es wird Krieg geben, und Sie wissen, welche große Kälte zwischen dem Minister und dem Herrn Marschall herrscht. Ich werde mich nicht zu zeigen wagen, wenn er kein Kommando bekommt. Denn der Krieg ist beschlossen, ich weiß es, man schreibt es mir von da und dort, es wird ganz gewiß dazu kommen. Madame, ich überantworte meine Wünsche Ihnen; ich reise übermorgen ab. Montmirail ist für mich nur mehr thebanische Wüste, in der mir diese beiden Tage wie zwei Jahre vorkommen. Ich habe noch in der Nacht meiner Abreise einen Krieg vorausgeahnt. Ich bin fest entschlossen, mich meinen Vorahnungen nicht mehr zu widersetzen.
Ich sage Ihnen nichts von den Umtrieben der Geistlichkeit. Mein Gott! Wie elend mir das vorkommt. Was den Comte betrifft, so ist er nicht so geschickt, wie Sie glauben, selbst nicht

bei kleinen Besorgungen. Ich hatte ihn beauftragt, mir einen schönen Sapay-Affen, wie die Princesse de Talmond einen hat, zu besorgen. Es kam nur auf ihn an, bis jetzt habe ich noch keinen zu sehen bekommen.
Der Krieg will mir nicht aus dem Kopf.

Der arme Jumonville: die Engländer hatten bei Fort Duquesne, dem heutigen Pittsburgh, Siedlern französisches Kolonialgebiet versprochen. Als Parlamentär wollte der Hauptmann Jumonville mit den ›Eindringlingen‹ verhandeln. Eine Brigade unter dem jungen George Washington schoß die Franzosen nieder. – *Marschall d'Estrées:* der Gemahl der Briefschreiberin erhielt später den Oberbefehl über Frankreichs Deutschlandarmee.

84. An die Marquise de Blagny *(Sommer 1754)*

Es heißt, Sie seien in Villars höchst fröhlich: schämen Sie sich nicht, ohne Ihre Freunde fröhlich zu sein? Heute morgen, während der Messe des Königs, erblickte ich ein kleines, bezauberndes Gesicht, und fast wollte ich schon hingehen, es zu küssen, denn ich glaubte, es wäre Ihres: aber, nein! ich täuschte mich. Denken Sie noch an mich? Lieben Sie mich immer mehr? Ist der Marquis immer noch dick und fett?
Dem armen Marigny geht es gut, und er läßt sie grüßen: er hat ein gutes Herz, aber um seinen Kopf ist es nicht so bestellt.
Wissen Sie denn schon, Madame, daß wir einen neuen Außenminister haben? Es ist der wackere Rouillé: er ist nicht brillant, aber tüchtig und ehrlich; der König hat ihn bestallt, bis ein Besserer in Sicht ist. Da sein Ministerium allerdings das heikelste von allen ist, weiß ich nicht, wie er dort durchhalten wird. Die übrigen Minister haben nur Befehle zu erteilen; falls sie sich nicht durch große Projekte – oder oft durch große Dummheiten – hervortun wollen, ist alles ganz einfach: sie müssen nur ihre Gehilfen befragen, die für sie denken und schreiben. Mit den Auswärtigen Angelegenheiten ist es eine andere Sache: der Minister muß die Interessen der Fürsten genauestens kennen, ihr Talent, oftmals ihre Launen, ihre Geheimnisse, oder, besser gesagt, die Nebel der

Politik; er muß lügen und täuschen können. Eben deshalb paßt ein Ehrenmann kaum in dieses Amt, und Rouillé ist einer; er wird immer der Getäuschte anderer sein, sie nie seine.
Ich beabsichtige, mir den Einzug des päpstlichen Nuntius anzuschauen; sicherlich werden Sie mir Gesellschaft leisten. Sie müssen meine Torheiten teilen wie mein Herz. Man sagt, der Einzug wird prächtig. Ich bedenke manchmal den Hochmut der Priester und stelle mir vor, daß der arme heilige Petrus sich nimmer hatte träumen lassen, daß seine Nachfolger Gesandtschaften aussenden und sich mir nichts, dir nichts über die Könige setzen würden. Aber die Vorurteile, die ihr Gepränge ermöglichen, verschwinden nach und nach. Der Papst, sagt Montesquieu, ist ein alter Götze, den man aus Gewohnheit beweihräuchert: in hundert Jahren wird man ihm diese Ehre vielleicht nicht mehr erweisen.
Adieu, meine liebe Freundin: denn dieser Titel ist für mich süßer und achtbarer als jener der Marquise; ich küsse die Rosenlippen Ihres Kindes und die Ihren.

Etc.

Marigny: der Bruder von Madame de Pompadour wurde nach dem Tod des Vaters im Juni 1754 in dessen Nachfolge zum Marquis de Marigny. Er entzog sich sämtlichen Heiratsprojekten seiner Schwester und ließ keinerlei Ehrgeiz erkennen. – *Neuer Außenminister:* die geläufige Briefdatierung auf 1752 muß durch diese Ernennung wohl korrigiert werden. Nach dem plötzlichen Tod des Marquis de Saint-Contest rückte der altgediente Staatsmann Antoine-Louis Rouillé, Comte de Jouy, im Juli 1754 aus dem Marineministerium auf den Posten des Außenministers.

Seit der Jahrhundertmitte arbeitet Diderot zusammen mit d'Alembert, Montesquieu, Voltaire und anderen an der großen *Encyclopédie.* Diese umfassende Sammlung menschlichen Wissens war als Waffe gegen Aberglauben, Vorurteile, gegen Ignoranz und Unmündigkeit des Menschen gedacht. Staatliche Stellen, kirchliche Behörden verbieten rasch die Publikation dieses Werks, das zur eigenen Urteilsfindung befähigen sollte.
Diderot wendet sich an die *maîtresse-en-titre* von Frankreich,

der er in seiner Erzählung *Die geschwätzigen Kleinodien* ein Denkmal setzt. Jeanne-Antoinette de Pompadour tritt darin unter dem Namen Mirzoza auf. »Die Favoritin liebte Schöngeister, ohne darauf zu beharren, selbst einer zu sein. Auf ihrem Toilettentisch sah man, zwischen den Diamanten und Quasten, Romane und flüchtige Theaterstücke des Zeitgeschmacks, die sie vorzüglich beurteilte. Ohne ihren Platz zu wechseln, ging sie vom Glückspiel zu einem Gespräch mit einem Akademiemitglied oder Wissenschaftler über. Und alle gaben zu, daß sie nur durch Gefühlsfeinheit in den Werken Schönheiten oder Fehler entdeckte, die manchmal den eigenen Blicken verborgen waren: Mirzoza verblüffte durch ihren scharfen Verstand, brachte sie mit ihren Fragen in Verlegenheit, aber sie mißbrauchte nie die Vorzüge, die Geist und Schönheit ihr verliehen. Man ärgerte sich nie, wenn sie recht hatte.«

85. Von Denis Diderot

Madame,
ich war überrascht, daß ich zu einer Zeit, während der ich sicher war, daß Sie vielen Menschen Audienz gewährten, nicht vor Sie gelangen konnte. Sie hatten uns an solche Strenge nicht gewöhnt. Ich habe mich dadurch auch nicht abschrecken lassen. Madame la Princesse de B. hat Ihnen bereits mitgeteilt, welcher Art die Hilfeleistung ist, die wir von Ihnen erhoffen. Ich habe nicht gewollt, daß sie als Bittstellerin zu Ihnen kommt, und ich werde mich damit begnügen, Sie mit wenigen Worten an das von ihr Mitgeteilte zu erinnern.
Eine Gesellschaft tüchtiger Menschen, die keine andere Absicht haben, als ihresgleichen nützlich zu sein, widmet mehrere Jahre dem Verfassen eines Werks, das ein Vorrat menschlichen Wissens sein soll. Die ehrenhaftesten und gebildetsten Menschen aus allen Klassen der Gesellschaft beteiligen sich eifrig an dieser bedeutsamen Arbeit. Alle Mitwirkenden zeigen im Wettstreit einen Eifer, von dem sie nicht annehmen, daß er ihnen jemals als Verbrechen angela-

stet werden könnte. Sie begehren nichts; etliche von ihnen verbergen sich bescheiden hinter dem Schleier der Anonymität, und ihre Uneigennützigkeit geht so weit, den Ruhm von sich zu weisen, der ihnen für ihre Arbeiten zusteht und welcher der einzige der Tugend angemessene Lohn ist. Das Bauwerk wächst, und Europa bewundert es. Plötzlich wird es von unbekannten Verfolgern angegriffen, die ihm um so gefährlichere Schläge versetzen, als die Arbeiter es für unwürdig erachten, ihre Beschimpfungen zurückzuweisen, vielleicht aus übertriebenem Stolz. Dennoch beginnt man, unsere Mäßigung für Schwäche zu halten. Wir müssen uns rechtfertigen, aber mit großer Umsicht. Wir befürchten, daß sich eine Partei gegen uns formiert, sofern wir uns bemühen, uns allzu laut zu verteidigen. Wir wollen keine Verteidiger; wir wollen nur Richter. Seien Sie der unsrige, Madame, und seien Sie zugleich unser Anwalt, wenn Sie es für angebracht halten, denn angebrachter scheint mir nichts. Die Wahrheit und die Philosophie werden keine Feinde mehr haben, wenn Geist und Schönheit ihre Verteidigung übernehmen.

Sie hatten uns …: Jeanne de Pompadour pflegte stets den Kontakt mit den ›Freigeistern‹. In ihrer vorzüglichen Bibliothek befanden sich Werke von Voltaire, Montesquieu und Holbach, die der Menschenrechtserklärung den Weg bereiteten. Die elegante Welt informierte sich gerne über die modernen Ideale der Toleranz und der Freiheit des Individuums.

86. An Denis Diderot *(1754)*

Monsieur, ich kann in der Sache mit dem *Dictionnaire Encyclopédique* nichts unternehmen: man sagt, es gäbe in diesem Buch Lehrsätze, die im Widerspruch zur Religion und zur Autorität des Königs stehen. Wäre dem so, müßte man es verbrennen. Ist dies nicht der Fall, so müßte man die Verleumder verbrennen. Doch unglücklicherweise beschuldigen die Kirchenmänner Sie und wollen nicht unrecht haben. Ich weiß nicht, was ich von alldem halten soll, aber ich weiß, welche Partei ich ergreife; nämlich, mich in keiner Weise einzumischen: die Priester sind zu gefährlich. Alle Welt berichtet mir indes Gutes über Sie: Ihr Verdienst wird geachtet, Ihre Tugend geehrt. Aufgrund solcher Zeugnisse, die so ruhmreich für Sie sind, halte ich Sie fast für unschuldig, und es wird mir Freude bereiten, Ihnen jede andere Gefälligkeit zu erweisen. Das Verbot der *Encyclopédie* ist aufgrund von Aussagen der Frömmler, die nicht immer gerecht und aufrichtig sind, beschlossene Sache. Falls das Buch nicht so ist, wie sie behaupten, kann ich Sie nur beklagen, Heuchelei und gleisnerischen Eifer verabscheuen und darauf harren, daß Sie mir eine andere Gelegenheit geben, Ihnen nützlich zu sein.

Etc.

Madame de Pompadour verhalf der verbotenen Enzyklopädie dann doch zu einer Veröffentlichung in 2000 Exemplaren. Wie, das berichtet Voltaire in seiner berühmt didaktischen Erzählweise im Rahmen folgender Episode:

»Nach einer Jagd kehrten der König und sein Gefolge im Trianon ein, und nach dem Diner kam das Gespräch auf Schießpulver.

›Sonderbar ist es schon‹, sagte der Herzog von Nivernois, ›daß wir uns Tag für Tag damit vergnügen, im Park von Versailles junge Rebhühner zu schießen, daß wir manchmal auch Menschen erschießen, sogar uns selbst erschießen lassen und doch nicht genau wissen, womit man uns tötet.‹

›Aber so ist es ja mit allen Dingen‹, antwortete Madame de Pompadour. ›Ich weiß nicht, woraus das Rouge besteht, das ich auf meine Wangen lege, und ich geriete in große Verlegenheit, wenn man mich fragte, wie die seidenen Strümpfe fabriziert werden, die ich trage.‹

›Es ist doch ein Jammer‹, meinte nun der Herzog von La Vallière, ›daß Seine Majestät unsere enzyklopädischen Wörterbücher beschlagnahmt hat, die uns jeden hundert Pistolen gekostet haben. Wir würden darin sofort die Antwort auf alle unsere Fragen finden.‹

Und so ließ man nach dem Abendessen Exemplare der Enzyklopädie holen. Drei Kammerdiener schleppten jeder sieben Bände mit großer Mühe herbei. Man schlug unter dem

Stichwort *Poudre* nach, und Madame de Pompadour lernte den Unterschied zwischen dem alten spanischen Rouge, mit dem die Madrider Damen die Wangen schminkten, und dem Rot der Pariserinnen kennen. Sie erfuhr auch, daß die Griechinnen mit einem Poudre bemalt waren, das man aus der Stachelschnecke hergestellt hatte, und daß unser Purpur die rote Farbe der Antike gewesen; sie las, wie man Seidenstrümpfe am Webstuhl herstellt, und die Beschreibung der Maschine, die man dazu benutzt, erfüllte sie mit Bewunderung.

›Das ist ein gutes Buch!‹ rief sie. ›Sire, Sie haben also diese Sammlung aller nützlichen Dinge beschlagnahmt, um sie allein zu besitzen und der einzige Gelehrte Ihres Königreichs zu sein?‹«

Ein naturwissenschaftlicher Mitarbeiter der Enzyklopädie war der Arzt und bedeutende Wirtschaftstheoretiker François Quesnay, seit 1749 Leibarzt der Marquise. Ihr enger Vertrauter Quesnay – der einen freien Wirtschafts-›Kreislauf‹ und damit auch eine freiere Gesellschaft forderte – widmete seiner Patientin sein medizinisches Hauptwerk ›Abhandlung über die verschiedenen Arten von Fieber‹. Für d'Alembert setzte Jeanne de Pompadour beim König eine Unterhaltszahlung durch.

87. An die Marquise de Breteuil *März 1754*

Ich bin Ihnen eine Antwort schuldig und gebe sie Ihnen mit großem Vergnügen. Sie sehen, daß ich in einem Land, wo man ein so kurzes Gedächtnis hat, meine Freunde nicht vergesse. Es gibt Leute, die ihren Spaß daran haben, mich als eine hochmütige, eigensüchtige Frau darzustellen, die Verdienst weder erkennen noch lieben kann. Sie wissen, ob das wahr ist: aber ich gestehe Ihnen, daß diese Urteile mich bekümmern, weil sie ungerecht sind, und vielleicht würden sie mich noch mehr bekümmern, wenn sie es nicht wären: denn in einem solchen Fall verstört die Wahrheit mehr als die Lüge. Ich bin nicht hochmütig, denn ich lebe ungezwungen mit den Menschen, die ich schätze: bei den übrigen beschäftige ich mich weder damit, sie zu erzürnen, noch damit, Ihnen zu mißfallen. Ich bin nicht eigensüchtig, denn ich gebe genug Geld aus, um oft meinen Feinden oder noch öfter Undankbaren einen Gefallen zu erweisen. Ich bin nicht unfähig, das Verdienst zu lieben, denn ich liebe Sie zärtlich und ergreife eilig jede sich bietende Gelegenheit, Sie davon zu überzeugen. Ich bin sehr glücklich, eine neue gefunden zu haben: aber wissen Sie denn, Madame, daß ich überaus verärgert bin? Weshalb erzählen Sie mir von diesem freien Posten bei der Königin? Denke ich denn nicht stets an Sie? Ich sollte Sie bestrafen und Ihnen verheimlichen, was passiert ist: doch mein Herz, das ich immer befrage, will das nicht.

Ich teile Ihnen also mit, daß Sie zu diesem Amt berufen worden sind, noch ehe ich Ihren Brief bekam. Ich will Ihnen nicht sagen, welche Person Sie erfolgreich vorgeschlagen hat: erfahren Sie nur, daß es eine Person ist, die Ihnen völlig ergeben ist und keinen Dank hören will. Ich glaube, es wäre richtig, sofort zu kommen, um dem König zu danken und mich zu umarmen.

Sie werden hier einen großen, spröden Mann, finster wie ein Teufel, treffen, der wie Karl XII. die Frauen und das Vergnügen haßt, doch genau wie dieser bis zum Wahnsinn Krieg und Ruhm liebt. Er hat uns im letzten Krieg übel mitgespielt und ist gekommen, um bei nächstbester Gelegenheit, was vielleicht nur allzubald sein wird, mit den Engländern ebenso zu verfahren. Ich schließe hier, um zu soupieren und mich dann zu langweilen.

Adieu, meine schöne Marquise, lieben Sie jeden und mich mehr als die anderen.

Marquise de Breteuil: wahrscheinlich Gattin des Staatssekretärs François Victor de Breteuil und nicht des Botschafters Louis Auguste de Bretreuil. – *Karl XII.:* von Schweden.

Die mittlerweile zehnjährige Tochter Alexandrine, ihr einziges Kind, stirbt im Sommer an einer Blinddarmentzündung. Der Herzog von Croÿ beschreibt nach diesem bitteren Ver-

lust die Haltung der bereits jetzt von Legenden umwobenen Frau:
»Am 2. August hielt sie öffentliche Morgentoilette: die Botschafter fanden sich dazu ein. Ich sah die Marquise zum ersten Mal seit dem Verlust ihrer Tochter, ein grauenhafter Schicksalsschlag, durch den ich sie zerstört glaubte. Aber da zuviel Schmerz ihrem Gesicht und vielleicht auch ihrer Stellung zu sehr geschadet hätte, fand ich sie weder verändert noch niedergeschlagen vor, und mir wollte es so scheinen, als würde es ihr, dank eines jener Wunder, die bei Hof häufig sind, weder schlechter gehen noch würde sie bekümmerter aussehen. Dennoch war sie furchtbar getroffen, und wahrscheinlich war sie im Inneren ebenso unglücklich, wie sie nach außen hin glücklich erschien.«
Jeanne de Pompadours erleidet jetzt häufig Schwindel- und Fieberanfälle. Manchmal spuckt die Vierunddreißigjährige Blut. Die geringste Zugluft verursacht ihr Erkältungen, die man mit Aderlässen am Fuß bekämpft. Bald fällt es ihr schwer, Treppen zu steigen, sie muß, um Atem zu holen, oft innehalten.
Neben der Schwächung ihres Körpers trifft sie unerwartet nun auch der Verrat einer engen Freundin, der Madame d'Estrades, die sich mit Gegnern der Marquise zu einer Verschwörung verbündet hat. Vertrauliche Mitteilungen werden öffentlich gemacht, abgeschickte oder eingetroffene Briefe verschwinden. Als die Marquise die Heimtücke erkennt, ohne zunächst daran glauben zu können, wird Madame d'Estrades vom Hof entfernt und in die Verbannung geschickt.

88. An die Duchesse de Brancas (1754/55)

Sie haben mich mit Ihrem kleinen Bischof zum Lachen gebracht: stimmt es denn, daß er sich in seiner Karosse damit vergnügt hat, der schönen Herzogin Schonheitspflästerchen aufs Gesicht zu tupfen? Ich meine nicht, daß das eine bischöfliche Amtshandlung ist: aber sie ist angenehm, und es wäre zu wünschen, daß die Priester niemals schlimmer frevelten. Doch lassen wir diesen *Ehrwürdigen Vater im Herrn* und sprechen wir von uns, teure Freundin: lieben Sie mich noch mehr als vergangene Woche? Ich meinerseits fühle, daß ich Sie täglich mehr schätze und Ihre Zuneigung brauche: ich bin mißmutig, wenn ich Sie nicht sehe. Mögen diese grimmigen Männer, die behaupten, Frauen könnten sich nicht lieben, zu uns kommen: sie werden etwas Neues lernen. Ich habe viele Bekannte, viele sehr untertänige Diener und sehr beflissene Dienerinnen, die ich ohne Freude sehe und ohne Bedauern verlasse. Es braucht ein gutes Herz, einen aufgeweckten Geist wie den Ihrigen, damit ich mich wohlfühle. Der König ist beim allerschlechtesten Wetter auf die Jagd gegangen; er lacht darüber, er hat einen Körper wie aus Eisen. Bei den kleinen Herren, die aus Pappmaché sind, sieht das ganz anders aus; doch sie müssen ihrem Gebieter folgen und eine zufriedene Miene aufsetzen. Währenddessen, denn man muß ja etwas tun, spaziere ich durch meine Galerie; ich betrachte meine Gemälde, gähne ein wenig und schreibe. Finden Sie nicht, daß ich sehr glücklich bin? Die neue Tragödie von Voltaire wurde hier aufgeführt: es ist erstaunlich, daß dieser Greis noch so schöne und kräftige Kinder zeugt. Dieser Voltaire ist einzigartig: niemand kann besser lachen und weinen machen.

Ich bitte Sie, Madame, mir Ihre kleine Tochter zu bringen; ich will sie küssen und verheiraten, falls Sie es gestatten: ich mag sie sehr, da ich alles schätze, was zu Ihnen gehört und Ihnen ähnelt. Aber ich höre Lärm: ein paar Störenfriede, die mich zu einem kleinen Souper abholen und nötigen, meinen Brief und mein Vergnügen zu unterbrechen. Beides sei auf morgen vertagt.

Schon im Aufstehen aus dem Bett beginne ich den Tag mit einem Morgengruß an Sie. Ich hatte gestern vorausgesehen, daß ich mich langweilen würde, und ich habe recht behalten. Ah! was für eine Chimäre die feinen Sitten der großen Welt doch sind! Die Gesellschaft gefiel mir nicht: es waren sehr höfliche, sehr langweilige Leute, deren Schmeicheleien mir auf den Magen schlugen. Sie lachten über sämtliche Bonmots, die ich nicht einmal geäußert hatte, und wollten mich gegen meinen Willen dazu bringen, daß ich in Laune kä-

François Guérin
Die Marquise de Pompadour
mit ihrer Tochter Alexandrine

me, wie sie zu glänzen. Glauben Sie mir, meine Liebe, alle Schmeichler sind so dumm zu meinen, daß andere ihnen gleichen. Es waren auch schöne, aber alberne Frauen zugegen, die den Männern zu sagen schienen: »Voilà, mein Gesicht, bewundern Sie es.« Was für eine Qual, meine liebe Comtesse, sind doch diese kleinen Soupers, die man so angenehm und köstlich findet! Beinahe bin ich überzeugt, daß es niemanden gab, der nicht Lust gehabt hätte zu gähnen, derweil jedermann verkündete, er amüsiere sich prächtig. Ich für mein Teil nicht; aber zur Belohnung handle ich mir dabei immer viel Verdruß und ein tüchtiges Kopfweh ein. Soweit zum angenehmen Leben, das ich führe und allen meinen Feinden wünsche. Allgemeine Neuigkeiten gibt es nicht, doch eine Menge Abenteuer, Intrigen und erlesene Niederträchtigkeiten. Ich lausche ihren Hinterbringern noch; aber ich verachte sie, und sie amüsieren mich nicht mehr wie früher, das macht mich glauben, daß mein Herz besser geworden ist. Aber weshalb befehlen Sie mir nicht aufzuhören; ich denke, mein Brief ist reichlich lang, nicht für mich, die ich Ihnen gerne schreibe, aber für Sie, der ich schlechte Laune verursache. Ich werde ihn gleich noch einmal überfliegen: mein Gott! was für ein Wirrwarr! Ich sehe nur eine Sache, die Sie gutheißen werden: das sind die Zeichen meiner Freundschaft; daran ist alles gut und wahr. Was den Rest angeht, würde ich Ihnen raten, ihn nicht zu lesen, wenn sie ihn nicht schon gelesen hätten.

Etc.

Duchesse de Brancas: Marie de Clermont, Herzogin von Villars-Brancas, oder aber deren Schwiegertochter Marie-Angélique Frémyn de Moras, Herzogin von Villars-Brancas.

Am 10. Februar 1755 starb im Alter von sechsundsechzig Jahren Monsieur de Montesquieu, Präsident des Parlaments von Bordeaux, der sich als Staatsphilosoph und als Systematiker der Gewaltenteilung im modernen Staat zum Anwalt der Toleranz gemacht hatte.

Ich betrauere mit Ihnen den Tod von Monsieur de Montesquieu: er war ein großer Mann und guter Bürger; er war vollends würdig, Ihr Freund zu sein. Ich wünsche mir, die Sorbonne möge seiner Asche Frieden gönnen: es ist feige und würdelos, Tote anzugreifen. Pater Castal brüstet sich damit, daß er ihn als guten Christen sterben ließ, so als wäre er nicht vorher schon ein guter Christ gewesen. Ich für meine Person glaube, daß alle ehrenhaften und verdienstvollen Menschen dies sind, wiewohl sie davon nicht soviel Aufhebens machen wie andere, daß sie außerdem bescheidener, ohne Vorurteile und Fanatismus sind. Der König achtete diesen berühmten Toten, und sein Verlust traf ihn sehr. Seine kleinen Schriften wie der *Tempel von Gnidus* und andere entzückten mich. Was sein *Vom Geist der Gesetze* angeht, so hatte ich nie die Muße, war vielleicht auch nicht fähig, es zu lesen: derlei tiefsinnige Lektüre eignet sich nur für wenige Frauen. Es heißt, er hätte Ihnen interessante Papiere hinterlassen: ich zweifele nicht, daß Sie die Öffentlichkeit daran teilhaben lassen werden, sobald die Zeit Ihren Kummer ein wenig gelindert hat. Wie Sie um Ihre Freunde weinen, bezeugt, wie würdig Sie sind, Freunde zu besitzen. Ich habe das Glück, zu diesem Kreis zu zählen, und das ist eines meiner meistgeschätzten Güter. Falls ich Ihnen unter den jetzigen Umständen irgend nützlich sein kann, dann verweigern Sie mir, Madame, nicht die Freude, Ihnen dienstbar zu sein.

Etc.

Tempel von Gnidus: In diesem Werk von 1725 umspielt Montesquieu Geschehnisse in der kleinasiatischen Stadt Gnidus, in der sich ein berühmter Tempel mit einer Aphrodite-Statue von Praxiteles befand.

90. Von der Duchesse d'Aiguillon *15. Februar 1755*

Beklagen Sie mich, Madame; ich habe meinen Freund verloren. Viele Pflichten fesseln mich noch ans Leben, so daß ich es nicht laut zu verachten wage. Doch ich bezeuge jedem, der mich hören kann, meinen Abscheu vor den bösartigen Verfolgern, die das Ende beschleunigt haben. Ich höre ihn noch zu mir sagen: »Diese Hetze untergräbt meine Gesundheit; ich sehe, daß sie Menschen, deren Achtung oder Freundschaft mir kostbar ist, beeinflußt. Man hat mich beim König angeschwärzt. Aber man soll mich doch gnädig meine Tage friedlich beschließen lassen. Ich respektiere den Gottesdienst in meinem Land; ich habe es hundertmal öffentlich erklärt. Das Evangelium ist das schönste Geschenk Gottes an die Menschen. Doch die Jesuiten ... der Pater Routh ... nein, meine Freundin, ich kann diesen Leuten meine Werke nicht opfern. Fragen Sie meine Freunde und raten Sie mir. Falls ich etwas geschrieben habe, das gegen die Vernunft ist, will ich es in aller Form widerrufen.« Das ist der Freund, den ich verloren habe. Und mein Sohn! Mein Sohn! Welchen Lehrer er in dem Augenblick verliert, in dem der Präsident, der sich freute, daß seine Mühe nicht umsonst war, sich ein Vergnügen daraus machte, ihn zur Regierungswissenschaft auszubilden. Eine Wissenschaft, die, wie mir dieser berühmte Gefährte oft sagte, so einfach ist, die aber von Lehrern verworren dargestellt wird. Für ihn war sie so klar wie die Bewegungen des Universums für jenes Wesen, das sie erschaffen hat. Es gibt auf der Welt keinen Mann mehr, mit dem ich einen Umgang haben möchte, den Frauen für gewöhnlich nicht haben oder der bespöttelt wird. Ich offenbare Ihnen meinen ganzen Schmerz, Madame, weil sie den Wert der Freundschaft kennen. Trösten Sie mich nicht. Ich habe meinen Freund verloren. Beklagen Sie mich.

91. An den Duc de Mirepoix, London *1755*

Sie sind, Herr Botschafter, für eine Frau ein bezaubernder Korrespondent, aber man befürchtet, daß Sie das Vorgehen der Engländer nicht wachsam genug beobachten. Es ist augenfällig, daß sie etwas Wichtiges vorhaben: in all ihren Häfen wird energisch gerüstet; sie verschiffen Truppen und Munition jeder Art nach Amerika. So findet man es denn sonderbar, daß Sie in all Ihren Depeschen unablässig wiederholen, daß der König von England stets unser guter Freund sei und nichts Böses gegen uns im Schilde führe. Sie wissen besser als ich, daß es das Geheimnis der Politik ist, zur rechten Zeit zu lügen, und daß die Könige genauso lügen können wie alle anderen. Es wäre schändlich, wenn ein Franzose auf diesem Terrain der Getäuschte der Briten würde, und ich fürchte sehr, daß Sie es sein könnten, wenn Sie nicht, Ihres eigenen Rufs und der Ehre Ihrer Freunde zuliebe, auf der Hut sind. Es gibt da zum Beispiel einen gewissen General Braddock, der in Amerika willkürlich Feindseligkeiten eröffnete; unmöglich, daß er es ohne Befehl gewagt hätte; und sollte er ihn erhalten haben, so sehen Sie, daß Ihre guten englischen Freunde Betrüger sind und sich über Sie lustig machen. Nichts kann so bleiben wie bisher: bald werden wir wissen, woran wir sind; aber ehe es soweit ist, fürchte ich, werden Sie, von den übelsten Politikern der Welt schändlich getäuscht, plötzlich wieder hier bei uns sein. Sollte dies geschehen, wäre ich Ihretwegen und meinetwegen höchst betrübt; denn Sie wissen, wie eifrig ich stets bemüht war und sein werde, Ihnen hilfreich zu sein. Ich grüße Sie von ganzem Herzen; bedenken Sie Ihren Ruhm und unsere Interessen.

Ich verbleibe etc.

General Braddock läßt einige tausend Franzosen aus Akadien, etwa dem heutigen Ostkanada, vertreiben. Es kommt zu Seegefechten. Auf den Frageruf des Kommandanten der französischen Fregatte *Alcide*: »Sind wir im Frieden oder im Krieg?« ruft der Kommandant der britischen *Dunkerque* zurück: »Im Frieden! Im Frieden!« und eröffnet am 10. Juni vor Neufundland das Feuer auf die Franzosen. Bei Duquesne, dem späteren Pittsburgh, schlagen die Franzosen die Briten erfolgreich zurück. Es geht um die Aufteilung der Neuen Welt.

Sie werden es zweifellos nicht mißbilligen, wenn ich dem Übermaß an Pflichten die Schuld gebe, daß ich auf das Schreiben, mit dem Sie mich beehrt haben, mit Verzögerung antworte. Es ist nur zu deutlich, daß wir getäuscht worden sind, wiewohl die Tat von Admiral Boscawen, wenn man den Engländern glauben darf, nur einem Mißverständnis entsprang. Doch sich noch länger Illusionen hinzugeben, wäre größte Blindheit.

Ich werde Sie nicht mit all den Reden behelligen, mit denen Mr. Robinson mich abspeisen will. Er scheint mir selbst beschämt ob der elenden Mittel, die er einsetzt. Er beharrt weiter auf seinem Lieblingsplan, auf der Landkarte einen Strich zu ziehen, der alles Land südlich des Sankt-Lorenz Stroms in zwei Hälften teilt, deren eine bis hinauf nach Quebec und die andere bis zum Ozean reicht. Er schlägt dies Vorgehen für ein bergiges, von Flüssen durchschnittenes, von Seen und Wäldern bedecktes Land vor, als würde man Gartenbeete anlegen; ich meinerseits verweigere mich einem eher definitiven als diskutablen Vorschlag, der übrigens nur darauf abzielt, unseren Amerikahandel zu vernichten. Überdies verlangt er Handelsfreiheit auf den großen Seen Kanadas; genausogut könnten sie gleich ganz Kanada haben. So wird denn der etwas größere oder kleinere Umfang der Besitzungen zweier Nationen im nördlichen Amerika einen Krieg entfachen, der ganz Europa erschüttern könnte; indes besitzen die Engländer dort, ebenso wie wir, mehr Land, als sie bis in ferne Zukunft kultivieren können. Der Handel auf dem Ohio, Ursache der gegenwärtigen Krisen, wirft wohl nicht mehr als tausend Pistolen pro Jahr ab, und darüber hat man ein solches Geschrei angefangen, als ob wir den gesamten Handel der englischen Kolonien an uns reißen wollten. Vergebens habe ich festgestellt, daß wir auf diesen Warenverkehr bereitwillig verzichteten; daß es aber zuviel verlangt wäre, ihn vollständig England zu überlassen, das ihn gegen uns mißbrauchen könnte. Man ist zum Krieg entschlossen, und die maßvollsten Vorschläge werden durch tagtäglich größere Forderungen beiseite gefegt. Ich habe also erklärt, daß der

König jeden neuen Versuch als unnütz betrachte: daß Europa staunend sehen würde, wie die Engländer eines so geringen Gegenstands wegen alle Regeln des Anstands mit Füßen träten; und daß sie aus Eroberungsgelüsten nicht davor zurückschreckten, in der Neuen Welt das Gleichgewicht der Kräfte zu zerstören, das dort nicht weniger als in Europa bewahrt bleiben muß.
Mr. Robinson hatte mir beteuert, Boscawen hätte keine Angriffsbefehle gehabt, und seitdem schämte er sich nicht, mir weismachen zu wollen, Mr. Hoquart hätte durch auftrumpfendes Gebaren und Drohungen die Aktion der englischen Flotte unumgänglich gemacht. Als wäre es glaubhaft, daß ein einziges, von einer großen Flotte umzingeltes Schiff bedrohlich wäre, oder als reichten, selbst wenn dem so wäre, Drohworte, um es mit Kanonenkugeln zu durchsieben. Übrigens ordnet man weder die Rückgabe noch Entschädigung noch Freilassung der Gefangenen an. All diese Entschuldigungen sind also nur eine taktlose Bosheit als Begleitmusik für ein blutiges Gewitter.
Mir will scheinen, Madame la Marquise, ich kann hier nicht länger mit Anstand bleiben. Ich glaube, man muß sich auch sputen, M. de Bussy, den man vielleicht nie hätte losschicken sollen, zurückzurufen. Ich halte es für überflüssig, daß er sich förmlich verabschieden will. Ich meinerseits werde die Minister dieses Hofs nicht von meiner Abreise unterrichten. Bewahren Sie mir Ihre Freundschaft, Madame, und bringen Sie es zuwege, daß man nicht mir das Unglück anlastet, das menschliche Klugheit nicht vorhersehen konnte.

Mr. Hoquart: wahrscheinlich Admiral Hawke. – *Bussy*: François de Bussy, Erster Sekretär für Auswärtige Angelegenheiten.

Die Admirale Hawke und Boscawen, der in England als ›The old dreadnought‹, ›Das alte Schlachtschiff‹ volkstümlich wurde, überfallen französische Versorgungsflotten für Kanada. 6000 Seeleute werden in britischen Dienst gepreßt.

So haben Sie uns denn hinters Licht geführt, Herr Herzog, da zuerst Sie sich hinters Licht führen ließen; man findet es unglaublich, daß Ihnen das passieren konnte. Wie ist es möglich, daß der König von England einen so ungerechten und dem Jahrhundert Attilas würdigen Befehl erteilen konnte, ohne daß Sie die geringste Ahnung hatten? So wurden nun 2 Kriegsschiffe und mehr als 300 Handelsschiffe mitten im Frieden und ohne Kriegserklärung gekapert. Preisen Sie danach nur den Rechtssinn und die Menschlichkeit der Engländer. Der König wurde überrumpelt, und die gesamte Nation ist empört: niemals hätte jemand geglaubt, daß sie Krieg wie die Piraten von Algier beginnen. Unsere Minister ahnen, daß all Ihre Proteste beim Londoner Hof unnütz sein werden: Räuber rauben nicht, um zurückzugeben. Der Schritt muß dennoch zum Ruhme des Königs und um selbst gegenüber Rechtsbrechern die Rechtsformen zu wahren unternommen werden. Europa wird dann mit Staunen die Zurückhaltung des Königs und das Verbrechen seiner Feinde sehen.

Etc.

94. An denselben *Juni 1755*

Ich habe recht, Herr Botschafter, Sie dürfen sich nicht länger in London aufhalten; und so hofft man, Sie bald hier zu sehen. Ich weiß nicht, wie dieser Krieg ausgehen wird; doch wenn das Glück sich zum Recht gesellt, haben wir nichts zu befürchten. Unsere Flotte sei, so heißt es, in ziemlich gutem Zustand und vermöge den Engländern zu trotzen: das wolle Gott! Dennoch, trotz der Versprechen und des Vertrauens unserer Minister ist der König beunruhigt, die Nation nicht weniger. Uns steht ein Seekrieg bevor, und das Meer war nie das Element der Franzosen: man kann sogar sagen, daß sie es nicht mögen; wie dem auch sei, wir werden tun, was wir können. Vergessen Sie nicht, eine exakte Liste der englischen Flotte mitzubringen, mit der Zahl ihrer Kriegsschiffe, ihrer Seeleute, ihrer Truppen zu Lande und zu Wasser; forschen

Sie geschickt nach ihren Absichten, was sie mit Fürsten auf dem Festland aushandeln, nach deren Hilfsmitteln und deren Plänen etc. Hier schmeichelt sich alle Welt, daß wir auf dem Festland überlegen seien; und es scheint so. Also wird uns für Verluste auf See das europäische Festland entschädigen; und das Schlimmste wäre, einen Frieden wie den von Aachen zu schließen, bei dem sämtliche Mächte sich ungefähr am Ausgangspunkt wiederfanden, nachdem sie sich an Menschen und Geld erschöpft hatten; denn die Zeit der Eroberungen ist vorbei. Man glaubt, König Georg sei zu diesem gewaltsamen Schritt, der seinem Ruhm so zuwiderläuft, gezwungen worden: die Londoner Kaufleute gängeln mit ihrem Einfluß, ihrem Geld und ihrem Geschrei ihren König und zwingen ihn, mag er auch dem Frieden zuneigen, zum Kampf. Sie sehen, Monsieur le Duc, Nachteile gibt es überall: in den absoluten Monarchien können die Könige soviel Übel anrichten, wie sie wollen; in den gemischten Monarchien können sie nicht einmal Gutes tun. Was uns angeht, versuchen wir es dennoch stets, indem wir unseren König und unsere Freunde lieben und ihnen dienen.

Ich verbleibe etc.

95. An die Duchesse de Charost, Ehrendame der Königin 1755

Sie fragen mich, Madame, was wir hier in Versailles machen: wir sprechen über Politik, wir schlagen die Engländer, wir denken auch an den Frieden. Da Sie diese Themen lieben, von denen mir unglücklicherweise der Kopf voll ist, werde ich ein Viertelstündchen freundschaftlich darüber plaudern; danach, meine schöne Herzogin, werden Sie sich, falls Sie Kopfweh spüren, in die Komödie begeben. Gleich vorneweg sage ich Ihnen, daß der König friedfertig ist: er hat niemals aus seinen Kindertagen die diesbezüglichen Lektionen seines Ahns vergessen. Trotzdem sieht er sich heute gezwungen, den Degen zu ziehen, um seine Ehre und die seiner Krone zu rächen. Falls man in irgendeiner Geschichte diese Worte läse: »Der König dieses Volks kaperte und konfiszierte aus Gewinnstreben 300 Schiffe einer Nachbarnation, die unter vertraglichem Schutz Seehandel trieb, und sämtliche dabei gefangengenommenen Männer wurden in Ketten gelegt und in Verliese geschleppt«: dann würde man sich sofort fragen, ob sich das bei den Kannibalen zugetragen hat. Es ist jedoch der humane König einer humanen Nation, der dies vollbracht hat. Es scheint, als hätten die englischen Wilden eine besondere Justiz, wie auch eine besondere Religion, was sie nicht daran hindert, für sich selbst das allgemeine Recht zu beanspruchen. Trotzdem ist man der Ansicht, daß diese so kühnen Leute seit ihrem ersten Schritt in Verlegenheit sind: sie schmieden allerlei Pläne im Norden, um uns Feinde aufzuhalsen und das Land Hannover zu verteidigen. Was jedoch dieses charmante Hannover angeht, so scherzte Monsieur de Maurepas einmal, hätten die Engländer zweifelsohne aus Freundschaft zu den Franzosen das höchst edle Haus Hannover auf ihren Thron gepflanzt und sich den hintersten der neun großen Vasallen des Heiligen Römischen Reichs als König herübergeholt. Einst konnte man fast behaupten, die Engländer hätten nur den Einsturz des Himmels zu fürchten; aber heute müssen sie sich auf dem Festland schlagen, um die Wüstenei dieses elenden Kurfürstentums zu verteidigen: so sollen sie sich denn durch Kriege und ihre Festlandbündnisse ruinieren, bis sie am Schluß unter ihren Schulden und Niederlagen zusammenbrechen. Der König ist entschlossen, den Engländern ein Beispiel von Gerechtigkeit und Mäßigung zu geben. Man wird von ihnen die Rückgabe unserer Schiffe fordern; falls sie sich weigern, wird der *letzte Ratschluß der Könige* in Kraft treten. Wir glauben, daß die Holländer der Neutralität, die wir ihnen anbieten, zustimmen werden: ihre Verträge mit unseren Feinden binden sie nur im Falle einer Invasion, und wir erwägen nicht im mindesten, auf ihrer Insel einzumarschieren: es gibt genug Orte, wo wir ihrer habhaft werden können.

Adieu, meine teure Herzogin, ich bin am Ende mit meiner Politik; diese Sachen passen nicht allzugut zu einer schönen Frau; ich aber, ich habe die Zeit, in der man gefällt, beinahe hinter mir, mir ist jede Beschäftigung recht, vorausgesetzt, sie hält mich wach und hilft mir, denen dienlich zu sein, die ich liebe.

Ich verbleibe etc.

Madame de Charost: eine der zahlreichen Titular- oder eine der selteneren Erbherzoginnen. – *Lektionen seines Ahns:* der Sonnenkönig hatte sich auf dem Sterbelager von seinem Urenkel mit den Worten verabschiedet: »Mein liebes Kind, du wirst nun der größte König der Welt. Vergiß nie deine Verpflichtungen Gott gegenüber. Führe nicht Kriege wie ich. Versuche, mit deinen Nachbarn in Frieden zu leben und deinem Volke zu helfen, so gut du es vermagst...« Ludwig XV. war damals fünf Jahre alt. – *Das Land Hannover:* in Personalunion mit England verbunden. – ... *den hintersten ... Vasallen:* die hannoverschen Welfen hatten 1680 die neunte Kurwürde erhalten.

96. Von der Duchesse de Charost *Paris, den 16.(?) 1755*

Ich werde keineswegs in die Komödie gehen, Madame. Ich werde mich einen Augenblick mit Ihnen unterhalten, und dann lasse ich dem kleinen Herzog das Vergnügen, fortzufahren. Es ärgert ihn, eine hübsche Frau so flüssig und richtig über öffentliche Angelegenheiten schreiben zu sehen. Ich habe ihm geraten, ihr nachzueifern. Er hat so selbstgefällig dreingeschaut, als habe er es längst bewiesen. Jetzt sitzt er an meinem Cembalo, wo er mit mürrischem Blick die Szene der Églé wiederholt. Er kann nicht begreifen, durch welchen Zauber die verführerischste aller Schäferinnen heute in Minerva verwandelt worden ist. Ist es noch dieselbe Schäferin, für die Apollon »den Ort des Donners verläßt und seinen Rang im Himmel aufgibt«? Er sieht, er hört sie noch, und ich erlaube ihm seine schalen Vergleiche, weil sie, wenn es um Sie geht, nicht mehr schal sind. Er hat mir übrigens anvertraut, der Marschall wäre aufgebracht, seitdem Sie ihm zu verstehen gegeben hätten, daß Sie Duftessenzen nicht leiden könnten. Er weiß nicht, wie beginnen, um es Ihnen zu sagen. Sie sehen, ich erspare ihm diese Mühe.

Es ist unerträglich, wie die Engländer sich uns gegenüber betragen; das schreit nach Rache. Ja, man muß ihnen zweifelsohne Hannover wegnehmen. Dann werden sie uns unsere Schiffe schon wiedergeben müssen.

Adieu, meine schöne Marquise. Ich verstehe mich kaum auf Politik; lassen Sie mich dennoch Anteil nehmen. Es erfreut mich und schmeichelt meiner Eitelkeit. Wie können Sie mir schreiben, die Zeit zu gefallen sei bei Ihnen vorüber? Sagen Sie lieber, daß Sie alle dazu nötigen Mittel kennen, daß es nichts gibt, das Sie zu diesem Zweck außer acht gelassen hätten, und daß Sie in allem erfolgreich waren, sogar in der Politik. Ich umarme Sie von ganzem Herzen.

Églé: vielleicht eine Kantate oder Oper über die Nymphe Aigle, aus deren Verbindung mit dem Sonnengott Helios die Grazien entsprungen sein sollen, oder über die Prinzessin Aigle, die Ariadne aus dem Herzen des Theseus verdrängte. – *Minerva:* Kriegsgöttin.

Die Marquise de Pompadour war 1752 zur Herzogin erhoben worden und hieß von da an Duchesse de Pompadour. Damit besaß sie das Vorrecht, in Anwesenheit von Mitgliedern der königlichen Familie auf einem *tabouret*, einem Schemel, Platz nehmen zu dürfen.

Dennoch blieb sie allgemein die Marquise de Pompadour.

Die Leidenschaft zwischen Ludwig XV. und der kränkelnden Marquise war abgekühlt. Gewöhnung war an ihre Stelle getreten, Freundschaft.

Seit 1750 unterhielt Ludwig XV. ein Privatbordell. Wahrscheinlich hatte seine Freundin es miterdacht. Jeanne de Pompadour war jedenfalls über jedes Detail informiert. Sie bezahlte vielleicht sogar die Ersatz-Liebesgefährtinnen. Das unscheinbare Haus lag im alten Hirschpark-Viertel von Versailles. »Im Erdgeschoß befanden sich ein Stall für ein Pferd sowie Platz für eine Kutsche, eine große Küche und ein Baderaum (Ludwig XV. war sehr auf die Sauberkeit seiner ›Partnerinnen‹ bedacht!) ... In dem Haus wohnte ständig die Frau eines Angestellten aus dem Kriegsministerium ... Madame Bertrand hatte die Aufgabe, für ein paar Tage oder Wochen die jungen Mädchen zu beherbergen, denen der König seine Gunst zugewandt hatte und die ihm durch seinen Ersten Kammerdiener Lebel oder durch den Schloßdiener Guimard zugeführt worden waren. Die Marquise war genau über diese vorübergehenden Liebschaften des Königs unterrichtet.« (Jacques Levron)

Bald machten Gerüchte über einen Harem, Orgien, entführte Minderjährige, die – auch auf Geheiß der Pompadour – dem König zugeführt wurden, die Runde. Man dichtete:

Eine kleine Bürgerin,
Mit schon mehr als leichtem Sinn,
Beurteilt nach sich einen jeden und all'
Und macht aus dem Hof einen Schweinestall.

Auf jeden Fall konnte Madame de Pompadour über dieses Haus das Sexualleben des Mannes kontrollieren, von dem für sie alles abhing.

Das Zeremoniell ließ es jedoch kaum zu, daß der wichtigste Mann Frankreichs sich jemals ohne Leibwachen, ohne Gefolge irgendwohin begab. Wahrscheinlich wurden die *Favoritinnen* aus der Hirschpark-Pension nachts ins Schloß gebracht, in dem sich ein Raum befand, den die Eingeweihten in Anbetracht der kurzen Amouren die ›Vogelfalle‹ nannten. Ludwig XV. hat den Lusttempel im Hirschpark, ein kleines Häuschen, das heute noch steht, womöglich nie betreten.

Der Ludwig-Biograph Pierre Gaxotte meint: »Welche herrliche Gelegenheit für den Historiker, unnachgiebige Tugend zur Schau zu tragen! ... Wir kennen einige dieser Gäste. Sie waren nicht gegen ihren Willen hier erschienen. Die meisten hatten in ihren Familien schon eine Menge gelernt, wie zum Beispiel jene Morphine, deren vier Schwestern hinter den Armeen hergezogen waren und jetzt von Saufbrüdern oder älteren Herren ausgehalten wurden ... So tun zu wollen, als wäre Ludwig XV. der einzige Mann, der zu den Diensten käuflicher Mädchen seine Zuflucht nimmt, ist eine etwas starke Heuchelei, für die wir kein Verständnis aufbringen.«

Etliche der Mädchen und jungen Frauen wurden mit einer Aussteuer bedacht und mit Beamten oder Offizieren verheiratet. Bewundert wird noch heute jene Morphine, mit vollem Namen Marie Louise O'Murphy. François Boucher malte die Irin als zauberhaftes Abbild von Zartheit und Lust bäuchlings nackt, mit einem blauen Haarband, auf einer Chaiselongue. Marie Louise O'Murphy, eine Ikone des Rokoko, starb hochbetagt zu Zeiten Beethovens und der ersten Dampfschiffe.

Jeanne-Antoinette de Pompadour ihrerseits ließ sich zur Erholung oft in ihrem *Essigkarren* zu ihrer Einsiedelei am Drachentor von Versailles fahren.
Auf der Weltbühne fanden sich die Bündnispartner des bereits ausgebrochenen Krieges aller gegen alle, den die Geschichte als den Siebenjährigen kennt und der von 1756 bis 1763 währte.

97. Vom Comte d'Affry, Botschafter in den Niederlanden
den Haag, den 25. Dezember 1755

Madame,
in Europa gibt es ungefähr eine Million Menschen, die ihre Zeit mit Schreiben zubringen, und unter diesen befinden sich höchstens dreihundert, die dies in der Absicht tun, durch angenehme und schickliche Lektüre zu bilden oder zu erfreuen. Der Rest schreibt für Brot und Schuh. Der Feder eines solchen ist die schamlose Rhapsodie entflossen, die ich Ihnen zu übersenden mir die Freiheit nehme. Der ausgehungerte Schmierant besaß die Kühnheit, Ihren Namen anzufügen, um seiner Sache ein bißchen Wert zu geben. Aber alles, was darin enthalten ist, ist so augenfällig falsch, daß Sie keinen Moment lang davon berührt sein dürfen, und ich glaube weder, Ihnen zu mißfallen, noch mich Ihnen anzudienen, wenn ich es Ihnen zuleite. Gewiß werde ich versuchen, den Verkauf zu verhindern oder alle Exemplare an mich zu bringen. Nur muß man damit rechnen, daß eine unterdrückte Auflage zehn weitere heraufbeschwören könnte.
Ich habe dem Minister des Königs verschiedene Nachrichten zukommen lassen, die ich über die Verhandlungen der Engländer in Deutschland und über die Maßnahmen erhalten habe, die sie treffen, um beträchtliche Truppen auf dem Festland zur Verfügung zu haben. Ich bin überzeugt, daß es zwischen England und den Russen einen Vertrag über gegenseitige Hilfe gibt, und ich hoffe, mir eine Abschrift verschaffen zu können. Letztere versprechen, den Engländern unbefristet 50 000 Mann »auszuleihen«. Der Landgraf von

Hessen-Kassel ist im Begriff, einen ähnlichen Handel abzuschließen, und ich weiß nicht, wie sicher wir hinsichtlich seiner Person sein dürfen. Ich weiß, daß mehrere Bischöfe und Fürsten des Reichs entschlossen sind, seinem Beispiel zu folgen. Der Bischof von Würzburg zappelt schon am Köder, desgleichen der Markgraf von Ansbach, der eben zu der Zeit, da er uns dienen soll, die gewaltigen Hilfsgelder vergißt, die wir seinem Haus törichterweise bezahlt haben, obwohl es uns zu nichts nutze war. Ich würde meinen, daß der Wiener Hof großen Anteil an diesen Parteiwechseln hat, wenn ich nicht von anderer Seite dunkel von einer Operation reden hörte, die mir die merkwürdigste dieses Jahrhunderts zu sein scheint! Sie bringt mein politisches System völlig durcheinander. Ich werde also mit meiner Beurteilung warten, bis man mich unterrichtet hat, was dort vorgeht. Ich glaube weiterhin, daß die Partei des wichtigsten Lagers, die von diesem Bündnis, falls es denn zustande kommt, am wenigsten betroffen wäre, genau die ist, der ich vorstehe, und daß ich folglich nach dem alten Plan mit den Verhandlungen fortfahren kann. Denn ich hege sehr begründete Hoffnungen, daß sich die Generalstaaten zur Neutralität entschließen werden. Das ist alles, was wir vernünftigerweise von ihnen fordern können.
Mr. Yorck, außerordentlicher Gesandter Seiner Britischen Majestät, gibt sich alle Mühe, mir im Wege zu sein. Ich bezweifle seinen Erfolg. Er hat den Generalstaaten mit allem gedroht, was die Rache und der Zorn seiner Nation anrichten könnten, wenn sie nicht sechs Regimenter nach Hannover marschieren lassen würden und 10 vollständig ausgerüstete Schiffe zur Verfügung stellten. Diese Drohungen haben auf die meisten keinerlei Eindruck gemacht. Ich gebe zu, daß diejenigen, die Kapitalien in England haben, meinen, das Heil der Republik verlange es, daß man sich gegen uns erklärt. Ich schmeichle mir aber, der Mehrheit begreiflich zu machen, daß es das wahre Interesse der Republik erfordere, neutral zu bleiben, so daß man friedlich und nützlich der Händler der kriegführenden Nationen sein könne, während diese sich gegenseitig zugrunde richteten.
Keineswegs habe ich Ihre Aufträge vergessen, Madame la

Marquise; aber man darf nichts überstürzen. Ich ahne, daß hier ein Kaufherr bald bankrott machen wird; seine Sammlung ist exzellent, und in diesen schlechten Zeiten werden wir teuerste Stücke um die Hälfte bekommen. Vor allem gibt es zwei Teniers und vier Rembrandts, in die ich verliebt bin. Würden drei kleine antike Bronzen Sie reizen? Kurz, Sie erhalten das Verzeichnis und können befehlen. Der Fürst von »Eldorado« erkundigt sich bei mir oft mit Zeichen außerordentlichen Interesses nach Neuigkeiten von Ihnen. Wenn Sie ihn glücklich machen wollen, Madame, dann schreiben Sie mir etwas, das ich ihm zeigen kann.

Köder: der Engländer. – *Generalstaaten:* die Niederlande.

Die Marquise, nun Herzogin, beobachtete die neue, massive Art von Legendenbildung um ihr Leben mit Aufmerksamkeit. In ihrer Bibliothek richtete sie für Schriften über ihre Person – Schlüsselromane, Schmähverse, erotische Märchen – eine spezielle Abteilung ein: *Historische Romane für den Orient.*

Im Kampf gegen Frankreich suchte England Verbündete. Es fand Preußen. Englands bisheriger Verbündeter, Österreich, geriet dadurch in Isolation. Daraufhin näherten sich die ehemaligen Erzfeinde Österreich und Frankreich einander an. Diese bedeutsamen Kräfteverschiebungen bestimmten von nun an den Lauf der Weltgeschichte.

98. An den Comte d'Affry *1755*

Man vermutete hier bereits Verhandlungen der Engländer in Rußland, und unsere Minister schienen nicht allzu aufgeschreckt. Was wird König Georg mit fünfzigtausend Barbaren, die er kauft, anstellen können? Übrigens verfügen wir hier über andere Einschätzungen, und man könnte darauf wetten, daß die Zarin in nicht einmal sechs Monaten den Vertrag mit König Georg brechen wird. Wir leben nicht mehr in der Zeit dauerhafter Bündnisse, und die Interessen der europäischen Herrscher ändern sich derzeit mit jedem Neumond. Man rechnet weiter damit, daß der Landgraf von Hessen, da er seine Truppen verkaufen muß, sie an ehrenhafte Leute verkaufen wird: wer wird ihn daran hindern können? Wir sind mit Ihnen und dem Verhalten der Holländer durchwegs sehr zufrieden. Sollte dort Mißtrauen keimen, so ist der König gerne bereit, als Pfand für sein Ehrenwort den Holländern bis zu einem Friedensschluß Dünkirchen zu überlassen. Falls sie das aber ablehnen und sich mit seinem Wort zufriedengeben, beweisen sie damit, daß sie keinen Argwohn gegen uns hegen. Ich habe bereits von dieser schönen *Geschichte der Madame la Marquise de Pompadour*, die in Holland verkauft wird, gehört: ich mutmaße wie Sie, daß sie ursprünglich aus England kommt, da sie voll von greifbaren Lügen, Idiotien und plumpen Beleidigungen ist. Engländer können einfach nicht schreiben; sie haben mehr Leidenschaft als Geist. Wie dem auch sei, falls es möglich wäre, dieses hübsche Buch zu unterdrücken, wäre ich aus Eigenliebe und Wahrheitsliebe, die stets gelten muß, nicht böse. Es ist wahr, daß nur Engländer und Lakaien dergleichen lesen oder glauben können: aber es ist höchst unangenehm, Engländern oder Lakaien als Zeitvertreib zur Verfügung zu stehen. Prüfen Sie, Herr Botschafter, was zu tun ist und was man tun kann. Für Ihre Briefe und Ihre Korrespondenz kann man Ihnen nur dankbar sein: nichts kann mir angenehmer und in meiner Position nützlicher sein. Der König schätzt Sie sehr: Sie haben ihm in einer äußerst kritischen Lage eifrig und erfolgreich gedient; seien Sie gewiß, daß Sie dies niemals zu bereuen brauchen. Der holländische Botschafter spricht sehr gut über Sie und sagt, Sie genössen in seinem Lande den Ruf eines wahrhaften Ehrenmanns und großen Staatsdieners: das ist ein großes Glück für die Angelegenheiten des Königs und befriedigt all jene sehr, die wie ich Ihnen zugetan sind und keine Gelegenheit versäumen, es Ihnen zu beweisen.

Ich verbleibe etc.

Friedrich der Große hatte bereits 1740 Schlesien erobert. Mit diesem Raub fand sich Kaiserin Maria Theresia nicht ab. Die Habsburgerin wagte mit der Annäherung an Frankreich einen großen Schritt. Aus der Wiener Hofburg traf ein wichtiges Dokument bei Ludwig XV. ein:

Ich verspreche bei meiner Ehre als Kaiserin und Königin, daß nichts von dem, was dem Allerchristlichsten König in meinem Auftrag durch Graf Starhemberg [den Botschafter in Paris] vorgeschlagen wird, jemals bekanntgemacht werden wird, gleichgültig, ob die Verhandlungen erfolgreich sind oder nicht, unter der Bedingung natürlich, daß der König eine gleiche Erklärung und dasselbe Versprechen abgibt.

Gegeben zu Wien am 21. August 1755
Maria Theresia

Auf Schloß Babiole verhandelten Madame de Pompadour und ihr langjähriger Vertrauter, der Abbé de Bernis, mit dem österreichischen Gesandten Graf Starhemberg. Berichte darüber wurden Ludwig XV. zugeleitet. Das Ergebnis der Beratungen war das Bündnis zwischen Frankreich und Österreich, um Preußen Schlesien wieder abzunehmen und England zu besiegen. Frankreich stellte ein Kontingent von 24000 Mann zur Verfügung.
Später wurden daraus drei Armeen.
Nach diesem Konferenzergebnis, dem *Vertrag von Versailles*, versprach die tieffromme Habsburgerin der Lebensgefährtin des *Allerchristlichsten Königs* ihr Portrait, das in ein mit Edelsteinen geschmücktes Lackschreibzeug eingearbeitet war. Die Gabe traf drei Jahre später in Versailles ein. Darauf antwortete Jeanne de Pompadour der Kaiserin:

99. An die Kaiserin und Königin Maria Theresia — *28. Januar 1759*

Ist es mir gestattet zu hoffen, daß Eure Kaiserliche Majestät gnädigst geruhen werden, meinen untertänigsten Dank und den Ausdruck der gehorsamsten Erkenntlichkeit für das un-

schätzbare Portrait, das Sie mir haben überreichen lassen, anzunehmen? Wenn nichts weiter nötig wäre, um dieser kostbaren Gabe würdig zu sein, Madame, als in tiefster Seele von der Bewunderung und Begeisterung erfüllt zu sein, welche die verführerische Anmut und die heldischen Tugenden Eurer Kaiserlichen Majestät einflößen, so wäre niemand dieser Gabe würdiger als ich. Ich erlaube mir anzufügen, daß es keinen Untertanen Eurer Kaiserlichen Majestät gibt, der Ihre seltenen und erhabenen Vorzüge nicht ehren würde. Sie sind daran gewöhnt, Madame, bei allen, die das Glück haben, sich Ihnen zu nähern, die Gefühle zu spüren, die ich hier aussprechen darf. Doch ich hoffe, daß Eure Majestät geruhen werden, die meinigen davon zu unterscheiden und Sie als das Ergebnis tiefster Achtung zu betrachten, mit der ich, Madame, verbleibe
als
Euer Kaiserlichen Majestät ergebenste und gehorsamste Dienerin Jeanne de Pompadour.

Von Maria Theresia ist keine direkte Antwort überliefert. Noch vier Jahre später, 1763, verwahrte sich die Österreicherin – in einem Brief an die sächsische Kurfürstin Maria-Antonia – dagegen, je mit der Maitresse Kontakt aufgenommen zu haben:
Sie irren sich, wenn Sie glauben, daß wir seinerzeit Verbindungen mit der Pompadour gehabt hätten: niemals ein Brief, noch ist je einer unserer Minister auf diesem Kanal gefahren. Sie haben ihr, wie alle anderen, den Hof machen müssen, nie aber gab es irgendeine Intimität. Dieser Weg hätte mir nicht zugesagt. Ich habe ihr im Jahre 1756 und mit Einverständnis des Königs ein eher galantes als prächtiges Geschenk gemacht. Etwas anderes zu akzeptieren halte ich sie nicht für fähig.
Doch einen Briefwechsel zwischen der Maitresse und dem österreichischen Staatskanzler Kaunitz gab es durchaus!
Zwei Erbfeinde hatten sich 1755 versöhnt. Die Vorbereitungen zum Kampf um Schlesien und die Kolonien waren getroffen. Jeder weitere Verbündete war Frankreich und Österreich nun willkommen.

100. Vom Marquis d'Aubeterre, Botschafter in Wien — *Wien, den 25. Dezember 1755*

Madamc,
alle Befehle sind erteilt, und die, die sie ausführen werden, müssen schon höchst geschickt sein, wenn sie durch alle Schleier hindurch, in die ich sie gehüllt habe, die geheime Übereinkunft entdecken wollen, über die wir uns noch ausschweigen müssen. Der österreichische Minster ist von der Notwendigkeit der Geheimhaltung überzeugt, und ich habe ihn überredet, das wichtige Geschäft der Wahlen nicht weiter zu verfolgen. Ich habe ihn darauf hingewiesen, daß sich die Öffentlichkeit nach all den Bedingungen, die wir gestellt haben, über unsere Gleichgültigkeit oder unsere Willfährigkeit sehr wundern und mühelos die Wahrheit erraten würde. Er antwortete, wir sollten uns wie vor unserer Einigung verhalten, allerdings mäßiger und nicht so aufgeregt. Ich entgegnete, ein solches Verhalten passe wenig zum üblichen Freimut und zur Aufrichtigkeit des Königs. Er gab nach, und das Geschrei wird von selber verstummen.

Die große Revolution, die bald offenkundig sein wird, wirkt schon insgeheim. Das überrascht mich nicht. Eine solche Geburt verläuft nicht schmerzlos. Übrigens täuscht man sich so gründlich über unser Vorhaben, daß ich mir der Geheimhaltung sicher bin, es sei denn, einige Mächte gäben ihre Ahnungslosigkeit nur vor.

Wie dem auch sei, das Gerücht breitet sich aus, aus den katholischen Teilen des deutschen Reichs formiere sich eine Partei zur Unterdrückung der Protestanten. Als Anführer nennt man den Wiener Hof und sagt, der König unterstütze ihn mit aller Macht. Diese lachhafte Idee ist das Werk eines politischen Fanatismus oder der Dummheit. Die Ursache und das Beste dabei ist, daß der wichtige Glaubensübertritt des Prinzen von Hessen endlich vollzogen ist. Der kleine Sonderbeauftragte Pater Stadler hat in seiner bayerischen Uniform Wunder gewirkt. Für gewisse Leute ist nichts unmöglich, und ich will Ihnen zu diesem kleinen Sieg frei heraus etwas sagen. Sie werden mich begreifen, Madame la Marquise, oder ich habe mich unklar ausgedrückt.

Wir müssen seitens der Protestanten mit jeder Form von Gewalt rechnen, um die Vorteile zu durchkreuzen, die wir von diesem Wechsel erwarten dürfen. Sie werden den Erbprinzen zwingen, auf seine Thronbesteigung in Hessen zu verzichten; sie werden ihn Verträge und Zugeständnisse unterschreiben lassen, ihm seine Kinder wegnehmen, um zu verhindern, daß er sie in seiner neuen Religion erziehe. Kein Gesetz erlaubt diese Gewalt. Wichtig ist, ihr zuvorzukommen. Wir müssen dafür sorgen, daß der Prinz und seine Kinder nicht in die Hände der Protestanten geraten. Das Volk ist wie eine Viehherde. Ein Regierungsverzicht, sogar ein erpreßter, würde es für immer von seinem legitimen Herrscher trennen. Es wird glauben, alle Bande zu seinem Herrn seien aufgelöst, und sämtliche Vorteile, die wir uns von diesem glücklichen Glaubenswechsel erwarten, werden sich in nichts auflösen. Wichtig also ist, den Prinzen der protestantischen Partei zu entreißen, die so flink und einig handelt, wie die katholische langsam und gespalten ist. Von letzterer dürfen wir keinen Einklang, keinen kühnen Schritt, kein schnelles Handeln erwarten. Man muß zu anderen Mitteln greifen, die ich M. Rouillé in einer Depesche andeute, die ihn gleichzeitig mit diesem Brief erreichen wird. Ich zweifle nicht, daß er Ihnen meinen Plan mitteilen wird. Derselbe Kurier überbringt Ihnen den Brief einer großen Dame dieses Landes. Ich glaube, Madame la Marquise, daß Sie mit den Worten und der Form, die sie wählt, zufrieden sein werden. In diesem Fall wurde die strenge Etikette dem Wunsche, Ihnen außerordentliche Achtung zu bezeugen, untergeordnet. Doch man hat mich wissen lassen, dies sei eine besondere Auszeichnung, die nur wenigen Menschen zuteil werde.

Die große Revolution: das Bündnis zwischen Österreich und Frankreich. – *Glaubensübertritt des Prinzen von Hessen:* Erbprinz Friedrich war bereits 1749 in Paderborn heimlich Katholik geworden. Durch den bayerischen Jesuitenpater Stadler wurde der Glaubenswechsel öffentlich bekannt. Dazu bemerkte Friedrich der Große: »Die Protestanten werden oft katholisch, bloß aus Liebe zu den Feiertagen, den Zeremonien und schönen Kirchenmusiken.« – *Wechsel:* der Bündnisse. – *Der Brief einer großen Dame:* wohl Zeilen Maria Theresias.

Sie haben uns eine gute Nachricht geschickt; der Glaubenswechsel des Prinzen von Hessen ist ein Gnadenwunder und eines der Politik: so bedient sich Gott in seiner tiefen Weisheit bisweilen menschlicher Mittel, um Wundersames zu bewirken. Der gute Prinz konnte für uns und sich selbst zu keinem günstigeren Zeitpunkt Katholik werden. Die Engländer werden murren und wir den Himmel segnen. Es heißt jedoch, der alte Landgraf, der seinem alten Glauben sehr anhängt, sei von diesem Schritt seines Sohns nicht beglückt, und man befürchtet, daß er einiges durchkreuzen wird. Doch wird der junge Prinz nach dem Ableben seines Vaters nicht der Herr sein, und wird man ihn dann zwingen können, seine Soldaten und sein Gewissen an die Feinde seiner neuen Religion zu verkaufen? Die Engländer und der *Fuchs des Nordens* werden gewiß Lärm schlagen und nicht versäumen, die protestantische Religion ordentlich ins Feld zu führen, obwohl, nebenbei bemerkt, die Religion ihnen herzlich gleichgültig ist: aber man soll sie nur schreien lassen und derweil von allen Gnaden der Vorsehung profitieren.
Ich denke fortwährend an Sie, Monsieur le Marquis: seien Sie bitte davon überzeugt, daß ich mir keine Gelegenheit entgehen lassen werde, Ihnen gefällig zu sein, denn Sie dienen Ihrem König und ihren Freunden gut.

Etc.

Fuchs des Nordens: Friedrich der Große. Der abgründige Haß zwischen dem Preußenkönig und der Pompadour nahm zu. »Hure« und »Tyrann« wurden wechselseitige Bezeichnungen. Tatsächlich sah Friedrich sich allmählich von drei politischen Damen umstellt: Maria Theresia, der Pompadour und der Zarin Elisabeth von Rußland.

102. An Madame du Bocage (1756)

Mit großer Freude und Dankbarkeit habe ich das schöne Gedicht empfangen, das Sie mir geschickt haben. Genösse die Entdeckung des Christoph Kolumbus nicht schon ewiges Angedenken, Ihre Verse würden ihn unsterblich machen. Sie zeigen ihn als einen Verliebten, wie Aeneas bei Dido: das wirkt galant und natürlich; Liebe ist die Leidenschaft großer Männer und läßt sie Ruhm verdienen, vorausgesetzt, daß sie ihnen nicht den Kopf verdreht. Ich glaube, Kolumbus ist niemals aus so schönem Munde so gut besungen worden: Sie machen aus ihm übrigens einen ausgezeichneten Christen, so daß ihm kein einziges Verdienst fehlt. Ich weiß nicht, was unser guter Freund Voltaire dazu sagen wird: er hat irgendwo geschrieben, daß Frauen zu allem Talent hätten, wozu Männer befähigt sind, und daß der einzige Unterschied zwischen den beiden Geschlechtern die größere Anmut des unsrigen sei. Ich bin geneigt zu glauben, daß er recht hat, vor allem nachdem ich Ihre *Kolumbiade* gelesen habe, und ich stelle mir vor, daß er ein wenig eifersüchtig sein wird, denn mir sind mehr als tausend Verse ins Auge gestochen, die er sicher gerne selber verfaßt hätte. Ich bitte Sie, Madame, mir Gelegenheit zu geben, Ihnen dankbar zu sein.

Ich verbleibe etc.

103. An den Außenminister Monsieur Rouillé *1756*

Sie kennen, Monsieur, des Königs Entschluß; dem muß man sich fraglos fügen. Ich stimme zu, daß dieser Schritt einigermaßen erniedrigend und unnütz ist: die Engländer haben unsere Schiffe nicht geraubt, um sie wieder herauszugeben. Es stimmt, daß Menschen, die nur ein Privatleben führen, oft Gewissensbisse haben; nicht jedoch die Könige. Schreiben Sie indes dem Minister Fox: man sagt, dieses Wort heißt auf französisch Fuchs: ich hoffe, er verhält sich nicht wie ein solcher. Falls man unserem König nicht Gerechtigkeit zuteil werden läßt, wird ganz Europa es mit Entrüstung erfahren, und wir können uns an den Piraten mit der Gewißheit rächen, daß die Völker und Fürsten, die um das Völkerrecht wissen, es gutheißen werden. Ihr Schreiben sollte maßvoll, aber nachdrücklich und des Königs, dem Sie dienen, würdig sein. Monsieur d'Afri berichtet mir, daß der englische Botschafter im Haag sehr bemüht ist, den Holländern begreiflich zu machen, daß sie verpflichtet seien, Partei gegen uns zu ergreifen, und d'Afri ist nicht weniger eifrig darauf bedacht, sie vom Gegenteil zu überzeugen; allem Anschein nach hört man lieber auf ihn, da Recht und Vernunft auf seiner Seite sind. Die *braven Gefährten* Heinrichs IV. sind zu weise, um für einen Krieg in See zu stechen, bei dem weder Ehre noch Profit zu holen sind. Überdies entsinnen sie sich, daß der vorige sie recht teuer zu stehen kam, und wir glauben nicht, daß sie von ihrem klugen Entschluß abrücken werden. Lassen Sie dennoch, Monsieur, in Ihrem Ressort, das unbestritten das heikelste ist, nichts außer acht, um sie zu umgarnen: versichern Sie sie in all Ihren Depeschen und Instruktionen der Wertschätzung und Freundschaft des Königs. Diese kleinen Aufmerksamkeiten kosten nichts und zeitigen dennoch immer gute Wirkung. Der Marquis de Louvois hat durch seinen Hochmut und seine Frechheit gegenüber ausländischen Fürsten Ludwig XIV. zwanzig Gegner eingebracht. Bleiben wir, allerdings ohne Erniedrigung und Feigheit, stets bescheiden. Adieu, Monsieur; ich denke und sage immer Gutes über Sie.

Schiffe geraubt: seit Herbst befanden sich 300 gekaperte französische Schiffe mit 6000 Matrosen in englischer Hand. – *Die braven Gefährten:* die Niederländer hatten sich mit dem ehedem protestantischen Heinrich IV. solidarisiert. – *Louvois:* Kriegsminister des Sonnenkönigs.

Jeanne de Pompadour wollte unter die Strapazen und die Anfeindungen in ihrem Leben einen Schlußstrich ziehen. Sie erkundete vier Möglichkeiten, um in Ruhe zu leben, ihre angegriffene Gesundheit zu schonen und der öffentlichen Moral Genüge zu tun.

Erstens: der Abschied von ihrem Freund, dem König, und der Rückzug auf ihre Landgüter.

Zweitens: die Rückkehr zu ihrem Ehemann. Zehn Jahre war es her, daß sie ihn verlassen, ihre Mitgift zurückerstritten und ihn in die Provinz hatte verbannen lassen. Seither hatte die Marquise de Pompadour eine seelische Versöhnung mit ihm angestrebt und ihm den Posten eines Direktors der französischen Post, dann den Botschafterposten in Konstantinopel angeboten. Aber Guillaume Le Normant d'Étiolles hatte beides abgelehnt. Er hatte sich überdies längst mit anderen Frauen getröstet und 1755 erwartete die Operntänzerin Marie Anne Raime ein Kind von ihm. Vielleicht um tatsächlich Frieden zu schließen, vielleicht um als ehrbar zu gelten, ließ Jeanne de Pompadour auf Anraten des Beichtvaters Sacy ihren Mann wissen, daß sie wieder mit ihm zusammenleben könnte. Am 6. Februar 1756 antwortete Guillaume Le Normant d'Étiolles: »Ich wollte, ich könnte die Beleidigung vergessen, die Sie mir zugefügt haben. Ihre Gegenwart würde mich nur noch lebhafter daran erinnern; so kommt für uns beide nur eines in Frage, nämlich getrennt zu leben.« Die kaum vorstellbare Rückkehr in die Ehe oder viel eher der Wunsch der Marquise-Herzogin, mit Einwilligung ihres Mannes, also ehrenvoll und unantastbarer am Hof zu verbleiben, waren gescheitert.

Drittens: der Rückzug ins Kloster. Am 12. Februar 1756, sechs Tage nach dem abschlägigen Bescheid ihres Mannes, suchte die Marquise de Pompadour das Kapuzinerinnenkloster in Paris auf. Hier waren ihre Mutter und seit einem Jahr ihre Tochter beigesetzt. Die Marquise besichtigte Räume, in denen sie ihr Dasein in Ruhe leben und beschließen könnte. Wie Philipp II. von Spanien im Escorial wählte auch sie eine Klosterwohnung mit Blick in die Kirche und auf die Grabmale ihrer liebsten Toten.

Über diese religiöse Anwandlung hielt der Herzog von Luynes fest: »Sie hat eine schlechte Gesundheit, leidet an diesem und jenem; das sind die Mittel, derer Gott sich oft bedient, um Bekehrungen zu bewerkstelligen.«

Viertens: noch eine letzte Möglichkeit bestand, um geachtet und vielleicht ruhiger zu leben. Jeanne de Pompadour konnte im Zentrum des Geschehens, am Hof bleiben. Doch nicht mehr nur als Maitresse des Königs, als Spielball von Launen und Geschehnissen. Bisher war sie offiziell nur Beraterin des *Vorstehers der Königlichen Lustbarkeiten.* Sie mußte ein bedeutendes Amt übernehmen. Für eine Frau war einer der höchsten offiziellen Posten, eine der zwölf *Ehrendamen* der Königin zu sein. Aber zwölf altadlige Damen teilten sich bereits diese Ehrenpflicht.

Jeanne de Pompadour setzte die Schaffung eines neuen Postens durch. Der Herzog von Croÿ war Zeuge:

»Das unerwartete Ereignis kam zum großen Staunen aller ans Licht: am Sonntag, dem 8. Februar, wurde Mme. la Marquise de Pompadour zur Ehrendame der Königin ernannt. Aber das war nicht alles: erklärtermaßen widmete sie sich von Stund an der Andacht, Demut und Frömmigkeit. Am Vorabend fastete sie (was sie sonst nie tat) in den Kabinetten, und es wurde bekannt, daß sie seit zwei Monaten Gespräche mit dem Pater de Sacy, einem Jesuiten, geführt und ihn zu ihrem Beichtvater ernannt hatte. Sie schaffte ihre öffentliche Morgentoilette ab, und am darauffolgenden Dienstag empfing sie die Botschafter bei ihrer Stickarbeit …

Da man stets zum äußersten neigt, hieß es, daß sie sich bald nicht mehr schminken würde und so fort, aber im Gegenteil, an jenem Tag war sie besonders prächtig gekleidet und verweilte eine angemessene Zeit, ganz ruhig, als hätte sie nie etwas anderes getan, bei der Königin. Die Königin zeichnete sich bei diesem Geschehnis, wie bei allen anderen, durch ihre Sanftmut und Beherrschung aus …

Wir erfuhren, daß sie seit geraumer Zeit Andachtsbücher las und sich täglich nach der Königin zur Messe begab. Sie betete unter ihrer Mantelkapuze mit dem größten Anschein von Inbrunst. Da sie niemals Falschheit an den Tag gelegt hatte, da sie versicherte, frohen Herzens zur Frömmigkeit gefunden zu haben, daß sie alles, wenn nötig, verlassen werde; da man des weiteren erfuhr, daß sie zwei Briefe an ihren Ehemann M. d'Étiolles geschrieben hatte, um ihn zu bitten, zu ihr zurückzukehren, erweckte alles den Anschein, daß es ihr ernst war.

Es hieß, daß die Leute, für die es wichtig war, sie in ihrer Position zu erhalten, versicherten, daß sie zur Bekehrung des Königs unverzichtbar sei und ihm sogar bei seinen Ratssitzungen weiterhin helfen müsse, da sie diejenige Person war, die seinen Charakter am genauesten kannte und sich seiner schon seit langem mild und klug in allen Belangen am besten bedient habe; daß der König, ihrer Gesellschaft beraubt, die sein einziger Halt und Trost sei, irgendeine andere Maitresse nähme, die gewiß alles schlechter machen würde …«

Für Jeanne de Pompadour war der Posten der dreizehnten Ehrendame der Königin geschaffen worden. Es war das höchste Amt für Damen am Hof und beinhaltete, im Wechsel mit den übrigen Ehrendamen wöchentlich eine gewisse Zeit bei der Monarchin zu verbringen, in ihren abgeschiedenen Gemächern zu sticken, abgelegte Kleidungsstücke für Bedürftige auszubessern – was Maria Leszczynska mit Eifer betrieb –, Patience zu legen oder auf eine Frage hin etwas anzumerken, sofern die gebürtige Polin – was kaum jemals vorkam – etwas äußerte. Das Protokoll verbot es, eigenmächtig das Wort an die Königin zu richten.

104. An den Marschall de Belle-Isle *März 1756*

Sie wissen, Monsieur le Maréchal, daß die Müßiggänger von Paris bei all ihrem gelangweilten Geplapper bisweilen gute Ideen und guten Rat vorbringen. Sie befürworten das Expeditionskorps nach Minorca, und es wird in der Tat ein Vergnügen sein, dort zu landen, wo die Engländer uns nicht erwarten, anstatt nach London zu ziehen, wo sie sich so vor unserem Eintreffen ängstigen. Ich kenne die Minister von König Georg nicht; doch scheint es, als hätten diese Leute dort den Kopf verloren und führten sich höchst lächerlich auf. Sie wissen nicht, was sie tun oder lassen sollen; anstatt sich auf den Angriff vorzubereiten, denn sie haben ja als erste zum Angriff geblasen, kümmert sie nur die Verteidigung ihres Landes und eine befürchtete Invasion; und die sollten sie in der Tat nach einem langen, unglücklichen Krieg fürchten. Jeder findet, daß Monsieur de La Galissonnière für das Kommando über die Toulouner Flotte der geeignetste Mann ist, wobei übrigens nicht viel Grund zur Besorgnis besteht: dank der tiefgründigen Weisheit des englischen Ministers ist im Mittelmeer vom Feind nichts zu sehen. Monsieur de Richelieu wurde für die Belagerung von Puerto Mahon vorgeschlagen: dieser Mann hält sich für alles geeignet, bietet sich für alles an und erhält alles: er ist intrigant, kühn und redet glänzend; man mag ihn, man beschäftigt ihn. Möge Gott ihm Erfolg bescheren, wiewohl etliche Leute überrascht und verärgert wären! Sie bemerken sehr richtig, daß die Lage des armen Landgrafen von Hessen ärgerlich ist. Die Machenschaften der Engländer und der Fanatismus seiner eigenen Untertanen haben ihn also gezwungen, seine Soldaten an sie zu verkaufen. Damit und mit ihren Hannoveranern verfügen sie in Deutschland über eine Armee, die, so sagt man, vom Herzog von Cumberland kommandiert wird. Ein schlechter General, der nur einmal eine Handvoll Schotten geschlagen hat: ich hoffe, daß er in Deutschland nicht geschickter sein wird als während des letzten Kriegs in Flandern. Man versichert, daß unser feiner Freund, der König von P... bereit ist, das Geld der Engländer zu kassieren, das sie ihm für seine eigenen Kriegsziele offerieren: er hat niemals anders gespielt. Wir müssen zugeben, Monsieur le Maréchal, daß sich hier ein sehr eigenartiger Krieg vorbereitet. Es war ein begrenzter Zwist zwischen Frankreich und England, doch jetzt wird dieser Funke ganz Europa in Brand stecken. Es scheint, als gälten Recht und Redlichkeit nur fürs Volk: die Fürsten stellen sich darüber. Unterrichten Sie mich weiter in dieser elenden Politik, da ich durch mein launisches Schicksal gezwungen bin, an ihr teilzunehmen und einiges zu wissen. Der König vertraut Ihren Kenntnissen sehr, und die Nation verehrt Sie: leiten Sie uns in diesen kritischen Zeiten und erfüllen Sie unsere Hoffnungen.

Etc.

Galissonnière: Roland Michel Barrin Marquis de la Galissonnière, Gouverneur von Kanada, dann Generalleutnant der Marine. – *P...:* Preußen.

105. An die Marschallin d'Estrées *5. März 1756, 0 Uhr 45*

Glauben Sie mir, meine achtenswerte Freundin, daß es nicht mein Fehler ist, wenn Monsieur le Maréchal nicht das Kommando für die Expedition nach Minorca bekommen hat. Doch meistens siegen die Umtriebigen über die Verdienstvollen. Der Duc de Richelieu hat alles versprochen, und man hat alles geglaubt. Es handelt sich indes nur um ein

kleines Unternehmen von höchstens zwei Monaten Dauer. Man wird Monsieur le Maréchal bei noch wichtigerer Gelegenheit verwenden. Er ist ausersehen, bald eine Armee in Deutschland zu kommandieren und wird dabei auf einen alten Bekannten treffen, den Herzog von Cumberland: ich denke, er fürchtet ihn kaum. Der Graf von Sachsen meinte, dieser Herzog sei ein Prahlhans, der nie Wort gehalten hätte: in der Tat hatte er versprochen, *1745 in Paris einzumarschieren oder seine Stiefel zu fressen*; er war nicht in Paris, er hat seine Stiefel nicht verspeist, und wir warten immer noch.
Ich bin über den Tod Ihrer Nichte sehr betrübt gewesen; eine so schöne und so tugendhafte Person verdiente länger zu leben, wenn denn das Leben etwas Gutes ist, was ich nicht einmal glaube. Ich ermesse und teile den Schmerz, den ihr Verlust Ihnen bereiten mußte: doch ich kann Sie nicht trösten! Man hofft, Sie bald in Versailles zu sehen; und zu Ihrem eigenen Wohl und meiner persönlichen Befriedigung wünsche ich es mehr als jeder sonst. Ich grüße Sie, Madame, mit Zärtlichkeit; glauben Sie, daß ich Ihnen immerfort zu Diensten bin und Sie liebe.

Etc.

106. An den Comte de Tressan, Kommandant in Lothringen — *6. Mai 1756*

Mit großem Vergnügen habe ich Ihren Brief und Ihre schönen Verse gelesen; ich würde Ihnen dafür danken, wenn ich sie verdiente. Ich wußte wohl, daß Sie vorzügliche Prosa schreiben; aber ich kannte bisher nicht Ihre Begabung in der Sprache der Götter und der Schmeichelei: Sie sind gleichwohl ein charmanter Schmeichler; Ihnen kann ich weder glauben noch böse sein. Was Sie über König Stanislaus sagen, stimmt und berührt: er ist ein großer Mann, weil er wohlwollend und menschlich ist. In sein Gesicht steht, wie bei seiner würdigen Tochter, die Tugend geschrieben: die Lothringer beten ihn an; die Ausländer bewundern ihn und hoffen vergebens, daß ihre Herren ihm ähneln. Immer wenn ich diesen Fürsten sah, ergriff mich ein Gefühl der Verehrung, das sicherlich der natürliche Tribut ist, den sogar die Bösen der Tugend zollen. Ich habe Madame la Marquise de Boufflers immer hochgeschätzt und denke gerne an sie; ich bitte Sie, Monsieur le Comte, sie meiner Achtung und meiner Dienste zu versichern.

Man erzählt, daß der König von Polen einen ganz wunderbaren Zwerg habe, der tausenderlei geistreichste Scherze treibe, obgleich es ihm nicht begreiflich zu machen sei, daß ein Gott existiert. Ich würde ihn gerne sehen: doch da es unmöglich ist, muß ich es mir aus dem Kopf schlagen. Erzählen Sie mir bitte bei nächster Gelegenheit von ihm. Ich umarme von ganzem Herzen Madame la Comtesse und Ihre hübschen Kinder; zählen Sie darauf, daß ich Sie, so ich Ihnen nützlich sein kann, nie vergessen werde.

Etc.

König Stanislaus: der polnische König im Exil, Vater der Königin von Frankreich, war mit den Herzogtümern Lothringen und Bar entschädigt worden. Er residierte mit seiner Maitresse, der geistvollen Marie Françoise de Boufflers, dem ›Engel Lothringens‹, in Nancy und Lunéville.

107. Vom Comte de Tressan *Toul, den 15. Mai 1756*

Zürnen Sie mir nicht: ich war so indiskret, dem König die Stelle Ihres Briefs zu zeigen, die ihn betrifft. Auf seinem Gesicht las ich die große Freude, die er darüber empfand. Wertschätzung und Lob sind der Lohn der Tugend. Jeder Lebtag dieses Fürsten ist von irgendeiner Wohltat begleitet. Von einer will ich Ihnen berichten, deren Zeuge ich war. Vor drei Tagen hatte ich die Ehre, mit ihm im Wald von Chanteheu spazierenzugehen. Er näherte sich einem Pavillon im türkischen Stil, der von einem Unwetter beschädigt worden war und den er eilends reparieren ließ. Nebenbei muß ich erwähnen, Madame la Marquise, daß dieser Kiosk zauberhaft ist. Die Entwürfe stammen vom König, und Mique hat nur wenig daran geändert. Alle Arbeiter unterbrachen bei seinem Eintreffen ihr Tun, außer einem alten Mann, der gebeugt weiterhackte und nicht einmal seinen Hut zog. »Du bist sehr

fleißig«, sprach ihn der Fürst huldvoll an. »Ich habe nichts Besseres zu tun«, sagte der Alte, ohne von seiner Arbeit abzulassen. »Was, selbst wenn ich mit dir spreche?« – »Gut, Monseigneur, würde mir das einen Masson einbringen?« – »Woher willst du das wissen?« – »Woher ich das weiß? (bedenken Sie, daß der dreiste Tagelöhner immerfort die Hacke schwang und der König alle Mühe hatte, nicht loszulachen). Woher ich das weiß? Ich weiß, daß Sie, als Sie einmal zu Pfingsten im Wald von Commercy spazierengingen, sagten: was für eine weiße Blume wächst da auf diesem Baum? Ich kletterte hinauf, um einen Ast abzubrechen, und den überreichte ich Ihnen. Keine große Sache: aber als ich vom Baum herabstieg, verletzte ich mir den Arm; und daß ein guter Diener sich verletzt hat, um seinem Herrn ein Vergnügen machen zu können, muß wohl ein Glück für ihn sein; denn Sie, Monseigneur, haben mir nichts Gutes getan. Sie sagten zwar zum Herrn Intendanten, der bei Ihnen war, er solle mich belohnen. Aber der sitzt zu sehr auf dem Geld. Seitdem bin ich auf alle großen Herren böse.« Ich erwähne, Madame, nichts von der Freude des guten Mannes, als der König diesen unbeabsichtigten Fehler wiedergutmachte. Aber ich wurde noch weit mehr von dem Verdruß des guten Fürsten berührt und von allem, was er mir bei unserem Spaziergang über die vielen Fehler sagte, die Monarchen begehen können. »Das ist nun einer, den ich wiedergutmache«, sagte er mir betrübt. »Doch nur der Zufall hat mir Gelegenheit dazu gegeben. Wie viele andere Fehler mag ich selbst oder durch Personen meiner Umgebung an meinen Untertanen begangen haben, die sich niemals wieder berichtigen lassen! Graf, das ist eine Quelle trauriger und erschütternder Überlegungen, aus der ich lange trinken werde.«
Alles, was man Ihnen vom Zwerg Bébé gesagt hat, stimmt vollkommen, Madame la Marquise. Er besitzt sogar einen ausgebildeten Verstand, und er hat es mir bewiesen. Ich erwähnte ihm gegenüber das Interesse, das Sie an ihm nähmen, und daß er Ihnen ein Wort zukommen lassen solle, das sich auf seine kleine Person bezöge. »O gut, sagen Sie der Marquise, ich hätte heute morgen gelesen, daß Zwerge vor langer, langer Zeit den Sybariten Vergnügen bereitet hätten

und jeder Oberst dieser Nation einen zum Degentragen gehabt hätte; daß die Römer diesen schönen Brauch von ihnen übernommen hätten, der, ich weiß nicht wie, nach Polen gekommen ist, wo die Natur übrigens diese unvollkommenen Geschöpfe heftig vermehrt hat, und daß dieser Brauch zu meinem größten Verdruß Frankreich erobert, wo es mich tödlich langweilt, einmal wie ein Hase in eine Pastete, bald in eine Baßgeige und in was sonst noch gesteckt und dann wie ein Wunderding vorgezeigt zu werden.« Im Hinblick auf den feinen Verstand Bébés will ich noch hinzufügen, daß Zwerge in Deutschland gang und gäbe sind. Es gibt nur wenige Höfe, die keine Zwerge haben. Sie haben sogar Narren mit Amt und Titel. Einige allerdings haben diese für eine anständige Seele so betrübliche Zurschaustellung eines Geschöpfes abgeschafft, das unseresgleichen war und aus dem wir grausam unser Spielzeug machen, weil ein körperlicher Mangel oder ein anderer Zufall ihn seiner Verstandeskräfte beraubt hat. Ich habe niemals einen gesehen, ohne schmerzliches Mitgefühl mit diesen Benachteiligten und tiefe Verachtung für die, die sich mit ihnen belustigen, zu empfinden. An etlichen Höfen hat man sie aber durch weitaus gefährlichere und meines Erachtens üblere Gestalten ersetzt. Es sind berufsmäßige Spötter, die den Fürsten und die Müßiggänger seiner Umgebung auf Kosten einiger begriffsstutziger oder ehrenwerter, aber schüchterner Leute belustigen, welche die Scherze eines bösartigen Menschen, der Geist hat, so verwirren, daß sie nicht mehr antworten können. Handelt es sich dabei, Madame la Marquise, nicht um ein Gesindel, das vertilgt werden muß, und habe ich nicht sehr oft erlebt, daß Sie über zwei oder drei Personen dieser Art, die ich noch vor mir sehe, empört gewesen sind?

Meine Gattin und meine Kinder sind sehr gerührt, daß Sie sich an sie erinnern. Eine meiner Töchter ist mit bestem Erfolg gegen die Pocken geimpft worden. Ich höre schon die Proteste der Narren. Aber neben der Gesundheit schätze ich sehr die Schönheit einer Frau; nach den Vorzügen einer Seele ist sie das wahre Himmelsgeschenk. Meine Söhne mögen es halten, wie sie wollen. Wenn ich Sie mit den Pocken impfen lasse, dann deswegen, weil ich von der Wichtigkeit dieser

Operation für Leben und das Gesicht überzeugt bin. Wenn sie übrigens schön gewachsen sind und ein bißchen besser als der Teufel aussehen, bin ich zufrieden.

Richard Mique: Architekt, der auch in Versailles baute. – *Masson:* lothringische Münze. – *Sybariten:* Schlemmer (nach der antiken süditalienischen Stadt, deren Einwohner als Prasser verrufen waren). – *Mit den Pocken impfen:* vor Entdeckung der Kuhpockenimpfung durch Edward Jenner 1796 wagte man seit Jahrhundertanfang nach türkischem Vorbild die Immunisierung durch Lymphsubstanz eines Pockenkranken. Ludwig XV. verzichtete auf diese Impfung und starb 1774 qualvoll an den Pocken.

16. Januar: Nach komplizierten Vorspielen unterschreiben Preußen und England ihre *Konvention von Westminister*. Sie vereinbaren wechselseitige Hilfe. Im Falle eines Angriffs Frankreichs – das offiziell noch mit Preußen verbündet ist! – soll Preußen das mit England verbundene Hannover verteidigen.
Dem preußisch-englischen Pakt schließen sich bald Braunschweig, Hessen-Kassel, Schaumburg-Lippe und Sachsen-Gotha an.
1. Mai: Frankreich und der österreichische Botschafter Starhemberg besiegeln ihr Gegenbündnis im *Vertrag von Versailles*. Zu dieser Koalition stößt Rußland. Sachsen verhält sich noch wohlwollend neutral.
Schweden und deutsche Reichsstaaten werden sich 1757 mit Österreich-Frankreich verbünden. Von ihrer Truppenzahl her wird diese Allianz doppelt so stark sein wie die preußisch-englische.
18. Mai: England erklärt Frankreich offiziell den Krieg. Es wird der *Siebenjährige Krieg*.
Die französische Toulon-Flotte trifft bei Menorca auf britische Geschwader.

Ich bin Ihnen, Monsieur le Marquis, für Ihre Aufmerksamkeiten verbunden und sowohl Ihretwegen wie unseretwegen entzückt von Ihrem Sieg über die Engländer. Die Meeresgötter sind an Niederlagen in ihrem eigenen Element nicht gewöhnt: aber Sie werden sie daran gewöhnen.
Kommen Sie, Monsieur, Ihren Ruhm und Ihre verdienten Belohnungen zu genießen: keiner wird sie freudiger willkommenheißen als ich. Ich verbleibe etc.

Belohnungen: die Briten ihrerseits verurteilten ihren Admiral George Byng, den Verlierer, zum Tod durch den Strang.

109. An den österreichischen Gesandten Graf von Starhemberg *Juni 1756*

Monsieur Rouillé hat mir den Brief ausgehändigt, mit dem Sie mich zu ehren geruhten. Ich empfinde für Sie all die Wertschätzung, die dem Diener einer großen Königin gebührt, deren Vertrauen Sie durch Ihre Rechtschaffenheit und Erfahrung erworben haben. Der Eifer, den Sie zum Gelingen der gegenwärtigen, wichtigen Verhandlung gezeigt haben, wird Ihnen den Dank Ihres Vaterlands und Frankreichs einbringen. Die erhabenen Häuser Österreich und Frankreich sind seit dreihundert Jahren verfeindet: Kardinal Richelieu hat den Graben vertieft; Interessen haben getrennt, und Interessen werden zusammenführen. Niemals hätte sich Karl VI., der Frankreich so sehr haßte, vorstellen können, daß seine Tochter sich mit uns verbündet: doch dieses neue System, wiewohl außergewöhnlich, ist gerecht und naturgegeben, weil es nötig ist, und der Fürst hätte es gutgeheißen. Der Erfolg unserer Waffen liegt in den Händen der Vorsehung: falls jedoch der Himmel die Gerechtigkeit, auch Treu und Glauben schützt, wird er sich für uns erklären; und da man sich selbst helfen muß, werden wir alles tun, um unseren Freunden zu dienen und unsere Feinde zu zerschmettern.

Ich habe die Ehre etc.

Große Königin: Kaiserin Maria Theresia war zugleich Königin von Ungarn.

110. Vom österreichischen Staatskanzler Kaunitz *9. Juni 1756*

Ihrem Eifer und Ihrer Weisheit, Madame, schuldet man durchaus alles, was zwischen den beiden Höfen beschlossen worden ist. Ich fühle es, und ich konnte mir die Befriedigung nicht vorenthalten, Ihnen dies zu sagen und Ihnen zu danken, daß Sie bis zu dieser Stunde gerne mein Führer sein wollten. Ich darf Sie überdies nicht in Unkenntnis darüber lassen, daß Ihre Kaiserlichen Majestäten Ihnen alle Gerechtigkeit widerfahren lassen, die Ihnen gebührt, und für Sie alle Gefühle hegen, die Sie sich wünschen können. Was nun unter Dach und Fach ist, muß, scheint mir, die Zustimmung der unparteiischen Öffentlichkeit und der Nachwelt verdienen. Doch was noch zu tun ist, ist zu groß und Ihrer zu würdig, als daß Sie auf den Versuch verzichten könnten, ein Werk zu vollenden, durch das Sie Ihrem Vaterland für immer wert und teuer werden können. Also bin ich überzeugt, daß Sie sich einem so wichtigen Plan auch weiterhin widmen werden. In diesem Fall halte ich den Erfolg für sicher, und bereits im voraus teile ich den Ruhm und die Befriedigung, die Ihnen daraus erwachsen müssen. Gewißlich kann niemand Ihnen aufrichtiger und respektvoller verbunden sein als Ihr sehr untertäniger und sehr gehorsamer Diener,

Graf von Kaunitz-Rittberg.

111. An die Comtesse de Brienne *Juli 1756*

Mein teure Freundin, wir freuen uns alle; freuen Sie sich mit uns. Der Griff nach Menorca wurde anfangs als tollkühn erachtet; jetzt, da er gelungen ist, nimmt man ihn als Vorzeichen weiterer Erfolge und für ganz selbstverständlich. Der Marquis de La Galissonnière hat die englische Flotte auseinandergetrieben, und der Duc de Richelieu hat Fort St. Philippe im Sturm genommen: das sind glückliche Ereignisse, an die wir in unseren Seekriegen gegen England nicht gewöhnt sind und die deshalb umso angenehmer und wichtiger sind. Unsere Soldaten haben erstaunliche Unerschrockenheit und Ruhmesdurst gezeigt. Als Marschall Richelieu sah, daß Ausschweifung und allerhand Laster ihm viele Leute töteten und großen Schaden in der Armee anrichteten, gab er den Befehl aus, daß jeder, der künftig sich dem Trunk ergäbe, der Ehre verlustig gehe, aus dem Schützengraben zu stürmen, das heißt der Ehre, sich den Kopf einschlagen zu lassen. Diese Drohung fruchtete bei diesen tapferen Männern so sehr, daß seither kein Betrunkener mehr gesehen wurde. »Wo wird sich die Ehrbegierde nicht noch einnisten«, hätte Molière gesagt. Die Stadt Paris wird Freudenfeste veranstalten; und ich, ich werde auch mein Bestes tun. Jemand hat mir ein hübsches Chanson von Collé über diese Eroberung gebracht; ich habe ihm fünfzig Louisdors gegeben, und der König verlieh ihm eine Pension von vierhundert Francs: bei dieser allgemeinen Freude sollen alle glücklich sein, sogar die Dichter. Teilen Sie, so Sie wollen, dem großen Mann mit, daß er mich kommende Woche besuchen kann, vorausgesetzt, er ist guter Dinge und bringt mich zum Lachen. Adieu, meine teure Freundin, ich küsse Ihre schönen Hände und ihre Enkelin.

Ich verbleibe etc.

Comtesse de Brienne: Gattin des Großtruchseß von Frankreich, eines Würdenträgers, der, zumindest offiziell, für Küche und Tafel des Königs zuständig war. – *Menorca:* Für die Briten war die Balearen-Insel ein Einfallstor Richtung Südfrankreich. Mit ihrer Eroberung war die Invasionsgefahr gebannt.

24 000 französische Soldaten bewegten sich zur Unterstützung der Habsburger Monarchie der deutschen Grenze entgegen. In Frankreich kursierte schnell ein Chanson.

Vergießen wir für Ungarns Königin
All unser Blut,
Geben wir für Schlesien ihr
All unser Geld.
Sie verstand's, der Pompadour zu gefallen.

112. An den österreichischen Staatskanzler Kaunitz

7. September 1756

Mit großer Genugtuung, Monsieur, spreche ich Ihnen meine Glückwünsche zum Erfolg der zwischen der Kaiserin-Königin und dem König geschlossenen Verträge aus. Ich bin fühlbar gerührt von der Gerechtigkeit, die Ihre Kaiserlichen Majestäten mir widerfahren lassen wollen, und von den Zeichen der Güte, mit denen sie mich zu ehren geruhen. Wenn möglich, würde mein Eifer noch zunehmen, doch die Beweise, die ich davon gegegeben habe, werden Ihnen gezeigt haben, Monsieur, daß er sich nicht steigern läßt. Es ist mir ein stets neues Vergnügen, Sie neuerlich all meiner Gefühle zu versichern, mit denen ich nicht aufhören werde, Monsieur, Ihre sehr untertänige und sehr gehorsame Dienerin zu sein.

J.-A. M. de Pompadour

Das Portrait, das Sie gewünscht haben, ist endlich fertig geworden. Teilen Sie mir mit, welchen Zeitpunkt Sie für richtig erachten, um es Ihnen zuzusenden.

Die sächsische Katastrophe, Teil I:
Kurfürst August von Sachsen, gleichzeitig König von Polen, war mit der Habsburgerin Josepha verheiratet. Beider Tochter war die französische Thronfolgerin.
Sachsen plante, sich gegen seinen aggressiven Nachbarn Preußen mit Frankreich-Österreich zu verbünden. Geheime Verhandlungsunterlagen wurden in Dresden aufbewahrt. Teile des Inhalts dieser bedeutsamen Papiere wurden jedoch von Friedrich Wilhelm Menzel, Geheimsekretär des sächsischen Premierministers Graf von Brühl, an Potsdam verraten.
Preußische Truppen überfallen daraufhin am 28. August ohne Kriegserklärung das noch neutrale und reiche Sachsen, um dem möglichen Überfall durch Österreich und Sachsen zuvorzukommen. Friedrich der Große leitet persönlich die Invasion. Ab jetzt wird er dort gnadenlos seine Kriegskassen auffüllen.

113. Vom Comte de Broglie,
Gesandten in Sachsen

Dresden,
den 13. September 1756

Madame,
es hat lange gedauert, bis ich dem Versprechen, das ich Ihnen vergangenes Jahr gegeben habe, nachkomme, aber ich wollte Ihnen nur sichere Nachrichten schicken. Leider sind die, die ich Ihnen mitzuteilen habe, nicht angenehm. Dennoch hoffe ich, daß ihre Auswirkungen nicht so schlimm sein werden, wie man zuerst befürchtet hat.
Es wird Ihnen bekannt gewesen sein, Madame, daß der König von Preußen nur die Antwort des Wiener Hofs abwartete, um an der Spitze seiner Armee quer durch Sachsen in Böhmen einzufallen. Die Antwort befriedigte ihn nicht, und Anfang August ließ er beim König von Polen um freien Durchzug nachsuchen, wobei er hinzufügte, er sähe »mit Freuden dem Augenblick entgegen, an dem er Seine Polnische Majestät wieder in den Besitz seiner Länder kommen lassen könne.« Diese überdeutliche Drohung braucht man nicht zu kommentieren.
Seine Polnische Majestät, die auf Neutralität beharrte, versprach, den Durchzug der Armee, die sogleich in Sachsen einmarschierte, auf jede erdenkliche Weise zu erleichtern und zu beschleunigen. Prinz Ferdinand besetzte, nachdem er die Festungsanlagen von Wittenberg hatte schleifen lassen, Leipzig. Alles Geld der kurfürstlichen Kassen wurde beschlagnahmt, und es wurde bei Todesstrafe verboten, etwas an den Kurfürsten auszuzahlen. Die Stadtbehörden zwang man, den Treueeid auf den König von Preußen zu schwören.
In dieser Not entschloß sich der Dresdner Hof, anzufragen, was denn seine wahren Absichten wären. Man beauftragte den Generalleutnant der sächsischen Armee, diese Frage zu stellen. Als dieser Offizier in Leipzig eintraf, wurde er entwaffnet, zum Kriegsgefangenen erklärt und dem Prinzen Ferdinand vorgeführt, der ihn zum Preußenkönig schickte. Dieser Fürst gab eine sehr vage Antwort und wollte zweifellos, um Dresden um so bequemer überrumpeln zu können, am sächsischen Hof Verwirrung stiften. Da ein anderer

Vorstoß, über Mylord Stormond, ebenso fehlschlug, ergriff der König von Polen mit der seiner würdigen Standhaftigkeit die einzige Partei, die er zu seiner Ehre und Sicherheit ergreifen konnte. Er setzte alles in Bewegung, um die Angriffe, die ihm drohten, mutig zurückzuschlagen.
Die sächsischen Truppen wurden erfolgreich zusammengezogen, so wenig Zeit dafür auch blieb. Die Armee war 18 000 Mann stark. Auf dem linken Elbufer, zwischen den beiden Festungen Pirna und Königstein, fünf Meilen von der Residenz, ließ man ein bestens geeignetes Feldlager aufschlagen. Diese Stellung ist sehr gut gewählt, und überdies ist das Lager mit allem versorgt, was für eine lange Verteidigung nötig ist: am 6. dieses Monats inspizierte Seine Polnische Majestät, begleitet von den Kurprinzen, seinen Söhnen, die Armee, und der Besuch des Monarchen flößte den Truppen Mut und Vertrauen ein. Der König von Preußen zögerte nicht lange, Dresden zu besetzen. Die preußischen Soldaten stellen sogar die Wache im Palast, unter den Augen der Königin, die sich dort mit einem Teil der königlichen Familie befindet. Man befahl den vier Kabinettsministern, sich in nichts mehr einzumischen, und ging sogar so weit, ihnen zu verbieten, ihrem König in einem offenen Brief von diesen Vorschriften Mitteilung zu machen.
Vorgestern schickte General Wylich, der in Dresden das Kommando führt, bewaffnete Leute los, um die Geheimen Staatsarchive aufzubrechen. Es waren bereits zwei Wachen davor aufgestellt, obwohl die Königin, die ihr eigenes Siegel hatte anbringen wollen, protestierte. Diese Fürstin begab sich selber dorthin, um gegen die Öffnung Widerstand zu leisten; doch erfolglos. Der preußische General sagte ihr ins Gesicht, er könne es nicht länger aufschieben, und bat sie, sich zurückzuziehen, da er für die Gewalttätigkeit der Soldaten nicht einstehen könne. So wurde also das Archiv durchwühlt, begutachtet und vielleicht geraubt. Diese Tat ist um so hassenswerter, als man darin nichts finden wird, was die vorgeblichen Absprachen offenbaren könnte, die man aufdecken wollte und welche die Angriffspläne des Wiener und Dresdner Hofs, die der König von Preußen vermutete, bestätigen würde.

Man kann das Verhalten der Königin von Polen nicht genug preisen; die Fürstin legte unter diesen herzzerreißenden Umständen eine Geistesgegenwart und einen Mut an den Tag, die sie über ihr Geschlecht erheben. Seine Preußische Majestät ist in großer Verlegenheit wegen des tapferen Widerstands des Königs von Polen, dessen Entschlossenheit ihn mit Ruhm bedecken und sehr vorteilhaft für jene Macht sein wird, gegen die der König von Preußen seine Armeen hauptsächlich marschieren läßt.
Der Wiener Hof, bislang nur unterrichtet vom Einrücken der Preußen in Sachsen, ist empört. Ich werde nicht versäumen, Madame la Marquise, Sie über alles Weitere dieser bedeutsamen Operationen auf dem laufenden zu halten.

Comte de Broglie: andere Ausgaben nennen als Briefautor den *Marschall* de Broglie und als Adressaten des Folgebriefs den Herzog von Boufflers. Der Historiker M. Antoine klärt die Sachlage: »Der Schock und die Verwirrung waren groß am Dresdner Hof, wo der *Graf* von Broglie sofort zu einer Art Militärratgeber für August III. wurde.« – *König von Polen:* gleichzeitig Kurfürst von Sachsen. – *Durchzug der Armee:* diese Invasion und der Bruch des Völkerrechts befleckten Friedrichs Renommee nachhaltig. – *Prinz Ferdinand:* Bruder Friedrichs des Großen. – *Mylord Stormond:* britischer Gesandter.

114. An den Comte de Broglie — *September 1756*

Die Nachrichten, die uns aus Sachsen erreichten, haben den König betrübt, und ich konnte sie nicht ohne Tränen vernehmen. Sie sagen, der Wiener Hof sei empört: das nehme ich doch an. Madame la Dauphine ist untröstlich. Bekriegen sich so christliche und zivilisierte Fürsten? Der König von Preußen, den unser Voltaire, ich weiß nicht warum, den *Salomon des Nordens* genannt hat, der so human schreibt und so Grausames tut, ließ also die Geheimarchive von Dresden aufbrechen, trotz der Königin, die in eigener Person den Zugang versperrte, und ließ die Fürstin in die Kapelle schleifen, wo er als Dank für seine Heldentat das Te Deum singen ließ! Leben wir wirklich im Jahrhundert des Anstands und der Philosophie, in dem ein König, der sich als großer Mann ausgibt, so frech und sinnlos eine Frau erniedrigen konnte, eine Königin, die zu ihrer Verteidigung nur ihre Tränen und ihren Schmerz hatte? Wir befürchten hier das Schlimmste für ihre Gesundheit: das edle Herz einer Fürstin aus dem Hause Österreich muß unter diesen Beleidigungen und Demütigungen furchtbar leiden: wir beklagen aufrichtig das Los dieses großen Hauses; doch ich hoffe, daß unsere Tränen nicht fruchtlos sein, sondern große Rache säen werden; Sie können all unsere Freunde dessen versichern.

Ich verbleibe etc.

Eine Frau erniedrigen: das brutale Aufbrechen der sächsischen Archive wurde für die Zeitgenossen zu einer berühmt-berüchtigten Gewaltszene. Die Kurfürstin und gebürtige Habsburgerin Josepha stellte sich selbst vergebens vor die Türen und verschmerzte ihre Demütigung nicht. Im besetzten Dresden starb sie 1759, wie es hieß, an Schwermut.

Die Mitteilungen überschneiden sich. Die Marquise erhält ein Dankesschreiben für ein Bildnis und dafür, daß das gemeinsame Bündnis in Aktion getreten ist.

115. Vom österreichischen Staatskanzler Kaunitz

(Wien,) den 10. Oktober (1756)

Ich schmeichle mir, Madame, daß Sie es für gut befinden werden, wenn ich mir bei Gelegenheit dieses Kuriers die Ehre gebe, Ihnen meinen sehr untertänigen Dank für das Erinnerungszeichen abzustatten, das Sie mir durch Ihren Brief vom 7. September haben zukommen lassen wollen. Die Komplimente, die Sie mir gütigerweise machen, gebühren Ihnen, ich fühle es ganz aufrichtig, und es ist sicherlich das größte Vergnügen der Welt, Ihnen dies zu versichern. Es gefällt der Kaiserin ungemein, durch die Befehle, die ich heute an den Grafen von Starhemberg richte, dem König einen neuen Beweis ihrer Denkungsart und ihrer Gefühle ihm gegenüber zu geben. Alles, was von seiner Seite kommt, ist für sie von sehr großem Wert, und deshalb war sie immer sehr empfänglich für alles, was er freundlicherweise bis heute für sie getan hat, gemäß dem Vertrag von Versailles, mit der Genauigkeit und, wenn es mir gestattet ist, mich dieses Ausdrucks zu bedienen, dem Adel und dem feinen Anstand, den nur er in sein Benehmen zu legen versteht. Ihre Dankbarkeit wird zu jeder Zeit und bei jeder Gelegenheit ihre Wirksamkeit beweisen; dessen kann ich Sie versichern, wie ich Ihnen ebenso beteuern kann, daß meine Denkungsart bereits heute von diesem Land geteilt wird, was sich noch verstärken wird, wenn Frankreich, woran ich nicht zweifeln könnte, durch sein Handeln uns gegenüber meinen apostolischen Eifer unterstützt. Schließlich lassen mich die Direktiven des Grafen von Starhemberg, die Gerechtigkeit und das überlegene Unterscheidungsempfinden, das ich beim König kenne, dazu Ihr unermüdlicher Eifer für seine wahren, in großer Perspektive gesehenen Interessen hoffen, daß wir uns der Vollendung des größten Werks nähern, das je aus irgendeinem europäischen Kabinett hervorgegangen ist. Ich bitte Sie, überzeugt zu sein, daß ich dies von ganzem Herzen hoffe, als Bürger des Universums, aus Interesse am Nachruhm unserer Herren und wegen des Vergnügens, das es mir im voraus bereitet, Sie dazu zu beglückwünschen und die Beteuerungen der achtungsvollen und unverbrüchlichen Anhänglichkeit zu wiederholen, mit der ich niemals aufhören werde, Madame, Ihr sehr untertäniger und sehr gehorsamer Diener zu sein.

Graf von Kaunitz-Rittberg.

P.S. Sie zweifeln gewiß nicht daran, Madame, daß ich mit grausamster Ungeduld dieses bezaubernde Portrait erwarte, nach dem Monsieur de la Tour mich schon so lange schmachten läßt. Befreien Sie mich, ich flehe Sie an, aus der Pein, und seien Sie so gnädig, es mir sobald wie möglich zu senden. Ich küsse Ihre Hände mit tiefstem Respekt.

Graf von Kaunitz-Rittberg.

Kaunitz-Rittberg: dieser Kanzler galt als so fintenreicher Politiker, daß 1794 bei seinem Tod sein junger Mitarbeiter Graf Metternich fragte: »Und was bezweckt Kaunitz damit?« – *Starhemberg:* Botschafter in Frankreich.

Die sächsische Katastrophe, Teil II:
Bei Lobositz treffen Preußen und die Österreicher unter ihrem Feldmarschall Browne aufeinander.

116. Vom Comte de Broglie *Dresden, den 20. Oktober 1756*

Madame,
ich will fortfahren, Ihr Berichterstatter zu sein, obwohl ich Ihnen nur unendlich traurige Nachricht zu vermelden habe. Ich habe M. de Willemur gebeten, Ihnen alles mitzuteilen, was bis zum Treffen von Lobositz passierte. Diese Schlacht hat nichts entschieden, und wenn sich auch beide Parteien den Sieg zuschreiben, hat sie weder der einen noch der anderen irgendeinen der erwarteten Vorteile eingebracht; die Freude, die der König von Preußen sogar vor Augen der Königin bekundet hat, täuscht niemanden. Seine Kavallerie ist vernichtet und seine Armee so gezaust worden, daß sie es nicht wagen konnte, den Grafen Browne beim Rückzug, zu dem der General sich aus Nachschubmangel gezwungen sah, zu stören. Der Fürst konnte weder in Böhmen eindringen noch sich des Königgrätzer Kreises bemächtigen, den er gern haben wollte; Graf Browne hingegen ist die Vereinigung, die zwischen ihm und den im Lager von Pirna umzingelten sächsischen Truppen verabredet worden war, nicht gelungen. Sie begannen, Mangel an allem zu leiden. Man versuchte es noch einmal mit diesem Plan zur Vereinigung, die als einziges diese untergehende Armee retten konnte. [...] In der Nacht des 10. versuchten die Sachsen, ihre Schiffsbrücke flußaufwärts zu bringen, um sie unter der Festung Königstein aufzuschlagen. Die Nacht war ruhig, und der Mond schien gerade hell genug, daß sie ihr Feldlager verlassen konnten. Gegenwind kam plötzlich auf; sie wurden von einem furchtbaren Regen durchnäßt; die Schiffer, die vor wahllosen Schüssen der Preußen erschraken, gerieten auf Grund. Man mußte wieder ans Ufer zurück, um die Pontons über Land zu ihrem Bestimmungsort zu schaffen. Die Wege waren matschig; die kaum mehr gefütterten Pferde waren bereits durch den Abtransport der Artillerie erschöpft. Die

Brücke konnte nicht zur vereinbarten Stunde geschlagen werden. Graf Browne war im Anmarsch, als er die Nachricht erhielt. Die Preußen, die an der Absicht der Sachsen nicht länger zweifeln konnten, verschanzten sich während dieser Verzögerung zwischen den beiden Armeen und postierten zwei Regimenter, dazu eine vorteilhaft verschanzte Geschützbatterie hinter der Palisade, die sie im Wald unter Lilienstein gebaut hatten. Schließlich war die Brücke fertig, und die Armee überquerte sie in der Nacht des 13. im Schutz der Kanonen von Königstein, um die Ebene bei Ebenheit zu erreichen. Der einzige Talweg, der dahin führte, war bald von der Artillerie verstopft, die von den Pferden nicht durch so klebrigen, regennassen Boden gezogen werden konnte. Die ganze Armee und selbst die Reiterei mußten über einen sehr steilen und glitschigen Felsen steigen. Sie wurden erst bei Tagesende bei Ebenheit zusammengeführt. Die Nachhut hatte schon einem Angriff standgehalten. Trotz der Erschöpfung der Truppen bereitete man sich vor, die Verschanzung anzugreifen, hinter der sich die Preußen versteckten. Die Gegenwart des Königs spornte den Kampfeswillen der Sachsen an. Aber man brauchte noch die Antwort von Marschall Browne; während man auf die Rückkehr der Kuriere wartete, blieb die Armee unter Waffen. Die Emissäre wurden abgefangen. Es wäre unsinnig gewesen, die mindestens sechsmal so zahlreichen Preußen anzugreifen, ohne Gewißheit, ob die Österreicher ihrerseits den gemeinsamen Feind anfallen würden. Der war übrigens Herr der felsigen Waldgegend, wo fünf Meilen bis zur Vereinigung mit den Österreichern bewältigt werden mußten. Die Preußen hatten während des Elbübergangs das Gepäck der sächsischen Armee an sich gebracht; sie hatte keinen Proviant und kein Futter mehr. Der König war unter diesen Umständen gezwungen, sich auf den Königstein zurückzuziehen. In dieser äußersten Not ließen ihm seine Generäle eine Einschätzung des Kriegsrats zukommen, worin es letztlich hieß, daß die Armee keine andere Wahl mehr hätte, als eine so vorteilhafte Kapitulation, wie die Umstände es erlaubten, auszuhandeln. Der König, den es grausam schmerzte, sich zu diesem äußersten Schritt gezwungen zu sehen, drängte seine Generäle, einen Angriff zu wagen. Er schloß mit den Worten: »Falls Ihnen sämtliche Mittel genommen sind, falls Sie Ihrem König und sich selber gegenüber alle Pflichten erfüllt haben, sind Sie Herr darüber, alles zu tun, was Sie für das Beste halten; ich für meine Person weigere mich, an dergleichen Anordnungen im geringsten teilzuhaben. Ich will frei leben und frei sterben. Ich spreche Sie von aller Schuld frei, sofern Sie nicht gegen mich und meine Verbündeten kämpfen.«

In eben diesem Augenblick erfuhr man, daß Marschall Browne, den man in Altendorf vermutet hatte, vier Meilen weit entfernt war. Seit vollen drei Tagen hatten die Truppen nichts zu essen gehabt. Am darauffolgenden Tag ließ der König von Preußen Brot an die sächsischen Truppen verteilen, die sich kriegsgefangen gaben.

Seine Preußische Majestät ließ nichts unversucht, um Offiziere und Soldaten in seinen Dienst zu locken. Sämtliche Offiziere verweigerten es, und die kleine Zahl von Soldaten, die mit Gewalt genötigt wurden, desertierten bei der erstbesten Gelegenheit. Dieser Fürst, heißt es, habe seinen Soldaten befohlen, die Hand jedes sächsischen Soldaten zu greifen und sie während des Fahneneids hochzuhalten. Kann man bei so wichtigen Handlungen die geheiligten Formen so mißachten, die die Menschen übernahmen, um ihre Versprechen feierlicher und unverbrüchlicher zu machen?

Der König von Polen reiste heute morgen nach Warschau ab, ausgestattet mit einem Schutzbrief seines »guten Bruders«, des Königs von Preußen, der recht sonderbar ist, wenn man Worte und Verhalten Seiner Preußischen Majestät miteinander vergleicht. Siegestrunken erkannte er die Neutralität des an sich uneinnehmbaren Königsteins an, dessen er sich ohne einen Kanonenschuß hätte bemächtigen können, weil die sächsische Armee die Munitionsvorräte der Festung völlig aufgebraucht hat. Vielleicht war es auch eine rein menschliche Regung, die ihn dazu verleitete, zudem die Furcht, einen unglücklichen König allzu tief zu erniedrigen.

Diesen seltsamen Ausgang nahm ein Geschehen, für das es in der Geschichte kein Beispiel gibt. 12 000 bis 14 000 Sachsen bieten lange einer Armee von 60 000 Mann Paroli. Nach Beweisen unerhörten Muts zwang eine Verkettung unglück-

licher Umstände sie zu einem Schritt, der für gute und treue Untertanen schrecklich ist. Daraus könnte eine verheerende Umwälzung aller Planungen resultieren, denn der König von Preußen ist zu schlau, um sich auf seinen Lorbeeren auszuruhen. [...]
Ich habe die Absicht, Seiner Polnischen Majestät unverzüglich nachzureisen. Ich will den Verdächtigungen, die man mir deswegen machen könnte und denen ich mich keineswegs aussetzen möchte, zuvorkommen. Sobald ich in Warschau bin, Madame la Marquise, werde ich Sie von allem Wichtigen, das ich erfahre, unterrichten.

In dieser äußersten Not: Sachsen verlor seine Eigenständigkeit, sein großes Zeitalter war zu Ende. Seine Armee – die einzige in Europa, die komplett mit Perücken ausgestattet war – wurde in die preußische gepreßt. Viele Sachsen desertierten jedoch.

117. An den Comte d'Affry, Botschafter in den Niederlanden *1756*

Sie sind ein glücklicher Botschafter, da Sie uns nur gute Botschaften zu schicken haben. Ich bin über Ihre Holländer entzückt. Sie haben also klipp und klar die sechstausend Mann verweigert, die von ihnen gefordert wurden. Das ist eine weise Entscheidung und tut uns gut. Man glaubt indes nicht, daß die Sache so leicht vonstatten gegangen wäre, wenn der alte Statthalter noch gelebt hätte. Er war im Herzen ein Engländer; er war mit einer Engländerin verheiratet und hätte durch die große Macht, die ihm bei der letzten Revolution zugefallen war, gefährlich werden können. Aber er ist tot; sein Sohn ist noch ein Kind, und die Holländer verstehen sich auf ihre Interessen: das ist ihnen und mir recht.
Ich kenne diesen dicken deutschen Fürsten nicht, der so vertraulich über mich spricht und mich so gut kennt. Mich hat nie sonderlich viel mit der germanischen Nation verbunden und noch weniger mit den deutschen Kleinfürsten. Will er mich dennoch mit aller Gewalt kennen und sich meiner Bekanntschaft rühmen, soll man ihn lassen: Sie sehen, daß nicht sämtliche Narren in Frankreich leben.

Die Schweizer Garde hat Befehl erhalten, sich für einen Einmarsch in Deutschland bereitzuhalten, und sie murrt. Es ist erstaunlich, daß sie immer wieder dieselben Schwierigkeiten machen, wenn sie über den Rhein sollen. Der letzte König hatte es ihnen beigebracht; aber sie entsinnen sich nicht mehr: sie dienen im übrigen gut, sie sind gut besoldet: der letzte Marschall de Noailles sagte, sie hätten im Dienst für Frankreich mehr Louisdors eingesackt als Blutstropfen vergossen. Sie, Monsieur le Comte, der Sie Schweizer sind, werden das für unwahr halten; spornen Sie Ihre Landsleute dennoch zur Vernunft an; sie werden über ihren Geist gewiß dieselbe Macht haben wie über den der Holländer.
Die Gemälde, die Sie mir gekauft haben, sind exzellent, vor allem der Paolo Veronese: der König hat sie, wie es sich gebührt, als erster bewundert; gerade eben sind die anderen mit dem Bestaunen an der Reihe. Aber durch welchen Zufall fanden Sie diese Meisterwerke in Holland, wo sie von Kaufleuten ohne Geschmack wie Seidenballen verkauft wurden? Ich danke Ihnen für Ihre Mühen und bitte Sie, damit fortzufahren. Sie hätten Lust, sagen Sie, wegen privater Angelegenheiten nach Frankreich zu reisen. Der König gestattete es Ihnen gern: aber er glaubt nicht, daß diese kleine Reise unter den gegenwärtigen Umständen gut für seine Angelegenheiten sei: warten Sie ab und seien Sie sicher, daß ich Ihnen bei nächster Gelegenheit das Vergnügen verschaffen werde.
Man beabsichtigt betreffs einiger Kriegsmunition mit den Holländern zu verhandeln: das Problem wird nicht sein, Händler zu finden, sondern alles höchst vorsichtig und geheim auszuhandeln. Ich glaube sofort, daß die holländische Nation über die Neutralität, die ihr angeboten und die akzeptiert wurde, beglückt ist. Ein Staat, der Geld höher achtet als den Ruhm, wird wohl zufrieden sein, derweil seine Nachbarn sich erwürgen und ruinieren. Ohne mit den Verlierern Risiken und Verluste zu teilen, teilen sich die Holländer den Sieg mit den Siegern. Wer ist denn dieser Monsieur de Reischach, der mir geschrieben hat? Ich weiß nicht, weshalb dieser Monsieur de Reischach an mich denkt: da sein Fürst zu unseren Freunden zählt, werde ich ihm trotzdem höflich antworten.

Maurice-Quentin de La Tour
Ludwig XV.

Wie verbringen Sie Ihre Zeit bei den guten Holländern? Hat man dort Lebensart? Können sie lachen, sich vergnügen, für ein paar Augenblicke ihr Geld vergessen? Ich glaube, daß in diesem Lande das Leben höchst langweilig ist, und das ärgert mich Ihretwegen, es sei denn, Sie liebten die Geschäfte mehr als das Vergnügen, was sehr selten vorkommt und sehr lobenswert ist. Ich grüße Sie, Herr Botschafter, von Herzen und lege Ihnen die Angelegenheiten des Königs stets an eben dieses.

Ich verbleibe etc.

Der alte Statthalter: Wilhelm III. von Oranien-Nassau, verheiratet mit Maria II. Stuart. Nach der ›Glorious Revolution‹ wurde er 1688 König von England. – *Monsieur de* oder *Herr von Reischach*: nicht identifiziert.

118. An den Comte de Saint-Florentin

Monsieur le Comte, ich empfehle Ihnen einen jungen Mann, der zu großen Hoffnungen Anlaß gibt. Ich liebe seine Beschützer und ich schätze seine Familie, in der Ehre und Talente Geschenke der Natur sind. Diese Gründe würden ausreichen, um ihn vorankommen zu lassen: aber Sie sollten ihn kennenlernen. In diesem Augenblick erhalte ich einen Brief von Monsieur de Paris, der mich um Unmögliches bittet, wenngleich ich ihm bereits gesagt habe, daß ich weder Macht noch Neigung hätte, ihm dienlich zu sein. Ich bitte Sie, es ihm zu wiederholen, denn ich möchte ihm nicht antworten. Ich bewundere die heilige Kühnheit dieser Herren: wenn sie sich einmal in den Kopf gesetzt haben, die Sache des Himmels zu verfechten, dann reden und handeln sie mit einem Hochmut, den Gott nicht gutheißen wird und der für Menschen gewiß unerträglich ist. Es sind keine Gefälligkeiten, um die sie bitten, sondern Befehle, die sie erteilen. Ich stelle mir vor, Monsieur le Comte, daß Ihr Ressort das angenehmste von allen ist: denn falls Sie mit Geistlichen vernünftig reden wollen, dann widersprechen Sie ihnen mit einem Bibelpassus: ich habe Mühe zu ergründen, ob diese Menschenrasse für die Welt ebenso nützlich wie ihr lästig ist. Es stimmt, daß wir die Macht in Händen

haben, und das ärgert sie sehr: bewahren wir diese sorgfältig und lassen wir sie Ängste hegen, aus Furcht, daß sie ihrerseits Furcht verbreiten und das Szepter ihrer Mitra unterwerfen wollen.
Aber falls Sie, das rasch noch zu meinem jungen Mann, derzeit nichts für ihn haben sollten, wird er warten: ich bitte Sie weder, einen anderen zu versetzen, noch mir zuliebe irgend jemanden ungerecht zu behandeln.

Ich verbleibe etc.

Monsieur le Comte: Louis-Philypeaux, Comte de Saint-Florentin, war ein bewährter Politiker. Mit achtzehn Jahren hatte er einige Innenressorts übernommen, die er fünfzig Jahre lang verwaltete. Er war ein Parteigänger der Marquise, der anfangs sogar ihre Liebesbriefe dem König an die Front gebracht hatte. – *Monsieur de Paris:* wahrscheinlich der Erzbischof de Beaumont.

Am 5. Januar geschieht das Ungeheuerliche. Als Ludwig XV., die geheiligte Person des Königs, für eine Ausfahrt seine Karosse besteigen will …

119. An die Comtesse de Baschi *Januar 1757*

Meine liebe Freundin, ich bitte Sie, sofort aufzubrechen und zu mir zu eilen. Mein Geist ist in furchtbarster Verwirrung; ich bin bestürzt, durcheinander, verzweifelt: spenden Sie, wenn es überhaupt geht, Trost und Rat. Ein Ungeheuer, das die Hölle ausgespieen hat, hat soeben das größte, schwärzeste und grauenhafteste Verbrechen am liebenswertesten der Männer, am besten der Könige begangen. Der gute Fürst, der angebetet zu werden verdient, wurde von einem Verbrecher niedergestochen, als er gerade in seine Karosse stieg, um nach Marly zu fahren. Beim ersten Lärm nach dem Attentat laufe ich in die Gemächer des Königs, wohin man ihn in sein Bett getragen hatte; atemlos und entsetzt komme ich an und will gerade eintreten; aber man stößt mich zurück, trotz meiner Schreie und meiner Drohungen, so daß ich gezwungen war, mit Verzweiflung im Herzen in meine Gemächer zurückzukehren. Ich bebe, daß die Wunde tödlich sein könnte; denn all meine Freunde verlassen mich, und ich weine hier völlig allein. Ach! ich weine nicht um mich, ich weine um den lieben Fürsten: ich gäbe mein Leben, um seines zu retten. Im Namen Gottes und unserer Freundschaft, eilen Sie, fragen Sie, erkundigen Sie sich nach seinem Zustand: haben Sie Erbarmen mit Ihrer Freundin.

Ich verbleibe etc.

Comtesse de Baschi: Schwester des Noch-immer-Ehemanns der Madame de Pompadour. Charlotte-Victoire, geborene Le Normant, war mit dem Grafen de Baschi-Saint-Estève verheiratet. Sie führte auch das Haus des Onkel-Vaters der Marquise, M. de Tournehem, seit 1745 Leiter der Königlichen Bauten. – *Marly:* das Ziel der Ausfahrt war das Schloß Trianon.

120. An den Comte de Stainville, Botschafter in Wien *(Januar 1757)*

Der König ist wohlauf, ganz wohlauf; er hat nur etwas Fieber. Welch abscheuliches Ungeheuer hat die Hölle gestern um sechs Uhr abends ausgespien, um dem besten aller Könige einen tiefen Stich mit dem Messer in den Rücken zu versetzen, als er eben in die Karosse steigen wollte, um zum Trianon zurückzufahren! Die Klinge ist nur ins Fleisch gedrungen. Sie können sich nicht vorstellen, welchen Mut und welche Geistesgegenwart der König gezeigt hat. Er hat den Verbrecher verhaften lassen und befohlen, daß man ihm nichts antue. Er ist, ohne gestützt zu werden, in seine Gemächer hinaufgegangen, hat nach einem Chirurgen und einem Priester verlangt, da er sich gefährlich verletzt glaubte, hat seine Familie, sein Gefolge getröstet, die völlig verzweifelt waren. Noch vorgestern ergingen sich die Parlamentsmitglieder nur in Schmähungen über ihn; heute hört man in der Stadt und am Hof nur Gebete. Jeder verehrt ihn. Von mir rede ich nicht, Sie können sich meine Lage vorstellen, denn Sie kennen meine Verbundenheit mit dem König. Ich befinde mich wohl. Guten Abend.

Stainville: Étienne-François Comte de Stainville, 1719-1785; er wurde noch im selben Jahr zum Duc de Choiseul erhoben und begann eine entscheidende politische Rolle zu spielen.

Der Herzog von Croÿ gibt genauere Auskunft über das Attentat des Robert Damiens:
»Gegen sechs Uhr abends bei recht klarem Himmel, obwohl etwas diesig, bei Vollmond und strahlendem Fackelschein wollte der König zum Trianon zurückfahren, wo ein Großteil des Hofs verblieben war. Er nahm die letzte Stufe des Kleinen Gardesaals, um in die Karosse zu steigen und stützte sich auf seinen Großstallmeister sowie auf den Oberstallmeister; der Duc d'Ayen und M. le Dauphin folgten ihm, während der Hauptmann der *Hundert Schweizer* vorausging, es war also alles, wie es sein sollte. In diesem Augenblick stürzt ein Mann zwischen zwei Gardesoldaten, die er nach rechts und links stößt, nach vorn, stößt einen Gardeoffizier beiseite und schlägt mit aller Kraft, von hinten, auf die rechte Schulter des Königs ein, mit einem Federmesser und mit solcher Kraft, daß die Wucht oder der Handgriff des Messers den König vornüber wanken und ihn ausrufen läßt: ›Duc d'Ayen, jemand hat mir einen Faustschlag versetzt!‹
Dies alles geschah so schnell, daß der Mann durch die Schneise, die er sich geschaffen hat, rückwärts verschwinden kann, noch ehe die, die er fast zu Boden geworfen hat, sich wieder fassen, und niemand sieht etwas vom Hieb, zum Teil wegen des Fackellichts, teils auch deshalb, weil man auf die unterste Stufe starrt.
Nach diesen Worten des Königs ruft der Marschall von Richelieu, der sich ebenfalls hinter ihm befindet: ›Wer ist dieser Mann mit dem Hut?‹ Der König wendet den Kopf und sagt, als er sicher ist, daß er an der Schulter getroffen wurde, und nachdem er mit der Hand hingefaßt und sie voller Blut zurückgezogen hat: ›Ich bin verletzt! Man verhafte, aber töte ihn nicht!‹«

Auch am Tag nach dem Mordanschlag wurde die Marquise de Pompadour nicht zu Ludwig XV. vorgelassen. Es bestand der Verdacht, Damiens Messer sei vergiftet gewesen. Im Angesicht des Todes wäre die Anwesenheit der Maitresse ein zu großer Skandal gewesen.

Nach zwölf Jahren wachsenden Einflusses bereiteten ihre Hauptgegner – der Kriegsminister d'Argenson und Marineminister Machault – in diesen Stunden ihren Sturz und ihre rasche Vertreibung vor. Die heimliche Königin Frankreichs erhielt kaum Nachricht aus den Zimmern den Königs. Ihr blieben, von einem Augenblick auf den anderen, nur wenige Getreue.

»Der Abbé de Bernis versuchte sie zu beruhigen. Er redete der Marquise gerade aus, Machault vorschnell zu verurteilen, als man den Marineminister meldete. Machault trat ein, sein Gesicht war streng. ›Wie geht es Madame de Pompadour?‹ fragte er ihn kalt. Und schon stand er in ihrem Kabinett. Alle gingen hinaus. Nach einer halben Stunde klingelte die Marquise, die in Tränen gebadet war: ›Ich muß weg! Mein lieber Abbé!‹ Ihre Zähne klapperten, und da sie ein Glas zerbrochen hatte, ließ man sie Orangenblütenwasser aus einem silbernen Becher trinken. Nachdem sie ein wenig wiederhergestellt war, gab sie Befehl, man solle ihr Palais in Paris vorbereiten, und ließ ihre Kutscher benachrichtigen, sie sollten sich bereithalten. Die Abreise wurde vorbereitet, die Tür vor jedermann versperrt ...« (E. u. J. de Goncourt)

Überall in Frankreich wurden Messen für die Genesung des Königs gelesen.

Die Behörden von Paris bezeugten durch Delegationen ihr Mitgefühl und ihre Untertänigkeit. Kirchenfürsten warteten in den Vorzimmern auf die Bulletins der zehn Ärzte. Seit einigen Stunden regierte der Thronfolger das Land.

Madame de Pompadour saß weinend zwischen ihren Koffern. Im übrigen Europa wurde zu Land und auf See Krieg geführt.

121. Von der Comtesse de Baschi — *Paris, den 8. Januar 1757*

Die abscheuliche Tat hat mich so erschüttert, daß ich mich zur Ader lassen mußte, und dieser Aderlaß ist mir fast zum Verhängnis geworden, da Dumont sich nicht einmal nach meinem Zustand erkundigt hatte. Bedenken Sie dabei auch die Verzweiflung, Sie nicht aufsuchen zu können. Was ich Ihnen zu sagen habe, ist von größter Wichtigkeit. Sie sind von Feinden umgeben. Sie sind verloren. Ich gäbe meine Hand, um eine Stunde mit Ihnen zu sprechen. Aber ich bin jetzt ans Bett gefesselt. Also will ich schreiben, auch auf die Gefahr hin, ein Opfer der Freundschaft zu werden. Mein kleiner Sekretär ist heute morgen um sechs angekommen. Er hat, koste es, was es wolle, Zutritt verlangt; schließlich hat man ihn vorgelassen. Der König hat wohl zu Berryer gesagt: »Was soll der Grund für dieses Attentat sein? Ich liebe meine Untertanen wie meine Kinder! Was redet man? Was denkt man?« »Sire, ganz Paris ist schockiert. Die Leute zitterten, daß der Stoß tödlich sein könnte. Doch seitdem es Euer Majestät außer Gefahr weiß, ist das Volk ruhig. Dieser Elende scheint mir nichts als ein Fanatiker zu sein, dessen Wahnsinn keinen Helfer hatte.« M. d'Argenson war weniger zurückhaltend; er erklärte folgendes: Die Pariser sind über Madame de Pompadour zornig. Sie ist, sagen sie, die Ursache des allgemeinen Elends. Das Volk verehrt Eure Majestät weiter. Opfern Sie ihm eine Frau, die verhaßt ist, vielleicht grundlos, aber die nie geliebt werden wird. Sire, um Ihrer selbst willen, entfernen Sie Madame de Pompadour aus Ihrer Nähe, und Sie werden mit Ihren Untertanen wie ein Vater mit seinen Kindern umgehen können. Der König schwankte: er wirkte tief bekümmert; doch es scheint, daß Ihre Verbannung beschlossen ist. Adieu, meine teure Freundin, zählen Sie, egal was Ihr Schicksal sein wird, auf meine Freundschaft. Aber nichts ist verloren, sofern Sie Mut und Geistesgegenwart zeigen. Antworten Sie, und zwar so schnell es geht.

Dumont: nicht identifiziert. – *Berryer:* Nicolas René Berryer, Generalleutnant der Pariser Polizei.

Die Krise verschärfte sich.

Kriegsminister Pierre Marc d'Argenson und Marineminister Jean-Baptiste de Machault, der durch die Marquise in Gunst gekommen war, fädelten einen Staatsstreich gegen die Pompadour ein. Beide hielten bereits eine Ersatzmaitresse in Bereitschaft: die Comtesse d'Esparbès. Wie redlich die Motive der beiden Minister waren, ob sie Jeanne de Pompadour wegen ihrer Politik oder ihrer Macht, wegen der diffusen Staatsführung haßten, oder ob sie sie einfach entfernt haben wollten, bleibt umstritten.

Viel geschah innerhalb weniger Stunden und im geheimen, so daß selbst Zeitgenossen über Ursachen und Absichten nur spekulierten.

122. Von der Comtesse de Baschi *Paris, den 9. Januar 1757*

Mein kleiner Sekretär bricht auf. Ihr Untergang ist beschlossen. Der kleine Zauberer wollte es Ihnen nicht selbst mitteilen; das läßt Sie fünfzehn Stunden gewinnen. Man hat M. Machault vorgeschlagen, diesen Auftrag zu erledigen: er zögerte; M. d'Argenson hat ihn überredet. Das darf Sie nicht aus der Fassung bringen. Mein Brief wird Sie gegen drei erreichen, und zwischen vier und fünf wird Machault Sie aufsuchen und Ihnen sagen, daß der König Ihnen befiehlt, sich, bis auf weiteren Befehl, in die Abtei von Plessis zurückzuziehen. Antworten Sie gelassen, daß Sie bereit wären, dem König zu gehorchen, aber es nicht gewohnt wären, seine Befehle durch Dritte zu erhalten; man müsse Ihnen zumindest den Haftbrief mit dem Reisebefehl zeigen. Sie werden den üblen Herrn verwirren: er hat keinen Haftbrief; daran haben sie nicht gedacht oder hatten keine Zeit dazu. Bestehen Sie darauf, und der Sieg ist unser. Man wird es nicht wagen, den König nochmals zu quälen, oder falls sie wieder vorstellig werden, mag er alles in anderem Lichte sehen. Er wird nicht mehr in derselben Verfassung wie in jenem finsteren Augenblick sein. Also, nichts ist verloren, und Ihr Verstand wird Ihnen heraushelfen... Mein Gott, mein Briefbote kommt nicht... darum noch zwei Worte: Sie haben das Schlimmste hinter sich, dessen bin ich mir sicher. Aber innerhalb von vierzehn Tagen müssen M. d'Argenson und M. de Machault unbedingt in die Verbannung geschickt werden. Das ist das einzige Mittel, Ihr Ansehen und Ihren Einfluß dauerhaft zu sichern. Schließlich sind zwei Männer, die Ihre Verbannung gefordert haben und die Sie nicht vertreiben könnten, gefährliche Feinde. Wenn Sie auch gegen sie kämpfen würden, so könnten Sie doch in deren Ministerien nichts bewegen. Genausogut könnten Sie selber verbannt werden. Man schicke beide also auf Ihre Landgüter, wo Sie weiter intrigieren mögen. Das sollte die einzige Gunst sein, die Sie als Wiedergutmachung für ihre Härte Ihnen gegenüber erbitten sollten. Man betet Sie an, man hat ein feines Herz, eine empfindsame Seele; im ersten Augenblick können Sie viel ausrichten. Aber wenn Sie strafen, denken Sie auch an Belohnungen. Sie verdanken alles Berryer... Mein Briefbote ist zur Stelle. Er soll lieber sein Pferd zuschanden reiten, als in Sève ein anderes zu nehmen.

Man betet Sie an...: der König.

Insbesondere zwischen dem Kriegsminister d'Argenson und Jeanne de Pompadour entbrannte ein Kampf auf Leben und Tod: »Ich weiß nicht, Monsieur, wie all dies enden wird, aber sicher ist, daß Sie oder ich gehen müssen!«
Die Wunde des Königs war, wie er selbst seinem Leibarzt zuflüsterte, nicht nur körperlich: »Sie ist tiefer, als Sie glauben, denn sie geht mir bis ins Herz.« War solcher Haß auf ihn denkbar? Im Laufe der Tage genas Ludwig XV. In seiner Anwesenheit durfte der Name des Attentäters nie wieder genannt werden. Durch ihren Günstling, den Postmeister Janelle, ließ Jeanne de Pompadour aus Briefen sämtliche Erwähnungen eliminieren, die sich auf den Mordversuch bezogen.
Kriegsminister d'Argenson widerrief wütend die unerlaubte Anordnung der Maitresse, die Wahrheiten unterdrücken wolle. Diese entgegnete: »Das sind schöne Prinzipien; aber Sie gestatten mir, Ihnen zu sagen, daß sie in diesem Fall nicht am Platze sind und daß das mächtige Interesse an der Ruhe des Königs über jede andere Erwägung den Sieg davontragen muß.«
Fast eine Woche lang wurde Jeanne de Pompadour durch ihre Gegner vom König ferngehalten.

Der Marquise drohte jetzt das Schicksal der früheren Maitresse Madame de Châteauroux. Diese war 1744 bei der schweren Erkrankung des Königs in Metz, als Ludwig bereits die Sterbesakramente erhalten hatte, infolge der Machenschaften der Geistlichkeit davongejagt worden. Bei diesen berühmten ›Szenen von Metz‹ war dem todkranken König unter Androhung von Höllenstrafen das Gelübde abgepreßt worden, in Zukunft monogam als vorbildlicher Familienvater und mustergültiges, ›allerchristlichstes‹ Staatsoberhaupt zu leben. Würde sich die aufsehenerregende Vertreibung einer Maitresse wiederholen?
Sechs Tage nach dem Attentat Damiens' verließ Ludwig XV. plötzlich eine kleine Gesellschaft. Ohne eine Erklärung begab er sich erstmals wieder zu Madame de Pompadour. Ein Höfling bemerkte zu dieser Rückkehr in bisherige Verhältnisse: »Das wird zu interessant, um jetzt essen zu gehen.« Ludwigs Sehnsucht nach seinen alten Gewohnheiten und nach Geborgenheit war jetzt sicherlich noch stärker als vor dem Anschlag auf sein Leben.

123. An den Comte de Stainville, Botschafter in Wien — *20. Januar 1757*

Nur ein Wort sage ich Ihnen zu all den Fürchterlichkeiten, die sich im Schlafgemach des Königs abgespielt haben. Stellen Sie sich einfach die zweite Folge der Szenen von Metz vor, mit Ausnahme der Sakramente, die er diesmal nicht hat empfangen müssen. Fügen Sie dem niederträchtigen Verhalten hinzu, daß es von Leuten ausgeht, die alle mir ihre Existenz verdanken. Die erste Gnade, die ich vom König erbeten habe, war, sie nicht zu bestrafen. Ich will für so verächtliche Menschen kein Bedauern heraufbeschwören. Fürchten Sie nicht, daß die Ereignisse meinen Mut schwächen könnten. Nur der Verlust des Königs könnte das. Er lebt, alles andere ist mir gleichgültig. Kabale, Intrigen, Schamlosigkeiten, Geschmier etc., nichts wird mich schrecken und ich werde ihm dienen, solange es mir meine Lage gestattet. Dabei verlasse ich mich auf die, die mich während der ersten sechs Tage besucht haben, was Ihnen beweist, daß meine Ruhe, sobald ich des Lebens des Königs sicher war, mich keinen Moment lang in meinen Neigungen und Absichten wanken ließ.

Durch die Rückkehr Ludwigs zu Jeanne de Pompadour war es in dem erbitterten Machtkampf zwischen der Favoritin und Monsieur d'Argenson sowie Monsieur de Machault um die beiden Politiker geschehen. Entgegen ihrer ersten Absicht und ihrer brieflichen Äußerung setzte die Marquise ihre Rache ins Werk. Schwächen in der Amtsführung des Kriegsministers und des Marineministers waren schnell gefunden. D'Argenson hatte überdies beim König die Angst vor weiteren Attentaten geschürt. Das war umsichtig und unklug zugleich. Das königliche Entlassungsschreiben an den Kriegsminister vom 1. Februar fiel kurz aus:
»Monsieur d'Argenson, ich bedarf Ihrer Dienste nicht mehr und befehle Ihnen, mir Ihre Demission als Staatsekretär und Inhaber aller damit verbundenen Ämter einzureichen und sich auf Ihr Landgut Les Ormes zurückzuziehen.«
Auch Monsieur de Machault wurde verbannt.
Gleichzeitig gingen die Untersuchungen gegen Robert-François Damiens weiter.
Hatte der Attentäter allein oder im Auftrag der Engländer, der Preußen oder der Jesuiten gehandelt? Oder sogar im Auftrag des Pariser Parlaments, das gegen die Streichung von Beamtenstellen und gegen Steuererhöhungen rebellierte? Jede Verschwörung war bereits denkbar! Doch der ehemalige Hausdiener Damiens war ein Einzeltäter. Er wirkte verwirrt. Dennoch ließ sich sein Tatmotiv aus dem immer schärferen Kampf zwischen König und Parlament um die Regierungsmacht herleiten. Damiens hatte in Amiens bei Freunden des Parlaments gearbeitet.
Königsmord war das schwerste Verbrechen, auch versuchter Königsmord. Die Hinrichtung Damiens' am 28. März 1757 in Paris zog Tausende von Schaulustigen an. Emmanuel de Croÿ war Augenzeuge:
»Um ihn herum befanden sich nur sechs Henker und die zwei Beichtväter. Er half selbst, sich zu entkleiden, und zeigte we-

der Furcht noch Befremden, sondern Lust, Schluß zu machen (man wird sich erinnern, daß er sich selbst zu töten versucht hatte, und das nicht nur einmal). Man streckte ihn auf dieser Art Tisch aus, wo Eisenringe seinen Körper in jede Richtung festhielten, zwei quer über die Brust, einer teilte sich gabelförmig, ließ den Hals frei, und einer zwischen den Schenkeln, und alle kreuzten sich in der Mitte und wurden durch große Schrauben unter dem Tisch gespannt, so daß der Rumpf vollkommen unbeweglich lag. Ein besonderes Eisen wurde um seine rechte Hand geschlossen, man verbrannte sie ihm mit Schwefelfeuer, was ihn schreckliche Schreie ausstoßen ließ, dann wurden seine Arme und Beine straff gefesselt, zuerst oben und, von da, immer rundherum bis zum Handgelenk und Fuß, und man befestigte diese Seile am Zuggeschirr der vier großen Pferde, die an allen vier Ecken des Tisches aufgestellt waren, und nachdem der Henker das Zeichen gegeben hatte, ließ man die Pferde immer wieder stoßweise anziehen, was nichts ausrichtete, sondern ihn grauenvoll brüllen ließ. Man trieb die Pferde doppelt so kräftig an, ohne ihn zerreißen zu können, und diese grauenvollen Schreie übertönten, trotz der gewaltigen Zuschauermenge, alles.
Um ihn zerreißen zu können, nahm man noch die zwei Karrenpferde für die Schenkel dazu, zog und trieb alle sechs Pferde auf einmal. Das verdoppelte nur sein Brüllen, das nicht leiser werden wollte, so stark war dieser Mann. Die Henker, die nicht mehr wußten, was sie tun sollten, wurden zum Rathaus befohlen. Man beschied ihnen, daß er gevierteilt werden müsse. Wieder begann man mit dem ruckartigen Zerren der Pferde. Die Schreie hörten nicht auf, aber die Pferde begannen von ihrem Stampfen auf der Stelle müde zu werden. Nun also erlaubten die Richter, daß man ihn in Stücke haue, der Henker hieb ihm oben in den Schenkel und ließ zugleich die Pferde ziehen. Er hob noch den Kopf, um zu sehen, was man mit ihm machte, und er, der Gotteslästerer, er stieß keine Flüche aus, sondern warf seinen Kopf dauernd auf die Seite des Kruzifixes und küßte es. Die Beichtväter redeten auf ihn ein.
Schließlich, nach anderthalb Stunden dieser aufgrund ihrer Dauer beispiellosen Qualen, riß der linke Schenkel zuerst ab.

Das Volk klatschte dazu. Bis dahin schien es nur neugierig und eher gleichmütig gewesen zu sein. Dann riß, durch das Hineinhacken, der andere Schenkel ab. Darauf hieb man in eine Schulter, die schließlich abgetrennt war. Das Schreien verstummte nicht, war jedoch viel schwächer geworden, und der Kopf arbeitete noch. Dann hackte man den vierten Teil ab, das heißt die andere Schulter, und der Kopf erlosch erst, als sie bis auf den Stumpf weg war. Man löste die Eisenringe von ihm ab, und es hieß, daß er noch gezuckt hätte, als man ihn auf den Scheiterhaufen legte, wo er vollständig verbrannt wurde.
So war das Ende dieses Elenden, der, wie jedermann glaubt, wegen der Länge seiner großen Qualen die furchtbarste Strafe erlitt, die je ein Mensch erdulden mußte.«

124. An die Comtesse de Baschi *1757*

Es gibt derzeit keine Neuigkeiten; aber wir erwarten täglich welche: wolle Gott, daß sie gut sind! Ich werde Ihnen nur sagen, daß ich Sie immer liebe, aber das ist keine Neuigkeit. Man erzählt, daß Damiens wie ein Held gestorben sei und mit außergewöhnlicher Standhaftigkeit die schrecklichste der Strafen ertragen habe: woher solcher Mut? Dieser Verbrecher war für die großen Verbrechen geschaffen. Man erzählt, daß er vor seinem Transport auf die Place de la Grève zwei Rebhühner verzehrt und eine Flasche Wein getrunken habe, daß er alle Vorbereitungen für seine Bestrafung betrachtet habe, als gälten sie einem anderen. Man muß zugeben, daß im Menschenherzen große Kräfte schlummern und daß es ohne Zagen viel leiden kann. Man befürchtete, daß dieser Elende irgendwo versteckte Komplizen hätte, die ihn vielleicht zu retten versuchen würden. Die Garden und das Leibregiment des Königs waren auf dem Posten: ich weiß nicht, ob dieser Aufwand wirklich nötig war, es sei denn, um seine Bestrafung noch gewichtiger zu machen und dem Gedächtnis noch schrecklicher einzuprägen.
Wissen Sie, daß der arme Bâville tot ist? Jeder betrauert ihn, nur seine Frau nicht, die ihrerseits auch von niemandem be-

trauert würde: aber das schert sie nicht. Sie heuchelt nicht einmal Tränen; sie ist sehr lustig und scheint dem Tod dieses Ehrenmanns gegenüber so gleichgültig zu sein, als hätte sie ein Paar Handschuhe verlegt. Es gibt in der Tat recht ungewöhnliche Frauen, die mich über mein Geschlecht erröten lassen.

Würden Sie wohl die Mühe auf sich nehmen, für mich die Sammlung von Monsieur de Renecé anzuschauen? Denn dazu habe ich nicht genug Zeit. Man sagt, daß er hervorragende Gemälde der größten Meister besäße: ich werde mich gern auf Ihr Urteil und Ihren Geschmack verlassen, falls ich Lust zum Kauf bekommen sollte. Wir leben derzeit sehr einsam: alle Welt ist bei der Armee; in dieser Beziehung ist der Krieg, so schrecklich er ansonsten ist, eine Wohltat, befreit er uns doch von einer Horde herumtollender kleiner Affen, die man nicht ertragen kann, aber ertragen muß: ich nehme zwei oder drei aus, die keine Affen sind und die man als verdienstvolle Männer ehren kann. Adieu, meine Liebe; besuchen Sie Ihre Freundin und küssen Sie ihr beide Wangen.

Etc.

125. Von der Comtesse de Baschi *Paris, den 30. März 1757*

Sie können sich nicht vorstellen, wie es mich schüttelt, wenn ich von diesem Elenden höre. Ich gehe nirgendwohin, wo man darüber debattiert, was er vorgestern getan oder gedacht hat, darüber, wie, warum, was er erdulden mußte. Sie ahnen, wie erbaulich diese aufreizenden Schilderungen für meine Nerven sind. Ich will drei Tage zu Hause verbringen, ohne eine lebendige Seele vorzulassen. Ich glaube, danach wird man mich verschonen. Ich muß trotzdem über die erfrischende Naivität einer Antwort lachen, die ich gestern unvermittelt bei der alten Marschallin heraufbeschwor. Ich fragte Sie nach Neuigkeiten von ihrem Sohn. Ich bedauerte sie, ich sagte ihr, daß die Trennung sie sicherlich viel gekostet hätte. Oh, Madame, sagte sie, wer so etwas nie durchgemacht hat, kann es sich nicht vorstellen. Ich bin nicht unter

tausend Louisdor davongekommen, ohne den Kauf seines Regiments mitzurechnen.
Ich werde mir gerne die Sammlung von M. de Renecé ansehen; allerdings werde ich M. Remy mitnehmen. Ich muß Ihnen gestehen, daß ich schändlich getäuscht worden bin. Der *Schlaf des Endymion*, angeblich von Albani, ist nur eine Kopie. Der Abbé Finateri hat in Rom beim Kardinal Colonna das Original gesehen.
M. le Duc d'Orléans ist gestern etwas Gutes zuteil geworden. Anstelle von M. de Silhouette wurde der Abbé de Bréteuil zu seinem Kanzler ernannt. Es wäre sehr zu wünschen, daß sämtliche Diener unserer Fürsten dieses Schlags wären. Aber damit erzähle ich dem General die Geschichte des Kampfs. Wissen Sie nicht alles, bevor andere auch nur daran denken? Ganz die Ihre.

Die Trennung… gekostet hätte: auf die Frage nach dem seelischen Preis der Trennung von ihrem Sohn reagiert die Marschallin also nur mit einer Antwort hinsichtlich der Kosten für sein Offizierspatent und das dazugehörige Regiment. – *Albani:* der Maler Francesco Albani, 1578-1660.

Unter dem Einfluß der Marquise de Pompadour lösten sich die Minister Moreau de Séchelles, Peyrenc de Moras, Boullonge de Bertin, l'Averdy in ihren Ämtern ab. Alles wohlklingende Namen. Monsieur de Silhouette blieb nur vier Wochen Finanzminister. Aber das reichte, um von nun an Schattenbilder *Silhouetten* zu nennen.
Inzwischen wuchs trotz aller Bemühungen das Staatsdefizit. Doch die Parole lautete, den Krieg gegen England/Preußen möglichst siegreich zu bestehen. Zum Außenminister wurde schließlich der engste Vertraute des Königs und seiner Maitresse ernannt: der Abbé de Bernis, Botschafter in Venedig, hatte die Bündnisverhandlungen mit Österreich erfolgreich geleitet. Dem Prinzen Soubise verhalf die Marquise zu einem Oberkommando auf deutschem Boden. Sie verhielt sich wie andere Politiker, sie vertraute Personen, die sich bewähren *mußten.* Am 5. November schlug Preußen die Franzosen gemeinsam mit den verbündeten deutschen Truppen bei Roß-

bach vernichtend. In Frankreich wurde das bittere Spottgedicht gereimt:

Soubise sagt, die Laterne in der Hand,
Ich such umsonst, wohin mein Heer verschwand.
Gestern morgen war es noch da.
Wurd's mir genommen oder hab' ich's verloren gar?

126. An den Marschall Prinz von Soubise *November 1757*

Vor mir brauchen Sie sich nicht zu rechtfertigen; vielmehr sollten Sie dies vor dem König und Frankreich tun, die über die Affäre von Roßbach erstaunt und verwirrt sind. Ein geschlagener General ist in den Augen der Öffentlichkeit immer ein schlechter General: vor allem die Pariser sind außer sich; vor Ihrem Haustor haben sie tausend Unverschämtheiten freien Lauf gelassen. Das sind nun die Annehmlichkeiten meiner Lage und der Lohn für meine Freundschaftsdienste. Der König achtet Sie dennoch weiter, und ich glaube, daß Sie seine Gunst behalten; doch Sie werden Ihr Kommando einbüßen. Es steht mir nicht zu, in solchen Angelegenheiten zu richten; doch scheint es mir, daß ich mit Sicherheit sagen darf, daß eine Schlacht ein Spiel ist, bei dem die Verlierer fast immer als die Dummen dastehen, gewiß oft ganz zu Unrecht. Ich hoffe, Monsieur le Maréchal, daß Sie bei anderer Gelegenheit Ihr Können zeigen und Ihre Feinde zwingen werden, Sie zu bewundern, und die Ihres Königs, Sie zu fürchten. Bis dahin kann ich Ihnen nicht verhehlen, daß es nach einem bis jetzt glückvollen Krieg für Sie und die Nation sehr betrüblich ist, daß das Glück uns durch Sie den Rücken kehrt und Sie der erste sind, der uns Tränen vergießen läßt. Verlieren Sie indes nicht den Mut: Ihre Freunde werden treu und nützlich bleiben; zählen Sie darauf. Ich habe Sie ein wenig schelten wollen, um meinem Schmerz Luft zu machen; vielleicht bin ich im Unrecht gewesen, und diejenigen, die Sie rügen, sind es noch mehr. Kommen Sie und beweisen Sie vor ganz Frankreich, daß Sie in Roßbach die Pflichten eines guten Generals erfüllt haben und daß Ihre Niederlage ein

Mißgriff des Schicksals und nicht Ihrer war: das wird meine erste Freude nach der Botschaft von dieser unseligen Schlacht sein. Ich grüße Sie von ganzem Herzen: trösten Sie sich, hoffen Sie und bleiben Sie wohlauf. Über Ihren Prinzen von Hildburghausen bin ich höchst erzürnt. Es scheint, dieser Mann ist sehr anmaßend und nicht sehr fähig; er hat als erster die Schlacht gefordert und sich als erster gerettet: der Fuchs, den er fangen wollte, war schlauer als er. Ich hasse ihn, glaube ich, noch mehr als den Fuchs. Etc.

Roßbach: Ortschaft bei Weißenfels; die Preußen verloren bei dieser Schlacht etwa 550 Mann, die Franzosen und die mit ihnen verbündeten Reichstruppen unter dem Prinzen Joseph-Friedrich von Sachsen-Hildburghausen über 10 000 Soldaten; 8 französische Generäle, 260 Offiziere gerieten in Gefangenschaft. Die Reichstruppen, mit Kontingenten aus den meisten deutschen Staaten, waren vom Regensburger Reichstag aufgestellt worden, um den Landfrieden wiederherzustellen und die angedrohte Reichsacht gegen Friedrich den Großen zu vollstrecken.

127. Vom Marschall Prinz von Soubise — *Neustadt, den 18. November 1757*

Ich habe mich vermutlich ungeschickt ausgedrückt, Madame, falls ich den Eindruck erweckte, ich wolle mich vor Ihnen rechtfertigen. Als meine Freundin habe ich Sie betrachtet, meine Nöte habe ich Ihnen anvertraut: das ist alles. Meine Rechtfertigung steht nur dem König und der Nation zu; aber ich werde diesen Schritt nicht tun. Ich hatte kein Glück und wurde nicht angemessen unterstützt. Mir soll es recht sein, wenn man mich für unfähig und ungeschickt hält. Die Vorwürfe meiner Freunde, die bösartigen Äußerungen von Höflingen, die Frechheiten aus dem Volk können mich nicht so grausam foltern wie der finstere Kummer und die bitteren Gedanken, die sich nach der Katastrophe meiner bemächtigt haben. Ganz Frankreich möchte entschuldigen, was ich selbst nie entschuldigen werde: sobald ein General genug Männer und Waffen hinter sich hat, macht man ihn für alle Fehler, die er begeht oder begehen läßt, verantwortlich, und man tut recht daran. Ich glaube, bald die Ehre zu haben, Sie zu sehen. Ich werde Ihnen Dinge sagen, die ich dem Papier nicht anvertrauen kann und will.

Am 22. November besiegen die Österreicher vor Breslau die preußischen Truppen unter dem Herzog von Braunschweig-Bevern. Am 5. Dezember werden die Österreicher bei Leuthen von den Preußen geschlagen. Friedrich der Große gewinnt Schlesien vorerst zurück. Am 17. Dezember teilt Madame de Pompadour dem Verbündeten Kaunitz in Wien mit: »Ich hasse den Sieger mehr denn je zuvor... treffen wir gute Vorbereitungen, pulverisieren wir den Attila des Nordens, und Sie werden mich ebenso zufrieden sehen, wie ich jetzt äußerst schlechter Laune bin.«

128. An den Staatskanzler Kaunitz *21. Dezember (1757)*

Es ärgert mich sehr, Herr Graf, Ihnen nur zwei Glückwünsche aussprechen zu können. Es wäre mir sehr lieb gewesen, wenn ich Ihnen von nichts anderem als von meiner Freude über das glückliche Ereignis sprechen könnte; das vom 5. dieses Monats mindert sie sehr, ohne meinen Mut zu schwächen; jede erhabene Seele bäumt sich gegen das Unglück auf und wird dadurch noch mehr gedrängt, Mittel zu suchen, um es wiedergutzumachen. Das ist meine Art zu denken, Herr Graf, ich hoffe, Sie erkennen darin das Original des Portraits, das Sie unverzüglich erhalten, und das Ihnen meine treue und aufrichtige Freundschaft bezeugen soll.

»Von da an rollten die Ereignisse in fast immer der gleichen Form ab. Jedes Frühjahr wurde Friedrich von drei Seiten aus von drei Heeresgruppen angegriffen, die in Richtung auf Berlin marschierten. Friedrich mußte dauernd zwischen ihnen manövrieren, sie zu fassen suchen, bevor sie sich vereinigen konnten. Wäre ihnen eine Vereinigung gelungen, wären sie ihm numerisch ungeheuer überlegen gewesen. Blieben sie isoliert, war er so stark wie jede einzelne von ihnen.

Wollte Friedrich durchhalten, mußte er immer und überall Sieger sein ... Aber bis zum Schluß hatte er den Vorteil, den ein einheitliches Kommando mit sich bringt. Die Alliierten führten einen Koalitionskrieg. Ihre Bewegungen richteten sich nach den endlosen Besprechungen in den Kanzleien.« (P. Gaxotte)

Die Franzosen erkämpfen einige Siege. Marschall Richelieu unterzeichnet eigenmächtig die Konvention von Zeven, laut der die Engländer ihre Festlandarmee auflösen sollen. Unbehelligt kann der Marschall daraufhin plündernd von Hannover aus Richtung Osten ziehen. Prompt taufen die Pariser sein neues Palais *Pavillon d'Hanovre*. Die Marquise de Pompadour rät schließlich, ihren alten Vertrauten, den Grafen Clermont, als neuen Oberbefehlshaber nach Deutschland zu entsenden und ihren beständigen Widersacher, den immer wieder einflußreichen Richelieu, abzusetzen.
Clermont berichtet umgehend nach Versailles: »Ich habe das Heer Eurer Majestät in drei Gruppen aufgeteilt gefunden: die erste ist auf der Erde und besteht aus völlig zerlumpten Dieben und Plünderern; die zweite befindet sich unter der Erde und die dritte in den Lazaretten.«
Nach diesem Bericht tritt Kriegsminister de Paulmy zurück und Marschall de Belle-Isle wird in sein Amt berufen.

129. An den Duc de Richelieu

Sie haben mir einen sonderbaren Brief geschrieben, und Ihr Betragen ist seit einiger Zeit noch sonderbarer. Sie sind so schwach, auf eine Frau eifersüchtig zu sein: ich frage Sie, woher Sie sich das Recht dazu nehmen. Sie halten sich für fähig, im Namen des Königs zu regieren, doch außer Ihnen glaubt das keiner. Dennoch träfen Sie, sagen Sie, auf ihrem Weg fortwährend auf mich, und ich sei die einzige, die den Lauf Ihrer großen Bestimmungen hemme. Monsieur, Hand aufs Herz und hören Sie mir zu: lernen Sie von einer Frau, aufrichtig und maßvoll zu sein.
Ich genieße wenig Ansehen, wiewohl ich stets denen ge-

dient habe, die mir dessen würdig schienen. Oft, das gebe ich zu, habe ich mich unglücklicherweise getäuscht und kleine Ehrgeizlinge für Menschen von Verdienst gehalten. Sie sind nicht der einzige, der dazu zählt; aber Sie sind der einzige, der schamlos undankbar war und der zu seinem persönlichen Verdienst die Gunstbezeugungen addiert hat, die Sie der Großherzigkeit und Schwäche anderer verdankten. Wäre ich so mächtig, wie Sie behaupten, hätte ich wohl die Beleidigungen, die ich durch Sie erfuhr, bestrafen können und ich könnte es noch. Statt dessen haben Sie alle Ihre Ämter behalten und neue bekommen; sie hatten bedeutende Kommandos und haben sie noch. Falls ich so mächtig wäre, bin ich doch nicht rachsüchtig, wie Sie es behaupten; denn falls ich rachsüchtig wäre, hätte ich folglich keinerlei Einfluß; schließlich stehen Sie noch in Gunst und haben Ihre Posten behalten und wagen es, ungestraft gegen mich zu intrigieren: wie wollen Sie sich da herauswinden? Lauthals beschweren Sie sich über meine Undankbarkeit: doch, Monsieur le Duc, erlauben Sie mir, Ihnen zu sagen, daß ich Ihnen nichts schulde. Falls ich Ihnen übrigens solchermaßen verpflichtet wäre, wie Sie vorgeben, so würde Ihre fortdauernde Gunst bei Hofe beweisen, daß ich dankbar bin. Ich weiß, von welchen Verpflichtungen Sie sprechen: aber ein Mann mit ein wenig Selbstachtung sollte, anstatt damit zu prahlen, sich vielmehr schämen. Ich bin darüber, was mich selbst angeht, schon längst errötet. So kennen Sie nun meine Gefühle, die ich Sie zu berücksichtigen bitte, indem ich Ihnen rate, falls dies möglich ist, vernünftig, gerecht und bescheiden zu werden.

130. An den Comte de Clermont, Oberbefehlshaber in Deutschland — *12. März 1758*

Die Marquise de Laigle bittet mich inständig, Sie wegen ihres Sohnes, des Barons de Rey, Kapitän im Regiment von Fiennes und Adjutant des Marschalls, zu behelligen. Ich habe ihr versichert, daß Sie betreffs dieses Regiments gewiß Zusagen gemacht hätten. Sie hat darauf bestanden, was ich

Ihnen hiermit zu schreiben die Ehre habe. Ich bitte Sie, Monseigneur, mich nicht für aufdringlich zu halten. Ich konnte ihr diesen Trost nicht verweigern.
Um so betrübter bin ich, Monseigneur, von Ihnen zu hören, daß durch den Geist und die Talente von M. de Bernis unsere Angelegenheiten derartig gedeihen, daß es dem König von Preußen den Atem verschlägt. Ich fürchte sehr, so viele Mühen könnten durch das Verhalten der Armee zunichte gemacht werden. Marschall Belle-Isle befaßt sich einzig und allein mit der Reorganisation des Militärs, er besitzt für diese schwierige Aufgabe die nötige Kenntnis und Willenskraft. Empfangen Sie stets mit demselben Vergnügen, Monseigneur, die Beteuerungen meiner treuesten Verbundenheit.
Madame de Sens befiehlt mir, Monseigneur ihre Komplimente zu übermitteln.

M. de Bernis: der alte Freund der Marquise, Abbé und Außenminister, fiel wegen seiner zögerlichen Haltung, was den Krieg betraf, zunehmend in Ungnade.

131. An denselben — *18. März 1758*

Leider! ja, Monseigneur, Ihre Kommentare und Ihre Lage bleiben sich immer gleich. Das Herz wird mir schwer davon. Wenn es Ihnen nicht gelingt, die Disziplin wiederherzustellen, dann nur, weil es nicht möglich ist, denn gewiß ergreifen Sie alle notwendigen Maßnahmen. So hilfreich Ihnen Crémilles bislang schon gewesen sein mag, hier ist er es, glaube ich, in noch höherem Maße. Der Marschall ist im Bilde, durchaus einverstanden; überdies bleibt er Ihnen treu zugeneigt. Also dürfen Sie sich, was das Ministerium angeht, ganz sicher sein, zumal ich mir schmeichle, daß Sie nicht an den Gefühlen zweifeln, die mich mein Lebtag lang an Sie binden.
M. de Soubise ist von Ihren Gunstbeweisen durchdrungen und sehnt sich brennend danach, eine Gelegenheit zu finden, Ihnen seine treue Ergebenheit zu beweisen.

Crémilles: Louis Hyacinthe Boyer de Crémilles, Generalleutnant der Armeen.

132. An denselben *23. März 1758*

Sie können, Monseigneur, aufgrund meines Ihnen wohl bekannten Interesses am Wohl des Königs wie auch des Staates, meine Verzweiflung ermessen. Auch Sie haben großen Einfluß auf meine Leiden. Es ist schrecklich, die Zerstörung der Armee zu erleben, ohne helfen zu können. Ich hoffe, Sie können Ihre Stellung am Rhein halten, um genügend Zeit für die absolut unumgänglichen Wiederherstellungen zu haben, ohne die dem König keine Truppen mehr blieben. Der Befehl, den Sie gegen Nichtsnutze erlassen haben, hat in Ihrer Armee gut gefruchtet. Machen Sie weiter, Monseigneur, lassen Sie sich durch gleich welche Hindernisse, auf die Sie stoßen, nicht entmutigen. Sie werden der Reorganisator des Heeres sein, mit dem Sie Taten vollbringen werden, die der Erhabenheit Ihrer Seele würdig sind und Sie für die Strapazen entschädigen werden, die Sie sich aufgebürdet haben. Das ist Gegenstand meiner brennendsten Wünsche.

133. An denselben *26. März 1758*

Ich bin sehr froh, Monseigneur, von Ihrer Krankheit erst gleichzeitig wie von Ihrer Heilung erfahren zu haben. Sie hätte mich in zu große Unruhe versetzt. Ich möchte Ihren Schmerz nicht vergrößern, indem ich Ihnen von meinem spreche: er ist von äußerster Heftigkeit. Ich kann mich nicht mehr trösten über die Schande der Nation und die grausame Situation, in der Sie sich befinden. Der Marschall ist mit allem, was Sie wünschen, vollauf beschäftigt, er beeilt sich, Ihnen Zeichen seiner Verbundenheit zu geben. Ich denke wie er, Monseigneur, und ich wage, Ihnen zu sagen, daß auch nur ein Augenblick des Zweifelns Ihrerseits daran die größte Beleidigung der treuen Zuneigung wäre, die ich Ihnen für immer geweiht habe.

Der Marschall: der Kriegsminister de Belle-Isle.

134. An denselben *Rueil, den 4. April 1758*

Wenn Ihre Einschätzung mich nicht dazu ermächtigte, Monseigneur, die Kapitulation lächerlich zu finden, hätte ich geglaubt, mich in meinem Urteil zu täuschen. Sie scheint mir nur dazu gemacht, die Equipagen zu retten und den Offizieren die Freiheit zu schenken. Ich hoffe, daß Sie sie zu ihren Truppen zurückgeschickt haben. Laut habe ich erklärt, man müsse Monsieur de La Jeunesse zum Offizier machen, und ich bin recht stolz darauf, so wie Sie gedacht zu haben. Es läuft ein Gerücht von der Einnahme Dresdens um, was sehr angenehm wäre. Ich kann trotzdem nicht verhindern, daß mir das Herz bricht, wenn ich sehe, wie die anderen schöne Taten vollbringen, und die Franzosen ... Reden wir nicht mehr davon; empfangen Sie vielmehr meine Huldigungen, Monseigneur, dazu mit einigem Eigennutz meine Verbundenheit.

Lächerlich ...: bei den Goncourts und in nachfolgenden Ausgaben wird die Kapitulation mit der französischen Niederlage bei Minden gleichgesetzt, zu der es jedoch erst am 1. August 1759 kam. – *La Jeunesse*: der Lyoner Grenadierkorporal hatte zusammen mit nur wenigen Männern – vielleicht bei Minden – die feindlichen Reihen durchbrochen.

135. An denselben *15. April 1758*

Sie sind sich, Monseigneur, des heftigen Kummers gewiß, den mir die unglücklichen Ereignisse verursacht haben; der, den ich heute bei Ihrer Depesche und Ihrem Brief, mit denen Sie mich beehren, emfinde, ist noch stärker, so dies möglich ist. Ich sehe, daß die Truppen, die man Ihnen für die Kaiserin abverlangt hat, Sie zu einem zweiten Rückzug verurteilen, der tausendmal schändlicher und in jeder Hinsicht gefährlicher ist als der, den Sie kürzlich antreten mußten. Unsere bedrängten Alliierten und Holland, das sich frei und gefahrlos entscheiden kann, sind hierbei die kleinsten Unannehmlichkeiten. Andererseits, falls wir der Kaiserin nicht die versprochene Hilfe schicken, schwebt sie in sehr großer Gefahr, entthront zu werden. Wir werden also allein bleiben, nachdem wir unsere Freunde verlassen und dem Untergang preisgegeben haben (und wo werden wir jemals Mächte finden, die wieder töricht genug sind, sich mit uns zu verbünden?) – entehrt, zugrunde gerichtet in ganz Europa, dem König von Preußen, England und vielleicht noch manch anderen ausgeliefert, die auf unsere Vernichtung erpicht sind. Das ist, Monseigneur, die schonungslose Beschreibung unserer Lage ... Übrigens, falls Sie Ihre Armee für nicht stark genug halten, wird es ein leichtes sein, Ihnen Truppen aus Flandern oder anderen Provinzen zuführen zu lassen.

136. An denselben *15. April abends, 1758*

Die Aufgebrachtheit der Kaiserin und das Mißtrauen, das ihr unser Rückzug eingeflößt hat, haben den König bewogen, Monseigneur, Mantazel zu Ihrer Armee zurückzuschicken, damit er Ihre Majestät sowohl über den Zustand der Truppen als auch über den Termin beruhigen kann, zu dem sie eingreifen können, ebenso über Ihre persönliche Denkungsweise. Ich spreche zu Ihnen nicht von den militärischen Motiven, die sich mit den politischen verquickten, so daß die Reise beschlossene Sache ist. Marschall de Belle-Isle wird Ihnen darüber genaueren Aufschluß geben, als mein geringes Wissen es mir in dieser Hinsicht gestattet. Ich beschränke mich also darauf, Monseigneur, Ihnen meine Hochachtung und treue Verbundenheit zu wiederholen.
Ich habe all das unvorstellbar Gute über Marquet gehört, und er verdient die Aufmerksamkeit, die Sie ihm zu widmen geruhen.
Obwohl Monseigneur mich völlig vergessen hat, kann ich mir die Befriedigung nicht versagen, ihn meiner getreuen Anhänglichkeit zu versichern.

Mantazel, Marquet: nicht nachweisbar, da es sich bei letzerem sicherlich nicht um den Botaniker François-Nicolas Marquet, 1687-1779, handelt. – *Monseigneur:* der Adressat selbst.

137. An denselben *10. Juni 1758*

Ich bin genauso verärgert gewesen wie Sie, Monseigneur, über die Wachmannschaft, die der Place de Pelletier zugewiesen wurde. Sie wird so bald als möglich wieder abgezogen werden, aber Sie ahnen, wie es um die Bediensteten des Königlichen Hauses bestellt ist. Ich erwarte den Generalkontrolleur, um mit ihm über die Aufmerksamkeit für Laujon und die Affäre des Comte de Montbrun zu sprechen. Ich hoffe sehr zu reüssieren, da Sie an beidem interessiert sind. Wie Sie glaube auch ich, daß die Feinde Holland durch einen Vorstoß über die Mosel zur Parteinahme zwingen wollen. Und ich wünsche sehnlichst, daß Sie sie dort erwarten, Monseigneur. Wozu sind die Franzosen mit einem Kommandanten wie Ihnen nicht fähig? Nichts kann meiner zarten und unverbrüchlichen Verbundenheit gleichen.

Die Aufregung und der Kummer, die mir ihre verschiedenen Kampfstellungen seit drei Wochen verursacht haben, Monseigneur, haben mir ein Dreitagefieber eingebracht. Diese Nacht habe ich den zweiten Anfall gehabt. Mir bleibt nur noch die Kraft, Ihnen die Beteuerungen meiner treuen Zuneigung zu wiederholen.

138. An denselben *(14. Juni) 1758*

Ich gestehe Ihnen, Monseigneur, daß der Brief, mit dem Sie mich beehrten, mich verwirrt. Nie hat Marschall de Belle-Isle etwas anderes verlangt, als Sie die Feinde bekämpfen und verjagen zu sehen. Alle seine Briefe sind im Rat verlesen worden, da er den Befehl zum Kampf für zu entscheidend hielt, um ihn Ihnen zuzusenden, ohne daß der König ihn selbst erteilt hätte. Nach allen Tatsachen, die ich kenne, begreife ich nichts mehr von dem, was Sie mir zu berichten geruhen. Der König wünscht, daß Sie die Feinde verjagen, doch zugleich kann Seine Majestät nichts Besseres tun, als sich auf Ihre Vorsicht zu verlassen. Das ist, Monseigneur, der exakte Stand der Dinge. Obwohl das Fieber nachgelassen hat, leide ich noch unter heftigen Kopfschmerzen; doch sie lassen mich meine unverbrüchliche Verbundenheit nicht vergessen.

Bei Krefeld werden am 23. Juni 1758 die Franzosen von preußisch-norddeutschen Truppen unter dem Herzog Ferdinand von Braunschweig geschlagen. Der Comte de Gisors, Sohn des zweiundsiebzigjährigen Kriegsministers de Belle-Isle, findet dabei den Tod.

139. An denselben *Mittwochabend, den 28. Juni 1758*

Welches sind die blöden Offiziere, Monseigneur, die Ihre Truppe irregeleitet haben und aus einer Tat, die die schönste sein sollte, die unseligste der Welt gemacht haben? Mich tröstet nur die gute Stimmung in der Armee. Das läßt mich hoffen, daß Sie auf eine Weise Rache nehmen, an die Ihre Feinde lange zurückdenken werden, nachdem sie es gewagt haben, Franzosen anzugreifen, die von einem Enkel des Großen Condé befehligt werden. Ich sage Ihnen jetzt schon tausend Dank für Einzelheiten, die Sie mir bitte schicken wollen. Ich weine um de Gisors und seinen unglücklichen Vater, der trotz des unglaublichen Muts, den er vor der Welt zur Schau trägt, sicherlich bald sterben wird.
Meine Gesundheit ist sehr zerrüttet, und mir bleibt nur die Kraft, Monseigneur meiner zärtlichen Verbundenheit zu versichern.

140. An den Marschall de Noailles *(Juni) 1758*

Leider! Sie hatten Recht, Herr Marschall; denn dem Comte de Clermont ist unseligerweise zugestoßen, was alle vorhergesehen hatten: es hieß, er wäre tapfer und liebte, wie alle Bourbonen, den Ruhm; aber er war kein guter General. Man ahnte die Wahrheit, und was geschehen ist, bestätigte die öffentliche Meinung. Es wird berichtet, der König von Preußen habe, als er von der Ernennung unseres Armeekommandanten erfuhr, gesagt, in Frankreich bestünde wohl ein großer Mangel an Generälen, da man einen Geistlichen ausgewählt habe. Der Comte de Charolais, der sich mit Menschen und insbesondere seinem Bruder auskennt, sagte vor seiner Abreise nach Deutschland zu ihm: »Ah! mein Bruder, Sie sollten besser Ihr Gebetbuch aufsagen.« Der Rat war sehr gut; aber zu seinem und unserem Unglück wollte er ihn nicht befolgen. Es wird sogar hinterbracht, daß er sich in seinem Zelt mit seinen Freunden Ausschweifungen hingab, als ihm gemeldet wurde, der Feind rücke an; daß er dieses Lärmen als lächerlich abtat, obwohl Kanonendonner sein Ohr streifte; und daß er das Mahl mit seinen tapferen Freunden nur beendete, um die Flucht zu ergreifen. Zweifelsohne ist dies nur ein übler Scherz auf Kosten des armen Prinzen; es kann nicht wahr sein, weil es unwahrscheinlich ist. Es ist schlicht nicht möglich, daß ein Prinz von Geblüt derartig feige und derartig schändlich ist, sich selbst und sein Land gutgelaunt so zu entehren. Wir müssen zugeben, Herr Marschall, wir beginnen, um den Kriegserfolg zu bangen: wir sind überall geschlagen, und unsere anfänglichen Siege steigern nur noch das Gefühl für unsere jetzige Schmach, ganz wie bei einem reichen Mann, der doppelt leidet, wenn er sich an sein Glück erinnert. Die Geißel des Kriegs ist besonders für die Besiegten grausam; es fehlt uns an Mitteln, die Menschen werden mutlos und leiden. Der Krieg richtet in drei Jahren in Frankreich mehr zugrunde, als zwanzig Jahre Frieden Gutes bringen. Aber wir haben uns nun einmal darauf eingelassen, und obwohl wir sehr schlechte Karten haben, müssen wir die Partie durchhalten. Der elende Ehrendünkel, der die Welt regiert, hat über den Geist der Fürsten ebensoviel Macht wie über den des einfachen Bürgers; doch ist er bei den großen Kämpfen der Völker unendlich viel verhängnisvoller als bei jenen zwischen Familien. Es stimmt uns sehr traurig, daß Ihr Alter, Herr Marschall, Sie am Eingreifen hindert: raten Sie uns zumindest und retten Sie uns.

Etc.

Marschall de Noailles: Adrien Maurice Duc de Noailles; dieser Veteran des Hoflebens hatte bereits unter Philipp von Orléans bis 1722 im Regentschaftsrat gearbeitet und war ein befreundeter Ratgeber des Königs und der Marquise. – *Clermont ... Gebetbuch aufsagen:* der Graf war zugleich Abbé, eine Art *Ehren*-Abt des Klosters Saint-Germain-des-Prés.

Es hieß, die Marquise habe den König zu einem persönlichen Kondolenzbesuch beim Kriegsminister de Belle-Isle aufgefordert, indem sie aus einer Tragödie Voltaires die Verse zitierte: »Barbar, dessen Hochmut / das Blut eines Untertanen mit einem Blick für zu teuer hält bezahlt ...«
Nach dem preußischen Sieg bei Krefeld rücken die Sieger bis zur französischen Grenze vor. Den Franzosen gelingt es, den Feind wieder aufs rechte Rheinufer zurückzudrängen. Westfalen sollte nun, gemäß Minister de Belle-Isle – oder wie es preußische Quellen verbreiteten – »in eine Wüste verwandelt werden«.

141. Vom Marschall de Noailles — *Paris, den 3. Juli 1758*

Sie bitten mich um Rat, Madame la Marquise, und das schmeichelt mir, denn es ist neu für mich, daß man einen alten Mann fragt. Aber was nützt mein Rat? Man wird ihn für den eines Narren halten; denn ich rate dazu, alle brandigen Glieder abzuschneiden, um nur die zu retten, die noch gesund sind; unglücklicherweise sind die vornehmsten Körperteile angegriffen, und eine Heilung wäre schwierig. Ja, Madame, das Haupt der Nation ist verdorben, und all unser Unglück rührt daher. Der Zorn des Himmels scheint unsere wenigen guten Untertanen zu rauben. Mit dem Comte de Gisors war ich eng befreundet. Ich habe keinen jungen Mann gekannt, der zu so großen Hoffnungen Anlaß gab. Seine Reiter haben Wunder vollbracht, und seine Haltung zeigt deutlich genug, daß er würdig war, diese glänzende und tapfere Truppe zu befehligen. Das kurze Schreiben, das er auf der Bahre, mit der er vom Schlachtfeld gebracht wurde, mit seinem Blut an seinen Vater geschrieben hat, ist ein Gipfel von Heldenmut und Sohnesliebe: »Ich sterbe, mein teurer Vater.

Weinen Sie nicht über meinen Tod. Ich habe mit dem Korps, das anzuführen ich die Ehre hatte, den Feind dreimal zurückgeworfen. Ach! könnte ich Sie doch noch einmal umarmen!« Ich spüre die Verzweiflung seines Vaters. Dieser arme alte Mann, was kann es in seinem Leben noch Schönes geben? Der einzige Sohn, und ein so vollendetes Wesen! Es heißt, der König habe Anteilnahme bekundet. Er hat zusammen mit seiner Familie den untröstlichen Vater aufgesucht: er hat seinen Schmerz geteilt. Getröstet hat er ihn nicht; er hat ihn beklagt. Wie furchtbar es ist, sein einziges Kind zu verlieren! Aber welch schrecklicher Schwachsinn, den man darüber schwätzt! Man sagt, dieser junge Held sei das Opfer zweier Generalstabsoffiziere geworden, die ihn geopfert hätten, um einen Plan von Monsieur de St. Germain zu durchkreuzen. Halten Sie es für möglich, Madame, daß eine solche Abscheulichkeit französischen Offizieren in den Sinn kommen könnte? Seitdem ich dem König diene, habe ich dergleichen nicht gehört, und ich glaube es nicht. Man macht hier über die schlimmsten Rückschläge Witze. Folgendes Epigramm hat man mir gebracht, dessen Autor die Bastille oder eine Pension verdient:

Halb Federbusch, halb Priesterbeffchen,
Tauglich zum einen wie zum anderen,
Kämpft Clermont wie ein Apostel
Und dienet seinem Gott genauso, wie er kämpft.

Das Epigramm ist vorzüglich; aber es trifft den falschen, denn Monsieur le Comte de Clermont ist mutig wie sein Degen. Nun ist er also durch Monsieur de Contades ersetzt worden; wir werden sehen, ob er es besser macht. Sie werden beipflichten, daß es für diesen Offizier eine große Ehre ist, das Kommando der einzigen Armee anzutreten, die der König im Feld hat, derweil zwanzig Marschälle von Frankreich ihn mit gekreuzten Armen beäugen.

St. Germain: Claude Louis, Comte de Saint-Germain, Generalleutnant. – *Contades*: Louis George Erasme, Marquis de Contades. Er wurde als Oberbefehlshaber in Deutschland Nachfolger Clermonts.

Ludwig XV. befiehlt, das Tafelsilber und seine massiven Silbermöbel in die Münzschmelze zu geben. Andere folgen seinem Beispiel. Natürlich auch Jeanne de Pompadour.
Der Abbé de Bernis war im Juni 1757 zum Außenminister ernannt worden. Nach wenigen Monaten bricht der ehrgeizige, aber im Grunde friedvolle Schöngeist und alte Vertraute der Marquise unter der Last seines Amts zusammen: »Ich glaube, ich bin der Außenminister des Infernos!«
Angesichts dieser Lageeinschätzung formuliert der pessimistische Außenminister eines der merkwürdigsten Entlassungsgesuche der Geschichte: ein nicht definitives. Als Nachfolger oder Mitarbeiter schlägt er den bisherigen Botschafter in Wien, den Comte de Stainville, vor.

142. Vom Abbé de Bernis *(1758)*

Ich unterrichte Sie davon, Madame, und ich bitte Sie, dies dem König mitzuteilen, daß ich meiner Aufgabe nicht mehr gewachsen bin. Mein Kopf ist fortwährend verwirrt oder verdunkelt. Seit einem Jahr erleide ich das Martyrium. Falls der König mich in meinem Amt halten will, muß er mich entlasten ... Ich möchte nichts vorschlagen, das Ihnen nicht gefällt. Ich fordere von Ihnen dennoch, meinen Platz unter den gegenwärtigen Umständen von keinem anderem als ihm einnehmen zu lassen. Er kennt als einziger das politische Gesamtsystem und genießt das Vertrauen des Wiener Hofs. Dieser Hof und der römische sind heute die einzigen, mit denen wir gemeinsam auf dornigem Pfad wandeln. Ich fordere Sie also auf, einen Nachfolger für mich zu finden, nehmen Sie einfach an, ich wäre tot; viel fehlt nicht dazu ... Soweit meine Stimmung und meine Ansicht. Falls der König anders denkt, muß man sofort jemand anderen finden, mit dem ich zusammenarbeiten könnte. Wenn ich nur ein wenig Zeit zum Atmen bekomme, wird sich meine Gesundheit wiederherstellen lassen, denn um die steht es heute schrecklich. Die ganze Nacht ging es mir schlecht. Ich schlafe nicht mehr. Ich habe einen zu wachen Geist, Madame, und eine zu empfindsame Seele, um mich unserer derzeitigen und kommenden Lage verschließen zu können. Es stimmt, daß der Zustand meiner Nerven meine angeborene Empfindsamkeit sehr verstärkt. Ich verdanke dem König zu viel, um ihm nicht mein Leben zu opfern, aber das Wohl seines Staats opfere ich nicht ... Seien Sie völlig gewiß, daß ich mich immer Ihrer Freundschaft und meiner Verpflichtungen erinnern werde. Ich bitte Sie um Vergebung für all die Qualen, die ich Ihnen zum Wohl des Staates zufüge. Noch ist es Zeit, das Übel zu kurieren ... Neben dem König ist niemand so erpicht darauf wie Sie, und niemand ist durch sein Wesen und seine Gefühle besser dazu geeignet, zu einer so großen Wohltat beizutragen. Das Vertrauen des Königs gibt Ihnen die Mittel dazu in die Hand.

Meinen Platz ... von keinem anderem als ihm einnehmen zu lassen: die Rede ist vom Comte de Stainville.

François-Joachim de Bernis wurde seines Amtes entbunden, was dem sanften Karrieristen auch nicht recht war. »Ein Mann zu schwach, um einen Fächer zu halten.« (Jean Orieux) Zum Trost wurde dem Exaußenminister von Papst Clemens XIII. die Kardinalswürde verliehen.

Kardinal de Bernis mischte sich trotzdem weiter in die Politik ein. Wie vordem empfing er Gesandte und erteilte Audienzen.

Daraufhin erhielt Bernis, der einst die Liebesbriefe der Madame d'Étiolles an Ludwig XV. korrigiert hatte, in Anwesenheit des österreichischen Botschafters Starhemberg einen Brief des Königs: *Mein Cousin ... ich befehle Ihnen, in zweimal 24 Stunden, ohne vorher jemanden zu sehen, sich nach Ihrem Belieben in eine Ihrer Abteien zu begeben, bis ich Sie bitte zurückzukehren. Schicken Sie mir die Briefe, die Sie von mir aufbewahren, in einem versiegelten Paket. Nunmehr bitte ich Gott, daß er Sie, meinen Cousin, in seinen heiligen und würdigen Schutz nehme. Zu Versailles, den 13. Dezember 1758*

LUDWIG

Der österreichische Gesandte erblickte einen erstarrten ehemaligen Minister, dem – als Kardinal – auch im Verbannungsbrief das Privileg der Anrede *Cousin* zustand. Bernis, der kurz zuvor sogar Premierminister hatte werden wollen, wählte seine Abtei Vic-sur-Aisne.
Persönliche Geheimpolitik, wenn sie offenkundig wurde, ließ sich auf dem Parkett von Versailles nur schwer rechtfertigen:

143. Vom Kardinal de Bernis *Paris, (Dezember) 1758*

Madame,
Sie weigern sich, mich zu sehen; Sie sind also wirklich die Ursache meiner Ungnade, und das ist unerträglich. Was aber habe ich gegen Sie verbrochen? Bisher habe ich nur wahrhaft primitives Gezischel, vage Beschuldigungen gehört, auf die ich trotzdem antworten will, da sie Eindruck auf Sie machten – auf Sie, Madame, deren Achtung und Freundschaft mir kostbarer sind als alle menschlichen Glanztaten. Ich werde sie untersuchen, diese unterstellten Verbrechen, sobald ich Ihnen in wenigen Worten meine Geschichte in Erinnerung gerufen habe.
Lassen wir einen Augenblick den Wirbel der großen Welt beiseite und begeben wir uns zu den liebenswerten Menschen zurück, bei denen ich Sie kennenzulernen das Glück oder das Unglück hatte. Madame d'Étiolles versammelte um sich, was in Paris Verführerisches lebte; in ihr vereinten sich in höchstem Maße Geist, Talent und Schönheit. Ein paar dichterische Kleinigkeiten, die mir wirklich nicht wichtig sind, vielleicht mein Fingerspitzengefühl im gesellschaftlichen Umgang, machten mich ein wenig bekannt. Sie wünschten, mich kennenzulernen. Sie werden sich erinnern, Madame, daß ich nicht als erster um diesen Vorzug bat, ja, nicht einmal großen Wert darauf legte: als ich dadurch in eine andere Welt geriet, dachte ich weniger daran, meine Verbindungen auszubauen, als vielmehr daran, wegen meiner Kenntnisse geschätzt zu werden; Sie wissen, welche Art Ehrgeiz mich damals beseelte. Schließlich wurde ich Ihnen

vorgestellt. Ich vermutete, ich sollte Ihre Gesellschaft bereichern. Dem widmete ich mich um so eifriger, als ich in Ihrer Umgebung viel Charme versammelt und damit meine Freude an Vergnügung und Zerstreuung befriedigt fand.
Aber bald geschahen Dinge anderer Art. Ihnen gelang ein schneller und besonderer Aufstieg, der dank Ihrer Freundschaft auch mich einbezog. Meine Vorlieben änderten sich mit meinen Beschäftigungen. Ich hatte Ehrgeiz; das gestehe ich um so freimütiger, als Sie ihn in mir aufkeimen ließen, er mich jedoch nie verführt hat, etwas zu tun, dessen ich mich schämen müßte. Ich wurde indes beschuldigt, mich einer vielleicht weniger noblen, aber köstlicheren Leidenschaft bedient zu haben, um meinen Ehrgeiz zu befriedigen. Sie wissen so gut wie manch anderer, was es damit auf sich hat. Bis dahin habe ich nie sträflich gehandelt. Doch Ihrer Meinung nach, Madame, und der meiner Feinde, begann ich nun damit. Der Rang, zu dem ich aufgestiegen war, hatte mich, sagt man, berauscht. Ich habe erlebt, wie unter den letzten beiden Herrschaften und der jetzigen drei Männer von vielleicht niedrigerer Geburt als ich die gleiche Würde erlangten, aus der Dunkelheit ihres Kämmerchens rasch an die Spitze der Macht gelangten: ich habe mich eines so großen Glücks für würdig erachtet!
Ich wollte alle Teile des Ministeriums an mich bringen und die verschiedenen Zweige der Macht allein in meiner Person vereinen. Die Ausführung dieses Plans war, so große Gunst Sie auch genossen, undurchführbar. Ich verdankte Ihnen alles: doch mit einem undankbaren Herzen geboren, habe ich nicht geschwankt, Sie im Zweifelsfall meinem Ehrgeiz zu opfern. Die Gelegenheit bot sich schon bald. Der König, der mich mit seinem Vertrauen ehrte, erbat von mir eine Auflistung von Möglichkeiten, welche ich für geeignet hielte, um der allgemeinen Not ein Ende zu bereiten. Anstelle dieser Liste habe ich den Bericht über die gegenwärtigen Übel verfaßt und mit den Worten beendet: »Das einzige Gegenmittel besteht darin, einem befähigten Mann die unbegrenzte Macht über alle Teile der Verwaltung zu geben und alle zu entfernen, welche die Ausübung solcher Amtsbefugnis behindern oder darauf eifersüchtig sein können.« Was

die Wahl betraf, habe ich durchblicken lassen, daß sie nur auf mich fallen könnte. Das ist nun der schonungslose Roman meiner Verbrechen; und nach dergleichen Fabeln bewerten Sie eine jahrelang erwiesene Freundschaft, stürzen Sie mich in einen Abgrund von Qualen, die all Ihre Wohltaten vergiften. Spüren Sie nicht, daß dieses Projekt viel zu absurd war, um einem Mann einzufallen, der noch nie der Torheit beschuldigt wurde? Dabei wurden alle Unglücksfälle zu Zeiten meines Ministeramts mir zugeschrieben, während mir wohl eher für all jene, denen ich vorbeugte, Dank gebührt hätte! Ich kannte den König; ich wußte im voraus, daß er einen Untertan ablehnen würde, der in seinem Namen regieren wollte. Ich mußte wissen, daß, seitdem er selbst regierte, niemand, der bei Verstand war, sich anmaßen konnte, zum Premierminister aufzusteigen. Diesen an sich schon undurchführbaren Plan hätte ich vollends überspannt, wenn ich ihn von Ihrem Sturz abhängig gemacht hätte! Glauben Sie mir also, Madame, daß ich, als ich dem König vorschlug, mich mit der gesamten Verwaltung zu betrauen, nie etwas anderes gewollt habe, als mich nach seinem Willen und Ihren Ratschlägen zu richten; und als ich ihm gegenüber davon sprach, diejenigen zu entfernen, die eifersüchtig werden könnten, habe ich nur Personen im Visier gehabt, die ich heute nicht mehr zu erwähnen brauche, doch über die Sie sich eines Tages vielleicht selbst zu beklagen haben werden.
Redliche Absichten haben mich zum unglücklichsten der Menschen gemacht: und mein Unglück ist, daß Sie es verursacht haben. Sie haben zu meiner Erhöhung am meisten beigetragen: Größe ist mein Element und ein neues Bedürfnis für mich geworden. Ich weiß nichts mehr von den Freuden, die früher mein Glück ausmachten. Wenn ich nicht in der Sphäre bleibe, in die Sie mich erhoben haben, versinke ich im Nichts, existiere ich nicht mehr; Schrecken, die ich ohne Sie nie gekannt hätte. Doch noch hängt mein Schicksal von Ihrem Willen ab. Beruhigen Sie den König. Bedeuten Sie ihm meinen Respekt, meine Ergebenheit; ich erbitte von ihm nicht wieder die Aufgaben, derer er mich entbunden hat. Aber er möge meine Anwesenheit dulden. Sie, Madame, gestatten Sie, daß ich Sie aufsuche, und ich werde Ihnen die

überaus einfachen Mittel nennen, um mich am Hof zu belassen. Deren Anwendung wäre um so einfacher, als meine Ungnade noch keinen Lärm verursacht hat, und vielleicht wird mein Rat zum Erhalt Ihrer Stellung nicht unnütz sein.

Sie weigern sich …: der Brief, üblicherweise auf Oktober datiert, wurde wohl erst nach der Verbannung Bernis' am 13. Dezember verfaßt. – *Madame d'Étiolles:* die Adressatin des Briefes selber. – *Leidenschaft:* man mutmaßte ein intimes Verhältnis zwischen dem Abbé und der Marquise. – *Unter den letzten beiden Herrschaften:* wahrscheinlich der Maitressen Mme. de Vintimille und Mme. de Châteauroux. – *Drei Männer:* unklar gewordene Anspielung: zu Zeiten der Maitressen Vintimille, Châteauroux und Pompadour gelangten etliche befähigte oder gescheiterte Männer in den Staatsrat. – *Unbegrenzte Macht über alle Teile der Verwaltung:* bezieht sich auf den Wunsch des Abbés, das seit Jahrzehnten unbesetzte Amt des Premierministers zu bekleiden.

144. An den Kardinal de Bernis *(1758)*

Ihre Lage rührt mich, obwohl Sie sie verdient haben; und wenn ich Ihr Los ändern könnte, täte ich es, als wären Sie dessen würdig: doch es gibt Dinge, die ich weder erbitten noch erlangen kann. Erinnern Sie sich, was Sie noch vor einigen Jahren waren: Sie waren arm, doch glücklich und liebenswert; Ihr Ehrgeiz und meine Gunstbeweise haben Sie verdorben. Kaum waren Sie im Staatsdienst beschäftigt, als man wahrnahm, daß sich zwischen dem Talent, kleine Verse zu schmieden, und jenem zu regieren, eine große Kluft auftat. Die Fehler, die Ihnen tagtäglich im heikelsten Ressort unterliefen, betrübten mich sehr: aber ich wagte es nicht, Sie für unfähig zu halten, sondern lastete dem Mangel an Erfahrung an, was ich dem Mangel an Verständnis hätte zurechnen müssen. Stets hoffte ich, bis man gezwungen war, Sie zu entlassen. Sie werden nicht leugnen, daß ich mich persönlich heftig über Sie zu beklagen habe; nichtsdestoweniger beschränkt sich mein ganzer Groll darauf, Ihnen weder Gutes noch Schlechtes nachzusagen. Ich habe das mir genehme Schweigen bewahrt; und wenn Sie am Ende geopfert wurden, so liegt die Ursache nicht bei mir, sondern im Staatswohl. Aber reden wir unverblümt: warum beklagen Sie sich so bitterlich über die angebliche Un-

gnade? Was haben Sie verloren? Die Aufregungen und Wallungen des Ehrgeizes. Genießen Sie wieder Ruhe und Freiheit, verbunden mit großen Einkünften und großen Ehren. In einem Punkte sind Sie unglücklich, nämlich Ihr gegenwärtiges Glück nicht zu fühlen und der Unruhe, den Sorgen und Mühen nachzutrauern, die nun einmal zur öffentlichen Verwaltung gehören. All diese Erwägungen sind sehr wahr, obwohl mein Herz sie weniger empfindet als meine Vernunft; und wäre ich an Ihrer Stelle, dann wäre ich vielleicht ebenso schwach wie Sie: doch ich würde darüber erröten und es niemandem sagen. Ich schäme mich, Ihnen zu predigen: vielmehr hätte ich von Ihnen ermutigende Aufmunterungen erwartet, um die Eitelkeiten der Welt und ihres Gepränges geduldig zu ertragen.
Um auf den Inhalt Ihres Briefs zurückzukommen, hier nun mein Entschluß, den ich nie ändern werde. Ich werde mich niemals Ihrer Rückkehr in den Weg stellen, auch nicht den Gunstbezeugungen, die Ihnen vielleicht zuteil werden und die Sie begehren; doch sollte dies eintreffen, so ersparen Sie sich die Mühe, mir zu danken; denn seien Sie sicher, daß ich daran keinen Anteil haben werde.

Etc.

Im heikelsten Ressort: dem Außenministerium.

Kardinal de Bernis bleibt in der Abtei. Erst elf Jahre später wird er Gesandter beim Papst.
Im Schreckensjahr 1758 schränkt Madame de Pompadour auch ihre Einkäufe in Paris erheblich ein. Über die Erwerbungen der Favoritin führte der königliche Hofjuwelier Lazare Duvaux seit 1749 penibel Buch. 1758 registriert der Kunsthändler nur noch etwa ein Fünftel der üblichen Aufträge:
Januar. – Madame la Marquise de Pompadour. Geliefert nach Versailles ein geecktes, durchbrochenes Frühstücksgedeck, grünes Würfelmuster.
21. Februar. – Für ihr Schloß in Champs: zwei Öl- und Essigmenagen aus französischem Porzellan, mit Blumen bemalt,

die dazugehörigen Karaffen aus böhmischem Kristall in vergoldeten Silberhalterungen mit Zweigen und Blätterdekor zu je 168 Livres: 336 L.
7. *März.* – Von einer Wasserkanne aus Bergkristall die Verzierungen entfernt, von einer anderen Kanne goldenen Henkel und Deckel angebracht, einen goldenen Bodenring angefügt, damit sie in die Bodenschale paßt; für Gold und Arbeit an betreffender Kanne, 80 Livres.
1. *April.* – Eine Gruppe aus Biskuitporzellan, die Lottospieler darstellen, 120 L. – Ein indischer Sonnenschirm, 42 L.
1. *September.* – 24 Messergriffe aus grünem, mit Blumenkränzen geschmücktem Porzellan zu je 94 L.: 576 L. – Die Achate einen Kreuzes durchbohrt, um daran einen perlmutternen Christus zu befestigen, die goldenen Nägel mitgeliefert, 21 L.
8. *Oktober.* – Eine ovale Tabaksdose aus französischem, mit Tieren bemaltem Porzellan, 600 L. – Farbige Goldfassung, 768 Livres.

Anstelle des Kardinals de Bernis wird der Comte de Stainville zum Außenminister ernannt und zum Duc de Choiseul erhoben. Der vierzigjährige Lothringer, bis dahin Botschafter in Wien, ist ein Reformer und ein Energiebündel. Anders als sein Vorgänger stimmt er auch mit der Kriegspolitik seiner Gönnerin überein.
Ein alter Plan wird aufgegriffen. Die letzte Invasion Englands, 1746, war gescheitert. Aber noch lebte ein Nachfahr von Maria Stuart, Charles Edward, den man bei seinen Ansprüchen auf den englischen Thron schon einmal unterstützt hatte. Diese Schachfigur wird nun wieder aufgestellt.

145. An den Duc de Bouillon *1759*

Ich bitte Sie zu glauben, daß es mir immer eine Pflicht und eine Freude sein wird, Ihnen zu Gefallen zu sein; aber ich will absolut keinen Dank: die kleinen Dienste, die ich erweisen kann, erweise ich von Herzen gern; ich schulde sie dem

Verdienstvollen, und wenn ich meine Schulden begleiche, ist mir niemand etwas dafür schuldig.
Inmitten unseres Elends wollen unsere Minister kühn zuschlagen: es handelt sich um einen Plan des alten Marschalls, der, wie Sie wissen, sehr fruchtbar bei Planungen ist; ich wünsche, daß er diesmal eine glücklichere Hand hat. Es ist ein stolzes Unternehmen, aber vielleicht tollkühn: Ludwig XIV. hat das Beispiel dafür gegeben und es bereut; gebe Gott, daß Ludwig XV. es nicht bereue! Wie dem auch sei, die Sache ist beschlossen, und die Flotte wird ausgerüstet. Glauben Sie, daß Ihr Verwandter, der große und unglückliche Prinz Charles Edward, uns noch genug liebt, um sich einem zweiten Besuch bei den Engländern auszusetzen? Die Expedition ist gefährlich, aber großartig und seiner würdig. Sein Name, sein Ruf, sein Verdienst und seine Tapferkeit sollten uns hoffnungsfroh stimmen. Elende und neidische Leute verbreiten das Gerücht, daß er sich derzeit in Bouillon mit Zechereien und Narreteien vergnüge: aber elende und neidische Leute verdienen es nicht, daß man ihnen Glauben schenkt, das habe ich mehr als einmal erfahren. Falls der Prinz sich über sein Exil und seinen verblaßten Stern grämt, hier bietet sich ihm nun vielleicht die letzte Gelegenheit, die sein Schicksal wenden könnte. Erkunden Sie geschickt, was er denkt, prüfen Sie seine Einstellung zu uns und ob er noch immer entschlossen ist, nicht länger, wie er sonst sagte: »der Schrecken der Engländer« zu sein. Da er einen Prediger der Anglikanischen Kirche angestellt hat und gänzlich dem Papst abgeschworen haben soll, würde sein Name nicht mehr so viele Geister abschrecken, und womöglich stieße er auf mehr Wohlwollen als früher: zumindest hat er ihnen einen wichtigen Grund der Ablehnung genommen. Das nächste Mal, wenn Sie hierherkommen, und es sollte bald geschehen, wird man ausführlicher mit Ihnen reden. Ich verbleibe, Monsieur le Duc, mit aufrichtigster Verbundenheit. Etc.

P.S. Ich bitte Sie, Madame la Duchesse meine untertänigen Grüße auszurichten: lieben Sie sie noch immer so, wie sie es verdient? Wann werde ich das Vergnügen haben, sie zu umarmen?

Bouillon: Charles Godefroy de La Tour d'Auvergne, Herzog von Bouillon, Großkämmerer Ludwigs XV.

146. Vom Duc de Bouillon *(1759)*

Ich habe den Brief erhalten, mit dem Sie mich, Madame beehrten. Prinz Edward will alles wagen, was seinem Mut und seiner Geburt würdig ist. Nur abenteuerlichen Expeditionen gegenüber zeigte er Abneigung. Diese aber ist so eingefädelt, daß sie ihn bei einem erfolgreichen Ausgang mit Ruhm bedecken und seine Sache durchsetzen könnte. Schlägt sie fehl, ist es ein Unglück, das nichts mehr verschlimmern kann. Gebe der Himmel, daß diese Expedition besser gelingt als die Unternehmung im letzten Monat! Es tut mir leid um das schöne Geschwader, das die Engländer auseinandergetrieben und versenkt haben. Die Vorstellung, ihnen mit der Waffe in der Hand den Frieden ins eigene Haus zu tragen, erscheint mir groß und edel. Es wäre das erste Mal, daß man einen Gesandten und einen bevollmächtigten Minister des Königs mitten im Krieg mit einer siegreichen Flotte die Ufer Albions betreten sähe; und es wäre eine ruhmvolle Aufgabe für den Herzog, die Engländer, nachdem er sie bei St. Cast geschlagen hat, in London zu zwingen, den Frieden anzunehmen.

Ich gehe jetzt nicht detailliert auf meinen Großonkel ein; ich hoffe, ihn übermorgen sehen zu können. Ich reise heute nacht nach Navarra ab und werde mich zweimal vierundzwanzig Stunden sowohl in Paris wie in Versailles aufhalten. Der Tod des Prince de Talmond zwingt mich zu eiligem Aufbruch und erlaubt mir keinen längeren Aufenthalt. Er hat mich zum Verwahrer all seiner Papiere gewünscht; und da La Trappe nicht weit von meinem Schloß liegt, kann ich ohne große Mühe und beinahe ohne mein Haus zu verlassen diese traurige Pflicht erfüllen. Die guten Patres lassen mich wissen, sie wären über seinen Heimgang ebenso bekümmert, wie sein Leben sie gestärkt hätte. Die Liebe der Patres hat die schreckliche Sterbestunde gelindert. Der Verlust seines Sohnes hatte ihn vor zehn Jahren in diese bedrückende

Bleibe geführt. In sich gekehrt und wortlos hat er hier bis zum Ende seiner Tage gelebt. Gewöhnt ans köstliche Leben des Hofs hat er sich freiwillig allen geistlichen Verrichtungen dieser strengen Ordensregel unterworfen. Schließlich hat ihn der Tod, der für so viele andere schrecklich ist, von allem Kummer befreit, und die Hoffnung, seinen Sohn wiederzusehen, hat ihn denselben als höchstes Gut betrachten lassen. Dieser Verlust hat die Schmerzen der Princesse de Talmond gewiß neu entfacht. Man teilt mir mit, sie möchte zum Prinzen Jablonowsky zurückkehren; aber was soll das werden! Ihr Gemahl ist seit zehn Jahren für sie so tot gewesen wie jetzt.

Albion: England. – *der Herzog*: der Duc d'Aiguillon, Gouverneur der Bretagne, s. auch S. 412ff. – *Großonkel* in *La Trappe:* das Kloster der Trappisten, wo Redeverbot herrschte, galt für manche auch als Ruhepol im Tumult der Zeiten. Man zog sich wie zu einer seelischen Kur für kürzer oder länger dorthin zurück.

Ludwig XV., seine Freundin und ihr Troß wechselten die Residenzen rund um Paris. An festgelegten Tagen des Jahres weilte der Hof in Fontainebleau, so daß sich daraus eine eigene, gebräuchliche Zeiteinteilung ergab: *1. Fontainebleau, 2. Fontainebleau* … statt der Datierung *1. März* oder *1. Juni*. Ein Gegenstück zum späteren Revolutionskalender.

»Madame de Pompadour hatte teil an der Auswahl von Geschenken, die Ludwig XV. für ausländische Herrscher bestimmte: einen silbernen Tafelaufsatz für den Kurfürsten von Sachsen … einen Goldbecher, ein Werk Germains', für den Erzbischof-Kurfürsten von Köln. Sie selbst schenkte Diplomanten winzige Flacons mit Rosenessenz, die Ludwig XV. in den Kleinen Kabinetten selbst destillierte.« (Danielle Gallet)

Jeanne de Pompadour dichtete ein Chanson, das zu einem populären Kinderlied wurde:

Wir gehen nicht mehr in den Wald,
Der Lorbeer ist geschnitten.
Die Schöne dorten

Wird sein Laub auflesen.
Kommt, tanzt mit,
Seht, wie alle tanzen,
Singt und tanzt,
Umarmet, wen ihr wollt.

147. *An Monsieur Duclos, Sekretär der Académie Française* *(1759)*

Sie haben mir ein schönes Geschenk übersandt, Monsieur, und ich bin Ihnen sehr verbunden. Ihr kleines Buch ist Gold wert: es ist eine exzellente Darstellung und Analyse eines Werks, das ich hasse und verabscheue: Sie sind glücklich, diese Welt nur als Philosoph zu kennen und nur Zuschauer zu sein. Falls die Akademie meiner Empfehlung etwaigen Wert beimißt, werde ich so frei sein, ihr einen Mann zu nennen, den ich sehr schätze, der dem König gut gedient hat und der sich in der Literatur einen guten Namen gemacht hat. Ein Platz in Ihren Reihen, Messieurs, gleicht für Schriftsteller dem Orden vom Blauen Bande: alle wollen ihn haben, obgleich nur wenige ihn bekommen und verdienen. Der, den ich Ihnen empfehle, verdient ihn unbestritten, und ich erwarte von Ihrer gerechten Einsicht, daß er ihn erhalten wird.

Ich verbleibe etc.

Duclos: Nachfolger des nach Preußen abgewanderten Voltaire als Historiograph des Königs. Duclos war steter Gast der ›Sonntagstoiletten‹ der Marquise. – *Buch:* leider ohne Hinweis, um welches Werk und welchen Schriftsteller es sich handelt.

Die Franzosen durchquerten Hessen und besetzten Frankfurt. Am 20. April trafen sie beim heutigen Bergen-Enkheim auf preußische Truppen unter dem Herzog von Braunschweig.
Der neunjährige Goethe wurde Zeuge der Schlacht, wie er in *Dichtung und Wahrheit* schildert: »Eine große Stille verkündete den großen Sturm. Uns Kindern war verboten, aus dem Hause zu gehen; der Vater hatte keine Ruhe und ging

aus. Die Schlacht begann; ich stieg auf den obersten Boden, wo ich zwar die Gegend zu sehen verhindert war, aber den Donner der Kanonen und das Massenfeuer des kleinen Gewehrs recht gut vernehmen konnte. Nach einigen Stunden sahen wir die ersten Zeichen der Schlacht an einer Reihe von Wagen, auf welchen Verwundete in mancherlei traurigen Verstümmelungen und Gebärden sachte an uns vorbeigefahren wurden, um in das zum Lazarett umgewandelte Liebfrauenkloster gebracht zu werden. Sogleich regte sich die Barmherzigkeit der Bürger. Bier, Wein, Brot, Geld ward denjenigen hingereicht, die noch etwas empfangen konnten. Als man aber einige Zeit darauf blessierte und gefangene Deutsche unter diesem Zug gewahr wurde, fand das Mitleid keine Grenze, und es schien, als wollte jeder sich von allem entblößen, was er nur Bewegliches besaß, um seinen bedrängten Landsleuten beizustehen.«

148. An den Marschall de Broglie *1759*

Monsieur le Duc, der König und die Nation sind Ihnen zu großem Dank verpflichtet: Ihr Sieg läßt uns aufatmen und ist ein Hoffnungsstrahl inmitten der unerwarteten Bedrängnisse, die von allen vier Weltenden über Frankreich hereinstürzen. So hat Prinz Ferdinand bei Bergen also gesehen, daß wir noch Männer hatten, die kämpfen und siegen konnten. Der wichtige Dienst, den Sie dem König erwiesen, wird nicht unbelohnt bleiben. Er ist mit Ihrem Verhalten höchst zufrieden: das Volk jubelt, und ich meinerseits werde Ihnen aus guter Ursache und mit Sympathie nach Kräften zu Diensten sein. Sie entstammen einer Familie, die mehr als nur einen großen Mann hervorgebracht hat; Sie folgen diesen Beispielen und übertrumpfen sie noch. Ich danke Ihnen sehr für den Bericht, den Sie mir geschickt haben; er ist nach Inhalt und Form bezaubernd: der alte Marschall meint, daß Sie schreiben und kämpfen wie Caesar. Alle unsere Marschälle sind neidisch, und das ist Ihr größtes Lob: sie haben allen Grund dazu; sie haben es nie fertiggebracht, den Feind zu schlagen, und schon gar nicht mit einer um ein Drittel kleineren Armee einen Mann wie den Prinzen Ferdinand. Man bewundert vor allem Ihre Umsicht, nach dem Sieg keinen Vorteil aus der Hand zu geben. Täglich werden Schlachten gewonnen; doch selten wird der Sieg richtig genutzt. So haben Sie also den Franzosen das Beispiel für Tapferkeit und kluges Verhalten gegeben, und wir sind entzückt, Ihnen darob verpflichtet zu sein. Ich bitte Sie, Monsieur le Duc, mich zu Ihren Freunden zu zählen, und ich wünsche, daß Gott uns viele Männer gebe, die Ihnen gleichen.

Ich verbleibe etc.

40 000 Preußen treffen am 1. August an der Weser auf 85 000 Franzosen.

149. An die Marschallin de Contades *August 1759*

Das Unheil, das Schlag um Schlag unser armes Vaterland trifft, macht die Nation fassungslos; mich in meiner Lage jammert es doppelt. Ich scheine es zweifach zu fühlen, da ich an der Auswahl der Männer oft teilhabe und fast immer enttäuscht werde. Das Volk geht in seinem ungerechten und übersteigerten Verdruß soweit, mich anzuklagen, Blut und Ruhm der Nation dem Feind zu verkaufen: ich vergebe ihm; aber ich vergebe nicht so leicht jenen, die durch ihr elendigliches Betragen Hoffnungslosigkeit verbreiten. Diese grauenhafte Niederlage von Minden bleibt der finsterste Mißerfolg, den wir während des ganzen Kriegs einstecken mußten: ich bin Ihretwegen und meinetwegen höchst erzürnt, daß Monsieur de Contades dort mit von der Partie war. Jeder sagte ihm Gutes nach; man pries allerorten seine Tapferkeit und Befähigung. Ich setzte mich einigermaßen für ihn ein, und er ist aufgebrochen mit einem Vertrauen, das ich teilte und das tief enttäuscht wurde. Ein Billett ist im Umlauf, das der Prinz Ferdinand am Vorabend der Schlacht an einen seiner Leute namens Freitag schrieb; es lautet, wie mir mitgeteilt wurde: »Morgen liefere ich den Franzosen die Schlacht; wenn nur ein einziger Troß entkommt, werden Sie mir dafür mit Ihrem Kopf haften.« Dieses Billett macht klar, daß der Prinz sich seines Sieges gewiß war und nicht viel Aufhebens von seinem Gegner machte. In der Tat hat er eine Schlacht gänzlich gewonnen; sämtliche Fuhrwerke und alle Munition hat er erbeutet, und wir stehen fast ohne Armee da: alles ist verloren, sogar die Ehre. Weder verdamme noch lobe ich irgendwen: die Kriegsangelegenheiten gehören nicht zu meinen Aufgaben; ich beklage mich nur bei einer Freundin. Ich wünschte von ganzem Herzen, daß unser Marschall sein Verhalten klar und deutlich rechtfertigen kann; dies wird ziemlich schwerfallen.

Ich verbleibe etc.

Niederlage von Minden: im blutigen Wechsel dieses Krieges wurden Westfalen und Hessen nun wieder preußisches Operationsfeld.

150. An den Kriegsminister Marschall de Belle-Isle (1760)

Mich betrübt das Unglück des armen Thurot sehr: seine Familie ist mir anempfohlen worden, und trotz der schlechten Zeiten werde ich mein mögliches tun, um sie ein wenig über den Verlust dieses kühnen Mannes zu trösten, der ein besseres Schicksal verdient hätte. Mit drei kleinen Fregatten hat er wahre Wunder vollbracht und die englische Flotte über ein Jahr in Schach gehalten. Mir will scheinen, daß alles anders gekommen wäre, hätte er das Kommando über das Geschwader in Brest gehabt. Er hat als Held gelebt und ist so gestorben; selbst die Engländer fürchteten und bewunderten ihn – das war für Frankreich schon Genugtuung: er war die letzte Hoffnung unserer Marine, doch unglücklicherweise ist er nicht mehr. Ich wiederhole es, ich will für seine Familie sorgen: große Männer sind selten; man muß ihr Andenken ehren und andere damit anstacheln, so zu werden. Ich möchte einzig und allein Gutes tun; nur das paßt zu mir und gefällt mir.
Ihr Amt, Monsieur le Maréchal, ist es, das Ruder des Staates mitten im Sturm zu halten: der Kurs wird mit jedem Tag schwieriger. Retten Sie uns vor dem Schiffbruch; das ist alles, was wir zu hoffen und zu bitten wagen.

Ich habe das Memorandum über die neue Besteuerung zu Ende gelesen: ich glaube, es steht einiges Treffliche darin; aber es ist alles noch zu unklar und nicht detailliert genug. Ich werde mit Ihnen noch darüber sprechen.

Ich verbleibe etc.

151. Vom Marschall de Belle-Isle *Paris, 10. März 1760*

Ihr Bedauern über den Tod des Hauptmanns Thurot gereicht Ihrem Patriotismus und Ihrem Gefühl zur Ehre. Sein Verlust geht mir ebenso nahe. Ich kann dennoch nicht, wie Sie, wegen eines solchen Falls das Los der Monarchie beklagen. Vorübergehendes Unglück darf uns nicht am Staat verzweifeln lassen, und ich kann mir nicht vorstellen, daß der Krieg für uns so ungünstig endet, wie Sie anzunehmen scheinen. Sollte dem trotzdem so sein, darf man dennoch nicht glauben, alles sei verloren. Welche europäische Nation hat so viel innere Kraft? Welches Reich ist so fest geeint, so gut gelegen, abgerundet, so reich an natürlichem Ertrag und Tüchtigkeit seiner Bewohner? Wo finden Sie so zahlreichen Adel, in dem ein Geist von Großmut und Größe, Tapferkeit, Uneigennutz lebt, welcher die Stärke der Staaten ist? Ich spreche vor allem vom Landadel, um den sich unsere höhere Gesellschaft nicht schert. Diese Leichtlebigkeit, diese Verweichlichung, die man unseren Militärs vorhält, verschwinden sie nicht, wenn gekämpft werden muß? Wird eine gute Regierung sie nicht auf immer zum Verschwinden bringen? Welches Volk wird fleißiger, rühriger, findiger sein, wenn man in weniger harten Zeitläuften die Steuerlasten ein wenig senken könnte? Um von nützlichem oder rein angenehmem Wissen zu sprechen: werden denn unsere Schriftsteller, unsere Geometer, unsere Bildhauer, unsere Maler, unsere Architekten nicht allerorten von Herrschern berufen, denen Wissenschaften und Künste wichtig sind? Ist unsere Sprache nicht die Sprache Europas? Sind unsere Werke, ob gut oder schlecht, vom *Geist der Gesetze* bis zum Singspiel bei Ausländern nicht mindestens so gefragt wie in Paris? Sind unsere Tänzer, unsere Dekorateure, unsere Köche, unsere Friseure nicht in jeder Hinsicht

wunderbare Menschen? Ich bitte unsere modernen Denker um Nachsicht, wenn sie mich so reden hören. Aber Sie, Madame, Sie wissen um den Wert solcher Kleinigkeiten.
Verlassen Sie nur Paris, verlassen Sie dieses eigentümliche und verpestete Gefilde, um Frankreich selbst zu durchreisen; sehen Sie sich in den Provinzen um, deren Ferne sie vor einer Ansteckung durch die Hauptstadt schützt, und sagen Sie, ob es eine Nation gibt, die ihren Fürsten und ihr Land mehr liebt, die gerechter, maßvoller, menschlicher, fröhlicher ist; denn die Fröhlichkeit ist, meines Erachtens, eine politische Tugend, die sorgfältig bewahrt werden muß. Finstere und wilde Tugenden mag ich nur bei den Skythen. Die Natur hat ihnen des Lebens Köstlichkeiten vorenthalten, und so ist es eine Tugend, sie zu verachten, und ein Segen, sie nicht zu kennen. Doch wir, die wir das beste Land unter dem Himmel bewohnen, genießen zwanglos die Schätze um uns. Mild ist die Natur, heiter; unsere Sitten sollten es auch sein. Wenn wir unser Unglück beklagen, dürfen wir unsere Kraft nicht vergessen und nicht alles mit Schwärze überziehen; damit würden wir uns selber daran hindern, das Tröstliche zu gewahren. Prophezeien wir uns keine grauenhaften Katastrophen oder bauen wir ihnen vor, denn sie sind nicht unvermeidlich. Sie sehen, Madame la Marquise, daß die Liebe zum öffentlichen Wohl sogar zwischen Menschen, denen es am meisten am Herzen liegt, Widerspruch schürt. Wenn aber alle, die die Geschäfte lenken, sich so ernsthaft wie Sie und ich damit befaßten, wären sie bald einig, und aus dieser Einigkeit würde allgemeine Zufriedenheit erwachsen.
Tatsächlich hat man, wie Sie mir mitgeteilt haben, im Königlichen Rat vorgeschlagen, unsere Hilfsleistungen an die Österreicher zu kürzen. Es wurde angemerkt, daß vierundzwanzig Millionen unter den gegenwärtigen Umständen eine immense Summe wären; unsere Armeen leisteten schon weit mehr, als ausgehandelt war. Doch ich habe mich diesem Vorschlag heftig widersetzt. Ich habe eingeräumt, daß kein Vertrag uns zwinge, daß wir aber durch Zusagen, die einem Vertrag gleichwertig sind, vor dem Richtstuhl des Anstands gebunden wären, und meine Meinung gab den Ausschlag. Der König ist der Gerechteste in seinem Königreich, und eben

dies bewahrt uns Achtung bei den Ausländern, die während seiner bereits beachtlichen, doch immer noch zu kurzen Regierungszeit noch kein einziges Mal betrogen wurden.
Ich muß Sie aus Ihrer Unruhe erlösen. Ich war es, der Sie auf dem gestrigen Ball stutzig machte. Geben Sie zu, wie recht ich damit hatte, daß Sie mich in hundert Jahren nicht erkennen würden. Ich gestehe Ihnen gerne, daß Sie von tausend Leuten erkannt worden sind. Sie sollen heute abend erfahren, warum. Ich kenne mich hierin aus, obwohl ich mich seit zehn Jahren davon zurückgezogen habe. Man behauptete, Sie wären in Begleitung. Ich aber hatte die Ehre, diese Person nur zwei Stunden zuvor in Versailles zu sprechen. Übrigens hätte ich Hab und Gut verwettet, daß Ihnen dieses Vergnügen unter den jetzigen Umständen nicht erlaubt sei.

Ich bin, Madame, voller Respekt etc.

Die Sprache Europas: der Marschall konnte sich sicher sein, in der allgemeinen Gesellschafts-, Diplomaten- und Wissenschaftssprache auch der meisten Feinde Frankreichs zu sprechen und zu schreiben. »Mild ist die Natur, heiter; unsere Sitten sollten es auch sein.« Unvorstellbar, daß in Deutschland ein Politiker und ein Militär jemals das Heitere und Anmut als Tugend gepriesen hätte. »Wollt ihr ewig leben, Kerls?« feuerte auf der gegnerischen Seite Friedrich von Preußen seine Leute an.

152. An die Comtesse de Baschi *(1760)*

Ich habe Madame de Lussac gesehen, die mir auch einen Kuß für Sie gegeben hat: ich habe ihr die zärtlichste Aufmerksamkeit erwiesen, da sie Ihre Freundin ist und gerne die meinige sein möchte. Sie haben wahrhaftig, meine schöne Comtesse, hübsche Freundinnen: Schönheit sucht die Schönheit; das kommt zwischen Frauen selten vor, doch Sie sind keine Frau wie die übrigen. Neben aller Anmut unseres Geschlechts besitzen Sie die Vorzüge eines galanten Mannes, und gerade deshalb liebe ich Sie. Der Tod von Madame de Crussol mutet eigenartig an. Kann das sein? Binnen zwei Tagen von einem kleinen Fieber hingerafft! Die Liebesgötter haben ohne Zweifel heiße Tränen vergossen: schöne Frauen, die sich wohlauf fühlen, werden sich ängstigen! Ich sehe mit

Schmerz, daß es auf Erden nichts Dauerhaftes gibt: man bringt ein hübsches Gesicht mit auf die Welt, und in weniger als dreißig Jahren wird es runzelig; danach taugt eine Frau zu nichts mehr. Das betrübt mich: sprechen wir von anderem. Wissen Sie überhaupt, daß nach dem Vergnügen, Sie zu sehen oder Ihnen zu schreiben, eines meiner größten derzeit die Lektüre ist? So ändern sich die Geschmäcker: mit achtzehn mochte ich kaum lesen. Mein Lieblingsschriftsteller ist Voltaire; er ist ein betörender Mann, der stets gefällt und zu allem zu überreden vermag: ich glaube, kein Mensch könnte geistreicher, wortgewandter und menschlicher sein. Haben Sie seine *Schottin* gelesen? Kennen Sie die zärtliche Lindane, den unglücklichen Montrose, den edlen Murray und den Schurken Frelon? Das alles ist bezaubernd: ich habe reichlich Tränen vergossen. Wenn ich diesen Schuft Frelon in meiner Nähe gehabt hätte, ich hätte ihm ins Gesicht gespuckt; denn sein Wesen macht schaudern. Ich bin erstaunt, daß Voltaire in seinem Alter so schöne Sachen hervorbringt und daß er so heiter, so menschlich ist, denn das Alter ist hart und immer schlechter Laune. All die alten Gesichter, die ich je gesehen habe, waren kummervoll, verzerrt, schroff, lachten nie und haßten vor allem junge Leute. Da ich glaubte, daß man im Alter naturgemäß so würde, fürchtete ich deswegen beinahe, in Geist und an Gestalt dereinst ebenso lächerlich zu werden. Aber das Beispiel Monsieur de Voltaires beruhigt mich und zeigt, daß menschliche Fehler und nicht das Alter die Ursache sind: es geschieht selten, daß jemand bereitwillig altert. Ich möchte nicht behaupten, daß es mich fröhlich stimmt; aber ich werde versuchen, zufrieden und gefaßt zu sein. Dennoch glaube ich, ganz unter uns, daß es für eine Frau schwieriger ist als für einen Mann.
Um auf *Die Schottin* zurückzukommen (da ich gerade im Plaudern bin), falls Sie sie noch nicht kennen, lesen Sie das Stück; falls Sie es gelesen haben, lesen Sie es abermals, Sie werden neue Schönheiten darin entdecken; danach beten Sie für den Erhalt des Verfassers, der ein sehr guter Christ ist, was die Unwissenden und Neider auch immer sagen mögen. Aber übrigens noch etwas zu den Christen; wissen Sie, daß die junge Marquise de Pecquigny dem Rouge abgeschworen

hat und ihre Brust bedeckt? Sie war gestern bei der Messe des Königs, schön und bescheiden wie ein Engel, und betete zu Gott mit einer Hingabe, welche die Männer in Wut versetzte und aus demselben Grunde den Frauen sehr gefiel: denn nun gibt es eine gefährliche Rivalin weniger. Ich umarme Sie zärtlich, meine liebe Comtesse; aus der Länge meines Briefs ersehen Sie, wie sehr ich Sie liebe. Etc.

Madame de Lussac: vielleicht auch Mme. de Lugeac, Schwiegertochter der Adressatin, s. auch 23. Brief. – *Voltaire in seinem Alter:* Der langjährige Freund war mittlerweile sechsundsechzig und lebte am Genfer See; die Marquise, die sich mit Voltaires Art des Älterwerdens beruhigt, war neununddreißig Jahre alt.

153. An dieselbe *(1760)*

Weil meine Stimmung schlecht ist und ich Migräne habe, werde ich Ihnen schreiben; das ist ein Mittel, das mir allzeit geholfen hat. Gestern trug sich hier in kleinem Kreis etwas zu, das ich Ihnen vorweg erzählen will. Ein Marschall von Frankreich war anwesend, der vor gar nicht so langer Zeit eine Schlacht und seine Ehre verloren hat. Er schien indes stolzer und selbstzufriedener denn je: es gibt dreiste Gesellen. Die Duchesse de S., die keine Gelegenheit ausläßt, sich auf Kosten anderer zu amüsieren, wandte sich zur Mutter des Helden und sagte in feierlichem Ton: »Ach! Madame, wie haben Sie die Nachricht vom Unglück Ihres Herrn Sohns aufgenommen? Konnten Sie schlafen? Konnten Sie essen? Haben Sie sich vor Scham versteckt? Wollten Sie sterben?« All das in einem Ton, den Sie kennen. Der Marschall, der Philosoph ist, wollte sich nicht mit einer Frau anlegen; doch um sich zu beklagen, ging er zum König. Dieser lachte und fragte ihn, ob er sich vor einer Frauenzunge fürchte.
Ich würde mich um die kleine Valbelle kümmern, weil sie schön und sanft ist und Sie sie mir ans Herz legen: aber ich muß Sie hier nebenbei wissen lassen, daß ich schon mehrere Töchter habe, deren Mutter ich nicht bin, und daß die Zeiten bedrückend sind. Nun, man muß Gutes tun, und ich werde es tun, soweit ich kann. Der Glanz des Hofs hat dieses junge

Ding zuerst ein wenig geblendet, wie alle, die ihn das erste Mal sehen: auch ich war so schwach; doch bin ich schon lange geheilt. Ich hoffe, daß dies Mädchen bald gelassen all das betrachten wird, was man nur für einige Augenblicke lang bewundern sollte. Doch falls diese Narretei länger als zwei Monate dauert, werde ich sie als Ihrer und meiner Freundschaft unwürdig nach Hause schicken. Adieu, meine Liebe; der arme Marquis will Ihnen trotz meiner Einwendungen Grüße senden, und vielleicht sind es ja auch nur Grüße: aber ich, ich schließe Sie herzlichst in meine Arme, Ihre kleine Tochter auch: ich hoffe, Sie ähnelt ihrer Mutter. Etc.

Daß ich schon mehrere Töchter habe: besonders nach dem Tod ihrer eigenen Tochter verheiratete die Marquise gerne Kinder ihrer Dörfer und stattete die Bräute mit einer Aussteuer aus. Dazu kam – vor der eigenen Seele und der Öffentlichkeit – wohltätiges Handeln: für den Bau eines Hospitals verkaufte die Marquise eine Diamantschleife im Wert von 600 000 Livres. 1756 hatte sie die Verfolgung von Hugenotten in Südfrankreich verhindert.

154. An Herzog Karl Eugen von Württemberg *1760*

Mit großer Freude und Hochachtung habe ich den Brief erhalten, mit dem Eure Hoheit mich geehrt haben. Ich bewundere Ihren großherzigen Entschluß und die Güte, mit der Sie mich einbeziehen wollen. Sie widmen sich der Sache des Kaiserreichs und unserer mit einem Eifer, der, wie ich hoffe, Ihnen ebensoviel Nutzen wie Ruhm eintragen wird. Ihre Truppen werden wie die unsrigen behandelt werden, und falls sie Mühen und Gefahren teilen, werden sie auch an der Ehre und dem Gewinn Anteil haben. Doch ich glaube, Monsieur, daß Sie nicht schlecht daran täten, uns in Paris aufzusuchen, bevor Sie zur Armee aufbrechen: es gibt tausenderlei Dinge, tausenderlei Kleinigkeiten, die man besser mündlich als schriftlich oder durch Unterhändler bespricht. Unsere Minister hoffen, daß Sie unserer Armee das Glück zurückbringen, das uns bis jetzt so abhold war: auch ich hoffe es. Gute Truppen und ein guter General sind nicht so leicht zu überwinden. Ich verbleibe etc.

Herzog Karl Eugen von Württemberg: Verbündeter Frankreichs, der auch Lehen auf französischem Territorium besaß.

155. An den Marschall de Belle-Isle *(1760)*

Fürwahr, unsere Projekteschmiede sind bewundernswerte Menschen; für sie gibt es nichts Unmögliches: sie finden für alles Mittel; und ich zweifle nicht, daß, wenn der König Lust auf den Porzellanturm von Nanking oder den diamantenen Weinstock des Großmoguls hätte, diese Herren die Sache höchst einfach fänden und eine Methode ersännen, um sie nach Paris zu transportieren. Die fragliche Denkschrift ist ein Meisterwerk der Frechheit und kann nur im Hirn eines Bewohners der Narrenhäuser ausgeheckt worden sein. Es ist vergnüglich, einen Mann ernstlich vortragen zu sehen, daß der König, um die Schulden zu tilgen, einfach alle fünfzehn Jahre den Staat für bankrott erklären müsse. Würde der König nach diesem System bankrott machen, könnte er es, glaube ich, kein zweites Mal tun: genausogut könnte man vorschlagen, alle fünfzehn Jahre auf den Landstraßen zum Raubzug aufzubrechen. Dieser Mann hat vermutlich weder Ehre im Leib, noch verfügt er über ein Quentchen gesunden Menschenverstand. Ich erinnere mich an einen anderen Plan, der mir letztes Jahr aus Holland zugeleitet wurde und den ich zuerst für einen schlechten Witz über das Elend im Königreich hielt: aber ich erfuhr dann, daß er von einem Verrückten stammte, der in Amsterdam Hungers starb. Er behauptete, dem König durch eine einzige Steuer und ohne das Volk auszuplündern zweihundert Millionen jährlich verschaffen zu können. Es war die einfachste Sache der Welt. Es handelte sich um die Veröffentlichung eines Erlasses, kraft dessen die Untertanen gezwungen würden, täglich den Rosenkranz zu beten, und wenn nicht, für jede Unterlassung fünf Sous zu bezahlen. Da die Franzosen nicht fromm sind, meinte der Verfasser, würden Sie fast täglich sündigen, was gewaltige Summen einbrächte. Er schloß mit der Bitte um eine Unterkunft für seine Mühe, und wir boten sie ihm in Bicêtre an. Der wichtige Punkt ist, Geld aufzutreiben, und nicht, Pläne zu schmieden. Jeder neue Generalkontrolleur verheißt Wunder; aber er verheddert sich schon beim ersten Schritt, und man ist gezwungen, ihn zu verabschieden, um ihn durch einen anderen zu ersetzen, dem bald ein dritter folgt. Die Finanzen sind in einer erschreckenden Unordnung; das Volk ist arm, murrt und sucht in der Fremde ein besseres Vaterland: unser Kredit ist vertan; glücklich sind die Engländer, und wir sind ohne Mittel und Hoffnung. Ich glaube, der Erbfolgekrieg war auch nicht verheerender als dieser. Was tun, um Frankreich zu retten? Wir bräuchten Frieden: aber wie ihn bekommen oder wie den Krieg fortführen? Das gute Herz des Königs leidet grausam in der allgemeinen Not: ist es denn nicht möglich, Monsieur le Duc, ihm aufzuhelfen, indem man seinem Volk aufhilft? Ich wäre froh, Sie zu sehen: ich habe Ihnen tausend Dinge mitzuteilen.

Etc.

Bicêtre: Pariser Irrenhaus. – *Generalkontrolleur:* Finanzminister.

Finanzpolitisch und militärisch sind dies die sogenannten ›Schwarzen Jahre‹ Frankreichs. Auf die deutschen Verbündeten wie Württemberg war wenig Verlaß.

156. An die Comtesse de Baschi *1760*

Ich bin sehr böse, aber trotzdem kann ich nicht umhin, über das Mißgeschick ein bißchen zu lachen, das diesem armen Herzog von Württemberg widerfahren ist, den wir vergangenen Winter in Paris den großen Herrn spielen sahen. Er ist für seine Kühnheit bestraft worden. Als er dem König seine 12 000 Mann verkaufte, bat er sich als Bedingung aus, daß sie ein gesondertes Feldlager haben und ein besonderes Korps bilden sollten; das wurde ihm bewilligt. Als der König von Preußen erfuhr, daß er sich in französischen Sold begeben habe, nachdem er in dem der Kaiserin gestanden hatte, schrieb er diese Mitteilung an den Prinzen Ferdinand von

Braunschweig: »Der Herzog von Württemberg, so heißt es, marschiert mit den Franzosen; mein Neffe, der Kronprinz, täte gut daran, ihm eine kleine Lektion zu erteilen.« Er hat diese Lektion bekommen, ohne klüger geworden zu sein. Marschall de Broglie schrieb ihm nach seinem Unglück, um ihn zu bitten, sich mit seiner Armee zu vereinigen und nicht länger, im Hinblick auf die bösen Folgen, getrennt zu kampieren; er schlug es ab: daraufhin bekam der französische General die Order, den unbequemen und unnützen Freund heimzuschicken.

Aber lassen wir den Herzog von Württemberg. Ich habe soeben *Der Russe in Paris* gelesen, und ich finde, daß er für einen Russen nicht schlecht denkt: er hat wahrlich recht; Frankreich ist nur mehr ein riesiges Grab, auf dem man noch die Inschriften der großen Männer entdeckt, die es hervorgebracht hat, deren Rasse jedoch fast erloschen ist: es gibt nur noch Niedrigkeit, feige Kunstgriffe, kindische Intrigen, freche Bücher und großes Elend. O Frankreich! wohin ist dein Ruhm? Sie machen sich, Madame, mit Ihrer *Philosophen*-Komödie über mich lustig; sie ist ein plumpes und geistloses Schmähwerk: ich konnte sie nur mit Mühe zu Ende lesen, und ich bin erstaunt, daß die Behörden die Vorstellung einer auf eine Person gemünzten Satire genehmigt haben. Doch wer ist dieser Palissot, der sich als Beschützer von Religion und Tugend gegenüber Literaten aufspielt, die als gläubig und tugendhaft gelten? Dieser Mann ist übel beleumdet. Man hat mir Monsieur Palissot als Schöngeist der Saison vorstellen wollen; ich habe es jedoch abgelehnt, mit ihm zusammenzutreffen; um so lieber würde ich, Gott verzeihe mir, den berühmten Monsieur Fréron sehen. Waren Sie bei der Dorigini? Ist der Comte weiterhin guter Dinge? Wann werde ich Sie sehen? Lieben Sie mich noch? Viele Fragen einer Frau. Adieu, Sie wissen ja, *femina cosa garula, e loquace.*

Diese Lektion: die verlorene Schlacht bei Klostercamp am 15./16. Oktober. – *Der Russe in Paris:* Genre und Autor nicht klar. – Charles *Palissot* de Montenoy, 1730-1814, polemisierte, wobei er nur Voltaire ausnahm, gegen die Aufklärungsliteratur. – *Femina cosa garrula, e loquace:* Das Weib, ein schnatternd und redegewandt Wesen.

Jeanne de Pompadour wollte mit dem Modedichter Palissot nicht zusammentreffen. Dieser aber focht für sie auf dem Feld der Verse. Friedrich der Große dichtete über Ludwig XV.:

Spielzeug der Pompadour,
Gezeichnet von mehr als einem Zeichen
Der Schande von Amour ...

Palissot ersetzte die Anspielung Frankreich-*Pompadour* durch Preußen-*Tambour*:

Kannst, Fritz, Du verdammen die Zärtlichkeit
Von Liebe und Natur,
Der Du den Sinnesrausch nur kennst,
Wenn heiß Du umschlungen mit Deinen Tambours?

157. An dieselbe *1760*

Sie fragen mich, womit ich mich beschäftige, wenn ich weder Migräne noch schlechte Gesellschaft um mich habe. Ich schreibe, Madame; ich kritzle Papier voll, wie so viele andere: ich schreibe Memoiren über mein eigenartiges Schicksal und die Dinge, die ich gesehen habe und die noch sonderbarer sind. Mir scheint das eine vernünftige Beschäftigung für eine Frau zu sein, die fast aus dem Alter heraus ist, in dem sie gefällt, und die darüber nicht im mindesten bekümmert ist. Ich werde unangenehme Wahrheiten betreffs einiger Menschen sagen; doch ich will weder lügen noch Narren oder ehrlosen Leuten schmeicheln. Diese Erinnerungen werden indes das Licht erst erblicken, wenn ich es nicht mehr sehen werde: so werde ich Vorwürfe und die Empörung kleiner, niedriger und hassenswerter Leute vermeiden, die ich in meiner wahren Geschichte erwähne; denn die Toten amüsieren sich über die Lebenden. Aber Sie, Madame, was treiben Sie in Ihren Mußestunden, die recht zahlreich sind? Denn Sie sind nicht daran gehindert, mit sich selbst zu leben. Lesen Sie den bezaubernden Eremiten von Ferney? Denken Sie an mich? Beten Sie zu Gott für die, von denen Sie geliebt

werden? All diese Beschäftigungen sind gut und lobenswert: so sind es denn wohl Ihre.
Ich schäme mich, daß junge Menschen mir jeden Tag das Beispiel der Flucht aus der Welt geben, ohne daß ich selbst den Mut aufbrächte, ihnen zu folgen: ich verachte die Welt aufrichtig, aber ich möchte entschiedener sein. Die schöne Comtesse de Noailles hat sich jetzt plötzlich der größten Frömmigkeit ergeben; täglich hört sie viermal die Messe, beichtet jede Woche und würdigt keinen Mann je eines Blikkes: sie sieht nur ihren Gatten und ihren Beichtvater. Ich lobe ihren Entschluß und ihren Mut sehr: doch fürchte ich, daß sie nicht durchhalten wird, und das wäre sehr bedauerlich. Bekehren auch wir uns, aber ohne Lärm zu schlagen, ohne Aufhebens und ohne zu heucheln. Adieu, meine sehr Teure; falls Ihnen meine Ansicht nicht behagt, teilen Sie mir etwas Besseres mit. Etc.

Memoiren: diese Erinnerungen wurden nie geschrieben. – *Der Eremit von Ferney:* Voltaire auf seinem Landgut bei Genf.

Der Krieg greift immer weiter um sich.

158. Vom Marineminister Nicolas Berryer — *Versailles, den 2. Dezember (1760)*

Madame,
Ihre Ahnung hat sich bestätigt. Alle Stände des Königreichs beeilen sich, dem Beispiele der Stände des Languedoc zu folgen. Dieser Eifer, der die Nation ehrt, springt auf den einfachen Bürger über. Die Herren de Montmartel, de la Borde und sechs weitere Finanziers haben sich bereit erklärt, ein Schiff mit achtzig Kanonen bauen zu lassen. Ich bin sicher, daß die Aufzählung sämtlicher Körperschaften, die gleiche Beschlüsse gefaßt haben, Sie nicht langweilen wird. Die Vereinigungen der Generaleinnehmer, der Generalsteuerpächter, der Pensionsbevollmächtigten, die sechs Kaufmannszünfte von Paris, die Stadt Paris selbst, die burgundischen

Stände, die Postverwalter Frankreichs, die Handelskammer von Marseille, die bretonischen Stände, der Klerus haben nacheinander zugesagt, dem König gemäß ihren Möglichkeiten jeweils ein Linienschiff zu geben. Ich rechne mit weiteren ähnlichen Taten des Patriotismus. Die Provinz Languedoc hat sich mehrmals durch solche Vorbildlichkeit ausgezeichnet. Vor fünfzehn Jahren hat sie auf eigene Kosten das Regiment *Septimanie* aufgestellt. Sie übergab es dem König und bezahlt es weiterhin. Dieses klare und bewegende Zeichen der Zuneigung des Volks zu seinem Herrscher, diese Beweise seines Patriotismus und seiner Anteilnahme am Staatsgeschehen bezeugen zugleich, welche Kraft diesem Königreich innewohnt und was die Einigkeit der Untertanen und ihre Liebe zu ihrem Herrn, sogar großen Unglücksfälle zum Trotz, vermögen. Dennoch gibt es unzufriedene und verdrossene Leute, denen alles mißfällt. Sie sagen, diese Beschlüsse des Körperschaften des Finanzwesen bewiesen nur, daß gewisse Personen, die im Dunkel bleiben, skandalöse Vermögen erworben hätten. Ich will alles zugeben, was man will. Dennoch bin ich überzeugt, daß es eine rundum löbliche Regung ist, die sie zu diesen Taten bewog, daß im Herzen des Franzosen immer ein Funke Vaterlandsliebe brennt, der nie verlischt und auflodert, so man ihn zur rechten Zeit ein wenig schürt. Sollte jemand einwenden, all dies sei nur das Werk der Eitelkeit, werde ich diesen Unglücklichen, der nicht mehr an Tugenden auf der Welt glaubt, bemitleiden.
Mit Vergnügen, Madame, werde ich die Beförderung von Monsieur de Courval betreiben, der, genau wie Ihnen gesagt wurde, jedes Wohlwollen verdient. Wegen der Vorurteile von Dienstälteren kann man ihn nicht zum Fregattenkapitän ernennen. Aber aufgrund seines Muts und seiner Fähigkeiten bin ich überzeugt, daß es mir bald möglich sein wird, zu seinen Gunsten eine Ausnahme von der Regel zu machen. Ihre Gunst ist es, die mir in einem Amt hilft, das die unglücklichen Umstände sehr heikel machen. Bewahren Sie mir Ihr Wohlwollen, Madame la Marquise, lassen Sie sich nicht von meinen Widersachern einnehmen, und seien Sie all meiner Dankbarkeit versichert.
Ich lege den Bericht über die gestrige Versammlung bei. Sie

werden daraus ersehen, Madame, daß alle Prälaten gute Franzosen sind, nur einer nicht, der guter Jesuit ist. Es scheint, das große Verbrechen dieser Ordensmänner ist ihre große Macht. Sie ist eine Verletzung ihrer Gelübde. Angesichts der Wendung, die die Sache nimmt, fürchte ich sehr, daß der Tod die Folge sein wird.

Alle Stände: tagten in den Provinzparlamenten. – *Regiment Septimanie:* so genannt nach einer Region im südwestlichen Frankreich, die wiederum ihren Namen von der dort stationierten VII. römischen Legion hatte. – *Verbrechen dieser Ordensmänner:* der Jesuitenorden, auch im Bankgewerbe rege, überblickte kaum mehr seine Reichtümer. Er beaufsichtigte einen Großteil des Bildungssystems, hatte überall seine Mitarbeiter. Verriet er auch französische Staatsinteressen an Rom? – *Tod:* Verbot des Jesuitenordens.

Nach dem Attentat Damiens' auf den König gestand Ludwig XV. seiner Freundin noch mehr Kompetenzen zu. Vor jeder Ratssitzung suchten die Minister sie auf. An die fünfzig Persönlichkeiten fanden sich Tag für Tag zu ihren Abendessen ein.

Der Herzog von Croÿ erlebte die Marquise in ihrer neuen, aufgewerteten Rolle als Kriegsherrin:

»Nach dem Souper, während der König wie jeden Abend seine Kinder aufsuchte, verabschiedete ich mich von der Marquise, die bekundete, daß sie um die Sicherheit unserer Küsten nicht fürchte und es gerne sähe, wenn die Engländer die Landung versuchen würden, daß sie jedoch um die Provinz Aunis fürchte; [...] daß die Aktivitäten und Vorkehrungen der Marine vortrefflich wären; daß man diejenigen an den Galgen bringen sollte, die verbreiteten, daß es an allem fehle, obwohl dies nicht stimme [...] Sie sagte auch, daß man die Waffen nicht strecken dürfe, bevor die Engländer vernichtet wären; daß Ruf und Ansehen für eine Großmacht das Entscheidende wäre; daß es besser wäre, zusammen unterzugehen, als das zu verspielen. Jemand zitierte dazu: ›Wir haben alles verloren, die Ehre nicht!‹ Sodann sprach sie kraftvoll und mit Würde weiter und zeigte mehr Hoheit und Größe, als man vermutet hätte.«

In London steuerte Premierminister William Pitt inzwischen seinen gnadenlosen Kriegskurs.

159. An den Marineminister Nicolas Berryer *1761*

Die Franzosen sind wunderbar: ein gutes Volk! Glücklich ein König, der solche Untertanen hat! Wir werden also eine mächtige Flotte bekommen, die eine freiwillige Gabe der Nation sein wird. Ich bin überrascht und entzückt über diesen Eifer, der alle Stände im Staat befeuert, um dem Staat Schiffe zu verschaffen. All jene, die behaupten, daß Vaterlandsliebe in den Republiken stärker ist als in den Monarchien, brauchen mir nur, wenn ich ihnen denn glauben soll, das Beispiel eines freien Staates zu nennen, dessen Bewohner aus freien Stükken, sogar ohne darum gebeten zu werden, dreißig Linienschiffe beigebracht haben. Der König ist gerührt: niemals hat er sein Volk so geliebt. Dennoch fürchte ich, daß diese Hilfe zu spät kommt: sie ist trotzdem nicht umsonst und wird bei anderer Gelegenheit helfen. Die Engländer hassen die Franzosen aus tiefstem Herzen, während die Franzosen sie aufrichtig verabscheuen: sie befinden sich fortwährend im Krieg, planen ihn zumindest immer; und wenn sie aus Müdigkeit oder Erschöpfung die Waffen niederlegen, dann höchstens, um sie noch wütender wieder zu ergreifen. Aber, Monsieur, könnte man denn gegenwärtig nichts unternehmen? England ist völlig schutzlos; seine Flotten verfolgen uns in den beiden Indien. Ließe sich die Gelegenheit nicht nutzen, um einen zweiten Versuch zu unternehmen, der vielleicht nicht so fruchtlos wäre wie der erste? Das ist es, was mir seit einigen Tagen durch den Kopf geht; und falls es ein Traum ist, so ist es zumindest der einer guten Französin. Machen Sie daraus, was Sie wollen oder was Sie können; ich werde zu niemandem darüber ein Wort verlieren, selbst nicht dem Großen Herrn gegenüber. Madame de Carouge ersucht um einen Posten für ihren Sohn, ich glaube, daß er ihn verdient: es ist eine Familie, in der Mut erblich ist und die stets vortrefflich gedient hat. Was Erfahrung angeht, so wird sie kommen; er ist jung: ich liebe junge Menschen, sie sind gelehrig und lieben es, sich

zu bilden. Die Alten hingegen sind starr; wenn sie sich einmal an etwas gewöhnt haben, sind sie unerträglich in den Geschäften wie auch in der Liebe.
Was Sie meine Gunst nennen, bedeutet herzlich wenig: nicht davon werden Sie gestützt, sondern von Ihrem Verdienst: ihm verdanken Sie alles, bedenken Sie es wohl. Bisweilen hört man auf mich, oft widerspricht man mir: bisweilen gebe ich guten Rat, oft unterstellt man mir schlechten. Doch beachten Sie immer, daß meine Macht recht begrenzt ist, und ich wäre nicht böse, wäre sie es noch mehr, damit ich nur für mich leben könnte. Trotzdem gilt meine Liebe und diene ich mit all meiner Macht jenen, die dem König und dem Staat gute Dienste leisten. Da Sie zu diesen gehören, ist es mir unmöglich, Ihnen nicht Gutes zu wollen: lassen Sie Ihre und meine Feinde nur schreien und fahren Sie fort, sich der Wertschätzung ehrenwerter Menschen würdig zu erweisen.

Ich verbleibe etc.

Beide Indien: Indien und Amerika.

Auf Saffianpapier markiert die Marquise de Pompadour Stellungen der Regimenter mit Schönheitspflästerchen und schickt strategische Ratschläge an die Front.
Inzwischen leben die Beziehungen zu Spanien, wo ja gleichfalls Bourbonen regieren, wieder auf.

160. An den Marschall Prinz von Soubise *1761*

Gestern sah ich den dicken deutschen Fürsten, der mit großer Wertschätzung über Sie sprach: er wußte zweifellos, daß er mir damit eine Freude bereitete. Er gesteht, daß Sie im Krieg nicht immer glückhaft gewesen seien; doch er ist überzeugt, daß es Ihnen stets gebührt hätte. Auch der berühmte Turenne hat Schlachten verloren: also trösten Sie sich. Der König ist sehr melancholisch: dieser fortdauernde Mißerfolg im gerechtesten und notwendigsten aller Kriege bedrückt spürbar sein gutes Herz. Er leidet unter allem, worunter sein Volk leidet: keinen Steuererlaß unterzeichnet er ohne Seufzer; man muß ihn in diesen Zeiten der Erniedrigung und Feindsinnigkeit erlebt haben, um richtig über ihn zu urteilen: er hat eine schöne und großmütige Seele. Das Recht ist auf unserer Seite, der Himmel auf der unserer Feinde: verehren wir demütig die unergründlichen Ratschlüsse der Vorsehung.

Wie dem auch sei, nunmehr ist letzte Hand gelegt an das, was man ein politisches Meisterwerk nennt, an den Familienpakt; und was Frankreich in den glücklichsten Zeitläuften weder zu erbitten noch zu hoffen gewagt hätte, hat es inmitten seiner Nöte erhalten. Die Franzosen sind jetzt Spanier, und die Spanier sind Franzosen und vor allem: »Ab jetzt gibt es keine Pyrenäen mehr«, wie Ludwig XIV. sagte. Man erwartet sich viel von diesem Schachzug auf höchster Ebene; und die Engländer werden sich darüber grämen: sie werden gezwungen sein, ihre Streitkräfte zu teilen, um den Spaniern die Stirn zu bieten, die eine sehr schöne Flotte, eine gute Armee und gute Offiziere haben. Man hat beschlossen, die Portugiesen zur Parteinahme zu zwingen: ihre Neutralität ist durch ihre diversen Hilfeleistungen an die Engländer, deren untertänigste Diener sie sind, für uns nachteiliger als ein offener Krieg. Es ist spaßig, einen fünfzigjährigen König unter Vormundschaft zu erleben, mit schimärenhafter Autorität, der ruhmlos und unfrei regiert. Eine Nation, die ein wenig Ehrgefühl besitzt, muß unabhängig leben oder untergehen, ohne sich unnütz zum Sklaven, lächerlich und verachtenswert zu machen. Der spanische Minister verhandelt mit viel Eifer und Energie. Dennoch glaubt man, daß Portugal sich weigern wird, von England abzufallen: die Handelsinteressen dieser beiden Nationen sind so eng verknüpft und vertrackt, daß ein Bruch fast als unmöglich erachtet wird. Daher bereiten sich die Spanier ernsthaft auf einen Ausflug nach Lissabon vor; und Frankreich wird, trotz aller Nöte, nicht umhin können, ein Truppenkontingent dorthin zu entsenden. Dies ist nun, Herr Marschall, unsere gegenwärtige Lage, stets bedrohlich, aber stets auch voller Hoffnung: zählen Sie auf Ihre Freunde.

Etc.

Politisches Meisterwerk: der dritte bourbonische Familienpakt, unterzeichnet am 15. August 1761. – *König unter Vormundschaft:* Joseph I., der kränkliche König von Portugal, 1750-1777, überließ die uneingeschränkte Macht seinem fortschrittlichen Minister Pombal, der unter anderem die Ketzerverbrennungen abschaffte, den Aufbau Lissabons nach dem Erdbeben von 1755 leitete und die Armee durch den Grafen von Schaumburg-Lippe reformieren ließ. Die spanisch-französische Invasion wurde von den Portugiesen 1762 bei Almeida zurückgeschlagen. Zugleich besetzten die Briten die spanischen Kolonialhauptstädte Havanna und Manila.

»Englands Glocken wurden dünn vom Siegesläuten.« 1759 fällt in Amerika das Gebiet um Fort Duquesne in die Gewalt der Engländer und wird nach dem britischen Premier in Pittsburgh umbenannt. 1760 gehen Montreal und Kanada den Franzosen verloren. 1761 kapitulieren die Franzosen in Indien. Das französische Kolonialreich schmilzt zusammen, und der Weg zum britischen Empire ist geebnet.
Der Angriff Spaniens wird von Portugal abgewehrt.
Die Briten versuchen die Invasion der Bretagne. Vergebens. Allerdings wird in ihrem Verlauf dort eine Typhusepidemie eingeschleppt, die 15 000 Franzosen das Leben kostet.

161. An die Comtesse de Barail *(1762)*

Seien Sie gewiß, daß man den jungen Marquis nicht vergessen wird, zumindest falls ich nicht all meinen Einfluß verliere; denn ist es nicht meine Pflicht, Menschen von Verdienst und jene, die ich schätze, zu empfehlen? Fürchten Sie, ich sei vergeßlich? Nein, Madame, ich werde mich immer entsinnen, Sie zärtlich zu lieben und Ihnen verpflichtet zu sein. Der Hof ist nie so glanzvoll gewesen wie jetzt inmitten des allgemeinen Unglücks. Wir haben ein halbes Dutzend deutsche Hoheiten hier, die mächtig auftrumpfen. Einer vor allem wagt, mir den Hof zu machen. Männer, besonders Fürsten, tun nichts umsonst: deshalb vermute ich, daß er bestimmte Absichten hegt; aber ich werde ihn gewähren lassen, und vielleicht werde ich ihm gefällig sein, denn ich habe ein gutes Herz und er hat einiges Verdienst. Der alte Wesir wird unerträglich; aber man erduldet ihn, weil er nötig ist oder es zu sein scheint. Immer ist er unzufrieden, finster und spröde: das Altern wie auch öffentliche Ehren ändern das Benehmen. Das ist unerträglich, aber man muß sich beugen. Adieu, meine liebe Freundin, ich werde mich Ihnen gegenüber nie ändern; denn es macht mir zuviel Freude, Sie zu lieben und Ihnen dies zu sagen. Geben Sie Ihrer kleinen Tochter tausend Küsse von mir; und tausend Grüße an den großen Mann.

Etc.

Einer vor allem wagt…: die Äußerung könnte sich auf Herzog Christian IV. von Zweibrücken-Birkenfeld, 1722-1775, beziehen. Dieser deutsche Fürst lebte ausschließlich in Paris und galt als beständiger Anbeter der Marquise. Er heiratete indes eine französische Tänzerin, die er zur Gräfin Forbach erhob. In Frankreich wurde sie unter dem Namen Madame Deux Ponts (Zwei Brücken) bekannt. Der Herzog, Ahn der bayerischen Könige, starb einen drastischen Tod. Bei einer Jagd spießte ein Hirsch ihn auf. – *Der alte Wesir*: Kriegsminister de Belle-Isle. – *Großer Mann*: vielleicht der Comte de Barail, der allerdings nicht als »bedeutender« Mann in die Geschichte einging.

Die Herzogin von Pompadour war jetzt vierzig Jahre alt. Kurz nach seiner Verbannung ins Kloster hatte der Abbé de Bernis über sie geschrieben: »Die Marquise besaß keines der großen Laster ehrgeiziger Frauen; aber sie hatte all die kleinen Jämmerlichkeiten von Frauen, die von ihrer Schönheit und ihrem überragenden Geist trunken sind: sie richtete Übles an, ohne böse zu sein, und Gutes aus Schwärmerei; ihre Freundschaft war, wie die Liebe, voller Eifersucht, leicht, unbeständig wie sie und nie sicher.«
Jeanne de Pompadour mußte stündlich mit ihrer gesellschaftlichen Ächtung rechnen, sei es aufgrund von Entscheidungen, die sich nicht rechtfertigen ließen, sei es infolge des Versagens ihrer körperlichen Kräfte oder wegen einer neuen Favoritin, an die sich der König gewöhnen würde. Gleichzeitig mußten Anmut, Gefälligkeit und stets Haltung gewahrt bleiben.

Jeanne de Pompadour gab offizieller Politik eine frauliche Komponente. Sie brachte einen neuen Ton ins politische Gespräch, eine Verfeinerung und größere Raffinesse.
Bereits um 1750 war die Maitresse gegen die Verfolgung von Hugenotten im Süden Frankreichs eingeschritten. Jetzt wurde die Tragödie der Hugenotten-Familie Calas in Toulouse landesweit bekannt. Jean Calas, der Familienvater, sollte seinen Sohn ermordet haben, angeblich weil dieser zum Katholizismus übertreten wollte. An dieser Anklage stimmten entscheidende Punkte nicht. Der als schwermütig geltende Sohn war bereits ein erwachsener Mann. Wie hätte sein Vater, der ein unbescholtener Mann war, ihn erhängen können? In Toulouse kam jedoch der Religionsfanatismus zum Durchbruch. Ohne Untersuchung und unter dem Wutgeschrei der Massen verurteilten die katholischen Richter Jean Calas ohne jeglichen Beweis zum Tode. Er wurde gefoltert, gerädert, dann verbrannt. Voltaire am Genfer See erfuhr von dieser Lynchjustiz. Der Aufklärer und Streiter gegen sämtliche Vorurteile geriet über die brutale Rechtsbeugung außer sich. In seinem Kampf gegen die Justiz, den er in aller Öffentlichkeit aufnahm, unterstützte ihn die Marquise de Pompadour. Das Engagement Voltaires machte den Fall Calas für alle Zeiten berühmt. Rechtsbeugung, Prozesse ohne Beweise oder zumindest Indizien sowie eklatante Mißachtung der Menschlichkeit waren seither weniger leicht zu bewerkstelligen.

162. An Voltaire *1762*

Ich bin über die blutige Tragödie, die sich in Toulouse abgespielt hat, bereits unterrichtet. Ihr Mitgefühl für die unglückliche Familie Calas und Ihr Eifer, ihr zu helfen, gereichen Ihren Gefühlen, die mit meinen übereinstimmen, zur Ehre. Sie sind sozusagen die Schildwache des Staats: Sie machen es sich zur Pflicht, die großen Verbrechen und großen Amtsmißbräuche aufzudecken; Sie müssen in allem bewundernswert sein. Soweit ich bisher urteilen kann, haben die Richter von Toulouse sehr überstürzt und sehr grausam gehandelt; es gibt nur Widersprüchliches und Ungereimtheiten bei ihrer Prozeßführung, was von vornherein große Zweifel daran weckt: Wahrheit und Rechtsprechung erlauben weder Widersprüche noch Unwahrscheinlichkeiten. Es heißt, daß ein berühmter Advokat und Mann von Ehre an einer Denkschrift über diese unglückliche Affaire arbeitet: ich werde sie bei Erscheinen sofort lesen, um auf dem laufenden zu sein; danach werde ich beherzt all meinen Einfluß geltend machen, um die Sache der Gerechtigkeit und der unterdrückten Tugend zu rächen. Ich bin entzückt, Monsieur, daß Sie sich an mich gewandt haben: dieses Vertrauen flößt mir ein wenig Eitelkeit ein, da es mir zeigt, daß Sie glauben, ich hätte ein gutes Herz. Ja, ich habe es oder meine, es zu haben; und in dieser Angelegenheit werde ich versuchen, Ihre Wertschätzung und die all derer, die Ihnen gleichen, zu verdienen.

Ich verbleibe etc.

Der Fall Calas erregte weiterhin in ganz Europa Aufsehen. Der hochbetagte Voltaire scheute weder Mühen noch Kosten, um ein Revisionsverfahren sowie einen Musterprozeß in Gang zu setzen, um den hingerichteten Hugenotten zu rehabilitieren, den Glaubensfanatismus in die Schranken zu weisen und parteiische Richter zu bestrafen.
Zu eben dieser Zeit näherte sich in Rußland Zarin Elisabeth I. Petrowna ihrem Lebensende.
Die mit Frankreich verbündete Russin – Besitzerin von viertausend Kleidern, Genießerin ihrer schönsten Kadetten, gelegentliche Wallfahrerin, deren inbrünstige Gebete oft mit Koliken einhergingen – Elisabeth I., die Todfeindin Friedrichs des Großen, starb am 5. Januar 1762.
Ihr Nachfolger wurde ihr preußenhöriger, phasenweise geistesgestörter, deutschstämmiger Neffe Peter III.
In Petersburg plante jedoch dessen Frau, Sophie Friederike von Anhalt-Zerbst, bald Katharina die Große, den Staatsstreich gegen ihren debilen Mann sowie ihre eigene Inthronisation. Über sich selbst meinte sie: »Ich war nicht schön, aber ich gefiel, und ich glaube, darin lag meine Stärke.«

Madame,
Elisabeths Tod hat in der Tat eine große Staatsrevolution in Gang gesetzt. Trotz aller Beteuerungen, dem bisherigen System treu zu bleiben, beginnt ihr Nachfolger doch Grundsätze zu verfolgen, die denen der verstorbenen Fürstin völlig entgegengesetzt sind, und seine Abtrünnigkeit ist Ihnen gewiß schon bekannt. Seine Maßnahmen entsprechen diesem Schritt. Die Minister des Fürsten versichern mir, sein Friedensabkommen mit dem König von Preußen beinhalte nichts, das einem Dritten schade. Ich aber weiß zweifelsfrei, daß er versprochen hat, Seiner Preußischen Majestät ein Korps von 20 000 Mann zum Schutz seiner Länder zu geben. Diese Minister sagen hinter vorgehaltener Hand selbst, die Begeisterung ihres Herrschers für diesen Fürsten sei zu fanatisch, um dauerhaft zu sein. Doch wer im Staatsrat sitzt, mußte seinem Ungestüm nachgeben. Bei aller Anpassung an diesen Wirbelsturm von Leidenschaften versuchen sie indes so systematisch wie möglich zu handeln. Da er uns verabscheut und die Schweden nicht leiden kann, weiß ich, daß sie einen Kongreß ausbrüten, um in Deutschland die alten Verhältnisse wiederherzustellen. Durch sein Ausscheren aus dem Bündnis kann Schweden sich diesem Plan nicht wirksam widersetzen, den wir unter allen Umständen durchkreuzen müssen, um nicht unser letztes Ansehen in Deutschland zu verspielen. Der in seinen Plänen und seinem Benehmen immer gewalttätige Fürst verkündet lauthals, sich an die Spitze seiner Truppen zu stellen, die er gegen Dänemark führen will, und in einer Denkschrift hat er sämtliche Gesandte an seinem Hof eingeladen, ihn in seine deutschen Staaten zu begleiten. Er trägt ausschließlich preußische Uniform; die meisten unter den vorherigen Regierungen in Ungnade gefallenen Personen sind zurückgerufen. Dazu gehören einige, deren Rückkehr uns nicht gleichgültig sein kann. Ich meine die Herren Biron; einige behaupten, sie würden bald in höchster Gunst stehen. Andere versichern, der neue Zar wolle dem alten Biron einzig und allein einen Verzicht auf die Herzogtümer Kurland und Semigallen abluchsen, um

dann seinen Verwandten, Prinz Georg von Holstein, dort einzusetzen. So oder so, mir scheint, es wird ein Plan ausgeheckt, der für den jungen Prinzen von Sachsen, der jetzt in Kurland regiert, nachteilig wäre. Aber seine neuen Untertanen beten ihn an, und es heißt, der Adel, müde der Politik seiner Vorgänger, werde eher zu den äußersten Mitteln greifen, als ihn zu opfern.

Das Portrait der Zarin ist noch nicht fertig. Sobald der Maler es mir geliefert hat, werde ich es mit dem ersten Schiff, das nach Frankreich oder Holland ausläuft, schicken. Ich weiß nicht, durch wen die Fürstin erfahren hat, daß ich ihr Portrait malen lasse. Bei dieser Gelegenheit wurden mir in ihrem Namen höchst verbindliche Worte übermittelt. Sie liebt ihre Nation aufrichtig, und ich bin überzeugt, daß sie es, sofern die Umstände es ihr je erlauben, beweisen wird. Überdies hat sie Eigenschaften, durch die sie die Achtung und Zuneigung der Franzosen gewinnen wird.

Der Kaufmann Renaud hat Ihnen wahrscheinlich die Zobelpelze, die Sie gewünscht haben, überbracht, Madame la Marquise. Ich hoffe, Sie sind damit zufrieden. In Kürze erhalten Sie auch die sibirischen Schaffelle, aus denen Sie einen Teppich machen lassen wollen. Aber sie haben mir nicht mitgeteilt, wie viele; doch ich kann mir nicht denken, daß er für Ihren Salon bestimmt ist, ich habe Ihnen deswegen nur so viel geschickt, wie Sie für ein kleines Kabinett brauchen.

Bisheriges System: das österreichisch-französisch-russische-etc. Bündnis von 1756. – *Gegen Dänemark:* Zar Peter III. war und hieß zugleich Herzog Ulrich von Holstein; dort waren stets Grenzkriege möglich. – *Die Herren Biron:* der 1740 gestürzte Herzog Ernst Johann von Kurland und sein Sohn Karl Ernst. Kurland war polnisch-sächsisches Lehen: Rußlands Griff danach bedeutete den ersten Schritt zur ersten Polnischen Teilung von 1772 durch Rußland, Österreich und Preußen. – *Die Fürstin:* Katharina.

164. An den Baron de Breteuil — *1762*

Ich danke Ihnen herzlich für Ihre Aufmerksamkeit und bitte Sie, sie mir weiter zu erweisen. Die Nachrichten aus Rußland sind gegenwärtig wichtiger denn je. Seit langem schon wissen wir, daß der neue Zar Frankreich nicht liebt: mit Elisabeth haben wir eine gute Freundin verloren. Ihr Peter III. bemühte sich nicht einmal, zu Lebzeiten seiner Tante seine Gefühle zu verbergen; und ich habe sagen hören, daß er keine Gelegenheit ausließ, sich über die Niederlagen der Russen oder ihrer Verbündeten zu amüsieren; das ließ erkennen, daß er ein böses Herz hat und sein Denken fehlgeleitet ist. Niemand zweifelt, daß er die Allianz bald verlassen wird; dessen werden wir uns glücklich schätzen, sofern er nicht zu unseren Feinden überläuft. Unter solchen Umständen ist Ihr Amt sehr delikat: Sie werden nur über Dornen gehen. So despotisch ein Zar von Rußland auch sein mag, man glaubt trotzdem nicht, daß er es wagt, schlagartig die gemeinsame Sache aufzukündigen: dieser Schritt, falls er zu überstürzt käme, würde der Nation mißfallen. Die Russen verstehen sich darauf zu gehorchen; aber sie verstehen es auch, sich ihrer Herren zu entledigen, wenn diese ihre Macht zu mißbrauchen wagen. Die Revolution von 1740, der er seine Krone verdankt, ist ein neues und schreckliches Beispiel, das ihn womöglich zurückhalten wird. Die Abtrünnigkeit des Fürsten wäre insbesondere jetzt beklagenswert, denn der Alexander des Nordens ist verloren, wenn der Krieg nur noch vier Monate andauert. Versuchen Sie diesen Schlag abzuwenden, falls er abwendbar ist.

Die Pelze, die Sie mir geschickt haben, sind sehr schön, ich danke Ihnen sehr für Ihre Mühen. Sie sind besser als die aus Kanada: aber ach! die aus Kanada wären unsere.

Der König ist mit Ihrem Auftreten sehr zufrieden; er setzt großes Vertrauen in Ihre Kenntnisse, und niemand bezweifelt, daß, falls der Zar seine Freunde im Stich läßt, Sie nichts versäumt haben, ihn daran zu hindern.

Ich verbleibe etc.

Die Revolution von 1740: Der Staatsstreich, mit dem Zarin Elisabeth an die Macht gekommen war. – *Alexander des Nordens:* Friedrich der Große. Zar Peter verbündete sich mit seinem Idol. Nach Peters Ermordung beendete seine Frau Katharina das Bündnis schnell wieder, und 1762 schied Rußland aus dem Siebenjährigen Krieg aus. – *Kanada:* Zum Verlust dieser Kolonie meinte Voltaire lakonisch: »Frankreich kann auch ohne Quebec glücklich sein.«

Sie haben ganz recht, Monsieur le Duc, die Affaire mit dem unglücklichen Calas macht schaudern. Man konnte ihn bedauern, weil er als Hugenotte auf die Welt gekommen war; man mußte ihn aber deswegen nicht wie einen Straßenräuber behandeln. Es scheint unmöglich, daß er das Verbrechen begangen hat, dessen er angeklagt wurde: es ist wider die Natur. Er ist indes tot, seine Familie entehrt, und seine grausamen Richter wollen keine Reue zeigen. Beim Bericht dieser seltsamen Angelegenheit hat das gute Herz des Königs sehr gelitten, und ganz Frankreich schreit nach Rache. Der arme Mann wird gerächt werden. Die Toulouser sind Hitzköpfe und haben mehr eigentümliche Religion, als nötig wäre, um gute Christen zu sein. Möge Gott sie bekehren und sie menschlich machen.

Sie machen sich mit Ihren Danksagungen über mich lustig, Monsieur le Duc. Es gab einen freien Posten, der zu Ihnen paßte: Sie verdienten ihn, ich habe darüber mit dem König gesprochen, und das ist alles. Der Dienst, den ich Ihnen erwiesen habe, hat mir mehr Freude bereitet als Ihnen. Reisen Sie also zur Armee ab und freunden Sie sich mit dem Prinzen de Condé an. Mir spukt es durch den Kopf, daß dieser junge Mann es weit bringen wird: er hat große Vorbilder in seiner Familie und rechte Lust darauf, ihnen nachzueifern. Seine kriegerischen Talente werden sich bald entwickeln. Um so besser; man erkennt Frankreich nicht wieder: die Rasse der großen Männer ist fast erloschen: ich hoffe, daß Sie dazu beitragen werden, sie wieder aufleben zu lassen, und ich wünsche von ganzem Herzen, daß das Glück Sie so behandelt, wie es Ihnen gebührt.

Etc.

Das Pariser Parlament brauchte drei Jahre bis zur Rehabilitierung des hingerichteten Jean Calas. Sein schwermütiger Sohn hatte Selbstmord verübt. Diese hauptsächlich von Voltaire erfochtene Urteilsrevision stellte einen richtungweisenden Sieg über Vorverurteilungen und die übliche Praxis

der Geständniserpressung durch Folter dar. Allmählich traten Indizienprozesse unter Achtung der Menschenrechte an die Stelle von Gesinnungsjustiz.
In Paris sprach man zur gleichen Zeit davon, daß die Marquise de Pompadour Blut huste. Die *Treppe der Königin* verursachte den überspannten Nerven der Marquise besonders wegen dieser »Mischung aus rotem und schwarzem Marmor« Schwindelgefühle. Als Ehrendame der Königin schleppte sie sich, einundvierzigjährig, mit Mühen die Stufen hinauf und schickte der Königin täglich Blumenbouquets.
Der Krieg fraß sich wieder in den Süden. Am 30. August erfochten die Franzosen bei Johannisberg im Rheingau einen Sieg über die Truppen Ferdinands von Braunschweig. In den Augen der Marquise schien er endlich eine Wende zu bedeuten.

166. An den Comte de Clermont, Oberbefehlshaber in Deutschland *September 1762*

Es ist die reine Wahrheit, Monseigneur, daß M. de Boisgelin, Oberst der vormaligen Regimenter La Tour du Pin, soeben mit der angenehmen Nachricht eingetroffen ist, daß am 30. die Vorhut des Prinzen de Condé unter dem Kommando von M. de Lévis, zusammen mit M. de Stainville, dann verstärkt durch das Regiment von Boisgelin, den Dragonern und Gendarmen des Dauphin unter M. de Soubise, den Erbprinzen und Lukner vollkommen geschlagen hat. Wir haben 11 große Kanonen, 2 Standarten und 1200 Mann erbeutet. Die Zahl wäre ansehnlicher, wenn Prinz Ferdinand, der nicht weit von seinem Neffen stand, mit seiner Kanone nicht unsere Dragoner niedergedonnert hätte, die Marschall d'Estrées zur Verfolgung losgeschickt hatte. Über anderthalb Meilen haben sie ihnen nachgesetzt. Das Regiment und Oberst Boisgelin haben Wundersames geleistet. Der König hat ihn auf der Stelle zum Brigadier ernannt. Der Rest der Truppen, die im Kampf waren, haben gleichfalls Wunder vollbracht. Der Prinz de Condé hat sich dabei wie immer benommen, das heißt makellos, und der Erbprinz sollte es satt haben, den Prinzen de Condé anzugreifen. Seine Niederlage ist auch wegen der Hartnäckigkeit, mit der er gekämpft hat, sehr beträchtlich. Ich bitte Sie, Monseigneur, um Nachsicht für diesen Bericht. Ich bin an militärische Details nicht gewöhnt, und einzig meine Begeisterung für das, was Sie interessiert, hat mir die Feder geführt. Die Herren de Choiseul, La Baume, de Schomberg, de Wormser sind durch Säbelhiebe leicht verletzt. Unsere Verluste sind nicht erheblich; sie betreffen hauptsächlich das Regiment von Boisgelin, das einzige der Infanterie. Monseigneur wird meine aufrichtige Verbundenheit und meinen tiefen Respekt gebührend anerkennen.

Monseigneur: der Comte de Clermont. – *Boisgelin:* unklar, um welches Mitglied der weitläufigen Familie es sich handelt.

In Frankreich entbrannte sofort ein Streit um die Zuschreibung der Heldentaten im Kampf bei Johannisberg.

167. An den Feldmarschall Prinz von Condé *3. Oktober 1762*

Der vertrauliche Brief vom 28. September, mit dem Sie mich zu beehren geruhten, Monseigneur, läßt mich nicht zögern, in welcher Weise ich ihn beantworten soll, und ich würde glauben, einen Fehler zu begehen, wenn ich nicht mit der Aufrichtigkeit, die von meinem Wesen untrennbar ist, zu Ihnen spräche. M. de Boisgelin suchte mich in Choisy auf. Ich bat ihn, mir auf der Karte das glückliche Geschehen, das sich am 30. zugetragen hat, detailliert zu erläutern. Er erklärte mir sehr verständlich und vor allen Leuten, die in meinem Zimmer waren, die verschiedenen Angriffe, die unternommen wurden, Zeitpunkte und Orte, und sagte mir im einzelnen, was ich knapp wiedergeben werde: daß M. de Lévis weit nach vorn geschickt worden war und sich sehr gut geschlagen hatte, trotz der Überlegenheit der Feinde; daß M. de Stainville, mit dem M. de Soubise glücklicherweise

früh ankam, zwei sehr nützliche Angriffe unternahm; daß Boisgelin selbst, genau wie Ihre Reserve, den Befehl erhalten hatte, einzugreifen; daß seine Brigade allein vorgestoßen war, weil sie im Laufschritt geblieben war; daß er beim Anblick der Überzahl der Feinde, die über ihn hereinbrachen, nach Hilfe geschickt hatte; daß M. de Soubise die Dragoner und Gendarmen des Dauphins zu ihm geführt hatte, ohne die er die Stellung hätte räumen müssen. Nach diesem Bericht vor allen Leuten war ich natürlich der Ansicht, daß die Truppen Ihrer Reserve von Generalen befehligt worden seien und daß sie sich alle den Ruhm dieses Tages teilten. Ich habe zwei gleichlautende Briefe geschrieben, die simple Tatsachen beinhalten; Monseigneur le Comte de Clermont wird Ihnen einen zeigen können, und Sie werden die Wahrheit dessen erkennen, was ich Ihnen zu berichten die Ehre habe. Nie hätte ich gedacht, daß daraus auch nur das kleinste Gerangel entstehen könnte, und erst als ich aus Choisy nach Paris zurückkehrte, haben der Abbé de Cer und andere Verlautbarungen in die Welt gesetzt, in denen von den Marschällen so wenig die Rede war, als hätten sie nie existiert. Bei meiner Rückkehr hierher erzählte man mir von großen Anschuldigungen in diesen Verlautbarungen. Ich habe keine gesehen. Ich weiß nie, was man in die Zeitung setzt, da ich mein Lebtag lang keine gelesen habe. Nur aus Respekt vor Ihnen und aus Freundschaft für M. de Soubise habe ich Schweigen bewahrt.
Soweit also mein Verhalten. Was meine Art zu denken betrifft, so kann sie sich nicht ändern. Es ist gewiß, daß die von Ihnen befehligten Truppen, Monseigneur, Wunder vollbracht haben, und anders kann es nicht sein, wenn sie Ihrem Beispiel folgen. Ebenso gewiß ist, daß M. de Stainville, die Dragoner und die Gendarmen des Dauphins, die von M. de Soubise herangeführt wurden, sehr nützlich waren. Ich komme also wieder zur Wahrheit zurück, was jenen Tag betrifft, daß nämlich die Reserve und ein Teil der Armee an diesem Tag gut gedient haben. Ich begreife daher nicht, unter welchem Unstern diese Sache Querelen verursacht hat. Aufgrund meiner Zuneigung Ihnen gegenüber, Monseigneur, und meiner Freundschaft mit M. de Soubise bin ich sehr betrübt. Lassen

Sie seiner Rechtschaffenheit Gerechtigkeit widerfahren. Er ist Ihr Schwiegervater, daher kann ich nicht glauben, daß es Leuten, die nur Böses stiften, gelingen soll, Sie zu entzweien. Ich hoffe und wünsche aufs lebhafteste, daß dies nicht geschieht. Ich weiß nicht, Monseigneur, ob es Ihnen gefällt, wenn ich Ihnen sage, was ich denke, doch Sie haben es mir befohlen, und ich schwöre Ihnen, daß dieser Brief nur von der Wahrheit und meiner treuen Zuneigung für Sie diktiert ist. Ich bitte Sie um Verzeihung, Monseigneur, für mein Gekritzel, aber mein Auge ist so müde, daß es mir unmöglich wäre, noch einmal zu beginnen, und ich kann niemandem anvertrauen, was ich Ihnen mitzuteilen die Ehre habe.

Condé: Louis-Joseph de Bourbon, Prinz von Condé, 1736-1818, Maréchal-de-camp, war in erster Ehe mit der Tochter eines alten Freundes der Marquise, Charlotte-Godefride-Elisabeth de Rohan-Soubise, verheiratet. Condé sollte noch bei zahlreichen großen Ereignissen eine gewichtige Rolle spielen. Nach dem Sturm auf die Bastille, fünfundzwanzig Jahre nach dem Tod der Marquise de Pompadour, floh er nach Brüssel. Anschließend befehligte er royalistische Regimenter gegen die Revolutionsarmeen und gegen Napoleon. Nach Waterloo, zweiundfünfzig Jahre nach der Schlacht von Johannisberg, kehrte er schließlich mit Ludwig XVIII. ins Frankreich der Restauration zurück.

168. An den Duc de Nivernois *1762*

Wie geht es Ihnen, Monsieur le Duc? Sie werden sehen, daß Ihre Freunde Sie nicht vergessen haben. Doch beginnen wir mit dem Vorwort, das *la salza del libro* ist. Sie wissen, daß wir schon allzu lang Krieg geführt und nichts dabei gewonnen haben, daß wir dringend Frieden mit den Engländern brauchen, und womöglich brauchen ihn die Engländer nicht weniger als wir. Nun gut! Der König hat gestern in seinem Rat beschlossen, Ihnen einen kleinen diesbezüglichen Auftrag zu erteilen. Sie müssen also unverzüglich Ihre Wälder und Kaninchengehege verlassen, um in Fontainebleau Ihre Instruktionen entgegenzunehmen: von dort werden Sie nach London reisen, dem guten König Georg, der Sie erwartet,

Ihre Reverenz erweisen und ihn einladen, unser Freund zu werden. Der König zauderte zuerst, wen er mit einer so wichtigen und delikaten Unterhandlung beauftragen sollte: eine gewisse Person hat Ihren Namen fallenlassen; daraufhin hat der gute Fürst Ihre Kenntnisse, Ihre Begabungen und Ihren Diensteifer sehr gelobt. Ich lauschte ihm freudig, und ich handelte mitnichten gegen mein Gewissen, als ich Nachteiliges über Sie einfließen ließ. Ich habe das Gefühl, daß diese Aufgabe ein wenig unangenehm ist: es wäre schöner, Botschafter eines siegreichen als der eines geschlagenen Königs zu sein. Doch Sie sind guter Franzose; die Vaterlandsliebe wird über Ihren Widerwillen siegen. Der Friede, auf den ich hoffe, ist das einzige, was ich jetzt begehre und was mir noch ein wenig Lebensfreude schenken kann. Um meine Gesundheit steht es schlecht; aber wenn ich Frankreich befriedet, den König zufrieden und seine Untertanen nach so vielen Nöten ruhig sehe, dann habe ich lange genug gelebt. Ich grüße Sie von ganzem Herzen, Monsieur le Duc: Sie werden stets einen der vordersten Plätze auf der Liste jener einnehmen, die ich schätze, und die ist sehr kurz.

Etc.

Herzog von Nivernois: der enge Freund, den sie manchmal »mein kleiner Gemahl« nannte, war Botschafter beim Vatikan gewesen. – *La salza del libro:* die Würze des Buchs.

169. Vom Duc de Nivernois *London, den 15. September 1762*

Ich habe die Ehre, Madame, Ihnen zu schreiben, obwohl ich von der Überfahrt noch ein wenig benommen bin, denn nach allerlei kleinen Widrigkeiten bin ich erst vor drei Tagen eingetroffen. Die reizendste habe ich seitens meines Wirts in Canterbury erfahren. Ich hatte nur ein kleines Gefolge, und trotzdem kassierte dieser feine Herr fünfzig Guinees für mein Souper. So weit, so gut, das war nur eine Kampfhandlung, die der Krieg noch rechtfertigte. Ich war der Unterlegene. Ich schwieg. Aber der Sieger brüstete sich mit seiner Trophäe. Ich fand Verteidiger. Alle Engländer mißbilligten sein Verhalten. Der Adel der dortigen Gegend bat darum, mich entschädigen zu dürfen. Auf meine Weigerung hin faßten sie den feierlichen Entschluß, ihre Sitzungen nicht mehr bei diesem Herrn abzuhalten. Ich bin mehr als gerächt, denn wenn ich nicht vermittle, ist er ruiniert.

Meer, Beschwerlichkeiten, die harte Arbeit haben mich während der Reise schwindlig und elend sein lassen. Ich konnte meine Augen fast nicht mehr gebrauchen. Aber seit meinem Eintreffen hier fühle ich mich besser; und da Sie unbedingt Neues über meine Nerven hören wollen, sei Ihnen mitgeteilt, daß sie noch niemals so geschmeidig waren. Gebe der Himmel, daß ich es von den Menschen dieses Landes auch sagen könnte. Die Nation überhäuft mich mit Ehren: ich will sagen, der Teil der Nation, der bei Verstand ist. Den Empfang, den mir der König bereitet hat, kann ich nicht genug loben. Ich wollte selbst Ihre Opfergaben der Schutz- und Friedensgottheit, von der wir unser Heil erwarten, zu Füßen legen. Die hohe Person schien großes Wohlgefallen an Ihrer Aufmerksamkeit zu haben, und ich übermittle Ihnen den Dank, den sie mir aufgetragen hat. Ich glaube, wenn sie unsere guten Absichten weiter so lebhaft unterstützt, werde ich nicht von hier abreisen, ohne meine Mission mit einigem Erfolg erfüllt zu haben. Sie kennt sich in den Geschäften bestens aus, und mir bereitet es fast ebensolches Vergnügen, darüber mit ihr zu plaudern, wie mit einer ganz anders gearteten Dame, bei der sich zu diesem Verdienst Qualitäten gesellen, die mir lange Zeit ganz unvereinbar schienen, doch ...

Le Donne son venute in eccelenza
Di ciascun'arte, ove hanno posto cura.

Ich hoffe, der Sieg bei Johannisberg wird dazu beitragen, einige Schwierigkeiten auszuräumen. Ich habe die gute Neuigkeit bei meiner Ankunft erfahren. Mit unendlicher Freude habe ich vermerkt, wie glänzend die Menschen, die ich am meisten liebe, sich geschlagen haben. Die Finte von M. de Conflans war einzigartig und gereicht ihm fürwahr zur Ehre:

das sind nicht dieselben Männer, die Komödie spielen und Lustunterschlupfe besitzen.

Schutz- und Friedensgottheit: König Georg III. – *Le Donne…*: »Die Frauen haben stets Vortreffliches vollbracht / Egal, in welcher Kunst sie sich ans Werk gemacht.« – *M. de Conflans:* die Finte des Admirals ist wohl nicht mehr aufzuschlüsseln. Vielmehr ist Conflans bekannt dafür, eine aussichtslose Seeschlacht vermieden zu haben.

170. An den Duc de Nivernois — *1762*

Sie haben also die Hauptstadt und die neuen Römer, wie sie sich nennen, gesehen; es wird Sie Mühe kosten, sie zu lieben. König Georg hat Sie freundlich empfangen; die hohen Herren umschmeicheln Sie, und die Kanaille pfeift sie aus: das haben wir alles vorausgesehen. Man sollte sich unbedingt an den Wichtigsten halten: man muß mit dem Lotsen und den Offizieren des Schiffs sprechen, ohne auf den Pöbel zu achten, der zwischen den untersten Planken murrt. Die Geschichte Ihres Soupers in Canterbury hat uns zum Lachen gebracht: es stimmt ja, der Friede ist noch nicht geschlossen, und Ihr Gastgeber hat Sie als Feind behandelt. Die meisten Engländer, so hört man, billigten das Verhalten dieses Ehrenmanns keineswegs: seine Reputation verheißt Großzügigkeit und ist beachtlich; aber ich glaube, Sie werden nie wieder bei ihm soupieren. Man bewundert Ihre Depeschen; der König ist sehr zufrieden. Man ist durchaus bereit, Kanada den Engländern abzutreten: möge es ihnen zum Heile gereichen. Was jedoch die Inseln und Pondicherry angeht, so sind sie um jeden Preis zu retten. Was das Lösegeld für die Gefangenen und die kanadischen Schuldscheine betrifft, wird es keine Schwierigkeiten geben: das ist eine kleine Krämerrechnung, die man nebenbei begleichen kann. Ich bitte Sie, nicht zu vergessen, der edlen Dame meine Hochachtung zu übermitteln: die Kleinigkeit, die ich ihr geschickt habe, ist durch ihre Güte, sie angenommen zu haben, nur zu gut bezahlt: wir empfehlen uns ihr stets.

Ich verbleibe etc.

Jean-Marc Nattier
Maria Leszczynska

Meine liebe Freundin – denn dieser Name ist schöner als Madame la Comtesse, weshalb ich mich seiner oft bediene –, Sie fragen mich, ob ich noch immer an Sie denke; warum fragen Sie mich nicht, ob ich noch lebe? Könnte ich Ihren Charme und Ihr löbliches Tun vergessen? Nun, ich hoffe, wir werden Frieden bekommen. Nach dem verhängnisvollsten und schmählichsten Krieg seit dem alten Pharamond brauchen wir ihn dringendst. Der Ruhm der Nation unter Ludwig XIV. hat sich verflüchtigt wie ein Traum, und bei seinem Erwachen war nichts mehr als Schande. Was für Zeiten, meine schöne Comtesse! Der König ist schwermütig, und ich weine, während alle Welt vermeint, wir wären höchst zufrieden hier. Das Glück findet sich nicht an Höfen und im Ehrgeiz, sondern in genügsamen und maßvollen Herzen, die nichts verlangen, nichts erhoffen und um nichts bitten.
Lachend erklärte Valcourt gestern, man hätte ein halbes Dutzend Generalstabsoffiziere hängen sollen, um ein Exempel zu statuieren, und den Engländern sei es viel besser ergangen, seitdem sie einen Admiral vom Leben in den Tod befördert hätten. Der König lachte nicht; aber seine Herzensgüte ließ ihn dennoch erwidern, daß diese Überlegung nicht vollends lächerlich sei. Die Engländer haben uns viel Schaden zugefügt und wir ihnen: das wäre denn also, wie Sie sehen, ein Grund zum Trost, denn man muß aus allem Nutzen ziehen. Valcourt meinte auch, wir sollten, anstatt um Frieden zu bitten, die Engländer die Überbleibsel unserer Kolonien einnehmen lassen, unsere Truppen aus Deutschland zurückziehen und einen Verteidigungskrieg an unseren Grenzen führen; wenn wir dann den Hauptteil unserer Streitmacht dazu einsetzen würden, um beim Feind zu landen, ihn aufzustören, seinen Handel lahmzulegen, wären die Engländer in weniger als zwei Jahren genötigt, auf Knien um Frieden zu bitten oder in der ganzen Welt bankrott zu machen. In dieser Ausführung liegt ein Hauch von Vernunft: doch man hätte sich vor zwei Jahren dazu entschließen müssen; heute ist es zu spät.
Ich ärgere mich über mich selber, wenn ich bedenke, welche

Leute ich empfohlen habe, um Frankreichs Ehre aufrechtzuerhalten; Leute, die zu nichts taugten und alles anstrebten; die sich auf Huldigungen und Niedrigkeiten verstanden und sodann nach Deutschland eilten, um sich wie die Weiber zu schlagen, und ganz Europa zum Gespött gereichten. Solche Gedanken lassen mich verzweifeln und den König auch. Irgendwer fragte kürzlich den Prince de Conti, weshalb Frankreich so heruntergekommen wäre und man keinen Turenne, keinen Villars, keinen Sachsen mehr sähe: *Das ist so,* meinte er, *seitdem unsere Frauen sich mit ihren Lakaien abgeben.* Leider, alles hat sich verändert.
Adieu, meine schöne Comtesse; ich liebe Sie von ganzem Herzen.

Etc.

Pharamond: Enkel des Priamos von Troja und sagenhafter König von Frankreich, erstmals erwähnt im 7. Jahrhundert. – *Exempel statuieren:* die Hinrichtung des britischen Admirals Byng, s. auch 108. Brief. – *Sachsen:* Moritz von Sachsen.

»Die Engländer, die so viel zusammengerafft hatten, dachten an die Sicherung ihres neuen Besitzes ... Und was war die Ursache unserer Niederlage? Vor allem der Verfall der Autorität, die Disziplinlosigkeit der Armeespitze, die Uneinigkeit der Regierung. Diskutiert wurde überall, aber niemand wollte sich unterordnen.« (P. Gaxotte)
Dank der Marquise de Pompadour war der Herzog von Choiseul zum Außenminister, dann zum Kriegsminister ernannt worden. Der nimmermüde Lothringer bewies Energie für Reformen in allen Staatsbereichen und trat als neuer starker Mann Frankreichs auf den Plan.
Unterdessen mußte man sich mit Rußland arrangieren, wo inzwischen Katharina die Große an die Macht gekommen war. Ihr Mann Peter III. wurde mit ihrem oder ohne ihr Wissen ermordet. Die Weltöffentlichkeit erfuhr aus Petersburg von einem »tödlichen Hämorrhoidenanfall« des Zaren.

Madame,
unser Freund ist heute morgen mit dem ganzen Gepränge eines Gesandten abgereist, und ich bürge Ihnen dafür, daß er sich noch mehr durch sein Geschick als durch seinen Prunk behaupten wird. Die Engländer sind diesmal wirklich des Krieges müde, was ihm bei seinen Verhandlungen sehr helfen wird. Aber mit dem König von Preußen werden wir kein so leichtes Spiel haben, wie ich anfangs meinte. Die Revolution in Petersburg kündigte uns einen vollkommenen Wandel in diesem Staat an. Nun sind wir durch eine Erklärung, derzufolge die Zarin – sofern sie nicht dazu gezwungen wird – sich keinesfalls in den Krieg einmischen will, etwas klüger geworden. Sie erklärt weiter, daß sie allen kriegführenden Mächten freudig ihre guten Dienste anbieten wird, um einen gerechten Frieden zu stiften. Ich vermute, die Fürstin kann sich nur inmitten von Ruhe und Frieden auf einem Thron behaupten, dessen sie sich auf höchst riskante Weise bemächtigt hat. Dennoch sind wir entschlossen, ihre guten Dienste zurückzuweisen. Sie macht uns eine Menge Ärger mit ihrem Titel einer *Kaiserlichen* Majestät. Obwohl derlei Elendiglichkeiten wichtige Geschäfte nicht aufhalten dürfen, sollten wir nicht so gängelbar sein, nur weil plötzlich andere Leute an der Macht sind oder dergleichen stolz verlangen und sich trotzig weigern, überkommene Traditionen zu respektieren. Diese Winzigkeit verdient wirklich nicht die Aufmerksamkeit, die Sie ihr widmen. Ich will jedoch betonen, daß es auf der Welt zehn bis zwölf Kaiser gibt. Der türkische ist meiner Meinung nach der einzige, der diesen Titel zu Recht führt. Der deutsche, mongolische, marokkanische, russische, chinesische, japanische, der von Siam, von Persien, von Abessinien, der von Monomotapa und wohl noch etliche andere verdienen nicht die Ehre, so genannt zu werden. Die einen haben ein Reich so groß wie die Île de France; die anderen haben Geschöpfe zu Untertanen, die sich kaum von Ihrem Orang-Utan unterscheiden. Jene erfreuen sich als Kaiser eines Einkommens von etwa fünfhundert Écus, welche ihnen unglückliche Juden jährlich bezahlen, um gedul-

det zu werden. Im übrigen besitzen sie keinen Fußbreit Land. Die anderen sind tatsächlich mächtiger: doch haben Sie kein größeres Recht als Sie, ich oder irgendwer sonst auf einen Titel, mit dem die Römer die Befehlshaber ihrer Armeen auszeichneten; auf einen Titel, der nur noch ein Wahngebilde ist, weil die Macht, zu der er gehörte, nicht mehr existiert. Unter diesem Gesichtspunkt haben wir keine Schwierigkeiten gemacht, ihn Rußland, als es darum gebeten hat, zuzubilligen, und wir unterscheiden ihn so wenig von dem eines Königs oder Zaren, daß wir ihn, sobald einen König danach gelüstet, ebenso leicht zugestehen werden wie den Titel eines Khan oder Sophi, vorausgesetzt, er garantiert uns – was die Russen bis dato nie verweigert haben –, unseren Besitz auf immer, selbst wenn er nicht ganz begründbar ist. Heute fordert diese Macht von uns neue, hier unbekannte Formeln. Man will, daß es in allen Anreden heißt: *à Sa Majesté Impériale de toutes les Russies*, anstelle: *Sa Majesté l'Empereur* oder *l'Impératrice de toutes les Russies*. Trotz der kleinen Mühe, immerfort etwas zu ändern, und obwohl die vorgeschlagene Änderung nicht allzu französisch klingt, hätten wir, das versichere ich Ihnen, ohne weiteres zugestimmt; doch man verweigerte uns die in einem solchen Fall übliche Zusage. So sind auch wir hartnäckig geblieben, und Sie werden vielleicht erleben, daß ein kleiner zeremonieller Streit zwei Mächte entzweit, die stets einig sein sollten.
Sie können sich vorstellen, daß ich nicht versäumt habe, mir gestern den *Sterbenden Herkules* anzuschauen. Trotz der Balletteinlagen, die hervorragend getanzt werden, bleibe ich doch bei meiner Meinung von den Proben. Marmontel und Dauvergne retten nichts. Mir ist von allem nur ein Scherz haftengeblieben, der Sie vielleicht amüsiert. In dem Moment, in dem Herkules sein Leben aushaucht, hat Madame la Comtesse d'Egmont gerufen: »Nun ist er aber wirklich wunderbar tot!«
Adieu, Madame, Sie kennen meinen Respekt; und Sie sehen, wie gerne ich mich mit Ihnen über alles, was ich weiß, unterhalte.

Unser Freund: der Herzog von Nivernois. – *Sophi:* europäische Bezeichnung von Herrschern der von 1501 bis 1722 in Persien regierenden Safawiden-Dynastie. – *Die in einem solchen Fall übliche Zusage:* die weiter oben angesprochene Besitzstandsgarantie.

173. An den Duc de Choiseul *1762*

Ich bin krank, dennoch werde ich versuchen, Ihnen zu antworten. Als erstes will ich Ihnen sagen, daß der König zufrieden ist und Sie wertschätzt. Der alte Marschall war zu methodisch, und die Methodiker gelangen selten ans Ziel. Nie war ein Minister glückloser, ausgenommen Chamillard unter dem letzten König, den man zum Kriegsminister ernannte, weil er gut Billard spielte. Ich meinerseits glaube allerdings, daß sein Ruf besser war als seine Fähigkeiten. Nun heißt es also, erfolgreicher vorzugehen und seine Fehler wettzumachen. Sie beginnen in sehr schwierigen Zeiten; aber falls Sie, wie ich hoffe, über die Schwierigkeiten triumphieren, wird Ihr Ruhm um so größer sein.
Was bei den Russen geschieht, ist unerhört: welche Herren! welche Untertanen! Kaiserin Elisabeth stirbt, ihr Neffe übernimmt die Regierung, seine Gemahlin räumt ihn aus dem Weg, und das alles in weniger als sechs Monaten. Der arme Peter hat sich aber auch gar zu verrückt verhalten, als er sich zum preußischen Soldaten machte und sich mit seiner Frau entzweite. Ich glaube, wir sollten uns davor hüten, der neuen Zarin zu vertrauen und auf sie zu setzen, wenngleich der schmähliche Friede, der mit Preußen geschlossen wurde, einer ihrer wichtigsten Vorwände war: Sie können sicher sein, daß sie keinen Krieg anfangen wird. Nirgendwo gehen die Rechnungen auf. Von seiten der Spanier dürfen wir uns auch nicht allzuviel erhoffen; ich halte sie für aufrichtig, doch sie sind träge und unentschlossen. Was Deutschland betrifft, so ist alles hoffnungslos. Deutschland war immer das Franzosengrab: und in diesem Krieg ist es auch noch zum Grab unseres Ruhms geworden. Folglich wird dieser hübsche Popanz von *Familienpakt* zu nichts führen. Die Engländer haben sich davor gefürchtet: nun lachen sie mit gutem

Grund über ihre Angst und unsere eitlen Hoffnungen. Das Sicherste ist es also, Frieden zu schließen: doch es wird schwierig sein, ihn mit einem siegestrunkenen Volk, das der natürliche Feind des Menschengeschlechts und vor allem der Franzosen ist, ins Werk zu setzen. Monsieur le Duc, falls Sie diese ungemein wichtige Aufgabe meistern, werden Sie den Ruhm genießen, Ihr Vaterland gerettet zu haben. Es geht nicht darum, einen wetterfesten Frieden zu schließen: das ist unmöglich; Engländer und Franzosen können nicht lange Freunde bleiben: der wechselseitige Haß der beiden Nationen, Handelsrivalität, entgegengesetzte Interessen und Bündnisse werden ihnen bald wieder die Waffen in die Hand geben. Deshalb stelle ich mir vor, daß wir versuchen sollten, einige Stützpunkte in Afrika und in den beiden Indien zu behalten: das ist das einzige Mittel, unsere Seemacht wiederherzustellen und zu vergrößern, unseren Handel zu retten, uns überall zu verschanzen und die Engländer mit sicherem Erfolg anzugreifen, wenn sich die Gelegenheit dazu bietet. Das Kapern unserer Handelsschiffe vor der Kriegserklärung war eine infame Tat, die Frankreich niemals vergessen wird und für die es noch keine Rache genommen hat. Wie gedemütigt wir sind! Wir liefern unseren Feinden Perückenmacher, Bänder und Schleifen und die Moden; sie aber wollen uns Gesetze aufzwingen! Ich hoffe, daß es nicht dabei bleiben wird: versuchen Sie, Monsieur le Duc, Frieden unter den denkbar vernünftigsten Bedingungen zu schließen; danach rüsten Sie sich für den Waffengang.

Ich verbleibe etc.

... einer ihrer wichtigsten Vorwände: zur Machtergreifung. – *Familienpakt:* zwischen Frankreich und Spanien.

Siebzehn Jahre war es her, daß die Königin über die junge Madame d'Étiolles geäußert hatte: »Wenn es denn eine sein muß, dann lieber diese als eine andere.«
Bereits seit sechs Jahren erfüllte die *maîtresse-en-titre* als Ehrendame ihre wöchentliche Anwesenheitspflicht in den ruhigen Gemächern der Königin.

Es war gleichfalls viele Sommer her, daß der Herzog von Croÿ über das süße Gesellschaftsleben, den König und seine junge Maitresse notiert hatte: »Wir saßen jeweils zu viert in guten kleinen Kutschen. Es war höchst angenehm, auf diese Weise zu plaudern und gleichzeitig zu jagen. Keine Menschenscharen störten uns, und wir saßen nicht in der schrecklichen *Gondel* [Jagdwagen des Königs mit Platz für zahlreiche Begleitpersonen]. Wie üblich nahmen wir mit dem König beim Duc d'Ayen, der uns alle Ehren erwies, in Saint-Germain einen Imbiß ein. An jenem Tag nahm uns der König mit zum Trianon, um uns all seine beheizten Gewächshäuser für seltene Pflanzen und jene für Blumen sowie die Hühnermenagerie, die er sehr liebte, zu zeigen. Die Marquise hatte ihn all diese kleinen Dinge lieben gelehrt. Der hübsche Pavillon, die Blumengärten, die Kräutergärten und Gemüsegärten; all das war mit großen Unkosten ausgestaltet worden und lag jetzt mit viel Geschmack ausgebreitet vor uns. Dies war um so mißlicher, als man dergleichen bei fast jedem Wohnsitz, sei es des Königs oder der Marquise, anlegte, und weil diese unselige Vorliebe für kleine Bauten und derlei Nebensächlichkeiten ungeheuerlich viel kostete – eine Schönheit ohne Bestand.«

174. An die Comtesse de Baschi *1762*

Ich wollte Ihnen heute morgen schreiben; ich führte meine Feder schon zum Papier, als eine Frau, die Sie kennen, mich plötzlich unterbrach. Kommen Sie, Madame, rief Sie mir zu, lassen Sie Ihren Brief und Ihre Grüße; wir wollen uns vergnügen. Mürrisch folgte ich ihr, und zur Zerstreuung suchten wir die dicke Herzogin auf, die sich vergeblich abmühte, mich aufzuheitern; ich hatte allzu üble Laune. Schließlich aber haben wir einen kleinen Engel eintreten sehen, den ich kräftig umarmt und geherzt habe: es war Ihre Tochter. Auf Ehre, sie ist anbetungswürdig, die Kleine: sie hat schöne Augen, ein schönes Antlitz; eine feine Art in allem, was sie sagt oder tut; viel Geist, Sanftmut, Bescheidenheit und ein freundliches Herz: der Mann, der sie bekommt, wird sich glücklich preisen, falls er denn Ihrer beider würdig ist. Bei ihrem Kommen verschwanden meine Melancholie und der Kopfschmerz, der mich zu quälen begann. Nie hat ein so schöner Mund mir so wohltuende Dinge gesagt wie dieses liebreizende Kind. Wir haben gespielt, gelacht, und dann sind wir zu mir zurückgekehrt. Um meiner Freude keinen Abbruch zu tun, habe ich mich gleich an den Brief an Sie gemacht.

Kennen Sie übrigens diesen abscheulichen Mann, dessen Mund bis zu den Ohren reicht? Er war gestern in der Messe des Königs, ganz in der Nähe der schönen Marquise de Gondi. Sie hatte ihn zwei- oder dreimal bei ihren Freundinnen getroffen und höflich mit ihm geplaudert. Ist das der Grund, weshalb dieser Dummkopf mit seinem schrecklichen Gesicht sich einbildet, sie wäre verrückt nach ihm? Er stand also während der Messe neben ihr, ohne daß sie es bemerkte, und wußte nicht, was tun, um auf sich aufmerksam zu machen. Aber Liebe macht erfinderisch: er stößt sie nun so heftig gegen den Arm, daß ihr Gebetbuch herunterfällt, er es also aufheben und ihr die Hand küssen darf. Es gelingt ihm alles bis zum Kuß, den sie zu vermeiden versteht. Zu Hause angelangt, ließ die Dame ihm ausrichten, daß sein Verhalten aufdringlich und plump gewesen sei und daß sie ihn bitte, sie nie wieder anzustarren, und daß sie aufrichtig hoffe, daß er so vernünftig werde, wie er häßlich sei. Dieses Wort *häßlich* traf den armen Unglücklichen, der sich für einen Adonis hält, wie ein Donnerschlag. Er ist davon krank geworden: vier Ärzte haben das Hirnfieber nicht aufhalten können, und er liegt im Sterben. Falls er stirbt, wird seine Geschichte eine der tragischsten der Eigenliebe sein. Aber ach! wer kennt sie nicht? Während ich zehnmal am Tag glaube, noch sehr jung und sehr schön zu sein, meine ich nur ein einziges Mal, daß dies keineswegs zutrifft. Hat die Herzogin, wie sie angekündigt hatte, Sie besucht? Sie gehört zu den sehr wenigen schätzenswerten Frauen. Sie ist fromm, hat Geist und ist munter: das sind die Menschen, die ich liebe, obwohl ich ihnen nur von ferne nachblicke.

Von der B ... erzählt man sich Wunderdinge, sie sei reif fürs Narrenhaus. Ach! Liebe, zärtliche Liebe hat das zuwege gebracht. Kürzlich war sie mit ihrem Liebhaber so zufrieden, daß sie ihm ihr mit Diamanten verziertes Portrait gab, das sie am Abend zuvor von ihrem Mann bekommen hatte. Man muß jedoch zugeben, daß dieser Galan das Spiel noch mehr liebt als seine Geliebte. Er hatte eine Menge verloren: da nimmt er also den Ehegatten beiseite und bittet für sein Juwel um hundert Pistolen. Die arme B ... geriet über dies Zeichen der Mißachtung außer sich und will nun vollständig auf Liebe verzichten: niemand glaubt daran; bis auf weiteres kann sie einem leid tun. Bei gewissen Menschen sind Leidenschaften recht gefährlich und lächerlich. Glücklich jene, die nichts lieben!

Es gibt keinerlei Neuigkeiten. Wir verbringen wie gewöhnlich unsere Zeit in Langeweile, und unsere Minister bauen Luftschlösser. Die Einwohner von Dünkirchen bereiten sich auf ein Jahrhundertfest vor: seit fast einhundert Jahren haben sie das Glück, Franzosen zu sein, und das wollen Sie feierlich begehen: die Engländer wird dies amüsieren. Ich meinerseits freue mich, eine Freundin wie Sie zu haben, der ich meine Seele ganz öffnen und alles ohne Furcht und Zurückhaltung mitteilen kann.

Nur heran, auf daß ich Sie umarme: aber ach! meine Arme sind nicht lang genug, um Sie zu erreichen.

Etc.

Dicke Herzogin: unklar. – *Kleiner Engel:* die Tochter der Schwägerin von Jeanne de Pompadour.

175. An Madame de Rupelmonde, Äbtissin von Chelles *1762*

Ich empfehle den König, Frankreich und mich und alles Ihren Gebeten: der Himmel ist niemals taub für die Gebete der Heiligen. Wir werden am Frieden arbeiten; aber nur Gott allein kann ihn uns geben. Er ist eine Gnade, Madame, die zu erflehen und zu erlangen Sie würdig sind. Wie glücklich sind Sie doch, diese schändliche und böse Welt hinter sich gelassen zu haben! Schöne Damen verfolgen mich mit Neid, und ich neide ihnen ihre Freiheit. Vernunft, die Jahre,

die Mißgunst der Zeitläufte, Verachtung, die kleinen Eitelkeiten des Hofs, die, wenn man sie kennt, Mitleid erwecken, haben mich in eine schwarze Melancholie gestürzt, die mir alles vergällt. Ich habe nach Größe verlangt, und nun bin ich ihrer überdrüssig. Dennoch muß ich ein fröhliches Gesicht aufsetzen, aber im Herzen trage ich den Tod. Was haben Sie denn, fragte mich jemand, Sie sind nicht zufrieden? Sire, antwortete ich ihm, ich bin sehr zufrieden, doch im gleichen Augenblick könnte ich weinen, wenn ich sehe, wie ich mich verstellen muß. Der König erinnert sich stets, daß Sie der Schmuck seines Hofes waren: er vermißt Sie und bewundert Sie; er sagt, daß Sie jetzt einem besseren Herrn dienen. Ach! gerne wäre ich Dienerin dieses besseren Herrn. Mir kommt es vor, als wären der Überdruß und die Traurigkeit, die mich befallen, eine Einladung von ihm: aber ich bin schwach und werde meine Ketten weiterschleppen.
Ich grüße Sie, Madame, mit der Hochachtung und Zuneigung, die Ihre Tugend verdient. Lieben Sie mich, beklagen Sie mich und beten Sie für mich.

Etc.

176. Von der Äbtissin von Chelles *Chelles, den 25. August 1762*

Madame,
wir haben die Befehle Seiner Majestät erhalten, zu Gott zu beten, Er möge diesem unglücklichen Königreich seinen Segen spenden und uns einen dauerhaften Frieden gewähren. Es erfüllt uns mit großer Freude, dem König zu willfahren und damit auch Ihnen zu Gefallen zu sein. Für diesen geliebten Herren und all seine Untertanen, unter denen man Sie, Madame, keineswegs vergessen darf, werden wir unsere Wünsche zum Himmel richten. Sie neiden uns unser ruhiges Los. Ich gestehe, es ist das schönste Glück der Welt, dazu berufen zu sein. Sonst wäre das Kloster eine Hölle. Doch ich habe den Trost zu sehen, daß es unter unseren Schwestern keine gibt, die nicht den Ruf zu ihrem Stand empfangen hätte und mit jedem Tag darüber zufriedener wäre. Weisen Sie die Stimme, die Sie ruft, nicht von sich, Madame; wie Sie

war auch ich lange unschlüssig. Die Gnade hat schließlich gesiegt, und vom Augenblick meines Gelübdes an zähle ich die Tage meines Glücks. Wir, meine Schwestern und ich, überschlugen gestern die Zahl der Menschen, die auf den Glanz der Welt verzichtet haben, um den Weg des Glaubens zu beschreiten. Es sind weitaus mehr, als man sich vorstellt. Wir haben uns vor allem die Schwester Louise-Françoise von der Barmherzigkeit in Erinnerung gerufen. Vor etwa hundert Jahren kam sie in diesen heiligen Unterschlupf, um die Qualen zu verbergen, die Madame de Montespan in ihrer zarten und empfindlichen Seele hervorrief. Verbittert und leiderfüllt bereitete sie sich hier auf die strenge Ordensregel vor, die sie sodann annahm und die ihr Glück wurde. Dieses Haus sah sie ungern scheiden; aber wir halten wie einen alten Brauch die Erinnerung an ihre Tugenden wach; und wir wissen, daß sie, seitdem sie Karmeliterin war, ihren Gott inbrünstiger und mehr liebte als einstmals seine Geschöpfe. Wir bewahren einige ihrer Briefe auf, die sie unseren Müttern schrieb. Wenn man sie liest, verspürt man nur Gefühle der Berufung, von Frieden und Tugend.

Louise-Françoise de la Vallière: die große Jugendliebe des Sonnenkönigs, die von Madame de Montespan verdrängt wurde. Sie zog sich mit dreißig Jahren ins Kloster zurück und wurde für ihre Würde, Schönheit und Demut bewundert.

Der Rückzug Jeanne de Pompadours in ein Kloster fand nicht statt. Bei ihren Aufenthalten in Paris besuchte sie jedoch regelmäßig die Kapelle des Kapuzinerinnen-Klosters an der Place Vendôme. Zwischen den Sarkophagen von Marschällen und Ministern Frankreichs hatte sie eine Grabstätte bauen und schmücken lassen. Hier ruhten ihre Mutter und ihre Tochter Alexandrine.
Die Brüder Edmond und Jules de Goncourt berichten über die Marquise-Herzogin: »Sie zeigte sich überall, sie verausgabte sich und verbreitete sich an hundert Orten über tausend Dinge mit einer Lebhaftigkeit und Willenskraft, die in einem so zarten Körper besonders erstaunlich waren und oft

über die wahre Verfassung der Favoritin hinwegtäuschten ... Sie besorgte die Drucklegung einer Tragödie von Corneille in einem Zimmer von Versailles; zu diesem Zweck verwandelte sie sich während einiger Augenblicke in einen Setzer... Sie wollte den Louvre vollenden und daraus das größte Museum Frankreichs machen ... In ihrem Zimmer hatte sie das Arbeitsgerät des Graveurs Guay installiert und saß oft stundenlang über die zarte Arbeit am harten Stein gebeugt. Daneben, auf einer Kupferplatte, die der berühmte Maler Boucher ihr wärmte, firnißte und rußte, arbeitete sie mit dem Stahlstift selbst an Radierungen.«

177. An die Comtesse de Baschi *1762*

Was sagen Sie zum Erzbischof? Ist es nicht grotesk, uns jetzt mit seiner Bulle und seinem Zwist mit dem Parlament zu ermüden, während wir in Sterbensangst um den Kriegsausgang und die Friedensverhandlungen leben? Das ist so, als würde man einem Mann empfehlen, seine Kinder auseinanderzubringen, die sich auf der Straße prügeln, während sein Haus in Flammen steht.

Ich bin in heller Wut, Madame: von welchen Reizen sprechen Sie denn? Ich glaubte zuerst, es handle sich um jemanden, der Sie betrachtet und diesen Satz über Sie eingeflochten hätte. Ach! meine Reize sind vor mir gewichen. Seien Sie gnädig, füllen Sie Ihre Briefe mit viel Freundschaft, doch nicht mit Komplimenten.

Aus London kommen gute Nachrichten. Der Herzog meldet uns, daß die Engländer zwar Krieg zu führen, aber keinen Frieden auszuhandeln verstehen. Wir müssen indes Opfer bringen: sie geben uns unser Zuckerrohr und unsere indischen Tuche und Stoffe wieder; aber wir müssen ihnen unsere Pelzmuffs und sämtlichen Schnee Kanadas herausrücken: möge es ihnen zum Heile gereichen; der Verlust ist nicht groß, bis auf den an Ehre, der uns beben macht. Unsere Freunde haben uns vorzüglich Hilfe geleistet.

Ich muß Ihnen, meine Liebe, etwas Verrücktes erzählen. Der Botschafter, den Sie kennen, hat mir gestern morgen einen

Besuch abgestattet, und nach den ersten Komplimenten hat er plötzlich ausgerufen: »Fürwahr, Madame, Sie haben schöne Augen!« Ich habe mich zu ihm gewandt und ihn ernst gefragt, ob er mit mir spreche. »Ah! Mit wem spreche ich wohl!« meinte er. »Mit meiner Frau ganz sicher nicht.« Dieser Einfall hat mich zum Lachen gebracht und so eitel gestimmt, daß ich mich sofort wie ein kleines Mädchen in Rosenfarbe gekleidet habe. Doch als ich unseligerweise an einem Spiegel vorüberging, habe ich ein mageres vierzigjähriges Gesicht erblickt. Ich habe gefragt, wer diese Frau da sei: man sagte mir, dies sei ich, worauf ich meine rosafarbene Robe sofort wieder ablegte.

Aber sprechen wir nicht leichtfertig, meine schöne Comtesse; ich liebe Sie mit einer Zärtlichkeit, die mich bisweilen überrascht und derer ich eine Frau niemals für fähig gehalten hätte. Glauben Sie mir, das ist mein größtes Vergnügen. *Dolce vita amorosa: perchè si tarde nel mio cor venite?* Ich meine zumindest meine Freundschaft für Sie: die Liebe bedarf weder meiner Huldigungen noch meiner Klagen. Achten Sie auf Ihre Gesundheit, falls Ihnen meine etwas bedeutet. Die schöne Unempfindsame grüßt Sie und hat mir einen Kuß für Sie gegeben.

Etc.

Erzbischof: Christophe de Beaumont, Erzbischof von Paris, entfachte durch seine Order, von Sterbenden Bescheinigungen ihrer Papsttreue zu verlangen, fundamentale seelische und machtpolitische Konflikte, die zu fast bürgerkriegsähnlichen Zuständen führten.– *Zwist:* vermutlich ging es um das weitere Wirken oder das vom Parlament angestrebte Verbot des Jesuitenordens. – *Dolce vita*...: »Süßes Liebesleben, warum kommst du so spät in mein Herz?« – *Die schöne Unempfindsame*: vielleicht eine Anspielung auf sich selber?

178. An den Duc de Nivernois, London *1762*

Man ist Ihnen fortwährend zu Dank verpflichtet, Monsieur le Duc: Sie senden nur gute Nachrichten, und Ihre Briefe sind bezaubernd. Die Politik, die so viele Menschen finster und mißgünstig macht, läßt Sie nur liebenswerter werden.

Ich meine, den Londoner Pöbel zu sehen, der Sie stieren Blicks anstarrt, als wären Sie das Rhinozeros, und Ihnen dann Grimassen schneidet. Die Leute von Welt spenden Ihnen, sagten Sie, nur Lob; daran zweifle ich nicht: mir sind Menschen aus jenem Land bekannt, die uns durch ihr Auftreten, ihre Höflichkeit, ihre Freigebigkeit und Gefühle Lektionen hätten erteilen können. Sie sind so bescheiden zu sagen, daß Sie den guten Empfang Ihrem offiziellen Auftrag verdankten: keineswegs; ich wage zu behaupten, nur sich selbst: man erkennt Ihr Verdienst und ehrt es; Sie zwingen mich, das zu sagen. Sie waren also in der Londoner Börse, und man hat Sie ausgepfiffen. Aber warum begaben Sie sich dorthin? Ich würde mich ebenso gerne in den Schwarzwald wagen. Das englische Volk ist weder gesittet noch liebenswürdig: vielleicht um so besser. Es gibt Leute, die meinen, wenn dies Volk es je würde, bräuchte man es nicht mehr zu fürchten. Was den Inhalt Ihrer Mission angeht, versuchen Sie, Monsieur le Duc, gewisse Bestimmungen abzumildern, wie über den Fischfang vor Neufundland, was Frankreich unter derartig schändlichen Bedingungen nicht hinnehmen kann. Wir verlassen uns stets auf Ihre Klugheit und Kenntnisse: Monsieur de Choiseul unterstützt Sie von hier aus nach besten Kräften. Pflegen Sie unsere Freunde; ich bitte Sie, ihnen meinerseits meine Verehrung auszurichten.

Etc.

Fischfang: England beanspruchte die reichen Fanggründe für sich.

179. An denselben — *Oktober 1762*

Ich danke Ihnen sehr, Monsieur le Duc, für Ihre Aufmerksamkeit und die Pünktlichkeit, mit der Sie mich am Fortgang Ihrer Verhandlungen teilhaben lassen. Sie machen offenbar rasch Fortschritte und könnten nicht in besseren Händen liegen. Es war die Ansicht des alten Marschalls de Belle-Isle, daß es kein Land auf der Welt gäbe, in dem sich besser Zwietracht säen ließe als in England: dort brauchen die Menschen immer zwei Parteien; man braucht nur eine

für sich zu gewinnen und sich dann ans Werk zu machen, derweil sie sich zerfleischen. Einmal merkte er auch lachend an, daß er, wenn er reich und verrückt genug wäre, die Krone Englands kaufen würde: nichts wäre einfacher, als Krämer zu finden, die sie verscherbeln würden. Alles in allem sind die Engländer brauchbare Leute: sie gehen jetzt vernünftig und aufrichtig vor. Das einzige Friedenshindernis, vergangenes Jahr, war der alte Fuchs Pitt: er wußte, daß er nötig war; aber er wollte keinen Finger dafür rühren, aus Angst, seine Gunst beim Volk zu verspielen, dem er, wie er meinte, dann verhaßt geworden wäre, und weil er damit seinen König betrübt hätte. Der Mann ist fraglos ein höchst gewandter Minister; aber er hat sich letztes Jahr uns gegenüber wenig galant verhalten, und ich weiß nicht, ob er sich seiner eigenen Nation gegenüber ehrenhaft verhält. Seine Partei ist mächtig, und es ist unmöglich, all diese Leute zu kaufen: in einem solchen Fall muß man sich anderswo Unterstützung suchen.
Es ist gewiß, Monsieur le Duc, daß Sie überaus geschickt vorgehen: dieses Lob verdienen Sie stets. Binnen kurzem wird Ihnen der Ruhm zuteil werden, den nötigsten Frieden aller Zeiten geschlossen zu haben: der König und Frankreich werden Ihnen dafür immer verpflichtet bleiben.
Stimmt es, daß in England viele französische Gefangene leben, die sich dort verheiratet und Batistmanufakturen eingerichtet haben? Prüfen Sie das bitte; erkunden Sie, ob es möglich ist, dem Verlust von so vielen Untertanen des Königs und Angehörigen eines wichtigen Handelszweigs vorzubeugen.
Ich wünsche Ihnen noch, daß Sie Ihre Zeit in London so angenehm zubringen mögen wie der Duke of Bedford seine in Paris: er amüsiert sich und scheint höchst wohlgelaunt. Sein Auftrag ist nicht beschwerlich: auf alles, was man ihm vorschlägt, muß er nur ja oder nein antworten; das läßt ihm reichlich Zeit für Lustbarkeiten. Bei sich zu Hause können die Engländer nicht lachen; sie müssen dazu nach Frankreich fahren. Sie, Monsieur le Duc, haben gewiß nicht die Zeit, um sich zu zerstreuen, die Geschäfte halten Sie in Atem: diese heiligen Pflichten im Dienst des Vaterlandes sind die Vergnügungen der schönen Seelen. Ich grüße Sie

von ganzem Herzen; ich hoffe, Sie werden an die kleinen Besorgungen denken und all unseren Freunden meine Grüße entbieten.

Ich verbleibe etc.

Der alte Fuchs Pitt: als 1761 der Premierminister durch Lord Bute gestürzt wurde, endete die unnachgiebige englische Kriegspolitik und Friedenssondierungen begannen. – ... *er wußte, daß er nötig war*: der Friede. – *Batist:* feines Gewebe, wahrscheinlich erstmals von einem Tuchmacher namens Baptiste in Cambrai hergestellt.

180. An die Comtesse de Baschi *1762*

Seit vierzehn Tagen, meine zärtliche Freundin, habe ich Ihnen nicht geschrieben, das heißt, vierzehn Tage lang bin ich ohne Freude gewesen; derzeit gibt es kaum eine andere, als Ihre Briefe zu lesen und darauf zu antworten: achten Sie stets auf Ihre Gesundheit und Ihr schönes Gesicht, das ich zärtlich küsse.

Wir haben den alten König Stanislaus hier bei uns: er ist noch immer fröhlich, wiewohl fromm. Seine würdige Tochter ahmt ihn nur im zweiten Punkt nach, sie ist eine Heilige, schon allein ihr Blick betrübt die elenden Sünder. Stanislaus schätzt die Jesuiten sehr, die sein Gewissen und seine Einkünfte lenken: so liegt beides in geschickten Händen. Aus Rücksicht auf seinen Rang, sein Alter und seine Tugenden wird sich das Verbot dieser ehrenwerten Leute nicht bis auf Lothringen ausdehnen: der gute Fürst stürbe Kummers, und es ist nur gut, daß er als Vorbild für Könige und zum Wohle seines Volkes noch lebt. Es ist verblüffend und zugleich ganz natürlich, welche Zuneigung die Lothringer ihm entgegenbringen. Noch vor wenigen Jahren hatte er die Gewohnheit, in einer Kalesche durchs ganze Land zu fahren: bei diesen Reisen hatte er nur einen einzigen Pagen bei sich, und es behagte ihm, aus einer großen Türkenpfeife von sechs Fuß Länge zu schmauchen. Als man ihm eines Tages vorhielt, daß er seine geheiligte Person Gefahren aussetze, meinte er: »Was denn! Was soll ich denn inmitten meiner Kinder zu fürchten haben?«

Das ist, meiner Meinung nach, ein bewunderswertes Wort, über das die Herrscher gut nachdenken sollten. Es wäre zu wünschen, daß sie, gleich ihm, das Glück empfänden, geliebt zu werden und dieser Liebe würdig zu sein. Seine Güte hat ihm den Beinamen *der Wohltäter* eingetragen, der, nach meinem Dafürhalten, der größte und schönste Titel für einen König ist.
Hier schätzte man seine Briefe, die er an die kriegführenden Mächte schrieb, um seine Vermittlung anzubieten, keineswegs. Wäre er nicht bereits so alt gewesen, hätte man ihn das Mißfallen spüren lassen. Ein Vermittler muß vollkommen unparteiisch sein, doch einem Schwiegervater nimmt man das bei einer Auseinandersetzung zwischen seinem Schwiegersohn und dessen Feinden nicht ab. Im übrigen gereicht ihm diese ungewöhnliche Demarche im Grunde zur Ehre: er hat sie einzig aus Liebe zum armen Menschengeschlecht unternommen, das fortwährend Spielzeug fürstlichen Ehrgeizes ist.
Sie sehen, meine Teuerste, daß ich immer wieder ins Moralisieren gerate. Dies Thema liebe ich, und aus mancherlei Gründen entspricht es mir: sie werden Sie eines Tages ebenso gut kennen wie ich.
Der Frieden ist beinahe geschlossen, und wir freuen uns darüber wie Spieler, die, nachdem sie fast alles verloren haben, schließlich noch einige Louisdors retten, mit denen sie das nächste Mal ihr Glück versuchen können.
Adieu, meine schöne Comtesse, freuen Sie sich mit uns und lieben Sie mich.

Etc.

Der alte König Stanislaus (Leszcinski): Exkönig von Polen und Herzog von Lothringen; seine Tochter, Königin Maria Leszcinska, Ehefrau Ludwigs XV., widmete sich sehr der Wohltätigkeit. Sie unterstützte Arme und besserte Kleidung aus, die verschenkt wurde. In der Öffentlichkeit folgte ihr oft ›das Regiment der Königin‹, eine Bettlerschar. Sie saß jedoch auch weiterhin am Spieltisch. Hin und wieder beglich Jeanne de Pompadour die Spielschulden der Königin.

1761 war Jean-Jacques Rousseaus Briefroman *Julie oder die Neue Héloïse* erschienen. Ein Sensationserfolg, der seinen Lesern eine neue, romantische Empfindungswelt öffnete. »O Julie! O teure, kostbare Hälfte meiner Seele! Eilen wir, all dieser Pracht des Frühlings die Gegenwart zweier treuer Liebender hinzuzufügen! Laß sie uns beleben, die Natur, die ohne das Feuer der Liebe tot ist!«

181. An die Comtesse de Baschi *(1762)*

Ja, Madame, ich habe in die *Neue Héloïse* hineingeschaut; doch ich hatte nicht die Geduld, bis zum Ende vorzudringen. Was für ein griesgrämiges Geschöpf diese Julie d'Étanges doch ist! Wieviel tugendhaftes Gegrübel und Geschwätz, bevor sie schließlich mit einem Mann ins Bett geht. Ich glaube, der arme Rousseau ist trotz seiner Verdienste ein wenig verrückt: er hat bizarre Ideen, er schreibt so seltsam und so anmaßend, daß ich Bedenken wegen seines Kopfs habe: denn die Weisheit ist schlicht, einfach, sanft und eine Freude der Gesellschaft. Es ist die Narrheit dieses Mannes, für seinen Lebenswandel wie für seine Schriften bewundert werden zu wollen. Er legt es ebenso sehr darauf an, als seltsam, schroff, grob zu gelten, wie sich andere bemühen, amüsant, fröhlich und höflich zu sein. Als ich vor geraumer Zeit erfuhr, daß er arm sei, wollte ich ihm eine Kleinigkeit schicken. Aber man deutete mir an, daß ich für dieses gute Werk zu einer Finte greifen und seine Empfindlichkeit – oder seinen Hochmut, wenn Sie es so nennen wollen – überlisten müsse. Ich schickte ihm also jemanden, der ihm einige Kompositionsmappen zum Kopieren brachte. Er erledigte die Arbeit, mit der ich wirklich nichts anfangen konnte, und man zahlte ihm für seine Mühe hundert Louis. »Nein, nein, das ist zuviel«, entgegnete der Fronarbeiter, »mir stehen nur zwölf Francs zu.« Er nahm also zwölf Francs, kümmerte sich nicht um den Rest und schloß sich flugs in seiner Höhle ein, um sich selbst zu hätscheln und zu bewundern. Sie werden zugeben, meine Teure, daß wir da ein neuartiges Original haben. Die alten Zyniker verachteten alles, Gold, Tafel, Freuden und Könige, um sich selbst hochzuschätzen. Der arme Rousseau ist nicht sehr weit davon entfernt, diesen Leuten zu ähneln, und ist darum nur um so bedauernswerter. Die Zyniker hatten eine Heerschar von Bewunderern, und bisweilen wurde ihnen die Genugtuung zuteil, die Könige, die ihnen gütigerweise einen Besuch abstatteten, zu beschimpfen. Doch diese Zeiten sind vorbei, und ich glaube nicht, daß Jean-Jacques je das Vergnügen haben wird, zu Ludwig XV. zu sagen: *Geh mir aus der Sonne*. Dennoch liebe ich seine Wortgewalt und die Kraft seines Stils. Ich habe Leuten Gutes getan, die weit weniger wert waren als er, und gerne wäre ich ihm zu Gefallen gewesen, wenn er es denn gewollt hätte. Doch dieser Mann ist alles in allem kein Schriftsteller für mich: er ist zu finster, grollt immer, beißt immer, zankt immer, und das gefällt mir nicht. Ich brauche eine liebenswerte, sanfte, bewegende Philosophie ohne Spitzfindigkeiten, Advokatenreden und vor allem ohne Übellaunigkeit.

Teilen Sie meinen Geschmack?

Zeigen Sie diesen Brief niemandem: lesen und beurteilen wir die Bücher allein, ohne vorweg etwas zu behaupten und zu heucheln. Ein langer Brief über Nichtigkeiten; aber ich hatte Ihnen nichts mitzuteilen und schreibe Ihnen dennoch gern. Ich könnte Ihnen sagen, daß wir bald Frieden haben werden und daß dieser Frieden schmachvoll sein wird, daß der König dem Comte stets geneigt ist und daß ich Sie von Herzen liebe; aber all das wissen Sie.

Adieu, meine Freundin, gedenken Sie immer der schönen Göttin, die keine Göttin mehr ist und nicht mehr schön und die sich kaum darüber bekümmert.

Etc.

In Jean-Jacques Rousseaus Briefroman fanden die Leser auch diese Zeilen über das Altern: »Deine Schönheit, Deine Schönheit selbst wird ihr Ziel haben; sie muß abnehmen und einst welken wie eine Blume, welche dahinsinkt, ohne gebrochen zu sein; und ich indessen seufze, leide, meine Jugend verzehrt sich in Tränen und verblüht im Schmerz. Bedenke, daß wir die für den Genuß verlorene Zeit schon nach

Jahren zählen können. Bedenke, daß sie nicht wiederkehren; daß es mit denen ebenso sein wird, die uns noch übrig sind, wenn wir sie wieder entschlüpfen lassen. O blinde Geliebte! Du suchst ein erträumtes Glück für eine Zeit, in der wir nicht mehr sein werden ...«

182. Von Jean-Jacques Rousseau *Paris, den 28. August 1762*

Madame,
einen Augenblick lang glaubte ich, es wäre ein Irrtum, daß mir Ihr Bote für Kopien, die mit zwölf Francs bezahlt sind, hundert Louis aushändigen wollte. Er klärte den Irrtum auf. Gestatten Sie, Madame, daß ich meinerseits bei Ihnen einen Irrtum aufkläre. Durch Sparsamkeit und Haushalten habe ich es auf reine Einkünfte (nicht als Leibrente) von 540 Livres gebracht. Das ist bereits weit mehr als nötig. Doch meine Arbeit trägt mir jährlich fast noch einmal die gleiche Summe ein. Ich lebe also in beträchtlichem Überfluß, ich verwende ihn nach bester Einsicht, obwohl ich kaum Almosen gebe. Sollten wegen Alter oder Krankheit meine Einkünfte eines Tages nicht mehr ausreichen, so habe ich einen Freund.
Verzeihen Sie mir diese nicht eben interessanten Bagatellen, Madame. Ich glaubte, sie der Fürsorge zu schulden, die Sie mir angedeihen lassen wollten.

Ich bin etc.

183. An den Marschall de Noailles *1762*

Was Sie mir zu den gegenwärtigen Verhandlungen mit England schreiben, ist vielleicht nur allzu wahr. Es ist ebenso in Not wie wir; es ist gewaltig und erschreckend verschuldet; seine Reichtümer stehen nur auf dem Papier, und was es stützt, ist allein sein Ansehen, das jedoch allmählich schwindet. Wenn der Krieg nur noch ein Jahr fortdauert, wären die Engländer genötigt, ihren Bankrott zu erklären oder den Zins der Staatsanleihen zu senken; das wäre für sie gleicher-

maßen verheerend, und wir wären vollauf gerächt. Ich begreife all diese Überlegungen, ich begrüße sie und danke Ihnen. Doch der König ist des Krieges müde; er ist der Herr, und man muß gehorchen. Fahren Sie indes fort, Monsieur le Maréchal, mir Ihre Ansichten mitzuteilen; in meiner besonderen Situation sind sie für mich erforderlich, und Ihre überlegenen Kenntnisse lassen sie mich gebührend schätzen.
Doch weshalb wollen Sie nicht an den Hof kommen? Sie träfen hier aufrichtige Freunde, denen Sie nützlich sein könnten und die ihrerseits entzückt wären, Ihnen zu dienen. Bedenken Sie überdies, daß es höchst unbequem ist, sich nur in Briefen beraten zu können: ich teile Ihnen nicht die Hälfte dessen mit, was ich Ihnen mündlich sagen würde, und Sie können mir nur die Hälfte dessen schreiben, was Sie mir sagen könnten und was ich wissen müßte. Aber Sie lieben Ihre Ruhe und Ihre Freiheit, leider! Sie haben recht, ich beneide Sie. Ihr Sohn wird ein Kavalier, der Ihrer würdig ist: doch ist er noch nicht so philosophisch wie sein Vater; denn er liebt die Welt, wie alle jungen Leute, die sie nicht kennen, und er will sein Glück machen. Seien Sie gewiß, Monsieur, daß es eine gewisse Person gibt, die ihm nach Kräften helfen wird und die, bis sich eine bessere Gelegenheit bietet, schon eine Kleinigkeit für ihn getan hat.
Aber um auf die Engländer zurückzukommen, halten Sie es nicht für sehr hart, sie für den Unterhalt unserer Gefangenen zu bezahlen? Mir fällt dazu ein Vergleich ein, der mir zu stimmen scheint. Nehmen Sie an, ein Mann hätte auf der Gasse die Kinder seines Nachbarn geraubt; hat er dann deswegen das Recht, sie sieben Jahre lang zu behalten und schließlich noch zu verlangen, daß sein Nachbar, wenn er sie ihm zurückgibt, Kostgeld für sie bezahlt? Unseligerweise geht es hier nicht um Gerechtigkeit: Gewalt hat die Kinder des Königs entführt, und Gewalt zwingt, die Unkosten zu begleichen. Gott sei für alles gelobt! Doch auf dieser Welt geht es herzlich schlecht zu, wie der Philosoph Martin sagte.
Ich umarme Ihre ganze Familie: wann werden Sie mir die kleine Henriette schicken? Ich sterbe vor Verlangen, Sie zu sehen, wenngleich Sie jedesmal meine Schmerzen neu ent-

facht , da sie mich an meine teure Alexandrine erinnert, die wie sie ein gutes Herz und ein sehr schönes Antlitz hatte. Wehe! der Tod hat sie mir gnadenlos entrissen, als ich sie eben verheiraten wollte, und das innerhalb von vierundzwanzig Stunden. Wie ich diesen Tod hasse, nicht so sehr meinetwegen, sondern der Menschen wegen, die ich liebe und die er mir aus den Armen reißt! Wenn ich Verse dichten könnte wie Voltaire, o glühende Schandschrift, die ich auf ihn verfaßte! Aber ach! ich weiß, es wäre vergebens.

Ich bitte Sie, das Memorandum Dubrets genau zu prüfen; ich habe es nur eilig überflogen, hatte keine Zeit; doch ich glaube, sie ist nicht ganz übel. Ich wäre entzückt, falls sein Projekt wirklich nützlich und zu Beginn des Friedens möglich wäre. Frankreich braucht eine gute Diät, um sich zu erholen. Es ist wie bei einem Kranken, der von einer gefährlichen Krankheit genesen ist und gar nicht genug auf der Hut sein kann, um keinen Rückfall zu erleiden. Viele Ärzte melden sich täglich beim Ministerium mit Heilmitteln, die sie für vorzüglich und unfehlbar erklären: aber wir fürchten die Scharlatane und Quacksalber. Sie, Monsieur, der Sie die Krankheit des Staates so gut kennen, verschaffen Sie uns gute und wirksame Medikamente; oder helfen Sie uns wenigstens, die schlechten zu erkennen und sie zu verwerfen. Ich erwarte einen Brief und wünsche ihn mir zu meiner Freude und zu meiner Unterweisung sehr ausführlich.

Adieu, Monsieur; seien Sie überzeugt, daß niemand Sie mehr schätzt als ich.

Ich verbleibe etc.

Philosoph Martin: gewiß der Gelehrte, der Voltaires Candide finster aufklärt: »... wenn ich einen Blick auf diese Erdkugel – vielmehr dieses Kügelchen – werfe, so kann ich mich des Gedankens nicht erwehren, daß Gott es irgendeinem Dämon preisgegeben hat.«

184. An die Comtesse de Baschi *1762*

Nach sechs Wochen Konferenzen, Komplimenten und Geduld sind die Friedenspräliminarien abgeschlossen, und jedermann ist glücklich: denn dieser Krieg war eine grauenhafte Last. Der König kehrte eben von der Jagd zurück, als man sie ihm vorlegte. Noch gespornt und gestiefelt hat er sie unterzeichnet und erklärt, niemals habe er etwas mit größerem Vergnügen unterschrieben. Ich glaube trotzdem, daß der Frieden von 1735, durch den er Lothringen gewann, angenehmer zu unterzeichnen war: aber vielleicht erinnert er sich nicht mehr daran. Seine Seelengüte tut sich hier kund und auch seine Liebe für sein Volk; denn ihm bringt der Frieden keinen anderen Vorteil, als die Not seines Volks zu lindern: doch das ist viel für einen guten König. Bestaunen Sie nicht diesen eigentümlichen Einklang zwischen dem Schicksal dieses vorzüglichen Fürsten und dem Ludwigs XIV.? Mehr als vierzig Jahre lang waren beide glücklich, von ganz Europa gefürchtet und respektiert; danach folgte nur eine lange, bedauerliche Verkettung von Katastrophen, Verlusten und Elend. O was für Zeiten! Hätte ich je geglaubt, lange genug zu leben, um sehen zu müssen, wie aus *Ludwig dem Vielgeliebten* ein Gegenstand des Mitleids wird, dem ein hochfahrender Sieger den Frieden wie eine Gnade zugesteht? Ein Soldat, der im letzten Krieg unter dem Marschall von Sachsen diente, antwortete eines Tages Fremden, die ihn nach seiner Heimat fragten: *Ich habe die Ehre, Franzose zu sein.* Wer würde das heute noch zu sagen wagen? Dennoch sind alle hier wegen der Präliminarien in heller Aufregung: alle umarmen, küssen, beglückwünschen sich; ich habe Angst, daß die Freude uns den Kopf genauso verdreht, wie der Kummer uns elend gemacht hat.

Gestern kam die kleine Marquise, die Sie kennen, völlig atemlos, schweißnaß, mit pochendem Herzen zu mir gelaufen. Stimmt es, Madame, brachte sie hervor, daß Frieden geschlossen ist? Nein, Madame, erklärte ich ihr, aber bald. Und wann, Madame, hub sie wieder an, um Gottes Willen, wann? Ich fragte sie, welch stürmisches Interesse sie am Frieden hätte. Sie errötete und gebärdete sich ganz kindisch. Ich drängte sie schließlich und erfuhr, daß es bei der Armee einen reizenden Mann gäbe, dem sie allerlei Gutes wolle, und daß sie seinetwegen den Krieg hasse und von ganzem Herzen den Frieden liebe. Da haben Sie einen schönen Fall von unseren schönen Patriotinnen.

Ich reise morgen nach Bellevue und hoffe, daß Sie mich dort besuchen. Ich werde in dem Menschengetümmel allein sein und nur Sie vorlassen, da Sie es mehr verdienen als jeder andere. Ich bitte Sie, für mich der kleinen La Vergue zweihundert Louis zu überreichen: ich mag dieses Mädchen Ihres Anstands und Geistes wegen: stets werde ich ihr helfen, falls sie es weiterhin verdient. Aber Sie soll nicht erfahren, daß das Geld von mir stammt: so werden wir uns wechselseitige Schmeicheleien ersparen. Ich befinde mich wohl, mein Bruder auch; und Sie doch auch, wie ich hoffe. Adieu, ich bin lange nicht so guter Dinge gewesen wie jetzt, wegen des Friedens, der alle Welt erfreuen soll, und weil ich damit rechne, Sie bald zu umarmen.
Falls Sie dieses dicke Schwein de N ... sehen, schelten Sie ihn in meinem Namen tüchtig aus. Ich habe gehört, er hätte sich an einem gewissen Orte prächtig amüsiert. Ich würde gern wissen, ob ein getreuer Ritter in Abwesenheit seiner Dame lachen darf. Schrecklich! Ein noch brutzelndes Omelette vom entblößten Hinterteil eines armen Mädchens zu verspeisen! Trotz all seiner Pfiffigkeit ist dieses Abenteuer durchgesickert, und man stimmt überein, daß es ein sehr übler und sehr roher Scherz war. Wir kennen hier seinen Komplizen. Sie haben, sagt man, dem Mädchen fünfzig Louis gegeben: immerhin etwas, aber nicht genug für die Qual, die sie gelitten haben muß. Man muß zugeben, daß die Welt bisweilen recht verrückt und bösartig ist. Frauen fangen nun auch an, sich ungebärdig aufzuführen. Damen, die mir genannt wurden, stiegen, als sie letzte Woche vom Land zurückkehrten, in einem Wirtshaus ab, um sich zu erfrischen; und als sie dann tranken, zerschlugen sie, aus purem Übermut, Gläser und Scheiben, um das Poltern von Männern ein wenig nachzuahmen. Was für Frauen!
Abermals adieu. Sagen Sie mir nicht, Schluß jetzt?

Ich verbleibe etc.

Dickes Schwein: dergleichen Bezeichnungen, auch als Kosenamen, waren in Gesprächen bei Madame de Pompadour wohl des öfteren zu hören; so hieß Kriegsminister de Paulmy gelegentlich »mon petit horreur«: »mein kleiner Abscheu«, Madame d'Amblimont »mon torchon«:

»mein Wischlappen«, der Minister de Bernis »mon pigeon pattu«: »meine rauhfüßige Taube«. Die Marquise bediente sich nicht immer des klassischen Französisch, sondern hatte sich, laut Ohrenzeugen, auch den Pariser Jargon bewahrt.

Je rascher die Katastrophen sich einstellen, desto schneller dreht sich das Karussell der Hoffnungsträger. Emmanuel de Croÿ legt seine Lageeinschätzung vor:
»Es war Mode, die Minister auszuwechseln, und man glaubte, durch ein Stühlerücken käme alles wieder in Ordnung … Die Dinge waren so weit gediehen, daß der König, auch für den besten Zweck, keine Million an Kredit mehr bekommen hätte … Aus Angst vor den Parlamenten – das von Besançon war ins Exil geschickt worden, weil es gewaltsam die Erhebung der Städtesteuer verhindert hatte, und all die übrigen Parlamente heckten gemeinsam Komplotte aus – wollte der König, der seine Autorität im Lande geschwächt sah, jeden Lärm vermeiden, wobei ihn auch sein freundliches Herz hinderte, neuen Steuern zuzustimmen; aber auch die früheren Anleihen reichten nicht aus, und alles Geld war auf zwei Jahre im voraus verpfändet, sogar die Anleihen auf die üblichen Staatseinnahmen; sie waren die letzte Zuflucht, um die Darlehen für das Militär zurückzuzahlen; das also war der Stand der Dinge … Was den Außenhandel betraf, so war er vernichtet, was ungefähr einen Verlust von hundert Millionen pro Jahr bedeutete, während die Aufwendungen für den Krieg in Deutschland sich auf einhundertundachtzig Millionen beliefen.«
In dem Roman jener Zeit, *Gefährlichen Liebschaften* von Choderlos de Laclos, werden für eine kurze Glückserfüllung Gefühle anderer ausgeschlachtet. Der gleiche Egoismus, das gleiche Kalkül lassen sich auf andere Bereiche übertragen. Rousseau beschreibt diese Welt: »Man verbindet geschickt Leichtigkeit und Tiefe, grundlegende Gedanken und gelegentliche Einfälle, scharfen Spott, gewandte Schmeichelei und strenge Moral. Man spricht über alles, damit jeder etwas zu sagen finde. Man geht den Fragen nicht bis auf den Grund, um nicht zu langweilen, man wirft sie wie im Vorübergehen auf, spricht sie kurz durch. Die Kürze des Aus-

drucks führt zur Eleganz ... Bisher habe ich viele Masken gesehen; wann werde ich menschliche Gesichter erblicken?«

185. An die Comtesse de Baschi

Sie brauchten, meine liebe Freundin, den Marquis nicht zu empfehlen: jeder schätzt ihn. Ich bin nie einem klareren Kopf, der für die Geschäfte geeigneter wäre, begegnet. Doch darf ich nicht vergessen, Ihnen mitzuteilen, daß ich meinen gestern fast zertrümmert hätte. Es ging darum, durch eine Tür zu kommen: eine Dame wollte, daß ich ihr vorausginge, doch ich wollte nicht. Als ich bei diesem hübschen Disput zurücktrat, verfing sich mein Fuß in meinem Kleid, und schon stürzte ich vornüber aufs Gesicht. Ich bin dennoch mit einer kleinen Beule davongekommen, die ein Ruhmeszeichen meiner Höflichkeit ist. Wir werden hier bald *Aesop bei Hofe* spielen: wollen Sie sich nicht dazugesellen? An diesem Hof gibt es reichlich Männer, die tatsächlich so häßlich wie Aesop sind, aber recht wenige von seiner Weisheit. Ich möchte sie dadurch verbessern oder sie wenigstens bescheidener machen. Die Königin sprach gestern von Ihnen und fragte nach Neuigkeiten über Sie: sie empfindet viel Wertschätzung und Freundschaft für alle Menschen, die Ihnen gleichen. Die gute Fürstin ist unstrittig das *starke Weib*, von der jener Judenkönig spricht, der die Frauen über alles liebte: sie erduldet Ihr Alter, ihre Gebrechen, ihren Kummer (denn den hat sie) mit einer Courage, die ich bewundere und bestaune. Durch ihr Beispiel sehe ich, daß wahre Frömmigkeit zu etwas gut ist. Der König geht mit ihr stets um, wie ein Ehrenmann mit einer Frau umgeht, die er achtet; er ist von ihrer Tugend beeindruckt, und ich glaube, daß er sie, falls er sie überlebt, aufrichtig betrauern wird. Soll ich Ihnen noch mitteilen, was Sie bereits wissen, nämlich daß der Dauphin mich nicht mag? Gestern gab er mir einen neuen Beweis dafür. Es geschah in der Galerie, wo wir uns in der Nähe der Türe plötzlich gegenüberstanden: ich verneigte mich tief, er aber wandte sich mit verzerrtem Gesicht ab. Sein Haß bedrückt mich sehr, ohne mich ungerecht werden zu lassen.

Der Prinz hat hervorragende Eigenschaften und ein gutes Herz; allerdings ist er vielleicht zu fromm: aber mag sein, daß zuviel besser als zuwenig ist. Etwas, wofür ich ihn am meisten bewundere, ist seine Anhänglichkeit an den König; er liebt ihn zärtlich und ist womöglich der einzige Erbe, der beim Tod seines Vater aufrichtige Tränen vergießen würde. Solche Tugenden sind selten, aber sie sind schön.

Bisweilen prüfe ich mein Gewissen, und wenn ich darin einen ernsten und natürlichen Respekt für das Gute und Wahre entdecke, dann bin ich versucht, mich ein wenig hochzuachten. Ich weiß, daß dies nicht genügt und daß Tugend aus mehr als nur aus Gefühlen besteht. Indes hoffe ich, daß sie, aus Liebe und Verlangen nach ihr, mein Teil wird. Da bin ich also, wie Sie sehen, wieder beim Moralisieren: nie haben mich so viele Gedanken bewegt wie jetzt; das kommt ganz natürlich mit dem Alter. Falls sie Sie langweilen, überspringen Sie sie; aber lieben Sie mich stets.

Adieu, meine Allerliebste; küssen Sie mich auf diese Wange, dann auf die andere: guten Abend, ich werde mich niederlegen und von Ihnen träumen.

Ich verbleibe etc.

Judenkönig: nicht eindeutig; als sinnlicher König der Juden ist Salomon in die Geschichte eingegangen; bei ihm gesellt sich zur Frauenliebe jedoch auch die Knabenliebe: »Er führt mich in den Weinkeller, und die Liebe ist sein Zeichen über mir…«: Das Hohelied, 2,4.

Über die Entwicklung des Bruders der Marquise, Abel-François Poisson, Marquis de Marigny, hielt Tibor Simanyi fest: »Sie wollte ihn verheiraten, glanzvoll und (zumindest ihrer Ansicht nach) standesgemäß, einmal mit der Tochter des Herzogs de la Vallière, ein andermal mit der Tochter des Fürsten Chimay; sie lockte ihn mit dem Versprechen, ihn zum Herzog, ja zum Erbherzog ernennen zu lassen, doch Abel-François blieb unerschütterlich in seiner Ehrgeizlosigkeit… mit fortschreitendem Alter wurden gewisse Eigenschaften des Marquis de Marigny offenkundig, welche das liebliche Äußere der Jugend, Eleganz, künstlerische Gelassenheit und feine Manieren bis dahin überdeckt hatten.

Er verfiel in Narzißmus und Melancholie, immer mißtrauischer beobachtete er die Umwelt, ob sie ihm auch ausreichend huldige... Eines Tages verabschiedete er sich von Montmartel de Pâris mit den schwermütigen Worten: ›Leben Sie wohl, mon ami, und beklagen Sie den unglücklichsten aller Menschen. Adieu!‹«
Der Bruder taucht in den Briefen der Marquise als »M.« auf.

186. An die Comtesse de Baschi *1762*

Sie kommen immer auf den armen M. zurück. Ich erdulde ihn, aber nichts zwingt mich, ihn zu schätzen. Ich sage ihm manchmal: »Mein armer Freund, Sie sollten eher bedenken, was Sie waren, als was Sie sind: ich hoffte, die Eitelkeit würde Sie zu einem Kavalier machen, doch ich habe mich getäuscht. Sie entwickeln Eigentümlichkeiten großer Herren, die unerträglich bei denen sind, die als große Herren geboren wurden, doch lachhaft bei einem Mann wie Ihnen.« Nun, er hört sich das alles an, sagt, ich hätte recht, dankt mir und geht davon, um sich von D. und seinesgleichen mit *Monseigneur* anreden zu lassen. Da ich nicht mehr hoffe, ihn zu ändern, habe ich mich entschieden, ihn dem Haß und der Verachtung jener zu überlassen, die sich ihm unseligerweise nähern, denn er hat kein Gespür dafür. Ich nenne ihn bisweilen ebenfalls *Monseigneur*, und er merkt nicht, daß ich mich über ihn lustig mache. Aber lassen wir diesen armen Mann und sprechen wir von Ihnen, meine Liebe: Sie sind gut, aufrichtig, taktvoll; Sie kennen die Welt, die Sie schätzt; jeder ehrt Sie, liebt Sie und wünscht Ihren Umgang. Fahren Sie fort, wertgeschätzt zu werden: es ist das einzige unverbrüchliche Vergnügen im Leben, und ich werde versuchen, es mit Ihnen zu teilen. Ich bilde mir ein, daß ich die guten Eigenschaften der Menschen, die ich liebe, auch besitze: so steht es um die Empfindsamkeit von Herzen, die wie unsere einander wahrhaftig zugeneigt sind.
Was soll ich Ihnen über den Herzog von B... sagen? Wir haben ihn wie einen Friedensengel empfangen: aber dieser Engel ist alt und wenig liebenswürdig. Er hat mir zeremoniös

seine Aufwartung gemacht, und ich habe ihn ohne Umstände empfangen. Er spricht recht gut, überlegt aber recht schlecht und scheint mir geistig nicht vollends auf der Höhe zu sein: das ist also der beste Botschafter, den man uns schikken konnte. Es ist die wichtigste Eigenschaft eines Staatsdieners, zum Vorteil seines Landes gut lügen zu können: der Herzog lügt wie die übrigen; aber die Kunst, gut zu lügen, steht ihm nicht zu Gebote. Überdies heißt es, daß er spanische Pistolen liebe, daß er französische Louisdors nicht hasse und es sich zur festen Regel gemacht habe, zuerst an seinen Profit, sodann an den der anderen zu denken. Ich wünschte, es wäre wahr, aber ich glaube es nicht: er ist reich genug, um ein Ehrenmann zu bleiben. Unsere Minister konferieren täglich mit ihm: er äußerte sich zuerst sehr anmaßend. Da man darauf gefaßt war, ließ niemand sich davon einschüchtern. Nach fünf, sechs Stunden hatte man all seine Geheimnisse erraten, was er sagen und was er nicht sagen wollte, ohne daß er Verdacht geschöpft hätte; so kennt man schon die Friedensbedingungen, als wären sie von den Königen von Großbritannien, Frankreich und Irland bereits abgesegnet. Was übrigens diese hübschen Titel König Georgs angeht, so fragte der Duc de Bourgogne, nachdem er in einem Buch darüber gestolpert war, gestern seinen Erzieher, *ob es zwei Könige von Frankreich gäbe und ob sein Großpapa einen Kollegen hätte.* Man antwortete ihm, sein Großvater sei der wirkliche König von Frankreich; es gäbe jedoch einen Mann, der behaupte, es zu sein. Der kleine Prinz lachte und fand diesen anderen Mann äußerst spaßig.

Sie wissen zweifellos, daß der arme Lally jetzt verhaftet wurde; er wird der Erpressung, Unterschlagung und aller möglichen Verbrechen beschuldigt: doch man klagt ihn nicht der Feigheit an. Ihm wird der Prozeß gemacht; ich bedauere alle Unglücklichen: die Gerechtigkeit will indes, daß er leidet, falls er es verdient hat. Auch ich bin recht unglücklich, obgleich auf andere Weise. Das allgemeine Elend, an dem man mir die Schuld gibt, der Haß meiner Feinde, das Einerlei des Hofs, eine schlechte Gesundheit, die jeden Tag weiter nachläßt, die Falten, die ich in meinem Gesicht zu erkennen beginne und die andere vor mir erblickt haben, mit

einem Wort: all das macht mein Leben so betrüblich, wie andere es für angenehm halten. Dennoch bin ich nicht vollends zu beklagen, denn ich besitze eine Freundin, der ich meine ganze Seele zeigen kann, die mich aufrichtig bedauert und mich tröstet. Wer hätte mir vor einem Dutzend Jahren vorausgesagt, daß ich je des Trostes bedürfte!
Adieu, meine Liebste, ich werde weinen und an Sie denken.

Ich verbleibe etc.

Herzog von B.: der britische Gesandte John Russel Duke of Bedford. – *Zwei Könige:* auch die britischen Monarchen bezeichnen sich seit dem Mittelalter unter anderem als ›Könige von Frankreich‹.

187. Von der Comtesse de Baschi — *Paris, den 12. (?) 1762*

Ich entschuldige Ihren Herrn Bruder nicht, meine gute Freundin; und Sie werden darüber kein Wort mehr von mir hören, es sei denn, er würde abermals bei mir über Sie lamentieren; schließlich bin ich seine Vertraute. Er tut mir leid, und ich bin zu gutmütig, um ihn ohne ein paar Trostworte wegzuschicken. Nehmen Sie ihm sein stolzes und selbstfälliges Gehabe, seine Eitelkeit, sein Unwissen, und Sie haben einen Mann wie alle anderen. Doch befürchte ich sehr, er bleibt bockig und verstockt.
Möge Gott uns Frieden geben, meine teure Marquise, und daß dieser Herzog von B. schön zugänglich ist. Krieg ist grauenhaft. Es heißt, diejenige von zwei Nationen, die sich glückhafter geschlagen hätte, wäre genauso auf ewig ruiniert. Die andere … soviel Verwüstung, soviel vergossenes Blut und kein wirklicher Vorteil für irgendwen, zum Erschauern ist es. Unsere hochherzigen Verteidiger kämpfen, während wir, mitten in Paris, müßig leben; ins Theater gehen wir, spazieren auf dem Boulevard, in den Tuilerien; wir geben schöne Soupers und wissen von allem, was sie leiden, nur vom Hörensagen. Sie sterben indes, diese guten und tapferen Bürger. Der Friede kehrt um den Preis ihres Bluts wieder. Wir genießen ihn, während diejenigen, deren Mut ihn uns verschafft hat, nichts mehr davon haben. Wie liebe ich es,

einem alten Militär zuzuhören, der mir von seinen Feldzügen erzählt! Ich begreife nicht, wie er langweilen könnte; und falls er langweilt, will ich doch wenigstens, daß man ihn ein bißchen für seine Leiden bezahlt, indem man ihm mit interessiertem Gesicht lauscht und ihm die angemessenste Belohnung für seinen Kriegsmut zuteil werden läßt: Bewunderung. Der wackere Chevalier de ..., den man so ermüdend findet, nun denn, mich vergnügt er, denn er kann mir so lang und breit erzählen, wie er will, ich gähne nie. Gestern hat er mir reizende Sachen berichtet, aber verstanden habe ich sie erst, nachdem ich haarklein alles über die Belagerung von Mahon gehört hatte. Hier ist übrigens, was er mir per Post aus Amiens bringen läßt. Er hat oft Gresset gesehen und ist von ihm begeistert. Gresset bleibt weiter einer unserer besten Dichter. Es gibt von ihm zwei neue Gesänge auf Grün-Grün. Der Chevalier, dem man sie vorgelesen hat, konnte sich an mehrere Stellen erinnern und hat sie mir wiederholt. Nichts ist einfallsreicher. Also, Sie müssen eine Probe davon haben. Er schildert den Arbeitssaal der Nonnen, in den Grün-Grün getragen wird.

Eine zerlegt ein Osterlamm zu Gulasch
Oder betupft mit Rouge einen Seligen:
Die andere putzt eine Himmelsjungfrau mit blauen
Augen heraus,
Gebügelt wird für einen Erzengel das Toupet.
Grün-Grün ist da ...

Gibt es etwas Reizenderes? Nun, übermorgen werde ich Ihnen noch hundert Verse wie diese darbieten. Wie schade, daß der Verfasser dieses hübsche Gedicht nicht veröffentlichen will.
Nur keine Klagen über den Verfall des Geschmacks, meine gute Freundin; wir haben immer noch bezaubernde Dichter. Nur der Überfluß läßt uns arm erscheinen. In allen Gattungen haben wir so viele gute Schriftsteller, daß wir heutzutage kaum die bemerken, die man früher gepriesen hätte. Ich danke Ihnen herzlich für Voltaires schöne Allegorie. Er war nie besser; aber sagen Sie mir, was sollen diese beiden goti-

schen Namen Macar und Thelem? Laujon sagt, es sei Griechisch. Das Griechische, Sie verstehen, liebt er.
Ich war ganz erschrocken, als ich von der Inhaftierung von M. de Lally erfuhr. Vor drei Tagen sah ich ihn noch; er scherzte über die Anklagepunkte gegen ihn. Er sagte, daß er hätte fliehen können, dies aber nicht gewollt habe. Meines Erachtens nimmt das bereits für ihn ein. Erstaunlich, daß diese Sache nicht einfach vor einen Kriegsrat gebracht wurde; denn von den Verbrechen, derer er beschuldigt wird, gehören jene, die ihn den Kopf kosten könnten, nicht vor das Parlament. Es wird allerdings prophezeit, daß dieser formale Verstoß sein Gutes habe. Der Angeklagte, der von einem Kriegsrat nur Strenge erwarten könnte, käme vor dem Parlament milder davon. Allzeit Schuldige, allzeit Verbrechen in dieser Welt, meine liebe Marquise! In meiner Jugend war, wie heute, immerfort von Verbesserungen die Rede; ich hatte den Kopf voller Vorstellungen von Vollkommenheit; ich glaubte, alles könnte gerecht zugehen, es würde keine Kriege, keine Gerichtshändel, Revolutionen, nur noch Erbauliches und Liebe geben; doch ich sehe, daß alles so ist, wie es war, und keine Zeit besser als eine andere ist. Adieu, meine Freundin, ich werde recht grüblerisch.

Gresset: Jean-Baptiste-Louis Gresset, Komödiendichter, der seinen größten Erfolg mit der Burleske über den reisenden Papagei ›Vert-Vert‹ (›Grün-Grün‹) hatte. – *Lally*-Tollendal: Gouverneur, der in Indien kapituliert hatte und unter anderem wegen Unterschlagungen angeklagt wurde.

Der Erzbischof von Paris, Christophe de Beaumont, Befürworter von Beichtbescheinigungen bei Sterbenden, ließ eine Schrift zur Verteidigung des Jesuitenordens drucken, überdies eine Schrift gegen das Parlament, das diesen mächtigen und undurchsichtigen Orden des Papstes verbieten lassen wollte.

188. An den Erzbischof von Paris

Ich habe Ihren Brief erhalten, Monseigneur: er hat mich überrascht und bekümmert. Hier beklagt man sich, daß die Geistlichkeit zu viel Lärm um Nichtigkeiten mache: zumindest weiß ich, daß sie den König grausam plagt. Ich wünschte, gewisse Prälaten gäben uns, anstatt sich als Kirchenväter zu betrachten und Verordnungen zu erlassen, die vom Parlament verbrannt und von der Nation mißachtet werden, ganz im Gegenteil Beispiele von Mäßigung, von Demut und Friedensliebe. Ich will glauben, daß Ihre Beichtbescheinigungen eine vorzügliche Sache sind; aber die Nächstenliebe ist es noch mehr. Ich sage Ihnen hier aus der Bitterkeit meines Herzens, daß diese Zwistigkeiten mich betrüben, weil sie den besten der Könige betrüben und das gesamte Königreich verärgern: sollte ich mich indes irren, bitte ich Gott, mich zu erleuchten. Bei dieser Gelegenheit möchte ich mich Ihnen offen erklären. Was Ihre Jesuiten betrifft, so muß man sie dem Richtspruch des Parlaments überlassen. Ein Mann, der über sie auf dem laufenden ist, sagte mir gestern, sie hätten noch niemals etwas Gutes vollbracht, außer Fieberrinde aus Peru mitzubringen, und ihre Gesellschaft Jesu sei die Geißel der Könige und Staaten gewesen, die sie geduldet haben. Es wäre mir unmöglich, ihnen behilflich zu sein: doch selbst falls ich es könnte, wollte ich es nicht; das sage ich Ihnen in aller Deutlichkeit. Es scheint, als hätten sie verdient, auseinandergetrieben zu werden. Ich bitte Sie also, Monseigneur, mit mir nicht mehr über diese Angelegenheit zu sprechen und den König in Frieden zu lassen: denken Sie daran, daß Sie zunächst Untertan und dann erst Bischof sind. Sie sind dennoch auch mein Seelsorger, und ich bitte Sie um Ihren heiligen Segen.

P.S. Ich erhalte soeben einen dicken Stapel Briefe. Sie kommen von Bischöfen, die mich bitten, meinen Einfluß zugunsten der Gesellschaft zu gebrauchen. Ich ersehe daraus, daß es zu ihrer Rettung im Königreich beinahe ein allgemeines Bündnis der Geistlichen gibt, derweil fast alle Laien sich auf ihre Vernichtung einigen, und zwar aus gutem Grund. Ich werde auch diese Bischöfe bitten, mich in Ruhe zu lassen und mir ihren heiligen Segen zu spenden.

In Rußland baut Katharina die Große ihr Imperium auf. Die Zarin folgt ihrem Wahlspruch: »Jedem Widerstand habe ich immer meinen Widerstand entgegengesetzt.«

189. Von Jean Le Rond d'Alembert

Madame,
ich weiß, daß Sie von den Angeboten, die mir von der russischen Kaiserin gemacht worden sind, unterrichtet wurden. Noch im *Temple* sagte man mir, Sie nähmen an meinem Entschluß Anteil. Er wurde von meiner schlechten Gesundheit diktiert sowie von der mäßigen Meinung, die ich von meiner Begabung als Erzieher eines großen Fürsten habe. Es schmeichelt mir, daß die Kaiserin mich dafür in Betracht gezogen hat. Ich glaubte mich glücklich, etwas zum Gedeihen einer Nation beizutragen, die auf europäische Geschehnisse nunmehr einen so großen Einfluß hat, indem ich ihren Souverän zu Rechtsempfinden, Friedfertigkeit, Mäßigung heranbilden würde; indem ich ihm beibrächte, Vertragseide und die heiligen Rechte seiner Untertanen zu respektieren, sich mit seinen Besitzungen zufriedenzugeben, die anderer nicht anzutasten, ganz gleich, wie vorteilhaft und mühelos es wäre; einem nützlichen und loyalen Verbündeten die Treue zu halten; nicht mit Hilfe des Stärkeren den Schwächeren zu unterdrücken; bei Verhandlungen nicht zu betrügen, um außer einem Besiegten auch noch dem Verbündeten das Fell über die Ohren zu ziehen, nicht auf illusionäre oder verstaubte Ansprüche zu pochen, an denen es Herrschsüchtigen nie fehlt; den Schwur zur Fürsorge für den Unglücklichen zu achten; durch keine willkürlichen Urteile die Heiligkeit der Gerichte zu verletzen; nicht durch maßlose Gier die Eifersucht seiner Nachbarn anzustacheln; nicht ... Nun, Madame la Marquise, von hier aus sehe ich bestens, was man ihn lehren müßte; aber vielleicht geriete ich in Verlegenheit, wenn

ich an die Arbeit müßte; und wenn der Prinz, von mir erzogen, je ungerecht, gewalttätig, anmaßend, ein Tyrann würde, ich verginge vor Schmerz.

D'Alembert: 1717-1783, Philosoph, Mathematiker, maßgeblicher Herausgeber der ›Encyclopédie‹. – *Temple:* oder ›Vier-Spiegel-Salon‹, literarischer Treffpunkt beim Prinzen von Conti. – *Der Prinz:* der spätere Zar Paul I., Sohn Katharinas der Großen.

190. An Monsieur d'Alembert

Sie haben mir eine große Freude bereitet, als Sie mich über Ihre Entscheidung hinsichtlich der Reise zu den Barbaren unterrichteten. Sie verachten und lehnen mit Höflichkeit prächtige Offerten ab, welche die meisten anderen geblendet hätten. Das ist nobel und großherzig: jeder pflichtet Ihnen bei. Für einen Philosophen ist es besser, in seinem Vaterland und in maßvollen Verhältnissen friedvoll den Ruhm zu genießen, den er sich durch sein Schaffen erworben hat, als anderswo nach Besitz und Ehren zu trachten, die ihn, recht besehen, nicht glücklicher machen würden. Ich habe Teile Ihres Werkes über die Jesuiten gelesen und halte es für ebenso gut geschrieben wie eindrücklich und bedacht. Diese Leute haben zweifellos Ungnade verdient, und mir scheint, als würde durchaus nachsichtig mit ihnen verfahren. Ich bin verwundert, daß Ihr Freund Voltaire sich über sie ausschweigt, er, der so herrlich jede sich bietende Gelegenheit beim Schopf ergreift. Abermals wiederhole ich Ihnen zum Schluß, daß alle Welt Sie für Ihren Entschluß lobt und bewundert, der belohnt werden muß und wird.

Ich verbleibe etc.

191. An Monsieur de Voltaire

Ich danke Ihnen sehr für das Buch, das Sie mir geschickt haben: alles ist schön daran, alles ist wahr darin; und Sie sind im Schreiben und Denken noch immer der Erste auf der Welt. Sie haben nur allzu recht, Toleranz zu predigen; aber die Ignoranten werden Sie nicht hören, und die Scheinheiligen wollen Sie nicht hören. Als man mir von der Hinrichtung des unglücklichen Calas berichtete, glaubte ich anfangs, daß sich das bei den Kannibalen zugetragen hätte: doch man teilte mir mit, es sei bei den Wilden von Toulouse geschehen, in einer Stadt, in der die Heilige Inquisition begründet wurde; das erstaunte mich nicht. Ich habe einige Abschnitte Ihres Werks dem König vorgelesen, der davon berührt war. Er ist fest entschlossen, den unschuldigen Greis zu sühnen und seinen Ruf wiederherzustellen: ich meinerseits wäre nicht erbost, wenn man seine Richter auf die Galeeren schickte. Es heißt, die gute Stadt Toulouse sei höchst fromm: Gott möge mich davor schützen, jemals auf diese Weise fromm zu sein.
Um auf Sie zurückzukommen, mein werter Monsieur, wie kann man in Ihrem Alter noch so feurig und ingeniös schreiben? Fahren Sie fort, die Menschen zu bilden; sie benötigen es dringend: ich nun, ich werde fortfahren, Sie zu lesen und zu bewundern. Man war so dreist, mir kürzlich Verse zuzuleiten, die den König und mich übel verunglimpfen. Ein Mann beteuerte, sie stammten von Ihnen. Ich beharrte ihm gegenüber darauf, daß sie nicht von Ihnen sein könnten, da sie zu schlecht wären, und daß ich Ihnen nie ein Leid zugefügt hätte: Sie ersehen daraus, wie ich über Ihr Genie und Ihr Urteil denke. Ich vergebe meinen Feinden gern; aber den Feinden des Königs vergebe ich nicht ebenso leicht, und ich wäre nicht verstimmt, wenn der Verfasser dieser reizenden Reime, um seine Sünden, seine Verleumdungen und seine miserable Poesie zu beweinen, eine geraume Zeit in Bicêtre zubrächte.

Stimmt es denn, daß Sie ernsthaft krank waren und die Sakramente mit mustergültiger Hingabe empfangen haben? Die erste Nachricht vernahm ich mit Schmerz, die zweite mit Behagen; denn sie bestätigt mir die gute Meinung, die ich von Ihnen hinsichtlich der Religion stets gehegt habe. Aber es war umsonst, Sie werden ihre kleinen, jedoch gefährlichen Feinde niemals zum Schweigen bringen. Monsieur d'Arouse bemerkte hierzu: *Ah! der alte Sünder, er glaubt niemals an Gott, es sei denn im Fieber.* Ich wies ihn heftig zurecht und sagte zu ihm, daß er weder wahr noch barmherzig rede. Adieu, Apollon; die guten Nachrichten, die ich über Ihr Wohlbefinden erhalte, sind mir immer willkommen; meine Freude wäre vollständig, wenn ich Ihnen zu irgend etwas nütze sein und wenn ich Frankreich glücklicher sehen könnte.

Das Buch: es könnte sich um Voltaires ›Versuch über die Sitten‹ handeln. Ein anderes Werk befand sich wohl bereits in der Bibliothek der Marquise. 1759 widmete Voltaire seiner frühen Gönnerin die Tragödie *Tancrède*, die Rossini später vertonte und Goethe ins Deutsche übersetzte. – *Monsieur d'Arouse:* unklar.

»Das Blumenmeer um Schloß Trianon war überwältigend. Dank Tausender Blumentöpfe konnte man die Gestalt der Beete mehrmals am Tag verändern ... Nach dem Beispiel der Marquise wollte auch Ludwig XV. in seiner Eremitage Hühner, holländische Kühe, Gewächshäuser, ein Gehege, einen botanischen Garten und einen Blumengarten.« (Danielle Gallet)

Lustlandschaften dieser Art aus früheren Jahren lagen nun wohl brach. Seit siebzehn Jahren war Jeanne de Pompadour an der Macht. Ihrer nachlassenden Gesundheit zum Trotz strebte sie ein neues *Image* an.

Dafür hatte sie ein Vorbild. Die letzte Maitresse des Sonnenkönigs – Madame de Maintenon – war durch zur Schau getragene Frömmigkeit und Zurückhaltung in der Öffentlichkeit schließlich sogar zur Ehefrau Ludwigs XIV. aufgestiegen. Jeanne de Pompadour konnte allgemein geachtet werden, segensreich im Regieren sein, aber sie konnte nicht die Frau des Königs werden.

Wegen des seit siebzehn Jahren währenden Ehebruchs beider waren der König wie auch seine Gefährtin von den Sakramenten ausgeschlossen. Zudem war die Königin wohlauf.

192. An die Comtesse de Baschi

Gestern habe ich, meine schöne Comtesse, die Gemälde im Louvre besichtigt: ich entdeckte mehrmals mein Gesicht, und kein einziges Mal hat es mir gefallen. Ich gestehe in aller Demut, daß es nicht des Malers Fehler ist: ich bin nur zu früh auf die Welt gekommen. Ein vierzigjähriges Gesicht unterscheidet sich sehr von einem achtzehnjährigen; und bei aller Seelenstärke bedenkt man das nur mit Verdruß. Ich glaube ohnehin, daß eine schöne Frau weniger den Tod als den Verlust ihrer Jugend fürchtet: wer auch immer das Gegenteil behauptet, lügt oder ist nur ein Tier.
Die kleine Frau des neuen Herrn der Finanzen hat mir übrigens ihre Visite abgestattet. Sie erwies mir in der etwas plumpen, guten und aufrichtigen Art, die ich so sehr liebe, tausend Freundlichkeiten. Der neue Minister kehrt den Ehrenmann hervor: aber ach! das tun sie alle rund um die Uhr. Er hat seine Reform bei den Beinkleidern des Königs eingeleitet, den er gestern fragte, wie viele davon er im Jahr brauche. Nun, entgegnete der König, da ich oft ausreite, brauche ich wohl alle drei Tage neue. Das beläuft sich insgesamt auf ungefähr zehn Dutzend, gab der Kontrolleur zurück: sehr wohl! hier ist die Liste der Beinkleider, die man auf den Etat Eurer Majestät angerechnet hat; es sind nur neunhundert. Sodann ging dieser galante Herr zu den königlichen Prinzessinnen, zog einige weiße Handschuhe aus seiner Tasche und fragte sie, wie sie ihnen gefielen. Sie sind sehr schön, meinten die Prinzessinnen. Vorzüglich, fuhr der Kontrolleur fort; sie kosten mich zwanzig Sous das Paar; Ihre beliefen sich auf fünfzig: ich werde die Ehre haben, Sie künftig damit zu versorgen. Sie sehen, meine Liebe, dieser Mann beginnt gut; aber es stehen größere Reformen an als die bei Beinkleidern oder Handschuhen. Man versucht, Anleihen aufzunehmen, aber die Franzosen haben nichts auszuleihen, und die Ausländer wollen nicht. Wir haben keinen Kredit mehr: es gibt keine Hypotheken oder verfügbaren Fonds als Sicherheit für die Gläubiger. Laval erzählte gestern von einem portugiesischen General in Geldnot, der sich an Kaufleute wandte, die ihm auf Treu und Glauben bei seinem

Barte 200 000 Pistolen vorstreckten. Ich weiß nicht, welche Wertschätzung zum Beispiel die Holländer für den Bart des Königs hegen; aber ich bin mir gewiß, daß sie keine zwanzig Dukaten für dieses Pfand gäben. Vor einiger Zeit hieß es, man müßte die Steuerpächter aufhängen; sie haben jedoch mächtige Fürsprecher, die von ihnen als den Säulen des Staates sprechen; andere meinen, sie hielten den Staat so aufrecht wie der Strang einen Unglücklichen am Galgen: was meinen Sie? Nur eines ist gewiß, daß wir nämlich erniedrigt und elend sind. Frankreich war einst verhaßt, aber gefürchtet: nun haßt und verachtet man es. Obschon Staatsangelegenheiten den Frauen im allgemeinen sehr gleichgültig sind, können und dürfen sie es mir nicht sein: eben deshalb bekommen meine Briefe fast immer einen unangenehmen Zug ins Politische, was für jede außer für Sie äußerst langweilig wäre.

Ich muß Ihnen noch berichten, daß hier seit geraumer Zeit die Pocken grausam wüten: binnen zwei Wochen haben sie zwanzig Menschen umgebracht und fünfzig entstellt. Hüten Sie sich also, derzeit Ihr schönes Gesicht hierher auszuführen: Sie tot oder furchtbar zugerichtet zu sehen wäre beinahe gleich schlimm. Ich umarme Sie, meine zärtliche Freundin; trösten Sie sich über meine Abwesenheit; und wenn Sie das Geheimnis dafür entdeckt haben, so teilen Sie es mir unbedingt mit.

Adieu etc.

Herr der Finanzen: etwas schwieriger Zeitbezug; 1761 war die Marquise vierzig Jahre alt; der sehr fähige Bertin, ihr Günstling, war ab 1759 Generalkontrolleur der Finanzen und blieb es bis 1763. – *Laval:* nicht mehr bekannt.

193. An dieselbe

Ich zittere noch von der Neuigkeit, die Sie sofort erfahren müssen. Man hat eine blutüberströmte und schwerverwundete Leibwache auf ihrem Posten gefunden. Ja! Wer das getan hat, fragen Sie? Geduld, Madame, hören Sie mir zu. Man beugt sich über ihn, man verhört ihn, man fragt ihn, wer seine Mörder seien. Er antwortet, daß es zwei greulich aussehende Männer waren, die Zugang erzwingen und in die Gemächer des Königs eindringen wollten. Dieser Zwischenfall erschien höchst merkwürdig und verursachte überall helle Aufregung. Man befragte ihn weiter, und durch seine Antworten fand man schließlich heraus, er selber war sein Attentäter. Jetzt muß ich Sie jedoch über die Beweggründe dieses armen Mannes aufklären. Er meinte durch fünf oder sechs Messerstiche, die er sich an ungefährlichen Stellen zufügte, alle Welt glauben zu machen, das Leben des Königs sei in großer Gefahr gewesen und sein Mut und seine Treue müßten bewundert und belohnt werden. Doch er hatte sich getäuscht: man mißt dieser eigentümlichen Tat durch ihre möglichen schlimmen Folgen solche Wichtigkeit bei, daß sie anstatt mit einer Belohnung mit dem Tod entgolten wird. Alle seine Kameraden sind über diese Schande außer sich. Ich für mein Teil halte ihn für verrückt und meine, daß es grausam wäre, einen Verrückten aufzuhängen und nicht ins Narrenhaus einzusperren. Aber andere denken anders und behaupten das Feld.

Die Schatulle, die Sie mir geschickt haben, ist entzückend; ich benutze sie gerne, obwohl ich bereits allzu viele dieser köstlichen Kleinigkeiten habe, die nur der Eitelkeit dienen. Da sie von Ihnen stammt, werde ich sie trotzdem lieben. Doch was die Liebe angeht, so liebe ich Ihre Tochter mehr als Ihr Juwelenkästchen: feine Gesichtszüge, schöne Augen, eine ranke Gestalt und ein gutes Herz. Sie hat Bewunderer zuhauf, von denen sie nicht viel Aufhebens zu machen scheint; dafür mag ich sie um so mehr: es ist schwierig, ihr zu gefallen und dies zu verdienen. Es gibt indes einen reichen, liebenswürdigen jungen Mann aus bester Familie, der ihr zusagen könnte. Ich meine sogar, daß sie ihn nicht mit derselben Gleichgültigkeit wie die übrigen mustert, sondern ihn besonders ins Auge gefaßt hat; denn ihm gegenüber ist sie stets höchst ernsthaft und zurückhaltend. Soweit ich mich erinnern kann, ist das ein Symptom der Liebeskrankheit. Falls diese Partie Ihnen nicht mißfällt, bilde ich mir ein, daß es nicht kompliziert wäre, eine Heirat zustande zu bringen. Es ist der Wahn der alten Weiber, Ehen stiften zu wollen, und

Sie erahnen aus meiner Laune, daß ich mich fast schon dazurechne. Ich lasse mich durch meine Liebe zu Ihnen rasch trösten: das unerschütterliche Vergnügen der Freundschaft entschädigt bestens für die wilden Genüsse der Leidenschaft. Adieu, meine Teure; lieben auch Sie mich stets.

194. An dieselbe

Sobald Sie diesen Brief gelesen haben, bitte ich Sie, meine allerteuerste Freundin, die Pferde vor Ihre Karosse spannen zu lassen und zur Marquise de Laval aufzubrechen. Es ist noch etwas zu besorgen: werde ich niemals des Kaufens müde? Sagen Sie ihr also, daß ich sie herzlich liebe und Sie bitte, rechtzeitig an das Verabredete zu denken. Sie wird Ihnen sagen, worum es sich handelt; aber schelten Sie mich nicht, falls Sie diese Ausgabe mißbilligen.
Der magere Botschafter wird uns verlassen; und meines Erachtens wird ihm außer seinem Fleischer und seinem Schneider niemand nachweinen: er besitzt weder Geist noch Reiz. Der König wird ihm sein Portrait geben; seine Nachfolge ist noch offen.
Wird der Comte sich wirklich zu den Brunnen von Plombières begeben? Der Arme! Falls er sie braucht, bedauere ich ihn, und falls nicht, um so mehr. Diese Orte sucht man zumeist weniger aus Bedürfnis als aus Vergnügungssucht auf. Sie kennen einen gewissen Monsieur le Rion: nun denn! er hat 50 000 Écus Rente verpraßt. Das ist eine gute Lehre: doch wer hält sich an gute Lehren? Setzen Sie also alle Hebel in Bewegung, um diese Reise, falls sie nicht unumgänglich ist, zu durchkreuzen. Der dicke Ochse ist recht siech; man hofft, daß er stirbt: für seine Familie und alle Menschen von Ehre lebt er schon allzu lange. Haben Sie gehört, daß die dicke Herzogin, die wie ein Grenadier allein durch ganz Europa marschiert, eingetroffen ist? Die Natur hat sich in der Tat bei ihrer Erschaffung vertan, denn diese Frau ist ein Mann. Sie sah gestern den König, der sie nach Reiseneuigkeiten fragte und ob London schöner sei als Paris. »Sire«, antwortete sie, »es gibt in London keine schönen Häuser; aber eine Menge

schöner Straßen und schöne Gesichter, vor allem bei den Frauen.« Sie bricht bald nach Deutschland auf, das Sie schon zweimal bereist hat, und verspricht uns einen Bericht über ihre Ausflüge.
Das wird interessant.
Ich muß jetzt schließen. Geben Sie mir noch rasch einen Kuß; ich werde ihn mit tausend vergelten.

Etc.

Magerer Botschafter: da ihm Fleischer und Schneider nachtrauern, war er also wohl besonders korpulent. – *Dicke Herzogin:* ihre Identität war bereits in Brief Nr. 174 unklar.

Am 10. Februar 1763 wird der *Friede von Paris* unterzeichnet. Dabei verliert Frankreich fast sein gesamtes Kolonialreich an England: Kanada, Neuschottland, Kap Breton, Louisiana östlich des Mississippi, vier Antilleninseln. Es behält seine Fischereirechte vor Neufundland sowie einige Handelsniederlassungen in Indien. England gibt die *Zuckerinseln* St. Martin, Guadaloupe und Martinique an die Franzosen zurück.
Am 15. Februar 1763 beendet der *Friede von Hubertusburg* das Gemetzel auf dem europäischen Kontinent. Aus diesem Friedensschluß geht Preußen als neue Großmacht hervor. Österreich und Frankreich müssen Schlesien endgültig an Preußen überlassen.
Mit den für Frankreich so schmählichen Friedensschlüssen vollzieht sich auch im Leben der Marquise de Pompadour eine dramatische Wende. Sie ist nun zweiundvierzig Jahre alt. Auch Emmanuel de Croÿ findet die Marquise verändert:
»Mme. de Pompadour war es müde, all die Arbeit selbst zu bewältigen, und überließ sie voll und ganz M. le Duc de Choiseul ... Nachdem ihm alle Arbeit zugefallen war – der Rest war nicht nennenswert –, konnte man ihn nur noch unter größten Schwierigkeiten oder bei öffentlichen Audienzen sprechen. Mme. de Pompadour lebte zurückgezogen bei seiner Schwester Mme. la Duchesse de Gramont, einer Frau von viel Geist und Entschlußkraft, so daß man Mme. de Pompa-

dour, die in jeder Beziehung sehr schwierig wurde, kaum mehr sah.«

Die Marquise vervollständigt in ihrer Bibliothek die Abteilung *Historische Romane aus dem Orient.* Sie beaufsichtigt also das Sammeln von Berichten, Betrachtungen über ihre Person, Chansons und *Poissonaden.* Zu diesen *Fischgesängen* gehörte wohl auch einer der verletzendsten:

... Schaut nur die klägliche Gestalt,
Die Haut ist gelb und dürr und alt.
Auf jedem Zahne ist ein Fleck,
Das ganze Weib, das ist ein Dreck, Dreck, Dreck.
Der Geist flog ihr schon längst davon,
Käuflich die Seele, klein und faul,
Marktweiberreden spricht ihr Maul,
Gemein ist alles bei der Poisson, son, son.

Ja, wär sie unter allen Schönen
Die Schönste, würde das versöhnen,
Wir stimmten unserm König zu,
wär seine Hure ein Bijou, jou, jou.
Nun aber seht ihn so entzückt
Für diese elend-platte Fratze,
Ei, das begreift ja keine Katze,
Der König ist verrückt, rückt, rückt.

In vielen Romanen entdeckt sie wirkliche oder vermeintliche Wesensmerkmale ihres Charakters sowie Stationen ihres Lebens. Rückblickend erlebt sie das Entstehen ihrer Legende.

Sie notiert: »In *Rosamunde* gibt es nichts, das von mir herrühren könnte, aber in *Jane Shore* könnte es die Begegnung mit dem König auf dem Hofball sein.«

195. An die Comtesse de Baschi *(1763)*

Ich bin sehr erbost über Sie. Ich erwartete Sie diese Woche: warum sind Sie nicht gekommen? Falls Sie wußten, wie mir in diesem irdischen Paradies, wie Ahnungslose es nennen, der Überdruß das Herz verzehrt, wären Sie, sei es aus Zuneigung, sei es zumindest aus Barmherzigkeit, gekommen. Der König ist der einzige liebenswerte Mann: die anderen erwecken mein Mitgefühl; von den Frauen rede ich gar nicht erst; dennoch steigt ihnen alle Welt nach. Liebeleien sind der Franzosen Tollheit: die anderen Völker können lieben. Aber da ich eben von Liebe rede, so glaube ich, Ihre Tochter zollt ihr Tribut: die arme Kleine weiß nicht, was ich meine; sie ist die Unschuld selbst. Sie ist auf einmal ganz ernst und versonnen geworden; und an ihren Augen erkenne ich oft, daß sie offenbar geweint hat. Der junge Mann, den ich in Verdacht habe, daran schuld zu sein, hat übrigens einiges geleistet und mißfällt mir nicht. Ihre Familie betrachte ich als meine: gestehen Sie, daß Freundschaft etwas Schönes ist, weil sie sozusagen zwei Körpern dieselbe Seele eingibt.

Das bedauernswerte Dünkirchen hat Deputierte geschickt, um vergeblich gegen die Schleifung seines Hafens zu protestieren: der Friedensvertrag muß befolgt werden, wie erbärmlich! Die Engländer sprechen wieder von Krieg: die einen wetten, in sechs Monaten, andere, in einem Jahr. Das macht man so bei diesem Narrenvolk: es wird gewettet, anstatt nachzudenken. Doch wir haben erschreckende Neuigkeiten aus englischen Zeitungen. So sollen Sie also wissen, Madame, daß der Kaiser die Franzosen bis aufs Blut haßt; daß er Lothringen ohne Herausgabe des Eingetauschten wiederhaben will: er soll außerdem das Elsaß und die drei Bistümer als ehemalige Reichslehen zurückerobern. Seine Armee steht schon im Feld: sie befindet sich bei Trier, wo sie zweifelsohne aus den Wolken gefallen ist; das alles wird im Frühjahr über das arme Frankreich hereinbrechen. Das, Madame, schreiben die Engländer und glauben es: trotzdem nennen sie sich weise und vernünftig.

Es scheint, daß sie viel Mühe haben werden, sich in Kanada festzusetzen; die Wilden lieben weiterhin die Franzosen und schaden ihren neuen Herren, wo sie können: ich glaube, keine Nation versteht sich so gut darauf, Haß zu erwecken, wie die Engländer. Um so besser: sie wären zu fürchterlich, wenn sie auch noch liebenswert wären.

Ich habe beinahe Lust, Sie in den nächsten Tagen zu überraschen; doch erwarten Sie mich nicht, denn dann wäre es keine Überraschung mehr. Mein Gott, welch schönes Wetter! Daß Sie nicht hier sind, damit es mir noch schöner vorkommt! Adieu.

Der Kaiser… Lothringen: der Gemahl Maria Theresias, Franz, hatte 1735 im Rahmen der Erbfolgeregelungen für Maria Theresia sein Stammland Lothringen gegen die Toskana eintauschen müssen. – *Drei Bistümer:* Metz, Toul und Verdun waren unter Ludwig XIV. an Frankreich gefallen.

196. An dieselbe

Ihre Gedanken über Freundschaft sind wunderbar und verdienten, Ihnen zu Ehren und zur Erziehung anderer gedruckt zu werden. Die Männer meinen, es sei unmöglich, daß Frauen sich aufrichtig lieben. Sie lügen: schon unser Beispiel beweist das Gegenteil.
Ja, gewiß, ich habe den Comte de G… gesehen. Ein Mann, der schlecht spricht, aber gut denkt. Er glänzt in allem und soll Botschafter werden. Eigentümlich, wie heftig es unsere Höflinge danach gelüstet, sich als Gesandte ruinieren zu dürfen: in diesem Falle lobe ich mir die Effekte der Eitelkeit. Es ist dies eine dem französischen Adel eigentümliche Narretei: anderswo dient man, aber läßt sich gut dafür bezahlen; doch hier bezahlt man, um zu dienen; solche Gesinnung nützt womöglich dem Staat. Dieser Comte also bricht bald auf; er hat um die Ehre gebeten, mir schreiben zu dürfen, und ich habe es ihm zugebilligt: wir werden also Neuigkeiten erfahren.
Apropos Überraschungen, gestern spazierte ich mit unserem kleinen Mädchen allein durch meinen Park; es war fast Nacht, und wir erblickten fürchterliche Dinge: zuerst erschien uns ein großes weißes Gespenst: das war mein Gärtner im Nachthemd. Nur zwanzig Schritt weiter erblickten wir einen pechschwarzen Riesen: ein gestutzter Baum. Etwas weiter weg vernahmen wir wildes Geschrei und Geheul: die Kinder des Schweizers tobten noch herum und veranstalteten einen Heidenradau. Das waren, meine Liebe, unsere Schrecknisse: die meisten Ängste der Menschen sind kaum weniger lächerlich.

Ist die Place Louis XV wirklich so schön, wie man erzählt? Ich habe keine Zeit gehabt, sie zu begutachten. Bald wird sie eingeweiht werden; doch solche Zeremonien sollten inmitten von Siegen begangen werden. Stimmt es, daß der kleine Herzog sich in den Kopf gesetzt hat, mich zu hassen und schlecht über mich zu sprechen? Noch ein Undankbarer, der auf meine Liste gehört. Stimmt es, daß Sie mich noch immer lieben? Diese Freundschaft genügt mir; und allen Strömen von Haß, Unverschämtheiten und Schrecken zum Trotz, die ich täglich von mir abwische, werde ich nicht zu beklagen sein, wenn Sie mir treu bleiben.
Hier, meine Liebe, der zärtlichste Wangenkuß Ihrer Freundin.

Ich verbleibe etc.

Place Louis XV: seit der Revolution ›Place de la Concorde‹.

197. An Madame de Neuilly

Ich habe eben von Ihrem Streit mit der stolzen Herzogin erfahren. Sie irrt sich, und Sie sind im Unrecht. Man muß im Umgang mit der Welt nachsichtig und gefällig bleiben, denn sonst wäre das Leben für uns und alle, die mit uns zu tun haben, eine drückende Last. Alle haben ihre Schwächen, und die Frauen besonders: ertragen wir wechselseitig unsere Fehler, oder machen wir uns in die Wälder auf und davon, falls wir mit den Menschen nicht leben können. Die Herzogin ist stolz, direkt und eilfertig: aber sie ist herzensgut, und ich meine, ihr ist ein Mißgeschick unterlaufen. Ich will Sie beide unbedingt versöhnen und daß Sie sich umarmen: diese kleinen Frauenkriege sind immer lachhaft und lassen die Männer schmunzeln, die sich im gleichen Fall, ohne an Geschrei und Gezänk Gefallen zu finden, tapfer die Gurgel durchschneiden.
Der Nuntius soll diese Woche seinen Einzug halten: ich werde die kleine St. Yves hinschicken, die auf solche Kleinigkeiten höchst erpicht ist. Würden Sie es bitte übernehmen, meine teure Dame, sie mir nach Bellevue zu bringen, wo wir den

François-Hubert Drouais
Madame de Pompadour
letztes Portrait von 1763/64

Abend so angenehm verbringen werden, wie es Frauen möglich ist. Gestern habe ich den kleinen Comte gesehen; er ist ausgesprochen hübsch; er gemahnt mich stets an meine arme Alexandrine, die ihm sehr ähnelte. Ich grüße Sie von ganzem Herzen: begegnen Sie allen mit Liebe und ereifern Sie sich über niemanden: Wut ist der Gesundheit höchst abträglich.

Ich verbleibe etc.

198. An die Comtesse de Baschi

Es ist eines der großen Vergnügen meiner Lage, zu Höflichkeiten und guter Miene Menschen gegenüber gezwungen zu sein, die ich hasse oder die mich hassen. Heute morgen habe ich die kleine Herzogin empfangen. Ah! was für ein unerträgliches Geschöpf! Wie sie gurrt und schnurrt, wie sie langweilt! Man meint, sie wäre nur für Migräne und Blicke in den Spiegel auf der Welt. Ich mußte von dieser Frau tausend übertriebene Komplimente erdulden, tausend Unverschämtheiten anhören und tausend falsche Freundschaftsbekundungen hinnehmen. Ich spüre mehr und mehr, wie verabscheuungswürdig die gute Gesellschaft ist. Kommen Sie bald, mich in die Arme zu nehmen und zu trösten. Es ist verblüffend, wie sorgfältig unsere Frauen die Kunst zu faszinieren studieren, was ihnen längstens zehn oder zwölf Jahre hilft, doch zugleich ihren Geist vernachlässigen, der ihnen ihr Leben lang dienen soll. Diese hier bildet sich ein, nur für die Schönheit und für Abenteuer erschaffen worden zu sein. Sie, meine Teure, die Sie mit Demut schön sind und ohne Gefallsucht gefallen, fahren Sie fort, unserem Geschlecht ein Beispiel der Weisheit und des gesunden Menschenverstands zu sein, und lieben Sie stets jene, die Sie lieben.

Etc.

Zur Jahreswende 1763/64 hat eine Musikerfamilie aus Salzburg in Versailles ihren Auftritt.
Das Ehepaar Mozart mit seinen Kindern Maria Anna und

Wolfgang reist mit Empfehlungsschreiben. Der achtjährige Wunderknabe und seine Schwester musizieren vor Mitgliedern der königlichen Familie und erhalten goldene Uhren, goldene Tabaksdosen und Goldstücke.
Leopold Mozart berichtete nach Salzburg: »Die Königin spricht so gut teutsch als wir. da nun aber der König nichts davon weiß; so verdollmethschte die königin ihm alles was unser Heldenmüthiger Wolfg: sprach. bey ihm stand ich: auf der anderen seyte des königs, wo ander seyte der M: Dauphin und Madle: Adelhaide saß, stand meine Frau und meine tochter.« Die Salzburger geben natürlich auch eine Vorstellung vor der wichtigsten Frau Frankreichs: »Sie möchten doch auch wissen, wie die Mdme Marquise Pompadour aussiehet, nicht wahr? Sie muß recht gar schön gewesen seyn, denn sie ist noch sauber. Sie ist von grosser ansehnlicher Person, sie ist fett, wohl bey Leib, aber sehr proportioniert, blond, hat vieles von der ehemaligen Freyauf tresel [Therese] und in den Augen einige ähnlichkeit mit der Kayserin Majst [Maria Theresia]: Sie giebt sich viele Ehre und hat einen ungemeinen Geist. ihre Zimmer in Versailles sind wie ein Paradiß, gegen dem garten zu; und in Paris in der Faubourg St. Honoré ein ungemein prächtiges Hôtel so ganz neu aufgebauet ist. in dem zimmer wo das Clavessin war; welches ganz vergoldt und ungemein künstlich laquiert und gemahlt ist: ist ihr Porträt in Lebensgrösse, und an der Seite das Portrait des Königs.«
Wolfgang Amadeus Mozart spielt im heutigen Élysée-Palais. Die Hausherrin ist bereits todkrank und von Schwermut gezeichnet.

199. An die Comtesse de Baschi

Endlich habe ich Madame la Maréchale kennengelernt. Ich suchte eine Freundin und habe nur eine geistlose und maßlose Intrigantin gefunden. Sie wollte mich vernichten: ich vergebe ihr und werde mich an ihr nur durch Verachtung und Verbannung aus meiner Nähe rächen. Meine Lage hier ist höchst betrüblich! Ich vermag weder meine Freunde noch meine Feinde zu erkennen: sie bezeugen mir alle dieselben äußerlichen Rücksichten, sind gleich höflich, sprechen dieselbe Sprache. Ah! wie ich diese niederträchtige und schmeichlerische Welt hasse! Ich zöge die anständige Offenheit von Wilden vor, die unverstellt lieben oder hassen. Bei uns kriecht man vor jenen, die man zerstören will, liebkost, umarmt sie; all das nennt sich bei zivilisierten Völkern Weltgewandtheit und guter Ton. Sie, meine Teure, sind fast die einzige, die mich in all diesem Leid tröstet.

Etc.

200. An dieselbe *(1762? 1763?)*

Traurig, niedergeschlagen, in düsterer Stimmung bin ich gestern aus Fontainebleau zurückgekehrt: Ihnen zu schreiben tut mir am wohlsten. Vor Ihnen habe ich nichts zu verbergen, meine zärtliche Freundin: ich weiß indes nicht, ob Sie meine vertrauensvollen Worte mit derselben Freude empfangen, wie ich Sie zu Papier bringe: doch um mein Herz ein wenig zu erleichtern, muß ich es tun. Das ist also das Leben der Großen! Ihr Trachten geht nur in die Zukunft, und ihr Glück besteht nur aus Hoffen: es gibt kein Glück im Ehrgeiz. Ich bin nur mehr melancholisch, oft ohne Ursache. Die Freundschaftsbeweise des Königs, die Aufmerksamkeiten der Höflinge, die Anhänglichkeit meiner Bediensteten und die Treue einer kleinen Zahl von Freunden; so viele Gründe, die mich beglücken sollten, berühren mich nicht mehr. Einst hatte ich im Sinn, die Frau des Königs zu werden, und schmeichelte mir, daß der beste der Fürsten mir doch zukommen lassen könnte, womit sein Vorfahr eine fünfzigjährige Witwe ausgezeichnet hatte. Dieser vortreffliche Plan hatte nur einen kleinen Schönheitsfehler: die große Dame und der kleine Normand lebten noch. Das sind, meine schöne Comtesse, die Chimären, die lange dieses schwache Herz erfreut haben, das jetzt fast nur noch Sie liebt. Was mir einst gefiel, gefällt mir nicht mehr. Ich habe mein Haus in Paris prächtig möblieren lassen: nun denn! es hat mir zwei Tage lang gefallen. Bellevue ist bezaubernd, und nur ich kann es nicht

ertragen. Barmherzige Menschen tragen mir täglich Geschichten und Abenteuer aus Paris zu: sie glauben, ich höre zu: doch wenn sie fertig sind, frage ich nach, was gerade erzählt wurde. Mit einem Wort, ich lebe nicht mehr, ich bin vor der Zeit tot. Alle verbünden sich, um mir das Leben zu verbittern. Man lastet mir das Elend allerorten an, schlechte Vorhaben des Kabinetts, die Mißerfolge im Krieg und die Triumphe unserer Feinde. Alles soll ich verkauft haben, über alles bestimmen, alles lenken. Kürzlich fand sich ein braver Greis beim Diner des Königs ein, näherte sich ihm und bat darum, er möchte ihn doch bitte der Madame de Pompadour empfehlen. Alle Welt lachte über die Einfalt dieses armen Manns: aber ich, ich lachte nicht. Ein anderer überreichte vor nicht langer Zeit dem Rat eine wunderbare Denkschrift zur Geldbeschaffung, ohne das Volk zu belasten: sein Plan war, mich zu ersuchen, dem König hundert Millionen zu leihen. Man lacht noch immer über diesen schönen Plan, aber ich, ich lachte nicht. Dieser Haß und die allgemeine Hetze im Volk treffen mich sehr: mein Leben ist ein fortwährender Tod. Kein Zweifel, ich sollte mich vom Hof zurückziehen: aber ich bin schwach, und weder kann ich ihn ertragen, noch ihn verlassen. Ich neide Ihnen, meine zärtliche Freundin, Ihr Glück.
Adieu, beklagen Sie mich und spenden Sie mir, wenn es denn geht, etwas Trost.

Sein Vorfahr: Ludwig XIV. heiratete heimlich Madame de Maintenon. – *Die große Dame:* die Königin Maria Leszczynska. – *Der kleine Normand*: der Ehemann der Marquise, Charles-Guillaume Le Normant d'Étiolles.

201. Von der Comtesse de Baschi — *Essonne, den 15. November (1762? 1763?)*

Breton hat mich hier vorgefunden, meine liebe Freundin, wo eine schlimme Kolik mich die Reise hat unterbrechen lassen; er hat mir den Brief überreicht, den Sie ihm für mich mitgegeben hatten. Kaum waren Sie aus Fontainebleau aufgebrochen, als Vassé dort eintraf. Es gibt nichts Schöneres als das

Modell, das er Ihnen zeigen wollte! Das meinten viele, doch mit einigen Einschränkungen. Ich habe indes eigenmächtig entschieden, daß Sie es nicht sehen werden. Von allem Kummer, den Sie erlitten haben, ist der Verlust Ihres Kindes der bitterste. Sie ist nicht mehr, die arme Alexandrine! Sie haben sie jedoch nicht vergessen. Was hilft es, Ihre Trauer durch den Anblick ihres Grabmals neu zu entfachen? Überlassen Sie es ruhig mir, dem Künstler Anweisungen zu erteilen. Viele, die sich auskennen, haben mir ihre Anmerkungen schon mitgeteilt; und Vassé, dem ich sie weitergeleitet habe, gesteht zu, daß sie begründet sind. Zum Beispiel findet man, daß die Personifikation der Unschuld zu entblößt wäre. Es liegt unendlich viel Geist im Tun der Genien, die ihre erloschenen Fackeln und die Symbole der Talente, mit denen dieses liebe Kind besonders begabt war, ins Grab werfen. Ihre Büste, hinter dieser Gruppe verborgen, ist nicht mehr das Zentrum des Monuments; Vassé hat mir versprochen, die Figuren so umzugruppieren, daß sie besser zu sehen ist: damit wird er ein Meisterwerk schaffen.
Wie glücklich derjenige, den Sie zum Gemahl eines so vollkommenen Geschöpfes ausgewählt hätten! Ich meinte das noch gestern zum Marschall, der mich besucht hat. Er war sich über meinen Wink im klaren, und da er nie um eine Antwort verlegen ist, erwiderte er mir lächelnd: »Madame wollen zweifelsohne auf meinen Sohn hinaus. Ich werde Ihnen jedoch sagen, daß ich diese Ehe, selbst wenn ich sie gewünscht hätte, nie hätte stiften können. Mein Sohn hat mächtige Verwandte, deren Einverständis zu dieser Verbindung er aus Respekt und Takt einholen muß. Sie haben ihre Zustimmung verweigert, und mein Sohn mußte auf Mademoiselle d'Étiolles verzichten.« In dem Moment kam eine Menge Leute hinzu, und ich konnte nicht mehr erfahren. Ich denke allerdings, daß der Marschall auf den Kaiser anspielen wollte.
Wie Sie merken, bin ich knapp nach Ihnen aus Fontainebleau aufgebrochen; doch diese Hütte werde ich vor morgen wohl nicht verlassen. Die Freude, mich mit Ihnen zu unterhalten, läßt mich die heftigsten Schmerzen vergessen. Ich fühle mich trotzdem so zerschlagen, daß ich keine Kutsche

besteigen könnte. Ich lasse ein Schiff bereitmachen, das mich nach Paris bringen soll, obwohl ich furchtbare Angst vor Reisen auf dem Wasser habe.
Ihr Vertrauen ist mir sehr kostbar, meine liebe Freundin, bewahren sie es mir. Teilen Sie mir alles mit, was Sie berührt; erzählen Sie mir sogar Ihre Träume. Ich werde Ihnen freimütig meine Meinung dazu sagen. Ganz und gar nicht mag ich zum Beispiel den in Ihrem gestrigen Schreiben. Wenn unwahrscheinliche Ereignisse Sie bis dahin führen würden, was bedeutete das für Ihr Glück? Zwölf oder vierzehn Freudentage für Ihre Eitelkeit, das ist schon etwas, das gebe ich zu. Aber blicken Sie weiter, dann werden Sie wünschen ... Seien Sie maßvoll in Ihren Wünschen, meine Freundin. Ihnen steht eine unermeßliche Quelle des Glücks zur Verfügung. Schöpfen Sie aus ihr. Tun Sie Gutes.

Epsonne: Jahresangaben fehlen oft; die Datierung in etlichen Ausgaben beschränkt sich auf 1762. – *Vassé:* Louis Claude Vassé, 1716-1772, Bildhauer. Die berühmtesten der zahlreichen Bildnisse Alexandrines schuf Jacques Saly. – *Marschall*: Richelieu, s. S. 127. –*Unwahrscheinliche Ereignisse:* Ableben des Ehemanns, der Königin, um sodann Ludwig XV. heiraten zu können?

Anfang 1764 plant Jeanne de Pompadour des Festprogramm des Hofes für den Herbst. Ende Februar erkrankt sie und begibt sich mit Ludwig XV. in das kleine Schloß Choisy. Es ist leichter zu beheizen als ihre Räume in Versailles. Emmanuel de Croÿ berichtet:
»Die Erkrankung von Mme. de Pompadour brachte alles zum Stillstand und war ein sehr großes Ereignis. Es hatte am 29. Februar, in Choisy, mit einem schweren Brustkatarrh begonnen, der am siebten Krankheitstag zur regelrechten Brustentzündung wurde. Es kam ein Nesselfieber hinzu, und am elften Tag zeigte sich ein Faulfieber; es ging ihr sehr schlecht. Die Unruhe verdoppelte sich. Der König weilte fast fortwährend bei ihr. Am 10. März lag sie auf den Tod.
Es hieß, sie hätte am neunten Tag ihrer Krankheit dem Pfarrer der Madeleine-Kirche gebeichtet. Das kündigte in jedem Fall große Umwälzungen an, und der gesamte Hof wie auch

ganz Paris schickten Leute und fuhren selbst nach Choisy. Jeder machte sich seine Gedanken, sei es für den Fall, daß die Frömmigkeit die Oberhand gewänne, sei es, daß sie durch ihre gute Freundin oder irgendeine andere ersetzt würde. Man erwog schließlich alles bis zum Äußersten, was, naturgemäß, die größte Aufregung verursachte.
Alle stimmten darin überein, daß sie gut war, und die Öffentlichkeit schien wirklich teilnahmsvoll.«
Die Marquise erholt sich.
Der Kupferstecher Cochin fertigt zur Genesung einen Gedenkstich an. Der Dichter Favart liefert die Versunterschrift dazu:

Die Sonne ist krank
Und auch die Pompadour.
Doch das ist flüchtig nur.
Die eine wie die andere sind geheilt.
Der gute Gott, der befruchtet
Unsere Wünsche und unsere Liebe,
Hat der Welt das Licht zurückgegeben,
Und auch die Pompadour.
Votum populi, laus ejus.
[Des Volkes Begehr, Ihm zum Lob]

Nahm Jeanne de Pompadour die Aufmerksamkeit noch zur Kenntnis? Kurz nach ihrer letzten Reise hält Emmanuel de Croÿ – schon mit Blick auf die Zukunft – fest:
»An diesem 7. April erlitt Mme. de Pompadour, die nach Versailles zurückgekehrt war und die man auf dem Weg der Besserung glaubte, einen schweren Rückfall, der Böses erwarten ließ. Sie hatte sich niemals von ihrer Brustentzündung erholt; man glaubte allgemein, daß sie nicht rechtzeitig behandelt worden war. Übrigens nahm sie seit langem schrecklich zu und schien aufgedunsen, und man war schon geraume Zeit sehr besorgt um sie gewesen ...
Der Zustand von Mme. de Pompadour verschlechterte sich von Stund an. Man wußte nicht, ob die Choiseuls, Mme. de Gramont oder Mlle. de Romans den größten Einfluß [beim König] gewännen ...«

Am 9. April schreibt Ludwig XV. an seinen Schwiegersohn nach Parma:

»Meine Unruhe wächst ständig, und ich gestehe Ihnen, daß ich sehr wenig Hoffnung auf eine völlige Wiederherstellung und sehr große Angst vor einem vielleicht nur allzu nahen Ende habe. Eine Bekanntschaft von fast zwanzig Jahren und eine sichere Freundschaft! Doch Gott ist der Herr, und seinem Willen müssen wir uns fügen. M. de Rochechouart wird mittlerweile vom grausamen Tod seiner Frau erfahren haben. Wie ich ihn beklage, falls er sie geliebt hat!«

Eine knappe Woche darauf teilt der König mit: »All meine Unruhe ist nicht mehr, auf die grausamste Weise, Sie werden erraten, warum.«

Seine Berichte und Analysen über Madame de Pompadour beendet Emmanuel de Croÿ Mitte April mit der Eintragung: »Am 12. gab man Mme. de Pompadour endgültig auf. Sie suchte nunmehr ausschließlich im Glauben Zuflucht. Der König ging indes fortwährend zu ihr hinunter, aber da er sah, daß es so lange währte und aussichtslos war, wurde ihm dies ein wenig beschwerlich, und er wirkte nicht allzu erschüttert. Schließlich empfing sie in der Nacht vom 14. zum 15. die Sterbesakramente. Obwohl sie in Versailles war, schickte sie nach ihrem Mann, der ihr ausrichten ließ, daß er krank sei. Offenkundig versprach sie ihrem Pariser Pfarrer, dem der Madeleine-Kirche, alles, was er wollte. Sie zeigte großen Mut und Ergebenheit in ihr Schicksal.

Der König hatte sie am Vorabend kurz gesehen, besuchte sie aber seit den Sakramenten nicht mehr; seit langem schon war sie nur seine Freundin gewesen. Er war es auch, der ihr nahelegte, die Sakramente zu empfangen.

Es war unmöglich, sie zu betten. Der Brustschleim erstickte sie. Sie saß die ganze Zeit in einem Fauteuil, keuchte, wie es in solchen Fällen geschieht, und litt sehr. Man sah sie die letzte Ölung willig empfangen und wünschen, daß es bald ein Ende hätte, so sehr litt sie. Sodann bat sie ihren Beichtvater um Vergebung für ihren Todeswunsch. Schließlich, nachdem sie noch mit innerer Stärke gesprochen hatte, starb sie am 15. April, Palmsonntag, um halb sieben Uhr abends, vierundvierzig Jahre alt.

Sie wurde allgemein betrauert, da sie gut war und fast allen, die sich an sie wandten, Gutes getan hatte. So endete eine der längsten Herrschaften, die man je erlebt hat. Begonnen hatte es, als sie fünfundzwanzig war, Anfang 1745: nahezu zwanzig Jahre also!

Es gab womöglich keinen Posten und keine Gunst, die nicht von ihr gekommen wären. Sie hatte nur jene drei oder vier Minister aus ihren Ämtern gedrängt, die sie selbst hatten verdrängen oder mit eigenen Flügeln zu hoch hatten aufsteigen wollen, aber nie – oder nur notgedrungen – hatte sie Übel angerichtet. Frankreich wurde jedoch zu ihrer Zeit von Schicksalsschlägen aller Art heimgesucht, und viel Geld war unsinnig ausgegeben worden.

Es war fast das größte Ereignis, das sich in Frankreich zutragen konnte.«

Ihre letzten überlieferten Worte richtete Jeanne de Pompadour an den Priester der Madeleine-Kirche: »Warten Sie noch einen Augenblick, Monsieur le Curé, wir werden gemeinsam aufbrechen.«

Die Etikette des Hofes war minutiös und eindeutig. Seit alters durfte sich im Haus des Königs kein Leichnam befinden und an den Sieg des Todes gemahnen. Für Jeanne de Pompadour setzte Ludwig XV. dieses Gebot außer Kraft.

Jeanne de Pompadour durfte im Haus des Königs sterben. Dann wurde ihr Leichnam eilig in ein Leinentuch gewickelt und aus dem Schloß in ihr Stadtpalais von Versailles, das Hôtel des Réservoirs, gebracht.

Am übernächsten Tag zelebrierte man in Notre-Dame de Versailles die Totenmesse. In der schwarz drapierten Kirche sangen achtzig Chorsänger mit Kerzen in den Händen. Etwa einhundert Geistliche nahmen am Hochamt teil. Genau zweiundsiebzig Bedürftige aus Versailles, die schwarze Mäntel übergehängt bekamen, vermehrten die Schar der verbliebenen Freunde.

Danach wurde der Katafalk mit den herzoglichen Insignien nach Paris überführt. Dienerschaft und Schweizergarden bildeten das Geleit. Der Regen löschte die Fackeln aus.

Von seinem Balkon aus blickte Ludwig XV. dem Leichenzug hinterher. Zwei Versionen seiner Abschiedsworte sind über-

liefert, die der sprachscheue Herrscher an einen Vertrauten richtete:
»Madame la Marquise hat sich einen schlechten Reisetag ausgesucht.«
Die andere Version hielt der Herzog von Lauzun fest. Sie bezog sich auf das Privileg, daß die Marquise in ihrem Salon in Versailles hatte sterben dürfen:
»Am Abend der Bestattung wütete ein furchtbarer Sturm. Es war sechs Uhr abends, als der Leichenzug in die Hauptallee einbog. Der König ging in Begleitung Champlosts, seines Ersten Kammerdieners, auf den Balkon seines Zimmers. Er bewahrte andächtiges Schweigen, und düsteren Blicks sah er dem traurigen Schauspiel zu. Nicht Regen noch wütender Sturm kümmerten ihn, er blieb auf dem Balkon, solange der Zug zu erkennen war. Dann trat er ins Zimmer zurück. Zwei große Tränen rannen ihm über die Wangen und schluchzend rief er aus: ›Oh, das war die einzige Ehre, die ich ihr erweisen konnte. Eine Freundin, zwanzig Jahre lang!‹«
Die sterblichen Überreste Jeanne de Pompadours wurden in der Kapelle der Kapuzinerinnen an der Place Vendôme beigesetzt, bei den Gräbern ihrer Mutter und ihrer Tochter.
Wenige Tage nach der Bestattung schrieb die Königin Maria Leszczynska: »Übrigens fragt man nun ebensowenig nach ihr, die nicht mehr ist, als ob sie nie gewesen wäre. So ist die Welt. Es lohnt sich wahrhaftig nicht, sie zu lieben.«
Von den Gebeinen der Marquise und ihrem Grabmal ist nichts mehr erhalten.
1806 wurde das Kloster abgerissen.
Heute fließt dort der Verkehr der Rue de la Paix.

Unterredung des Präsidenten Meinières mit der Marquise de Pompadour

Ein besonderer Augenzeugenbericht ist überliefert.
Sein Verfasser heißt Jean-Baptiste de Meinières, Präsident der *Zweiten Kammer*, des Petitionsausschusses des Pariser Parlaments. Das Parlament war oberster Gerichtshof Frankreichs und besaß zugleich das Recht, alle Verordnungen des Königs durch Registrierung in Kraft treten zu lassen – oder zurückzuweisen. Als äußerstes Mittel, um seine Regierungsentscheidungen durchzusetzen, konnte der König das Parlament ins Beuge-Exil schicken, das heißt, für eine gewisse Zeit in die Provinz verbannen.
Im Laufe der Jahrhunderte waren die Parlamentarier beziehungsweise Gerichtsbeamten ein eigener Stand geworden, der Amtsadel. Das Zusammenspiel des Königs und seiner Regierung mit dem Parlament funktionierte zumeist problemlos.
Das änderte sich in den Jahrzehnten vor der Revolution. Zu Beginn des Siebenjährigen Kriegs weigerte sich das Parlament, neuen Steuern zuzustimmen. Sollte der König das Parlament, in dem die meisten Posten erblich waren, verbannen? Doch damit wäre auch das Gerichtswesen zum Erliegen gekommen. Aus Protest gegen die Steuerforderungen – die auch sie selbst betroffen hätten – legten sechzehn Parlamentarier, Sympathieträger des Bürgertums, ihre Ämter nieder. Das war offene Rebellion gegen den König.
In dieser Phase des Machtkampfs zwischen den Autoritäten im Staat suchte Jean-Baptiste de Meinières, Sachberater des Parlaments, die Marquise de Pompadour auf. Er hatte bereits vergeblich versucht, für seinen Sohn ein Amt im Staatsdienst zu kaufen. Nicht nur in Frankreich wurden öffentliche Posten verpachtet, privatisiert.
Verschiedene Persönlichkeiten ebneten dem Parlamentspräsidenten den Weg zur Marquise de Pompadour. Die Maitresse

war seine letzte Zuflucht – doch zugleich entschiedene Verfechterin eigener Positionen.
Auf Wunsch eines uns unbekannten Empfängers hielt Monsieur de Meinières seine Unterredung mit der Marquise, kurz nachdem sie stattgefunden hatte, fest. Das Dokument gibt uns einen Einblick in die Vorhöfe der Macht und verewigt sodann – im Zentrum dieser Macht – die sechsunddreißigjährige Jeanne de Pompadour an einem ihrer gewöhnlichen Arbeitstage:

den 31. Januar 1757.

M.,

Sie wünschen, daß ich das persönliche Gespräch niederschreibe, das ich mit Madame la Marquise de Pompadour am Mittwoch, dem 26. dieses Monats, um sechs Uhr abends in Versailles fünf viertel Stunden lang zu führen die Ehre hatte. Es wird mir nicht leichtfallen, mich an alles zu erinnern, was gesagt wurde; dennoch glaube ich, daß mir die Details noch gegenwärtig genug sind, so daß ich nicht zu viele übergehe.
Es scheint angebracht, Sie zuerst über den Anlaß in Kenntnis zu setzen.
Im August 1755 bat ich den Herrn Kanzler, freundlicherweise beim König um die Bewilligung eines Postens im Großen Rat für meinen Sohn nachzusuchen. Der König verweigerte es, obwohl der Herr Kanzler drei Bittgänge unternahm, nachdem er bei den beiden ersten keine Antwort erhalten hatte. Seine Majestät ließ sogar eine höchst ungünstige Haltung bezüglich jedweden Postens in der Verwaltung erkennen.
Da die Auseinandersetzungen des Großen Rats mit dem Parlament sich verschärft hatten, sah ich kein Mittel, darauf zu sinnen, meinen Sohn in einer Körperschaft unterzubringen, deren Anmaßungen abzuschmettern ich geholfen hatte. Bei meinem Sohn verstärkte sich zu dieser Zeit die Abneigung gegen juristische Ämter: der Verdruß, den ich jetzt empfinden mußte, gab ihm einen schlüssigen Vorwand, mir

vorzuschlagen, ihn Offizier werden zu lassen. Es machte mir keine Mühe, mich darauf einzulassen.
Die Schwierigkeit lag darin, daß ich mich an [den Kriegsminister] M. d'Argenson wenden mußte. Ich wußte, daß er sehr gegen mich eingenommen war, ohne daß ich je die Ursache dafür ergründen konnte, höchstens, weil er mich dem Parlament stark verbunden wußte; denn sooft von mir die Rede war, erklärte er, mein Sohn werde niemals weder einen Offiziersrang noch einen Amtsposten bekommen.
Ich stellte mir vor, daß es mir, trotz der Abneigung, die man auch Monsieur le Duc de Biron gegen mich eingeflößt hatte, gelingen würde, ihn umzustimmen, und daß ich ihn dazu bringen könnte, mir gefällig zu sein, indem ich ihm darstellte, daß ich das Opfer von Hetzreden und Verleumdungen war, mit denen Monsieur le Marquis de Stainville und der Marquis de Gontaut mich überhäuften, und daß es eines Mannes seinesgleichen würdig sei, das Böse wiedergutzumachen, das mir von diesen ungerechten Herren angetan worden war. So sehr begeisterte ich ihn für diese schöne Tat, daß er nach zwei Unterredungen darauf brannte, mir dienstbar zu sein und selbst nach Mitteln und Wegen zu trachten: er nahm es auf sich, mit Madame la Comtesse du Roure, seiner Schwester, darüber zu sprechen; er wollte, daß ich sie besuchte. Ich legte ihr mein Anliegen dar; sie versprach, mir mit all ihrem Einfluß bei Madame la Marquise zu helfen; sie verpflichtete Monsieur le Marquis de Gontaut, seinen Einfluß gleichfalls geltend zu machen; auf diese Weise wurde mir das gesamte Haus Biron, welches bislang wegen meiner Parteinahme für M. de Thiers – meinen Cousin und Freund – bei dessen Prozeß gegen M. de Gontaut und M. de Stainville mir gegenüber so feindselig eingestellt gewesen war, vollkommen wohlgesonnen.
Nachdem dieses erste Hindernis beseitigt war, zählte ich darauf, daß mir der erste Fähnrichsposten bei der Garde, der frei wäre, zugestanden würde. Monsieur le Duc de Biron versprach mir, darum zu bitten, und er hielt Wort; doch infolge einer ungünstigen Konstellation meines Sterns machte er dem König diesen Vorschlag am Tag nach einem Großen Königlichen Gerichtstag [die berühmten *Lits de Justice*] in Ver-

sailles im August 1756. Der König, unzufrieden mit dem Parlament, antwortete ihm, meinen Sohn bereits für ein Amt im Großen Rat abgelehnt zu haben; ich sei in diesem Parlament fortwährend mit Ränken und Intrigen beschäftigt, und er würde diesem jungen Mann keinen Posten bewilligen, sei es in der Verwaltung, sei es beim Offizierskorps. Monsieur le Duc de Biron wollte nicht aufgeben und erklärte, die Beschuldigungen, die man beim König gegen mich erhoben hätte, seien unbegründet; er selbst wie auch seine Familie hätten möglicherweise einiges dazu beigetragen; nachdem er sich jedoch über die Tatsachen informiert habe, sei die Unhaltbarkeit der Beschuldigungen offenbar geworden, und er glaube, eine gerechte Tat zu vollbringen, wenn er mir diesen Dienst erweise. Der König antwortete ihm nicht, sondern ging zu etwas anderem über.

Monsieur le Duc de Biron war über diesen Mißerfolg höchst verbittert: er verlangte, daß ich an Madame de Pompadour schreibe; das war mir ein wenig zuwider; er beharrte darauf, und ich willigte ein, unter der Bedingung, daß ich sie bitten würde, gleichzeitig dem König den Brief zu überreichen, den ich ihm betreffs dieser Angelegenheit schreiben würde.

Madame de Pompadour, fortwährend von Madame du Roure zu meinen Gunsten bearbeitet, empfing mein Schreiben ziemlich wohlwollend, versprach, jenes zu überreichen, das ich an den König richten würde, aber kündigte Madame du Roure an, sie verspreche sich davon keinerlei Erfolg.

Tatsächlich schrieb Madame de Pompadour mir Anfang September, sie habe den Brief dem König übergeben; Seine Majestät sei ungemein gegen mich eingenommen, und sie erwarte, daß ich sie überzeuge, daß ich für ein Entgegenkommen ihrerseits künftig mein Verhalten änderte.

Man wollte, daß ich ihr antworte; ich tat es und teilte ihr mit, daß ich der Ansicht sei, mir in meinem Verhalten nichts vorwerfen zu müssen und folglich auch kein anderes an den Tag legen könne; und da ich nicht wisse, was mein Verbrechen sei, könne ich es auch weder rechtfertigen noch dafür büßen.

Ich übergehe rasch die Einzelheiten, um sogleich auf die Unterredung selber zu sprechen zu kommen [...]

Ich behielt die fruchtlosen Vorstöße, die ich unternommen

hatte, um meinem Sohn zu einer angemessenen Stellung zu verhelfen, für mich; schließlich sickerten sie dennoch durch. Mehrere ehrenhafte Personen empfanden Mitgefühl mit meinem Schicksal; Madame la Comtesse de Montesquieu sprach in meiner Gegenwart, am 20. dieses Monats, rührend darüber mit Monsieur Abbé Baile, der Madame de Pompadour sehr verbunden ist: sie befanden, daß es ihrer würdig sei, eine so große Ungerechtigkeit aus der Welt zu schaffen, und beschlossen, daß Monsieur Abbé Baile an Madame la Marquise schreiben und sie um ein Treffen mit mir bitten solle, damit sie sich, wenn sie mich erst einmal empfange und anhöre, selbst überzeugen könne, daß ich zu Intrigen und Ränken nicht fähig sei.

Ich ließ sie gewähren und ahnte nicht, daß ihrem Plan schon so bald die Ausführung folgen sollte und sie in dem Moment handelten, als der Hof vollauf [durch den Zwist] mit dem Parlament beschäftigt war, um vorzuschlagen, mich bezüglich der Stellung, die ich für meinen Sohn erbat, anzuhören. Ich erwartete mir nichts; man ließ mir durch Madame de Montesquieu ausrichten, mich am 26. um sechs Uhr in Versailles einzufinden, nach dem mir genannten Gourbillon, Kammerdiener, zu fragen, und daß ich nicht lange zu warten hätte. Tatsächlich, kaum war ich angemeldet, wurde ich schon in einen sehr großen Raum geführt, der unmittelbar ans zweite Vorzimmer stößt.

Madame de Pompadour war allein; sie stand neben dem Feuer und musterte mich von Kopf bis Fuß mit einem Stolz, der meinem Gedächtnis mein Lebtag lang eingemeißelt bleiben wird: den Kopf unbewegt, ohne eine Begrüßung, maß sie mich auf die eindrucksvollste Art der Welt.

Als ich ziemlich nah vor ihr stand, befahl sie ihrem Kammerdiener, der unentschieden war, welchen Sitzplatz er mir zuweisen solle, in zornigem Ton: »Bringen Sie einen Stuhl.« Er stellte ihn ihr gegenüber hin, und zwar so nah, daß meine Knie keinen Fußbreit von ihren entfernt waren.

Als wir beide saßen und der Kammerdiener hinausgegangen war, sagte ich mit unsicherer Stimme und einem kleinen Zittern zu Madame la Marquise:

»Madame, niemals habe ich irgend etwas brennender begehrt als die Gunst, die Sie mir heute zuteil werden lassen wollen; sie bewegt mich um so mehr, als ich nicht darauf gefaßt war, sie so rasch gewährt zu bekommen. Ich wünschte inständig, Madame, die Ehre zu haben, Sie meines tiefen Respekts zu versichern, damit Sie sich selbst davon überzeugen könnten, daß ich zu den Ränken und Intrigen, derer man mich beschuldigt, unfähig bin. Wenn Sie von der Ungerechtigkeit dieser Beschuldigung, deren Opfer mein unglücklicher Sohn ist, überzeugt sein werden, hoffe ich, Madame, daß Ihre Güte, Ihre Menschlichkeit und die natürliche und jedermann bekannte Neigung, den Unglücklichen beizustehen, Sie veranlassen werden, mir Ihren mächtigen Schutz beim König zu gewähren, um für meinen Sohn die Ernennung zum Fahnenjunker in einem Kavallerieregiment oder zum Fähnrich im Garderegiment zu erlangen. Zu meinem Schmerz versuchte ich zunächst fruchtlos, ihn im Großen Rat unterzubringen; der König wollte ihm keine Anwartschaft gewähren. Monsieur le Duc de Biron hätte ihn Seiner Majestät auch gerne als Fähnrich vorgeschlagen, doch der König lehnte dies in einer Weise ab, an die ich nur voller Verbitterung zurückdenken kann. Folglich sehe ich meinen Sohn um meinetwillen von jedem Posten ausgeschlossen, ohne daß ich erfahren kann, was ich getan habe und welches mein Verbrechen ist, das solches Unheil heraufbeschwört.«

Während dieser ganzen Rede, die für jemanden, der am Anfang vor Angst fast starb, länger als erwartet geriet, fixierte mich Madame la Marquise in einer Weise, daß ich vollends aus der Fassung geriet: sie saß in ihrem Fauteuil aufgerichtet wie ein spanisches Rohr und neigte ihren Körper nur einmal unmerklich vor, als ich von ihrer natürlichen Neigung zu helfen sprach.

Als ich geendet hatte, ergriff sie sehr lebhaft das Wort und sagte: »Wie, Monsieur, Sie wissen nicht, sagen Sie, was Sie getan haben und was Ihr Verbrechen ist?«

»Ja, Madame, ich weiß es durchaus nicht.«

»Wie ist das möglich? Haben Sie denn keinen Freund?«

»Sie sehen ganz im Gegenteil, Madame, daß ich welche haben muß, da mir durch sie die Gnade und die Ehre zuteil geworden ist, Ihnen heute meine Aufwartung zu machen; doch keiner hat mir je gesagt, daß er den Grund der Aufmerksamkeit wisse, die mir heute widerfährt.«

»Wie! Sie ahnen nichts von der Wertschätzung, die Sie genießen?«

Ich mußte auflachen, und ich antwortete ihr:

»Madame, ich hätte nicht geglaubt, daß man mir aus der Wertschätzung, die ich durch die Ausübung meines Berufs erlangen konnte, einen Strick drehen würde.«

»Daß wir uns verstehen, Monsieur. Die Wertschätzung beruht darauf, daß Sie Ihrer Körperschaft wiederholte Male nützlich waren, durch Ihre Bücher, Ihre Schriften, Ihre Nachforschungen; Sie haben Belege herbeigeschafft, bei Gesetzeseinsprüchen Autoritäten zitiert, die dem König zumeist mißfielen, und Seine Majestät hat ein Vorurteil gegen Sie gefaßt, das unauslöschlich ist.«

Meine Schüchternheit nahm in dem Maße ab, in dem ich zur Sache kam; ich antwortete in ganz entschiedenem Ton:

»Damit, Madame, ist meine Unruhe fast beseitigt, da ich endlich erfahre, daß der einzige Grund der Antipathie, die dem König gegen mich eingeflößt wurde, darin besteht, einer Körperschaft, der ich angehöre, nützlich gewesen zu sein. Da ich mein Leben lang Forschungen zur Geschichte und zum öffentlichen Recht betrieben habe, wußte meine Körperschaft, daß ich ihr durch mein Wissen hilfreich sein konnte, das sie in mir angesammelt fand, so daß man also mich fragte, anstatt mit großem Aufwand in verschiedenen Bibliotheken zu suchen; ich glaubte, als Bürger, als Beamter und als Mitglied eines Staatsorgans, dessen Interessen mir teuer sind, ihm jede mir mögliche Hilfe zuteil werden lassen zu müssen. Nicht im geringsten bin ich verantwortlich für die Auslegung der [alten, maßgeblichen] Gesetzesautoritäten, auf die ich [das Parlament] hinwies. Ich gab ihm nichts in die Hände als das, was in den allgemein bekannten Büchern dargelegt ist; ich gab ihnen lediglich die Mittel, zu finden, was sie suchten; was ich nicht hätte beibringen können, hätten sie [die Mitglieder des Pariser Parlaments] anderswo gefunden, nur mühsamer und unter größerem Zeitaufwand. Sie sind klug und gerecht, Madame; ich bin so frei, Sie zu beschwören abzuwägen, ob dieser Fehler, falls es sich um einen solchen handelt, so beschaffen ist, meinen Sohn jedes Postens in der Justiz oder im Offizierskorps für unwürdig zu erklären. Ich hielt es für richtig, einer Vereinigung zu dienen, der ich seit sechsundzwanzig Jahren angehöre; gut, man mag dies einen Fehler nennen; aber, Madame, muß mein Sohn dafür bestraft werden? Vielmehr doch ich. Der König kennt meine respektvolle Ergebenheit seiner Person gegenüber; möge er mich strafen, ich werde nicht murren; doch strafe er nicht meinen unglücklichen Sohn für mein Tun, von dem ich nicht glaubte, daß es ihm mißfallen könnte; ich bin so frei, Madame, Ihnen zu sagen, daß ich hierin nicht die übliche Güte des Königs erkenne, der in seine Ungnade niemals die Verwandten jener seiner Untertanen einbezog, denen er glaubte, sein Mißfallen zeigen zu müssen.«

»Der König ist der Herr, Monsieur; er hält es nicht für angemessen, Ihnen sein Mißfallen persönlich zu zeigen, sondern es Sie durch den Ausschluß Ihres Sohns von Amt und Stand spüren zu lassen. Sie anders zu bestrafen, würde eine Affaire auslösen: Sie sind Beamter. Er wendet an, was ihm zu Gebote steht; sein Wille ist zu respektieren. Ich bedauere Sie indes und wünschte nichts mehr, als daß es in meiner Macht stünde, Ihnen dienlich zu sein. Sie wissen zum Beispiel, daß der König gegenwärtig Zeichen der Unterwerfung seitens der Herren der Untersuchungsausschüsse erster und zweiter Instanz wünscht, die ihre Ämter niedergelegt haben; daß er Beweise seiner Güte jenen gegeben hat, die ihm private Entschuldigungsbriefe geschrieben haben. Falls auch Sie das tun würden und, durch Ihr Beispiel, etliche andere [Parlamentsmitglieder] dazu bringen würden, gleichfalls solche [Entschuldigungs-]Briefe zu schreiben, würden Sie der Regierung unter den gegenwärtigen Umständen einen Dienst erweisen, den ich für Sie ins Feld führen könnte, und sodann könnten Sie auf eine Änderung hinsichtlich der königlichen Voreingenommenheit gegen Sie hoffen. Doch wenn ich Seiner Majestät nichts weiter sagen kann als nur: ›Sire, ich habe heute Monsieur de Meinières gesehen; er hat mir die respektvollste Ergebenheit für Ihre Person bekundet et cetera‹, so wird der König mir antworten: ›Was hat er getan, um sie mir zu beweisen? Nichts.‹ Alles wird so bleiben, wie es ist, und ich werde nichts für Sie tun können.«

»Ich bin, Madame, der unglücklichste Mann auf der Welt, denn es ist mir, so wie ich nun einmal denke, nicht möglich, mich bereit zu erklären, einen Privatbrief zu schreiben, um mein Entlassungsgesuch zu widerrufen. Dieser Schritt erscheint mir nutzlos für den König, gefährlich für [das amtsenthobene] Parlament, entehrend für mich ganz persönlich.

Einen Brief zu schreiben, um seine Amtsniederlegung wieder rückgängig zu machen, während die Ursachen dafür fortbestehen, hieße einzugestehen, daß man eine Amtsverfehlung oder zumindest eine Leichtfertigkeit begangen hat. Ich denke, daß ein Jurist, der ein solches Eingeständnis macht, Gefahr läuft, gerechtermaßen bestraft oder eben nur begnadigt zu werden. Ein Jurist des Parlaments, dem es widerfährt, begnadigt zu werden wie ein Verbrecher, kann nicht ehrenhaft oder widerspruchslos hinter die Schranke treten, um im Namen des Königs dessen Untertanen Gerechtigkeit widerfahren zu lassen.

Ich füge hinzu, daß ein solcher Brief für die Körperschaft gefährlich wäre. Man spürt die Absicht zu sehr heraus. Falls wir allesamt die Annullierung unserer Demissionen erbitten, ohne die geringste Sicherheit hinsichtlich der Wirkung dieser Unterwerfung [des Parlaments], wird der König seine Wahl zwischen denjenigen treffen, die ihm willkommen sind, ohne daß die übrigen aufbegehren könnten, da sie sich glücklich schätzen müßten, nicht zu diesen [willfährigen] Ausgewählten zu gehören. Und nachdem diese höchstselbst darum ersucht haben, ins Palais [Pariser Gerichtshof und Parlament] zurückkehren zu dürfen, ohne zu wissen, ob den anderen die gleiche Gunst zuteil wird, könnten sie sich nicht länger weigern, wieder [gehorsam] ihren Dienst zu tun, und immer müßten sie sich vorwerfen, eine demütigende Auszeichnung zum Nachteil anderer Menschen erwirkt zu haben, die doch allein aus Gründen der Ehre und um ihrer Körperschaft nicht zu schaden ihre Demission eingereicht hatten.

Ich, Madame, ich bin mein Lebtag lang unglücklich gewe-

sen: ich habe zumindest einen Trost, nämlich niemals jemanden absichtlich unglücklich gemacht zu haben. Es bedeutet einen großen Herzensfrieden, vor sich selbst beweisen zu können, nie irgend jemandem geschadet zu haben; und ich habe die Ehre, Ihnen zu bekunden, Madame, daß ich immer gerne jenen verzeihen werde, die Ursache für meine Ungnade sind, doch nie würde ich es mir verzeihen, jemanden mit ins Unglück gerissen zu haben.
Letztendlich, Madame, habe ich die Ehre, Ihnen zu sagen, daß dieser Schritt ehrlos für mich wäre. Falls ich mir etwas Wertschätzung und Achtung unter meinesgleichen bewahrt habe, so deswegen, weil man mich stets meinen Weg hat geradeaus gehen, mich nie hat von ihm abweichen, bei diesem Gang nie hat Schaden anrichten sehen: wie würde ich angesehen, wenn ich plötzlich etwas täte, was meinem Denken und Handeln so völlig zuwiderliefe? Ich habe die Ehre, Madame, zu Ihnen voller Vertrauen zu sprechen; ich weiß, daß Sie dies bei allen bewirken, die das Glück haben, sich Ihnen zu öffnen. Ich offenbare Ihnen also mein Herz, Madame: es ist mir unmöglich, mich zu diesem Schritt herzugeben, ohne mich maßlos unglücklich und zudem sinnlos unglücklich zu machen; denn Sie werden gewiß nicht glauben, Madame, daß, nur weil ich einen solchen Brief unterzeichne, viele meinem Beispiel folgen würden; ich würde nichts als bittere Vorwürfe ernten, und niemand würde mir nacheifern; ich würde verdächtig werden und könnte nicht mehr nützlich sein; falls ich Ihnen folglich in Zukunft von einigem Nutzen sein könnte, dann nur, wenn ich mich wie die Mehrheit [des Parlaments] verhalte.
Was würde man von mir denken, Madame, wenn man sähe, wie meinem Sohn alsbald ein Rang zugestanden wird, der ihm bis jetzt verweigert wurde, und man diesen Meinungswandel zu meinen Gunsten meinem veränderten Denken und Tun im Parlament zuschreiben könnte? Folglich, Madame, wanke ich nicht bei der Alternative, meine Ehre zu verlieren oder meinen Sohn von jedem Rang ausgeschlossen zu sehen. Ich werde, Madame, mit einer Erwägung schließen, die mir entscheidend zu sein scheint, unabhängig von all denen, die ich die Ehre hatte, Ihnen darzulegen. Seit vier

Jahren begebe ich mich fast nicht mehr ins Palais, suche nach einem Käufer [meines Amtspatents], und nichts wäre mir lieber, als aller Pflichten für immer ledig zu sein. Jeder weiß, dies ist mein einziger Wunsch. Möchte man, daß ich abermals ein Amt erbitte, von dem jedermann weiß, daß ich mich seiner entledigen will?«

Während ich sprach, hielt Madame de Pompadour ihren Blick auf mich geheftet und betrachtete mich in einer Weise, die mich hätte verwirren können, wenn ich von meiner Sache weniger überzeugt gewesen wäre. Als ich geendet hatte, heiterte sich ihr Blick auf, und sie sagte mir in freundschaftlichem Ton:

»Monsieur de Meinières, ich habe Lust, Ihnen eine Freude zu bereiten, doch ich sehe, daß es mir nicht möglich sein wird, da Sie zu keinem Zugeständnis bereit sind.«

Ich erwiderte: »Sie kennen die Gründe dafür, Madame.«

»Die taugen nichts. Erstens würde man Ihnen nicht sofort bewilligen, was Sie für Ihren Herrn Sohn begehren; folglich würde es nicht als Belohnung für Ihre Bereitwilligkeit erscheinen. Zweitens ist es, da Sie nicht mehr ins Palais gehen, ein Grund weniger für Sie, darüber besorgt zu sein, wie man dort Ihren Schritt auffassen könnte. Falls andere ihm folgen, wird der König Ihnen Dank dafür wissen. Falls niemand Ihrem Beispiel nacheifert, wird es nicht Ihr Fehler sein, und der König wird Ihnen nicht weniger Dank wissen. Antworten Sie mir darauf.«

»Das wird mir keine Mühe machen, Madame. Erstens, falls der König mir nicht umgehend bewilligen würde, was ich für meinen Sohn erbitte, täte er mir großes Unrecht, denn dieser Sohn ist schon über zweiundzwanzig Jahre hinaus, und somit ist es schon recht spät, einen solchen Dienst anzutreten; und ich, Madame, wenn ich sofort meinen Brief schreibe, dann begehe ich wirklich ein Unrecht: ich verliere meine Ehre. Wenn ich meinen Sohn in einem Regiment unterbringen kann, will ich den Sohn eines Mannes von Ehre in Dienst stellen, nicht den Sohn eines Ehrlosen.

Wenn Sie mir zu sagen geruhen, daß ich mich, kurz vor der Quittierung meiner Parlamentsarbeit, weniger um das Gerede über mich kümmern soll, dann, Madame, gestehe ich

Ihnen, daß mir der Mut dazu fehlt, nach sechsundzwanzig ehrenvollen Amtsjahren bei meinem Abschied einzig die Erinnerung an eine Tat zu hinterlassen, die zu keiner paßt, die mir dort einige Wertschätzung einbringen konnte. Ich wäre nicht mehr mit mir im reinen, und ich glaube, ich würde Kapuziner. Ich kann mich absolut nicht zu diesem Schritt hergeben, Madame, so daß mein Sohn nun also um Rang und Posten gebracht ist.«

Madame de Pompadour begann zu lachen und sagte mir mit wunderbarer Beredsamkeit: »Fortwährend vernehme ich mit einiger Verblüffung, wie man eine angebliche Ehre vorschiebt, um nicht zu tun, was der König wünscht, was er will, was er befiehlt, und dabei nicht zu erwägen, daß die wahre Ehre darin besteht, seinen Pflichten nachzukommen und so schnell als möglich die Unordnung zu beseitigen, die in allen Verwaltungsbereichen herrscht, und zwar durch die Schuld der Justiz [das heißt des Parlaments]. Darin, Monsieur, sollte die Ehre bestehen: seine Fehler, die Leichtfertigkeit, die überstürzte Amtsniederlegung [der Parlamentarier] zu erkennen, die allen Regeln, jedem guten Stil widersprechen; die Ehre sollte darin bestehen, durch ein anderes Verhalten zu versuchen, im Geist des Königs und seiner Untertanen jenen ungünstigen Eindruck auszulöschen, den ein derartiges Handeln verursachen muß. Ich glaube, jedermann weiß, wie ich die Beamtenschaft ehre, aber ich gäbe alles darum, keine solche Anklage gegen dieses erhabene Tribunal, dies bedeutendste Parlament des Königreichs, diesen Gerichtshof Frankreichs erheben zu müssen, der sich selbst in all seinen Schriften und Einwendungen gegen die königlichen Gesetze etc. in höchsten Tönen lobt. Nun was denn! Eben dieser so weise Gerichtshof ist es, der unablässig die Regierung [in Versailles] zurechtweisen will, der sich, innerhalb einer Viertelstunde, zu solchen Extremen [der Selbstauflösung] hinreißen läßt? Man folgt dort bloß seiner Leidenschaft, seinen Rachegefühlen, seiner Verblendung, seiner Wut, und schon sind die Demissionen abgemachte Sache. Und doch haben auch Sie wie diese Narren Ihre Amtsniederlegung beschlossen, Monsieur de Meinières; und Ihre Ehre sehen Sie darin, sich nicht von ihnen loszusagen? Lieber sehen Sie das Königreich, die Finanzen, den ganzen Staat untergehen; und daraus besteht dann Ihre Ehre? Ah! Monsieur de Meinières, das ist nicht die Ehre eines Untertans, der seinem König wirklich verbunden ist, nicht einmal Bürgerehre.«

Ich gestehe, daß ich über die Schlagfertigkeit, die Sachkenntnis, die ich vielleicht nur unvollkommen wiedergebe, erstaunt war und sie bei ihrer vorzüglichen Ausführung mit ebensoviel Freude wie Aufmerksamkeit betrachtete. Nun mußte ich reden, und ich gebe zu, ich war so verblüfft, daß ich kaum wußte, was ich ihr antworten sollte, und das war vielleicht mein Glück, denn wenn ich mir meiner Verlegenheit bewußt geworden wäre, hätte mich das Gefühl meiner Minderwertigkeit völlig verstummen lassen; aber ich klammerte mich an das Wort »Narren«, das ihr entschlüpft war und sagte:

»Madame, was hätte ich anderes tun können, als mein Amt niederzulegen?« [...]

»Ich sehe wohl, Monsieur de Meinières, daß wir uns darüber sowenig einigen werden wie über alles übrige, und das tut mir leid. Ich wiederhole Ihnen, es war bis jetzt die zu große Güte des Königs, die Sie alle so umtriebig und schwierig gemacht hat. Aber, Monsieur, seine Güte kennt Grenzen, und er will der Herr sein. Schreiben Sie nicht den Ministern, wie Sie es heute getan haben, den besonderen und persönlichen Groll des Königs zu: um die geht es nicht; der König selbst ist gekränkt, und er will sich aus eigenem Antrieb, ohne von jemandem irgendwie dazu angestachelt worden zu sein, Gehorsam verschaffen. Und so frage ich Sie denn, meine Herren vom Parlament, wer sind Sie überhaupt, daß Sie sich dem Willen Ihres Herrschers widersetzen? Glauben Sie denn, Ludwig XV. wäre nicht ein ebenso großer König wie Ludwig XIV.? Meinen Sie denn, das jetzige Parlament bestünde aus Beamten, die an Qualität, Fähigkeit und Verdienst denen des damaligen Parlaments überlegen wären? Ah, das wünschte ich allerdings! Da fehlt vieles auch nur zur Ebenbürtigkeit! Erwägen Sie selbst, was das Parlament seit 1673 war, seitdem Ludwig XIV. ihm das Einspruchsrecht entzogen hatte, und Sie werden erkennen, daß das Parlament nie größer und nie geachteter war als damals. Weshalb finden Sie es also so ungewöhnlich, meine Herren vom Parlament, daß man sie dem Erlaß von 1667 gefügig machen will, wo doch das damalige Parlament nach der Thronrede von 1673, die viel schärfer war, nicht aufmuckte?«

Die Schnelligkeit und die Lebhaftigkeit, mit der Madame de Pompadour mir diese Rede hielt, bestürzte, verwirrte mich und ließ mir halblaut ein sehr unvorsichtiges »Sie wagten es nicht!« entschlüpfen.

»Glauben Sie das, Monsieur de Meinières? *Sie wagten es nicht*, aber Sie wagen es! Meinen Sie denn, der König wäre weniger mächtig als sein Urgroßvater? *Sie wagten es nicht!* Mein Gott, was für eine Einstellung! Was für eine Art zu sprechen! Ich weiß, so denken die Herren des Parlaments allesamt und andere auch; doch es gibt wenige, die es zugeben, und es ärgert mich, auch aus Ihrem Mund derlei zu hören.«

»Madame, ich bitte Sie, verzeihen Sie meine Offenheit; ich kenne die Sprache des Hofes nicht; meine natürliche Scheu läßt mich nicht immer die angemessenen Wendungen finden; wenn ich mich unglücklicherweise nicht so ausgedrückt habe, wie ich sollte, müßte es mir doch zumindest bei Ihnen zum Vorteil gereichen, Madame, daß ich mich unverstellt gebe, geradeheraus und ungekünstelt und folglich auch unfähig zu den Intrigen und Winkelzügen, derer man mich beschuldigt; eben das hatte mich immer wünschen lassen, Ihnen, sogar auf Kosten meiner Eigenliebe, meine Aufwartung machen zu dürfen [...] Die Beamten, die seinerzeit das Parlament bildeten, wagten ihrem König in dem, was sie nicht für rechtmäßig hielten, nicht zu widersprechen, weil er nicht geneigt war, sie anzuhören. Die Parlamentsbeamten heute aber *wagen* es, weil er ihnen selbst gesagt hat, er würde ihnen stets geneigt zuhören. Soll ich noch hinzufügen, daß es ein großes Unglück ist, wenn ein Herrscher diejenigen nicht anhören will, die kraft ihres Amtes damit betraut sind, ihn vor Überraschungen zu warnen? Und es sei mir erlaubt zu sagen, daß Ludwig XV. heute nicht von derart gewaltigen, von Ludwig XIV. angesammelten Schulden überhäuft wäre, hätten sich die Herren des Parlaments, die damals lebten, diesem Strudel, neue Ämter zu schaffen und die Stadt Paris zu

belasten – was heute den Staat in Bedrängnis bringt – ein wenig entgegengestellt.«
Madame de Pompadour erhob sich und sagte mir mit größter Anmut: »Ich sehe wohl, daß ich bei Ihnen nichts ausrichten werde; Ihren Kummer verstehe ich gleichwohl. Ich war selbst Mutter, und ich weiß, was es Sie kostet, Ihren Sohn ohne Rang und Stand zu lassen.«
Indem Sie mir dies sagte, geleitete Sie mich zur Tür. Ich antwortete ihr mit wenigen Worten: »Ich bitte Sie, Madame, mir bei Seiner Majestät zumindest ungeschmälerte Gerechtigkeit widerfahren zu lassen und ihm zu sagen, daß Sie mich vielleicht verstockt gefunden hätten, aber doch absolut unfähig zu Kabalen und Intrigen. Ich bin noch so frei, Sie anzuflehen, Ihm zu versichern, daß ich ihm, ganz gleich, ob er mein Leben verbittert, nicht weniger hingebungsvoll und ehrerbietig verbunden bleiben werde.«
Sie neigte leicht ihren Kopf und verschwand wie ein Pfeil zu ihrem Schlafgemach, wo eine Menge Leute warteten. Noch im Fortgehen blickte sie mich, bis ich die Tür hinter mir geschlossen hatte, unverwandt an, und ich ging erstaunt und voller Bewunderung meiner Wege.

Privates und Geschäftliches an Verwandte und enge Freunde

»... den tausend Geschäften eines jeden Tages gewinnt sie die Zeit für einen umfangreichen Briefwechsel mit den unterschiedlichsten Menschen ab, für die innenpolitische und sozusagen ministerielle Korrespondenz wie auch für eine zweite, vertrauliche in ungezwungenem Stil, deren liebenswürdiger Ton oft von warmer Herzlichkeit ist... Die Langeweile der Favoritin, ihre Freuden, ihre Gewohnheiten, die wechselnden Launen des Hofes, die Anspannung ihres schrecklichen Lebens, in dem sie kaum jemals eine Minute für sich privat hat, finden fern aller Verstellung ihren freien und lebendigen Ausdruck in jenen kurzen, sprunghaften Episteln ...« (Edmond und Jules de Goncourt)

An den Vater

1. *Paris, den 3. September 1741*

Mein herzlieber Vater,
ich bitte Sie, seien Sie nicht länger wegen meiner Gesundheit besorgt; es geht mir jetzt sehr gut; ich habe zwei Anfälle von Viertagefieber gehabt, aber seit 10 Tagen kann davon keine Rede mehr sein; jetzt bin ich es ganz los. Ich habe viel Chinarinde eingenommen, 2 Aderlässe und reichlich Medizin haben mir wieder auf die Beine geholfen. Ich sage Ihnen das nicht zuletzt, um mich selbst über den Gebrauch all dieser üblen Heilmittel zu trösten, und heute abend werde ich mich in der Oper amüsieren. Der Bote mit Ihrem Brief hat mich wohlauf gefunden und kann Ihnen mein Wohlbefinden bestätigen.
Wenn es irgendein Mittel gegen den Kummer über Ihre Abwesenheit gibt, so sind es die Lobeshymnen, die ich in ganz

Paris über Sie höre; das verwundert mich nicht, aber es ist doch sehr schön, daß die Öffentlichkeit Ihnen Gerechtigkeit widerfahren läßt; Sie wissen, daß es solcher Bestätigung nicht bedarf; Sie schreiben Ihren alten Freunden übrigens in einem wunderbaren Stil; man hat recht, daß dem guten, alten Französisch stets Würde innewohnt.
M. de la Bouexière, der bei uns zu Abend aß, hatte hunderttausenderlei auf dem Herzen, das ich Ihnen mitteilen soll.
Adieu, mein herzlieber Vater, bleiben Sie wohlauf und behüten Sie ein Leben, dem das Ihrer Tochter verbunden ist.
P. D'Etioles

Lobeshymnen: bezieht sich wohl auf den beschädigten Leumund ihres Vaters, der wegen Unterschlagungen im Zusammenhang mit Armeeproviant zum Tod durch den Strang verurteilt und ins Ausland geflohen war. Er wurde 1741 begnadigt. – *M. de la Bouexière:* nicht identifiziert. – *D'Etioles:* die Schreibweise des Namens variierte selbst für die Namensträgerin.

2. *(1745)*

Ich habe, mein lieber Vater, M. de Machault die Rechnung von M. de Labourdonnais übergeben. Er hat mir gesagt, daß er auf die von ihm beim Advokaten bestellte warten wolle, die detaillierter sein wird.
Ihr Kind wird von Durchfall und einem schleimigen Husten geplagt, es sind die oberen Eckzähne, die nicht kommen wollen, aber zur Sorge besteht kein Anlaß.
Der Prozeß, von dem Sie mir berichten, kann sehr wohl verloren werden, denn alles, was vom Urteil der Menschen abhängt, ist ungewiß; aber dann müßten sie gegen das Gesetz urteilen. Die Gerüchte, die man Ihnen mitteilt, werden von den gegnerischen Parteien verbreitet; ich kenne sie seit ewig und verachte sie; andere Gefühle verdienen sie nicht.
Aber nehmen wir einen Augenblick lang an, daß der Prozeß verloren würde: meine Tochter würde dann bei ihrem Vater und dem seiner Mutter bleiben (der bei ihrer Geburt nicht zugegen war); in Wahrheit wäre ihr Los so noch recht gut; es gibt wenige, die sich damit vergleichen ließen.

Im übrigen können Sie wohl ermessen, daß ich, da ich keinen Prozeß angestrengt habe, von dem ihr Ruf abhängt, sicherlich nicht wegen Glücksgütern vor die Schranken ziehen werde.
Was den Bescheid des blauen Mannes angeht, glauben Sie denn etwa, daß ich den Schwachsinn meines Schwiegervaters aller Welt offenbaren will, was die bösartigen Leute dann für eine Betrügerei halten würden? Ich werde mich hüten. Verlieren oder gewinnen wir, aber wir wollen uns nie Vorwürfe machen, und mögen Reichtümer niemals unser Glück verändern; das ist und wird immer meine Denkungsart bleiben, die Sie hoffentlich gutheißen.
Ich umarme Sie von ganzem Herzen.

M. de Machault: was der Finanzminister und spätere Justiz- und Marineminister regeln sollte, ist nicht mehr zu entschlüsseln. – *Ihr Kind:* die einjährige Alexandrine. – *Der Prozeß:* das erfolgreiche Verfahren der gerade zur Marquise erhobenen Madame d'Étiolles gegen ihren Ehemann, in dem es auch um Gütertrennung und Rückerstattung ihrer Mitgift von 30 000 Livres ging. – *Der blaue Mann:* unklar.

3. *(1750)*

Dornoy hat sich mir gegenüber, lieber Vater, über seine Einkünfte von den Unterpächtern unklar ausgedrückt. Ich verstand, daß er sie erst abtreten würde, wenn er Generaleinnehmer wäre; da er sie jetzt schon abtritt, glaube ich nicht, daß M. Binet die Geschäfte noch leiten kann; ich werde mich erkundigen. Ich habe Binet gebeten, seinen Verwandten einen Boten zu schicken. Falls er der Heirat zustimmt, woran ich nicht zweifle, werde ich, sobald ich ihren Entschluß kenne, Dornoy veranlassen, seine Schwester zu holen. Er wird sie zu sich nach Paris nehmen, denn ich kann sie unmöglich dort, wo sie ist, mit einem Brautschatz ausstatten. Sie können am Montag oder am Faschingsdienstag heiraten, denn während der Fastenzeit ist es mit der Heiratserlaubnis umständlich. Glauben Sie, daß ich Mademoiselle Dornoy genauso prächtig ausstatten muß wie Mademoiselle Derigny, für die ich wie für meine eigene Tochter gesorgt habe, oder glauben Sie

nicht auch, daß ihr das zu Kopf steigen würde, nachdem sie eben noch in einem Provinzkloster lebte? Ich unterbreite Ihnen meine Gedanken und erwarte Ihre Befehle betreffs des Kleiderkaufs. Ist sie klein oder groß?
Die Schwestern von M. de Malvoisin tun sehr gut daran, den Sommer bei ihrer Mutter zu verbringen. Die Derigny war sehr krank, aber jetzt hat sie es überstanden.
Sie können sich gut vorstellen, mein lieber Vater, daß ich sehr damit beschäftigt bin, meinen Bruder zu verheiraten; ich gebe Ihnen mein Wort, daß es noch in den nächsten sechs Monaten geschehen wird, und es wird eine sehr gute Partie sein. Doch um glücklich zu sein, darf man nie Unmögliches wünschen. Ich bin mir gewiß, daß er niemals die Oberintendanz der Finanzen oder der Königlichen Bauten bekommen wird. Also denken wir nicht mehr daran. Das stört aber nicht meine völlige Gewißheit, für meinen Bruder eine sehr gute Heirat in die Wege leiten zu können.
Einen guten Tag, mein lieber Vater; ich werde etwas für Ihr Herzblättchen besorgen lassen, das Sie ihr bei Ihrem Besuch geben können; doch schenken Sie ihr nie Geld, ich bitte Sie inständig.

Dornoy: wahrscheinlich Ehemann der Gouvernante der Tochter Alexandrine, des »Herzblättchens«. Er wurde zum Steuereinnehmer von Paris ernannt. Fragen ihrer Vermögensverwaltung, die auch Ländereien mit Pächtern und Unterpächtern betreffen, tauchen immer wieder auf. – *Brautschatz ausstatten*: Beweis ihres Hangs, Ehen zu stiften, zumal unter den Leibeigenen ihrer Schlösser. – *Die Schwestern Malvoisin:* Cousinen.

4. *(1750)*

Ihre Aufträge sind erledigt, mein lieber Vater.
Alexandrine hat sechs Tage in Marly und Versailles verbracht; sie ist, wenngleich sehr mager, wohlauf. Wir reisen morgen bis Samstag und dann vom Festmittwoch bis zum darauffolgenden Samstag nach Crécy. Ich glaube, Sie zweifeln nicht an dem großen Vergnügen, das mir diese Reisen bereiten, mein einziger Kummer ist, daß sie so kurz sind, ich könnte mein Leben damit zubringen.

Beunruhigen Sie sich nicht wegen meiner Gesundheit; es geht mir bestens; nichts, was geschieht, soll sie zerrütten, denn mein Grundsatz lautet, immer mein Bestes zu geben und mich nicht um das Gerede zu kümmern, wenn ich keine Veranlassung dazu gegeben habe und mir selber keine Vorwürfe zu machen brauche. Und dem ist derzeit so; folglich bin ich völlig ruhig.
Einen guten Tag, mein lieber Vater, ich versichere Sie meines zärtlichen Respekts.
Die Jahresfrist zum Rückkauf von Montrauil ist abgelaufen. Unter welchem Namen sollen Ihre Ländereien zur Markgrafschaft erhoben werden?

Festmittwoch: mercredi des fêtes: unklar, welcher Tag gemeint ist.

5. *(1750)*

Ich meinte, ich hätte Ihnen schon gesagt, mein lieber Vater, daß der Posten des Oberintendanten nicht in Frage kam und wir keinen Gedanken mehr daran verschwenden sollten. Sie haben ganz recht, nichts mit den Gunstbeweisen für meinen Bruder zu tun haben zu wollen und vor allen Dingen hier nicht zu erscheinen. Würden Sie dieses Land hier kennen wie ich, verachteten Sie es noch mehr. Aber Ihre Anwesenheit bei Hof wäre auch von keinerlei Nutzen; der König erhebt täglich Ländereien zu Grafschaften, Markgrafschaften etc., deren Besitzer nie hier erscheinen. Das muß jetzt für Sie geschehen, denn Marigny gehört Ihnen und nicht meinem Bruder. Sie werden selbst entscheiden können, ob Sie den Namen annehmen oder nicht. Ich glaube indes, daß es angemessener wäre; denken Sie darüber nach. M. de Machault wird sogleich die Urkunden ausstellen lassen, so daß Sie selbst keinerlei Umstände haben.
Guten Abend, mein lieber Vater, ich umarme Sie von ganzem Herzen. Die Grafschaft Haixois gehörte gewiß der Familie, die diesen Namen getragen hat; da sie nicht Ihnen gehört, steht das nicht zur Debatte.

Nicht zu erscheinen... in diesem Land: Versailles, wo der ehemalige Fleischlieferant nicht ins Bild paßte. Begegnungen zwischen Vater und Tochter fanden andernorts statt. – *Marigny:* eine der Transaktionen zugunsten der Poisson-Familie. Der König kaufte diese Ländereien mit Marquis-Titel für den Vater François Poisson.

6. *(Oktober 1752)*

Es ist nicht recht von Ihnen, mein lieber Vater, mir hundert Jahre lang kein Lebenszeichen gegeben zu haben. Ich hatte zehn Tage lang Fieber, der König hat mir den Rang einer Herzogin verliehen, all diese Ereignisse haben Sie nicht bewegt. Der Aderlaß am Fuß und ein schlimmes Kopfweh haben mich indes nicht daran gehindert, meinem Bruder zu sagen, daß er Ihnen die Huld des Königs mitteilen möchte, da ich selbst es nicht konnte. Ich sehe wohl, daß die kleine Alexandrine aus Ihrem Herzen Ihre Reinette verjagt hat, das ist nicht gerecht, und ich muß sie schon heftig lieben, um ihr das nachzusehen. Ich schicke Ihnen ihre Briefe zurück, denn die liegen Ihnen, scheint mir, sehr am Herzen.

Sie können sehr wohl wegen M. d'Aucourt an M. de Machault schreiben. Ich weiß nicht, ob ihm sein Vorhaben glücken wird, denn man hat mir mitgeteilt, daß der Gouverneur nicht aus dem Amt scheiden wolle; aber es wäre nichts weiter als ein vergeblicher Brief.

Keineswegs bin ich aufgrund der Gerüchte über M. de Crillon verärgert; die Herren de Caraman haben mir diesen üblen Streich gespielt, um M. de Crillon zugrunde zu richten. Wie dem auch sei, ich habe öffentlich und unter vier Augen gegenüber M. de Richelieu, der ins Languedoc abgereist ist, erklärt, daß ich sehr erfreut über das Glück bin, das dem Marquis de Crillon widerfuhr, daß ich mich aber in keiner Weise in die Kanalgeschichten eingemischt habe und darum bitte, es in der Ständeversammlung all denen mitzuteilen, die daran zweifeln.

Guten Abend, mein lieber Vater; ich bin von Besuchen und Schreibereien erschöpft; trotzdem habe ich noch an die sechzig Briefe zu schreiben.

Reinette: ›kleine Königin‹, Spitzname des Vaters für seine Tochter, offenbar seitdem die Wahrsagerin Lebon der Neunjährigen eine Zukunft als Geliebte des Königs vorhergesagt hatte. – *Gerüchte*: in Zusammenhang mit einer Intrige.

7. *5. November 1752*

Ich bin sehr böse, mein lieber Vater, daß Sie Vincennes für M. de Malvoisin wollen. Wie können Sie nur darauf verfallen, einen Mann von fünfundzwanzig Jahren (so gescheit er auch sein mag), der erst sechs Jahre gedient hat, in ein solches Amt zu befördern? Er sollte eigentlich mit seinem jetzigen Posten zufrieden sein. Es gibt so viele, die selbst nach zwanzig Jahren Dienst nicht das erreichen, was ihm nach drei Jahren zugefallen ist. Eines ist gewiß, daß ich nämlich so etwas Ungerechtfertigtes nicht erbitten kann.
Ich schicke Ihnen den Brief Alexandrines zurück und versichere Sie, mein lieber Vater, meines tiefen Respekts und meiner zärtlichsten Verbundenheit.

Vincennes: berühmte Porzellanmanufaktur seit 1738, die 1756 nach Sèvres übersiedelte. – *Malvoisin:* Cousin der Pompadour.

8. *Bellevue, 7. Dezember 1752*

Ich habe gestern Ihre Alexandrine nach La Muette holen lassen, mein lieber Vater; sie war wohlauf. Sie müssen sich dennoch vorwerfen, Ihr eine Verdauungsstörung verursacht zu haben. Warum müssen Großpapas ihre Enkelkinder immer so verhätscheln? Ich finde, sie wird recht häßlich; solange es nicht schockierend wird, werde ich ganz froh sein, denn ich bin weit entfernt davon, sie mir himmlisch zu wünschen. Das bringt nur Feindinnen beim weiblichen Geschlecht hervor, das, zusammen mit dem Anhang dieser Damen, zwei Drittel der Menschheit ausmacht.
Ich würde M. de Jallais sehr gerne sehen, aber das ist hier schwierig: wenn der König sich hier aufhält, empfange ich keine Besuche; an den übrigen Tagen erfahre ich erst im letzten Augenblick, ob ich ihn sehe oder nicht.

Herbin muß Ihre Befehle ausgeführt haben. Einen guten Tag, mein lieber Vater, mir geht es gut, seien Sie ganz beruhigt, und glauben Sie vor allem nie die Neuigkeiten: darin ist weder Sinn noch Verstand. Ich umarme Sie von ganzem Herzen.

La Muette: ›Die Stumme‹: ein Schloß der Pompadour. – *Jallais* und *Herbin:* nicht identifiziert.

9. *12. Januar 1753*

Ich bitte Sie, mein lieber Vater, um Verzeihung, zur Diebin Ihres Briefs an Ihr Herzblättchen geworden zu sein, aber das geschah auf Ehr und Gewissen ganz unschuldig, denn ich erinnere mich kaum. Ich habe sie heute nach La Muette kommen lassen, ich habe sogar mit ihr zu Mittag gespeist, sie ist bei guter Gesundheit.

Ich habe dem, was ich Ihnen schon mehr als einmal gesagt habe, nichts hinzuzufügen: ich bin viel weniger reich, als ich es in Paris war; was ich besitze, wurde mir ohne meine Bitten gegeben; die Ausgaben für meine Häuser haben mich sehr geärgert; aber dem Herrn bereitete es Vergnügen; dazu hat man zu schweigen. Hätte ich Reichtümer für mich gewünscht, hätten die Ausgaben, alles in allem, mir ein beachtliches Einkommen verschafft. Ich habe nie dergleichen verlangt, und ich glaube, daß Reichtum mich unglücklich macht: die bloße Empfindsamkeit meiner Seele könnte das bewirken. Ich habe wenigstens den Trost, daß die Öffentlichkeit ebenso denkt und mir Gerechtigkeit widerfahren läßt; bei dieser Denkungsart können Sie selbst abschätzen, ob ich Lust habe, nunmehr das Bittstellen anzufangen. Es bleibt Ihnen auf alle Fälle immer das, was M. de Montmartel für mich verwahrt; zur Zeit ist das nicht beträchtlich, weil ich fast alles für den Bau der Militärschule verliehen habe, aber letztendlich kann ich nur anbieten, was mir gehört.

Ich bin in Unruhe wegen eines Schreibsekretärs und eines großen Kelchs aus Vincennes, die vor zwei Wochen mit der Kutsche nach Marigny abgegangen sind; ich rätsle, was damit geschehen sein könnte.

Seien Sie, ich bitte Sie, ganz unbesorgt um die Person, die Ihnen geantwortet hat, noch um mich, und lieben Sie Ihre Tochter so, wie sie Sie liebt.

Ihr Herzblättchen: die Tochter Alexandrine wurde im Pariser ›Kloster zur Himmelfahrt‹ erzogen. – *Dem Herrn:* dem König.

10. *Zu Choisy, 25. Juni 1753*

Mich erstaunt, mein lieber Vater, daß Sie meine Nachrichten nicht bekommen haben, denn ich habe Ihnen erst kürzlich geschrieben; ich versichere Ihnen, daß man die Gelegenheit beim Schopfe ergreifen muß, denn es ist noch immer alles in der Schwebe. Es verdrießt mich, daß Sie in Gesvres gewesen sind und den Herzog bei sich empfangen haben, gewiß nicht wegen seines Personals, aber wegen der Leute, die sich bei ihm aufhalten und die Ihnen wahrscheinlich anders gesinnt sind als er. Monsieur de Blois wird, so wie wir auch, ungefähr 150 000 fr. von meinem Onkel erhalten, sobald alles beisammen ist. Carabinier hungerte schon und auch sie, sie ist alt; im übrigen so schlecht erzogen und so frömmelnd, daß man sie am besten bei den Betschwestern lassen sollte, die sie anhimmelt.

Wir werden uns über Mademoiselle Renard erkundigen müssen; ist sie reich, um so besser, falls nicht, sollte man die Unglücklichen nicht belasten.

Ich glaube nicht, daß Alexandrine Sie hinters Licht geführt hat; wenn ja, fände ich das sehr übel. Ich gedenke, sie Sonntag nach Bellevue kommen zu lassen.

Guten Tag, mein lieber Vater; ich versichere Sie meines zärtlichen und tiefen Respekts.

Es verdrießt mich: der nicht standesgemäße Vater wurde oft Zielscheibe des Spotts. – *Carabinier, Renard:* nicht identifiziert.

Unsere fortwährenden Reisen, mein lieber Vater, haben mich gehindert, auf Ihren Brief zu antworten.
Sie wurden getäuscht, falls man Ihnen sagte, daß der Minister nur auf ein Wort von mir wartet, um die fünf Prozent zu bewilligen, die Sie für M. Bouret fordern. Er scheint mir fest entschlossen, sie ihm nicht zu geben, und da Sie meinen Charakter kennen, wissen Sie besser als jeder andere, daß ich niemals die Menschen bedränge, die ich schätze.
Sie haben sehr recht daran getan, das Landgut, das Ihnen zusagte, zu kaufen; außerdem steht Ihnen immer noch die Möglichkeit offen, das Angebot anzunehmen, das ich Ihnen gemacht habe (und das ich von ganzem Herzen erneuere), nämlich über alles zu verfügen, was ich habe.
Erlauben Sie mir zu bemerken, daß M. Bouret unrecht hat, wenn er meint, daß seine Familie für geleistete Dienste nicht hinreichend Lohn erhielt. Er scheint mir mehr als angemessen zu sein, und ich würde mich höchst glücklich schätzen, wären meine Verwandten ebenso gut untergebracht. Ich glaube jedoch, daß es Differenzen zwischen uns gibt.
Ich weiß nicht, ob M. d'Argenson diesen M. d'Hozier als Genealogen der Militärschule haben will; ich werde Ihnen umgehend Bescheid geben. Er war sehr krank, und in dieser Zeit habe ich mit ihm über keinerlei Staatsangelegenheiten gesprochen.
Mein Bruder gedenkt, einige Tage bei Ihnen zu verbringen. Ich würde ihn gern begleiten und meinen lieben Vater lebhaft meiner zärtlichsten Anhänglichkeit versichern. Ich überlege sehr ernstlich, seine Stellung durch eine Heirat zu festigen. Ich hoffe, bald etwas Geeignetes zu finden.

M. d'Argenson: von 1743 bis zu seinem Sturz durch die Marquise 1757 Kriegsminister.

Ich weiß, mein lieber Vater, von etlichen bereits versprochenen Orden vom Roten Band, somit habe ich starke Zweifel, daß es möglich ist, einen für M. de Petit zu bekommen.
Es ist niemals die Rede davon gewesen, meinen Bruder mit der Vogtei von Paris zu betrauen, weder er noch ich haben dafür die Mittel; dieses Amt ist sehr teuer, die Einkünfte sind gering, und es würde ihn zu keinem größeren Herrn machen, als er schon ist; gewiß ist aber, daß jedes Amt, das frei wird, ihm ganz öffentlich gegeben wird: er hat sich an unersättliche Menschen gewöhnt. Über solch üble Gesinnung wäre ich, auch bei meinem Bruder, sehr verärgert.
Es ärgert mich sehr, daß er sich nicht verheiraten will; er wird nie wieder eine Partie finden wie die, die ich ihm zu verschaffen hoffte.
Ich bin entzückt, daß Sie sich in Crécy amüsieren; bleiben Sie dort, mein lieber Vater, solange Sie mögen, und lassen Sie meiner zärtlichen Verbundenheit Gerechtigkeit widerfahren.

Dieses Amt ist sehr teuer: derlei Ämter mußten gekauft werden. – *Crécy:* Schloß der Pompadour; François Poisson, der zumindest rechtliche Vater der Marquise de Pompadour, starb 1754.

An den Bruder

1. *R., den 28. Dezember 1749*

Sie haben gut daran getan, Brüderchen, mir nicht Adieu zu sagen, denn trotz der Nützlichkeit dieser Reise für Sie und obwohl ich sie zu Ihrem Vorteil seit langem wünschte, hätte es mir Schmerz bereitet, Sie zu verlassen. Ich schärfe Ihnen nicht ein, mir oft Nachricht zukommen zu lassen, denn ich bin mir ganz sicher, daß Sie es daran nicht fehlen lassen werden; aber was ich Ihnen vor allem einschärfe, ist größte Höflichkeit, eine dementsprechende Verschwiegenheit, außerdem sich gut einzuprägen, daß Sie, da Sie nun einmal für die Welt und die Gesellschaft geschaffen sind, zu jedermann liebenswürdig sein müssen; denn wenn man sich einzig auf die Menschen beschränkte, die man wertschätzt, würde man bald von beinahe dem gesamten Menschengeschlecht verabscheut werden; vergessen Sie nicht die Gespräche, die wir geführt haben, und glauben Sie nur nicht, daß ich, weil ich jung bin, keine guten Ratschläge erteilen könnte; ich habe in den viereinhalb Jahren, die ich hier bin, so viel gesehen, daß ich mehr weiß als eine Frau von vierzig Jahren. Guten Abend, lieber Bruder, bleiben Sie wohlauf und lieben Sie mich ebensosehr, wie ich Sie liebe.

Adieu: Abel-François Poisson wurde kurz nach dem Aufstieg seiner Schwester zum Anwärter auf den Posten des Direktors der Königlichen Bauten ernannt. Um seine künstlerische Ausbildung zu fördern, schickte Jeanne de Pompadour ihn auf eine zweijährige Italienreise. Ein großes Gefolge wurde zusammengestellt. Darunter befanden sich der Zeichner Cochin und Soufflot, der spätere Baumeister des Pantheon. Aus dieser Zeit stammen die Italien-Briefe.

2. *Zu Choisy, den 3. Januar 1750*

Ich habe Ihren in Lyon datierten Brief erhalten, mein lieber Bruder; für eine Antwort würde mir Ihre Anschrift noch fehlen, wenn heute morgen nicht M. Perrier zu mir gekommen wäre. Teilen Sie mir in Zukunft Ihre Reiseroute mit, damit ich weiß, wohin ich meine Briefe schicken soll. Ich bin ganz Ihrer Meinung, was die Trennung von Menschen betrifft, die man liebt, und obwohl ich Sie sehr zu lieben glaubte, stellte ich mir doch nicht vor, daß Ihre Abreise mich so schmerzen würde.

Ich bin durchaus überzeugt, daß sich von allen Herrschern, die Sie sehen werden, bloß Gutes sagen läßt; aber da Zurückhaltung hinsichtlich der Könige und ihrer Familien gar nicht groß genug sein kann, so hüten Sie sich wohl, wenn Ihnen irgendein komischer Einfall käme, was in Ihrem Alter passieren kann, darüber jemals irgend jemandem zu schreiben, nicht einmal mir. Sie werden sich denken können, daß die Briefe des Bruders der Madame de Pompadour in Turin geöffnet werden. Also behalten Sie für sich, was Sie mir mitzuteilen haben und was sonst niemand erfahren soll, und schreiben Sie mir nur, wenn Kuriere zur Hand sind. Es ist ziemlich lachhaft, daß ich vergessen habe, Sie auf etwas so Wesentliches hinzuweisen.

Ich hatte einen leichten Katarrh, aber der ist vorbei; der König litt an einer Brustentzündung, aber ich hoffe, daß es folgenlos bleibt. Guten Abend, liebes Bürschchen, ich werde Ihnen die Neujahrsgeschenke schicken, wenn ich meine, daß sie sicher ankommen werden. Ich umarme Sie von Herzen.

3. *den 6. Februar 1750*

Ich war unruhig, da ich keine Nachrichten von Ihnen erhielt, mein lieber Bruder, vor allem seit dem Unglück am Mont Cenis, das den beiden Jesuiten zugestoßen ist; ich hätte noch mehr Angst gehabt, wenn ich alles gewußt hätte, was ich durch Ihren Bericht an meinen Vater erfahren habe. Zum Glück sind Sie in Turin, so besteht keine Gefahr mehr.

Ich bin entzückt über die huldvolle und gütige Art, mit der der König von Sardinien und der Herzog von Savoyen Sie empfangen haben, und ich sehe, daß man mich mit der Schilderung, die man mir von den Fürsten gegeben hat, nicht getäuscht hat.

Ich begreife nicht, warum Sie keinen Brief von mir erhalten haben; ich habe Ihnen vor hundert Jahren einen geschrieben und ihn, wie M. Perrier mir geraten hat, an den französischen Postmeister in Turin adressiert. Es würde mich verdrießen, wenn er verloren wäre, denn er enthält eine unumgängliche Instruktion für Sie, die ich, glaube ich, Ihnen zu sagen vergessen habe. Es handelt sich darum, auf keinen Fall etwas zu berichten, was den Höfen, wo Sie erwartet werden, mißfallen könnte, denn höchstwahrscheinlich wird man dort neugierig sein zu erfahren, wie der Bruder der Madame de Pompadour denkt und was er seine Schwester und andere wissen läßt.
Der König schien mit dem Brief, den Sie mir betreffs des Theaters von Turin geschrieben haben, zufrieden zu sein, und S. M. erwartet und wird sich mit Vergnügen den Bauplan ansehen, den M. de Tournehem ihm auf Ihre Veranlassung vorlegen wird. Ich gestehe, daß auch ich neugierig darauf bin, ihn zu sehen.
Es war vorzüglich von Ihnen, sich mit dem Conte Alfieri zusammenzutun; folgen Sie stets dieser Methode, und Sie werden gut damit fahren. Das Gespräch mit einem Mann von Bildung taugt oft mehr, als alles selber unter die Lupe zu nehmen; man hat keine Zeit, sich in tausenderlei Dinge zu vertiefen, die sich im Gespräch lernen lassen.
Ich schreibe an M. de la Chétardie, um ihm für die Ihnen bezeugten Aufmerksamkeiten zu danken. Halten Sie mich über Ihre Reiseroute exakt auf dem laufenden, damit meine Briefe nicht mehr abhanden kommen.
Ich liebe Sie und umarme Sie, mein liebes Bürschchen, von ganzem Herzen.

M. de Tournehem: der Onkel der Geschwister und amtierender Direktor der Königlichen Bauten bis 1751. – *M. de la Chétardie:* Gesandter in Turin.

4. *1. März*

Ich habe Ihren Brief vom 16. Februar erhalten, mein lieber Bruder, Sie antworten darin auf keinen der meinigen. Ich gestehe Ihnen, daß ich mir nicht vorstellen kann, welchen Weg sie genommen haben.

Monsieur de La Chétardie hat mir von den Gunstbeweisen berichtet, mit denen der König von Sardinien und der Herzog von Savoyen Sie zu ehren geruhten; ich bin ihnen dafür ganz persönlich sehr dankbar. Ich glaube, Sie können nicht umhin, zur Hochzeit des Herzogs von Savoyen nach Turin zurückzukehren, nach der Gunst, mit der er Sie ausgezeichnet, und nach der besonderen Einladung, die er diesbezüglich ausgesprochen hat. Fürchten Sie nicht, was man über diese Reise reden könnte; der König ist vollauf damit zufrieden, daß Sie den Freundlichkeiten, mit denen man Sie überhäuft hat, entsprechen und dies Zeichen des Dankes dem Herzog von Savoyen zuteil werden lassen.

Erkundigen Sie sich nach der Kleidung, die Sie für diese Festlichkeiten benötigen, und teilen Sie mir dies mit; ich werde mich darum kümmern, und ich will, daß Sie sich in jeder Beziehung angemessen verhalten. Sagen Sie mir auch, ob Sie die passenden Spitzen für ein Fest haben.

Ich werde mich allerdings hüten, Ihnen meine Portraits von Liotard zu senden, aber ich will ihnen die Kopie von einem schicken, das Boucher gemalt hat; es ist bezaubernd und wird bald fertig sein. Ich hoffe, daß Sie es zu Ostern haben. Mit Ihrer Schatulle wird es wohl noch ein wenig länger dauern, da ich glaube, daß das große Portrait für Ihre Absichten dringlicher ist. Das des Königs ist noch nicht fertig; ich warte auf das von Vanloo, das hoffentlich gut gerät. In spätestens vierzehn Tagen rechne ich damit.

Wir haben hier gestern zum erstenmal Tragödie gespielt, und zwar *Alzire*. Man behauptet, mein Auftritt sei erstaunlich gewesen. M. de Tournehem wird Ihnen sicherlich davon erzählen; also will ich mich nicht länger dabei aufhalten.

Madame la Dauphine ist nun mit Gewißheit im dritten Monat schwanger; dem König geht es vorzüglich, jeden Tag ist er liebenswerter; Ihre Schwester ist wohlauf und liebt Sie

von ganzem Herzen. Das ist nun ungefähr alles, was sie Ihnen als Allerwichtigstes mitteilen kann.
Alexandrine umarmt Ihren kleinen Onkel.

Alzire: Tragödie von Voltaire, der selber bei der Vorstellung im ›Theater der Kleinen Kabinette‹ der Marquise anwesend war.

5.

Ich begreife nicht, was mit meinen Briefen passiert sein könnte, mein lieber Bruder; dies ist der dritte seit Lyon. Sie werden sich bestimmt wiederfinden. Sie müssen Dienstag aus Turin aufgebrochen sein; also ist die Sache mit diesem noch riskanter.
Mein Vater hat Ihnen von einer Geschichte berichtet, für die es keine zwei Bürgen gibt. Offenbar hat man ihn ausersehen, um ihn mit diesem Hirngespinst zu schrecken, an dem nie etwas war. In Paris gibt es so viele diensteifrige Lästermäuler, die einem unter dem Mäntelchen der Freundschaft solche Geheimnisse zuflüstern, um einen zu beunruhigen, wobei man allerdings einem Flaschenhals entschlüpft sein müßte, um sie zu glauben und sich darüber aufzuregen. Die Geschichte war von dieser Art.
Wenn ich Sie etwas wissen lasse, dann glauben Sie mir getrost, denn bei der Erfahrung, die ich inzwischen habe, lasse ich mich nicht durch Histörchen hinters Licht führen; aber mein Vater, der alles glaubt, wenn es um seine Kinder geht, und sich sogleich über ihr Wohl und Wehe aufregt, wird unter solchen Umständen mißtrauisch, zumal er jeden für einen Ehrenmann hält und dankbar ist, wenn man ihm Freundschaft bezeugt; daran mangelt es nicht, sobald man weiß, daß er mein Vater ist. Wie kann er nur all diesen Narreteien auf den Leim gehen; ist es denn nicht möglich, ihm einzuschärfen, daß es mit dem Ende der Gunst, in der ich jetzt stehe, auch damit vorbei wäre? Ich habe es ihm hundertmal gesagt, doch sein gutes Herz verführt ihn immer wieder und läßt ihn glauben, die anderen seien wie er.
Was die Höflinge angeht, so bin ich gezwungen, Sie über sie aufzuklären, Sie schätzen sie nicht so ein, wie sie sind. Falls

Ihre Geburt es Ihnen gestattete, ihnen bei der Jagd nach Ämtern ins Gehege zu kommen, dann seien Sie ganz sicher, daß sie Ihnen heimlich zu schaden versuchen würden; doch da dem nicht so ist, sind Sie ihnen gleichgültig. Glauben Sie auch nicht, daß diese Leute, bei aller Vertraulichkeit untereinander, vor Ihrem Herrn jemals über anderes als über Nichtigkeiten zu sprechen wagen; mit noch mehr Grund über nichts, das mit mir zusammenhängen könnte.
Das ist die Wahrheit. Seit ich hier bin, habe ich gut beobachtet und viel nachgedacht; zumindest habe ich mir dabei Menschenkenntnis erworben, und ich versichere Ihnen, daß die Leute in Paris, in einer Provinzstadt und auch am Hof überall die gleichen sind. Der Unterschied der Dinge, um die es geht, macht alles mehr oder weniger interessant und läßt die Laster in hellerem Licht erscheinen.
Bei Madame la Dauphine ist gestern das dritte Mal die Regel ausgeblieben, was zweieinhalb Monate Schwangerschaft bedeutet. Wir können uns der Hoffnung hingeben, falls ihr nichts zustößt.
Die Sache mit Marigny ist gänzlich erledigt; ich denke, mein Vater ist zufrieden.
Alexandrine umarmt ihren kleinen Onkel von ganzem Herzen, ihre Mama tut es gleichfalls.

Marigny: nach dem Tod des Vaters 1754 erbte der Bruder Ländereien und Titel eines Marquis de Marigny.

6. *16. März*

Falls mein letzter Brief, den ich an den französischen Postmeister von Turin adressiert hatte, Sie nicht erreicht, so ist das, mein lieber Bruder, kein großer Verlust. Die Infantin hat reichlich Ursache, den König zu lieben, so daß ich über ihr Drängen Ihnen gegenüber, etwas von ihm zu hören, nicht erstaunt bin. Es ist schwierig, einen in jeder Hinsicht so einzigartigen Vater zu finden.
Madame de Lede ist von Natur aus ziemlich hochmütig; allerdings ist sie mir einigermaßen verpflichtet und überdies zu klug, um Ihnen nicht freudig zu Diensten zu sein. Doch in

dem Land, aus dem Sie kommen, ist sie verhaßt. So bin ich über all das Schlechte, das man Ihnen über sie erzählt hat, nicht weiter überrascht, besonders nicht über das von de Maulevrier, der sie verabscheut. Ich werde ihm für die Ihnen erwiesenen Aufmerksamkeiten danken.
Die Zeichnung des Altars von Santa Fideltà, die Sie mir geschickt haben, fand ich genauso grotesk wie Sie.
Die Fürstin Trivulzio hat während des Italienkriegs fast alle Männer bei Hof kennengelernt, daher überrascht es mich nicht, daß Sie Ihnen gegenüber darauf zu sprechen gekommen ist; es war richtig von Ihnen, vorsichtig zu antworten.
Ich habe seit acht Tagen eine schlimme Kopfentzündung; mittlerweile geht es mir viel besser, und heute war ich schon in der Eremitage. Aus Paris wird man Ihnen jedoch melden, daß ich Blut spucke; das ist so wahr wie jedesmal, wenn man derlei berichtet.
Madame la Dauphine ist über den vierten Monat, also seit dreieinhalb schwanger; Sie ahnen, wie ich mich freue.
Guten Abend, liebes Bürschchen, ich umarme Sie von ganzem Herzen. Ich hoffe, ich kann Ihnen in zwei Wochen die Portraits schicken. Melden Sie sich wegen der Gewänder.

Die Infantin: die älteste Tochter Ludwigs XV., die ›Madame Première‹, die mit Don Philipp von Parma verheiratet war. – *Madame de Lede:* Marquise de Leyde, Ehrendame der Infantin.

7. *12. April*

Sie wissen aus meinen Briefen, lieber Bruder, daß es nicht mein Fehler war, wenn Sie nichts von mir gehört haben. Die Infantin wird erst Anfang Juni in Turin eintreffen; daher habe ich Ihnen drei angemessene Gewänder anfertigen lassen, nämlich elegant, doch nicht zu prunkvoll. Ich werde sie M. de La Chétardie schicken, bei dem Sie sie bei Ihrer Ankunft in Turin vorfinden werden. So brauchen Sie sich keine machen zu lassen.
Sie hatten überall, wo Sie waren, großen Erfolg; ich hoffe, daß Sie so weitermachen. Sie werden gut daran tun, M. de

Modena Ihre Aufwartung zu machen, da er Sie so wohlwollend behandelt hat.
Das Portrait Vanloos ist noch nicht fertig, auch die Kopie von meinem nicht; sobald es soweit ist, werde ich sie Ihnen unverzüglich schicken. Ich habe nur dem König zu lesen gegeben, was Sie von den Standbildern der Infantin halten, denn, Sie sagen es selbst sehr klug, auf dieser Welt darf man nicht immer alles sagen, was man denkt. Ich finde die Zeichnung grauenhaft; ich glaube, es hat Cochin Spaß gemacht, euch allesamt darauf zu verewigen; zumindest vermeinte ich, den Abbé Le Blanc darauf zu erkennen.
M. de Nivernois ist hochzufrieden mit Ihnen, mit den Höflichkeiten, die Sie ihm erwiesen haben, mit der guten Verfassung, in der Sie sich befinden, mit Ihrer Lust zu gefallen etc. Fahren Sie so fort, besser können Sie es nicht machen, und halten Sie sich an seinen Rat; er hat viel Geist und wird Ihnen, aus Freundschaft für mich, nur gute Ratschläge geben. Seine Frau scheint zunächst kalt, erweist sich aber als klug und liebenswert, wenn man sie näher kennenlernt.
Dornoy heiratet morgen. Ich habe ihm das Amt des Pariser Steuereinnehmers geben lassen, das einiges abwirft; dafür muß er allerdings die Tochter des verstorbenen Einnehmers heiraten. Er ist völlig in sie vernarrt; sie ist jung und sehr hübsch. Ich habe einen Brautschatz von zwölftausend Livres gestiftet, um meinem Vater, der sie sehr mag, eine Freude zu machen.
Guten Abend, mein liebes Bürschchen, bleiben Sie wohlauf, schreiben Sie mir oft, Sie wissen, was es mir bedeutet.

M. de Nivernois: Gesandter beim Vatikan.

8.

Ich habe Ihren Brief erhalten, mein lieber Bruder. Morgen werde ich mir wohl Ihre Gewänder ansehen und sie auf der Stelle nach Turin schicken lassen, wo Sie sie vorfinden werden.
Über den Empfang, den Ihnen der Heilige Vater bereitet hat,

bin ich sehr froh. Die Achtung, die ich in diesem Lande genieße, wo jeder meine Dienste braucht oder brauchen kann, wundert mich nicht; aber ich war erstaunt, daß sie bis Rom reicht. Trotz dieses Vergnügens, das ich auskosten sollte, da es nun einmal so ist, verdreht mir das nicht den Kopf; und bis auf das Glück, das sich in allen Schichten und Ständen gleicht, nämlich von denen geliebt zu werden, die man liebt, ist ein einsames und weniger glänzendes Leben wohl vorzuziehen.
Ich hoffe, Sie denken wie ich und dünken sich nicht wegen der flüchtigen Ehrungen, die man der Stellung und nicht der Person erweist, etwas Besseres.
Genug philosophiert. So will ich Ihnen denn sagen, um uns nun wieder mit antiken wie den modernen Menschen zu befassen, daß alles, was ich über Rom gelesen habe und was man mir darüber erzählt hat, mich auf Ihre Bewunderung vorbereitet hatte, und ich glaube jetzt, daß Sie mir noch oft danken werden, Sie zu dieser Reise überredet zu haben. Wie Sie mich so treffend wissen lassen, besitzt der König Stiche von allem, was Sie sehen, aber ich, die ich nichts habe, wäre über die kleine Mappe, die Sie mir anbieten, nicht verärgert, und ich zähle darauf, daß M. Cochin mir zur Freude daran arbeiten wird. Ich werde darüber später für alle Ewigkeit erblich verfügen, als über eine Kostbarkeit, die von einem so kunstfertigen Mann geschaffen wurde.
Die Portraits sind noch nicht fertig, aber spätestens in zwei Wochen wird wenigstens eines auf Reisen gehen.
Guten Abend, liebes Brüderchen, ich umarme Sie von ganzem Herzen und liebe Sie ebenso. Meine Grüße an Billy, falls er noch bei Ihnen ist, desgleichen an den Marquis de L'Hôpital. Richten Sie Ihren Reisegefährten von meiner Seite irgend etwas aus.

9. *den 26. April*

Das Bild, das Sie mir von den römischen Vergnügungen malen, hat mich nicht verführt, mein lieber Bruder; trotzdem glaube ich, daß Sie sich dort nicht langweilen, da es so viele schöne Sachen zu sehen und so viele gute zu lernen gibt.

Ich schicke Ihnen endlich die Kopie meines Portraits von Boucher; sie gleicht ziemlich dem Original, mir selbst weniger; alles in allem recht erfreulich. Ich lasse das von Liotard kopieren. Vielleicht kann man damit etwas Sinnvolles bewerkstelligen. Die Kopie Ihrer Schatulle befindet sich auf demselben Portrait.
Ich habe vor zwei Tagen Ihre Gewänder begutachtet; sie sind unterwegs nach Turin, wo ich sie an M. de La Chetardie schicke, der sie bis zu Ihrem Eintreffen verwahren wird.
Ich weiß nicht, ob dieser Brief Sie noch in Rom antrifft, zumindest werden Sie kurz vor der Abreise stehen. Teilen Sie mir mit, an wen ich während Ihrer Abwesenheit die Kopien, die ich schicken will, adressieren oder ob ich sie bis zu Ihrer Rückkehr nach Rom hierbehalten soll.
Ich schicke Ihnen das genaue Maß für zwei Bilder, die ich, wie man mir riet, von Vernet in Rom malen lassen will. Sie sind für das Vorzimmer des Königs in Bellevue gedacht; ich brauche sie Ende Oktober.
Madame la Dauphine ist vorgestern, im viereinhalbten Monat, zur Ader gelassen worden. Sie haben völlig recht mit Ihrer Einstellung, daß ich ein halbes Jahr meines Lebens opfern würde, damit sie mit einem Prinzen niederkommt.
Heute hatte ich wieder Migräne: seit drei Tagen schleppe ich sie mit mir herum; sie hinderte mich indes nicht, gestern den ›Prinzen von Noisy‹ zu spielen; morgen ist dann die letzte Aufführung. Nach den Änderungen ist es eine wunderbare Oper.
Ansonsten geht es mir ausgezeichnet, Alexandrine ebenfalls, die ihren kleinen Onkel mit aller Kraft umarmt; ich schließe mich an.

Die Kopie: ein Bild Liotards mit einer klar erkennbaren Schatulle ist nicht nachgewiesen. – *Prince de Noisy:* Oper von Rebel und Francœur, in der die Marquise in einer Hosenrolle auftrat.

10.

Mein Gemälde hat Sie sicherlich erreicht, mein lieber Bruder. Jetzt müssen wir nur noch auf das des Königs warten. Ich weiß nicht, ob Sie dem Sieur Vernet den Auftrag für die beiden, die ich von ihm haben möchte, gegeben haben.

Madame de Haussets Verwandter ist möglicherweise ein wohlhabender Mann, aber dort unten in jenem Land gibt es davon nur wenige.
Teilen Sie mir doch Ihre Reiseroute mit, liebes Bürschchen. M. de Saint-Germain hat mich wissen lassen, daß Lefort am 2. oder 3. Juni in Turin eintreffen wird; also müssen Sie unterwegs sein. Ich hoffe, daß Sie auch diesmal so erfolgreich sind wie bei Ihrer ersten Reise an jenen Hof. Richten Sie Mylord Lismore meine Grüße aus.
Ich sollte gestern nach Crécy aufbrechen, habe die Reise jedoch abgesagt, weil dort, wie seit einem Jahr in Paris, Halsentzündungen grassieren. Ich bin dem König zu sehr verbunden, um seine Person auch nur der leichtesten Beunruhigung auszusetzen. Ich wollte einen Tag dort verbringen; Seine Majestät wollte es mir aber nicht gestatten.
Guten Abend, lieber Bruder; Vanloos Portrait ist noch nicht fertig; seine Kinder hatten die Masern. M. de T wagte es nicht, ihm einen Besuch abzustatten, um sich eine Vorstellung davon zu machen.

Madame du Hausset: Zweite Kammerfrau der Pompadour. – *M. de T:* Tournehem.

II. *den 28.*

Je älter ich werde, mein lieber Bruder, desto philosophischer werden meine Gedanken. Ich bin sicher, daß Sie mit der Zeit genauso denken werden. Mit Ausnahme des Glücks, mit dem König zu leben, was mich gewißlich über alles tröstet, ist alles übrige nur ein Gewebe von Bosheiten, Platitüden, aller Elendiglichkeiten schließlich, zu denen diese armseligen Menschenwesen fähig sind. Ein schöner Stoff zum Denken, vor allem für jemanden, der so grüblerisch wie ich auf die Welt gekommen ist.
Um Sie von diesem Moralisieren zu erlösen, möchte ich Ihnen sagen, daß ich Ihre Karikatur schrecklich gefunden habe; der König gleichfalls; niemand hat Sie darauf erkannt, nicht einmal Ihre Dienstboten. Mir läge nicht viel an dergleichen Begabung.

Es erleichtert mich sehr, daß Sie mit meinen Portraits zufrieden sind; man fand sie hier sehr hübsch, aber nicht besonders ähnlich. Wie dem auch sei, da es das am wenigsten schlechte ist, habe ich es Ihnen gesandt. Von Latour darf man sich nichts mehr erhoffen, er wird von Augenblick zu Augenblick wahnsinniger.
Was Verrücktheiten angeht, so werden Sie erfahren haben, was die Pariser umtreibt. Ich glaube, es gibt nichts derartig Dummes, wie zu glauben, daß man ihren Kindern Blut abzapfen wolle, um einem hautkranken Fürsten ein Heilbad zu bereiten. Zu meiner Schande gestehe ich, für so schwachsinnig habe ich sie nicht gehalten.
Das Parlament hat ein Urteil gefällt, und alles ist erledigt.
Ihr Portrait ist, meine ich, gut gemalt; ein bißchen ähneln Sie darauf Gargantua. Ich werde es meinem Vater schicken, und Sie werden Sorge tragen, nachdem Sie wieder in Rom sind, mir ein besseres machen zu lassen. Das andere Bild ist sehr spaßig, aber ich glaube nicht, daß man den Mann hier gebrauchen kann.
Ich habe M. de T in Étiolles besucht, was ihm großes Vergnügen bereitet hat; er war bezaubernd.
Ich vermute Sie in Turin oder dicht davor. Grüßen Sie M. de La Chétardie und lieben Sie Ihre Schwester, wie diese Sie liebt.

Gargantua: Hauptfigur des Schelmenromans um einen legendären Riesen und Vielfraß in *Gargantua und Pantagruel* von Rabelais, 1494-1533.

12. *den 15. Juni*

Der Auftrag, den Ihnen, mein lieber Bruder, die Infantin erteilt hat, ist zweifellos sehr angenehm und Sie werden ihn eifrig erledigen. Ich bin sehr froh, daß man Ihre Gewänder für schön befunden hat, das war auch meine Absicht, und ich habe mich bemüht, das Schöne nicht zu prunkvoll geraten zu lassen.
M. de Tournehem hat mir gesagt, daß ich Ihnen diesen Brief nach Genua schicken soll; ich füge ihm das erste Original von

Boucher bei, das er nach meinen Anweisungen verändert hat und das besser als die Kopie ist, die ich Ihnen nach Rom geschickt hatte.

Ihren Brief erhielt ich tatsächlich im Wald von Compiègne, wo ich die Eremitage noch reizender fand als letztes Jahr. Höchst zufrieden verbringe ich dort mein halbes Leben.

Alexandrine lebt seit zwei Wochen im Kloster; sie ist bestens aufgehoben und begeistert, dort zu sein.

Wir haben, weiß Gott, kein gutes Wetter; es regnet hier pausenlos, was uns wegen der Ernte beunruhigt; der Getreidepreis ist schon gestiegen. Seit drei oder vier Tagen wird es indes wärmer, und ich hoffe, daß wir uns nicht länger sorgen müssen.

Madame la Dauphine ist weiter glücklich in anderen Umständen; M. le Dauphin kommt heute für eine Woche hierher. Einen seiner Kammerdiener hat man in eine Festung gebracht, da er zu behaupten gewagt hatte, M. le Dauphin hätte ihm befohlen, M. de Maurepas seiner Freundschaft zu versichern, was gar nicht stimmte.

In Paris ist es derzeit ruhig; das Parlament nimmt weiter Aussagen entgegen, und bald wird man etliche hängen. Weder der König noch ein Mitglied seiner Familie haben Paris betreten, um so seine Bewohner für ihre Dummheit zu bestrafen.

Das nun, mein liebes Bürschchen, sind die Neuigkeiten aus der Stadt und vom Hof; meine zärtliche Freundschaft für Sie ist hingegen keine.

Der König ist mit all dem Guten, das er von Ihnen hört, zufrieden; das sollte Sie ermutigen.

Maurepas: Marineminister und Verfasser von Schmähgedichten auf die Marquise, 1749 verbannt. – *Das Parlament:* fungiert hier als oberster Gerichtshof.

13.

M. und Mme. Dardoré, mein Bruder, sind mit Ihnen mehr als zufrieden; das freut mich außerordentlich, und ich hoffe, Sie machen weiter so.
Ich finde es richtig, daß Sie während der Seuchenperiode nicht in Rom gewesen sind. Bei Compiègne ist man auch übel geplagt gewesen, aber bis zu uns ist sie nicht vorgedrungen.
Ich bin seit Mittwoch wieder hier. Madame la Dauphine habe ich vollkommen wohlauf vorgefunden; in einem Monat werden wir über das Geschlecht ihres Kindes Bescheid wissen.
Seit acht Tagen ist es so heiß wie seit vielen Jahren nicht.
M. de Tournehem hat etwas mit den Nieren gehabt; ich war in großer Sorge, aber glücklicherweise ist es folgenlos geblieben.
Meine Tochter habe ich nach La Muette kommen lassen; als ich dorthin zurückkam, fand ich sie gewachsen, schöner und putzmunter vor.
Ich warte weiter auf das Portrait von Vanloo; ich hoffe doch, er macht bald den letzten Pinselstrich; ich werde Ihnen sogleich eine Kopie senden.
Die Hochzeit von Mademoiselle Malvoisin mit Bouret Derigny ist für Dienstag angesetzt. Ich werde im Brimborion ein Diner geben, und nach der Messe dort werde ich den Vermählten, die dann wahrscheinlich bei Bouret soupieren, einen guten Tag wünschen.
Guten Tag, liebes Bürschchen, ich bereue keinen der Genüsse, die ich Ihnen mit Ihrer Reise verschaffe, da Sie mir durch Ihr Auftreten reichlich Genugtuung bereiten. M. de Meuse läßt Sie grüßen.

Brimborion: ›Nebensächlichkeit‹, ein Schlößchen beim Schloß Bellevue.

14. *den 23.*

Ich weiß nicht, mein lieber Bruder, ob ich Ihnen für die Kristalle, die Sie geschickt hatten, gedankt habe; sie sind ganz außergewöhnlich, in diesem Land hier besitzt kaum jemand derlei; ich lasse mir eine Bonbonnière daraus machen.
Ich habe die Herren Bureton und de Quinsonas gesehen – ich habe Sie als Ihre Postillons empfangen. Apropos Genua, man erzählt sich, eine gewisse Madame Victorina hätte Sie tüchtig umgarnt, Sie aber hätten Lust auf eine andere gehabt und gemeint: *Nehmen wir erst mal diese, da Gott sie uns schickt.* Ich gratuliere Ihnen und wünsche Ihnen Wohlergehen und keine Reue.
Ich schicke Ihnen umgehend ein Portrait des Königs, von Vanloo, der mir eine Kopie für Sie anfertigt; es ist vor Schönheit und Ähnlichkeit umwerfend; endlich eines für Sie.
Ich bin entzückt, daß Vernet so vorzüglich gemalt hat und damit seinem Ruf gerecht wird. Ich erwarte vor dem 15. November seine zwei Gemälde, und zwar, aufgrund Ihres Berichts, mit Ungeduld.
Seien Sie zudem überzeugt, daß die kleine Mappe mit Zeichnungen sicherlich in die Hände größerer Kenner kommen könnte, aber in keine, die darüber beglückter wären.
Die zwei Birnen, die Sie mir geschickt haben, sind prächtig, aber sie haben den König nicht in Versuchung geführt und mich noch weniger, wie Sie sich denken können.
Wir harren der Niederkunft von Madame la Dauphine. Ich habe bereits einen Brief fertig, der nur im Falle eines Jungen abgehen wird.
Ich umarme Sie, liebes Bürschchen, von ganzem Herzen. Der arme Sohn von Valliet ist tot; ich bin darüber untröstlich.

15. *Choisy, Sonntag, 6.*

Überall, wo Menschen sind, mein lieber Bruder, werden Sie Falschheit und alle Laster finden, deren sie fähig sind. Allein zu leben wäre zu langweilig, so muß man sie mit ihren Fehlern ertragen und so tun, als sähe man sie nicht.

Ich kannte den Bericht über Ihre Heirat, er wurde in mehreren Gazetten abgedruckt. Das ist nur ein winziges Malheur; ein wirkliches ist die Tochter, mit der Madame la Dauphine niedergekommen ist, aber da sie nun am elften Tag völlig wohlauf ist, wird sie uns im nächsten Jahr einen Prinzen schenken. Das muß uns zum Trost gereichen, und man sollte, wenn möglich, über die kleine Madame nicht weiter nachgrübeln. Ich habe sie heute zum erstenmal gesehen; ich konnte mich bis dahin nicht dazu entschließen. Sie ist schwächlich, ich weiß nicht, ob sie überleben wird.
Alexandrine geht es gut; ich werde sie übermorgen hierherbringen lassen und für Ihren Onkel einmal öfter küssen, den ich meinerseits von ganzem Herzen umarme.

Tochter: Marie-Zéphirine, das erste Kind des Thronfolgerpaars, geboren am 26. 8. 1750, starb 1755.

16. *Crécy, den 28.*

Ich habe Ihnen zu Unrecht gezürnt, mein lieber Bruder, da ich mittlerweile durch M. de T Nachricht von Ihnen erhalten habe; da er jedoch nicht in Versailles war, nahm sein Paket mehrere Umwege und gelangte erst am nächsten Tag in meine Hände. Den Brief habe ich M. de Richelieu übergeben. Sie wissen zweifellos, wie ungeschickt M. de T sich beim Kirchenzwist verhalten hat; das macht es mir unmöglich, ihm wegen Ihres Mönchs eine Bitte vorzutragen; ich will niemandem verpflichtet sein, mit dem man unzufrieden ist. Wenn jemand anderer helfen soll, wäre es egal, teilen Sie es mir mit.
M. de Nivernois hatte mich mit seiner Nachricht in Aufruhr versetzt, daß Sie Wundrose gehabt hätten, aber M. de T hat mir Ihren beruhigenden Brief gebracht.
Seit gestern bin ich wieder hier; vorgestern bestaunten wir ein bezauberndes, wenn auch nicht allzu großes Feuerwerk für Madame la Dauphine. Am 2. reise ich wieder von hier ab, um am 4. nach Choisy und am 7. nach Fontainebleau zu fahren. Sie unternehmen längere Reisen, und ich heiße Ihre Vorkehrungen gut.

Guten Tag, mein liebes Bürschchen, ich umarme Sie von ganzem Herzen.

Kirchenzwist: Kampf um die ›Beichtbescheinigungen‹ oder Kampf für oder gegen die Jesuiten.

17. *den 2.*

Es stimmt schon, mein liebes Bürschchen, daß Sie mich um Empfehlungsschreiben gebeten haben, aber ich meine, Sie haben mir nicht gesagt, für wen und wann Sie sie wollen. M. de L'Hôpital ist, glaube ich, nicht mehr in Neapel, aber falls er noch dort ist, richten Sie ihm meine Grüße aus, sagen Sie ihm, daß ich Sie ihm nicht schriftlich empfohlen hätte, da ich ihn auf der Rückreise vermutete. Gewiß hat er noch nicht vergessen, daß ich ihn zum Oberstallmeister der königlichen Prinzessinnen gemacht habe, also wird er Sie gut empfangen. Teilen Sie mir mit, welche Schreiben Sie brauchen und wohin ich Ihnen schreiben soll.
Graf Kaunitz, Botschafter der Kaiserin, hat heute Audienz gehabt. Es heißt, er sei liebenswürdig; mir ist er sehr höflich erschienen.
Wir haben gerade Nachricht aus der Bretagne erhalten; die bretonischen Stände haben einstimmig die Sonderabgabe bewilligt, die Redner haben sich selbst übertroffen. Ich glaube, dieser Beschluß wird den Herren des Languedoc und der Geistlichkeit in den Ohren klingen.
Guten Abend, mein liebes Bürschchen, ich umarme Sie von ganzem Herzen.

18. *den 11.*

Nun bin ich also in Fontainebleau, mein lieber Bruder, und die Mesdames de Fronterrault treffen heute um acht hier ein. Aus meinem letzten Brief haben Sie ersehen, daß ich Ihre Reise gutheiße; Sie werden Sorge tragen, mich wissen zu lassen, wohin ich Ihnen schreiben muß.

Lieber hätte ich das Portrait des Königs bald, und sei es auch nur der Kopf, als noch zwei Jahre zu warten; also geben Sie entsprechende Anweisungen.
Da der Sieur de Voltaire Kammerherr des Königs von Preußen geworden ist, konnte er nicht länger Historiograph des Königs von Frankreich bleiben; so habe ich denn das Amt für Duclos erbeten, der, wie Sie wissen, der größte Ehrenmann der Welt ist.
Guten Abend, mein liebes Bürschchen, ich liebe Sie von ganzem Herzen und umarme Sie mit all meiner Kraft.

Voltaire: zu diesem Dienst- und Landeswechsel Voltaires im Jahr 1750 bemerkte Ludwig XV.: »Nun gibt es am preußischen Hof einen Narren mehr und an meinem einen weniger.«

19. *den 19.*

Die beiden Prinzen Borghese sind mir gestern hier vorgestellt worden, mein lieber Bruder; ich habe ihnen viel Aufmerksamkeit bezeugt und ihnen für all jene gedankt, die ihre Mutter, die Fürstin, Ihnen erwiesen hat, und sie gebeten, ihr dafür meine Dankbarkeit auszudrücken. Besser kann man es wohl nicht machen; sie können kein Wort Französisch, das macht, wie Sie mir glauben können, die Unterhaltung heikel.
Mesdames Sophie und Louise sind gestern hier eingetroffen; der König ist ihnen mit M. le Dauphin und Madame Victoire entgegengefahren; ich hatte die Ehre, in ihrem Gefolge zu sein. In der Tat ist nichts rührender als diese Zusammenkünfte; die Zärtlichkeit des Königs für seine Kinder ist unglaublich, und sie erwidern diese Empfindung von ganzem Herzen. Madame Sophie ist fast so groß wie ich, sehr gutherzig, dick, hat einen schönen Hals, ist wohlgebaut, ihre Haut ist schön; auch die Augen sind hübsch, und im Profil gleicht sie dem König wie ein Wassertropfen dem anderen; von vorn bei weitem nicht so, denn ihr Mund ist unangenehm; alles in allem ist sie eine schöne Prinzessin. Madame Louise ist ungeheuerlich groß, ungestalt, die Gesichtszüge sind eher häßlich als hübsch, dazu ein feines Mienenspiel,

das eigentlich noch mehr entzückt, als wenn sie schön wäre. Heute sind wir alle einander vorgestellt worden.
Mein Vater war unpäßlich; er hat sich auf seine Weise behandelt und befindet sich trotzdem wieder besser. Ein erstaunlicher Mensch.
Ab jetzt weiß ich nicht mehr, wohin ich meine Briefe an Sie adressieren soll; Sie werden es mir wahrscheinlich mitteilen. Ich umarme Sie, mein liebes Bürschchen, von ganzem Herzen.

Sophie, Louise, Victoire: Töchter des Königs.

20. *18. 1. 1751*

Mir ist so, mein lieber Bruder, als wären Sie in diesem Moment gut in Rom eingetroffen. Wir kommen soeben aus Choisy zurück. Dort ist uns eine unglaubliche Neuigkeit aus Paris zu Ohren gekommen: öffentliches Aufgebot und Heirat des Marquis de Langeron, den Sie kennen, mit einer Kammerzofe von Madame de Sens. Ich habe ihm geschrieben, um die Wahrheit zu erfahren. Der arme Teufel hat nie an derlei gedacht und ist über diese schändliche Lüge verzweifelt. Sie werden allmählich zu falsch, die Leute hier in Paris. Ich hielt sie nur für dumm und böse, aber das ist nun doch zu stark. Sie wissen sicherlich, daß Bellevue um einen Fuß abgesunken ist, daß durch das Heizen sämtliche Spiegel zersprungen und alle Kamine zerborsten sind, und zwar natürlich seitdem ich es dem König für 800 tausend Livres verkauft habe. Diese Erfinder neuester Neuigkeiten würden ein sehr langes Gesicht ziehen, wenn sie wüßten, daß ich sie nicht mit den Fingerspitzen anrühren würde und daß sie mir nicht die geringste Pein verursachen.
Ich hoffe, Sie haben mittlerweile einen ordentlichen Stapel meiner Briefe bekommen; in jedem Fall, wenn jemand Sie unterschlagen hat, will ich nicht länger trauern; mich ärgert nur Ihre Beunruhigung deswegen.
Ich trauere weiter um M. de T; sein Neffe will ihm ein Mädchen unterschieben, damit sie in einem Viererhaushalt

etwas Abwechslung haben; ich glaube, er würde lieber sterben; es geht ihm nicht gut, das grämt mich, ich werde versuchen, dort Abhilfe zu schaffen.
Guten Abend, liebes Bürschchen, wir haben in Bellevue ein Theaterchen, das entzückend ist; dort spielen wir zum erstenmal am 26. dieses Monats; nur eine Komödie. Ich liebe Sie und umarme Sie von ganzem Herzen.

Marquis & Kammerzofe: eine skandalöse Mesalliance. – *Bellevue*: ihr Schloß hatte die Marquise an den König zurückverkauft. Sie sparte damit Unterhaltskosten ein. – *Neffe:* dieser Neffe des Onkels Tournehem ist ihr eigener Ehemann Charles-Guillaume d'Étiolles.

21.

Ganz recht, mein liebes Bürschchen, Neujahrskomplimente sind bei uns fehl am Platze. Ich bin überzeugt, daß M. de T Ihnen freudig die Neujahrsgaben bewilligen wird, um die Sie ihn für Ihren kleinen Cochin bitten.
Der Brief, in dem ich Ihnen von Vernets Gemälden schrieb, muß verlorengegangen sein. Ich teilte Ihnen nicht nur mit, wie vortrefflich sie geworden sind, sondern berichtete obendrein, wieviel der Maler dafür verlange.
M. de T steckt bis zum Hals in den Plänen für die königliche Militärschule. Ich schicke Ihnen ein halbes Dutzend Erlasse; geben Sie ein paar M. de Nivernois, falls er sie noch nicht hat.
Guten Abend, lieber Bruder, ich umarme Sie von ganzem Herzen.

22.

Vor zwei Tagen hatte ich, mein liebes Bürschchen, eine Fieberattacke, die aus einer allgemeinen Mattigkeit herrührte. Es ist ausgestanden, also sorgen Sie sich nicht um meine Gesundheit. Mit der von M. de T bin ich nicht zufrieden, und das bekümmert mich wirklich sehr.
Guten Abend, mein lieber Bruder, ich umarme Sie von ganzem Herzen.

23. *den 13.*

Anbei nun, mein lieber Bruder, der Vorschlag, den man meinem Onkel bezüglich Ihrer Geschäfte macht. Er überläßt Ihnen die Hälfte des Gewinns aus dem Pachtvertrag, was sich, das weiß ich ganz genau, auf 350 000 L. belaufen wird, obendrein wird er Ihnen auf den kommenden Pachtvertrag 100 000 L. vorstrecken und die Leibrente meines Vaters übernehmen. Das enthebt Sie zukünftiger Debatten, und Sie werden ohne Rückzahlungsforderungen die 450 000 L. anlegen können, was Ihnen eine Rente von 45 000 L. einbringen wird. Ich möchte Ihnen außerdem vorschlagen, unser Haus beim Palais Royal zu verkaufen; die Hälfte, die Ihnen zufließen wird, kommt zu den Pachteinkünften noch hinzu.
Ich denke, Sie werden uns reichlich Ablässe und Rosenkränze mitbringen.
Übrigens haben Sie mir nicht berichtet, daß Sie den Prinzen von Zweibrücken in Rom getroffen haben. Sein regierender Bruder hält sich hier auf: er hat gleich nach seiner Ankunft bei mir soupiert, er ist liebenswert.
Guten Tag, lieber Bruder, ich umarme Sie.

Meinem Onkel: Monsieur de Tournehem. – *L.:* Livres. – *Rosenkränze:* zu den Gebetsketten schrieb Leopold Mozart 1764 aus Paris: »... in der heiligen Fastenzeit sollte man lieber statt des Tanzes in den heiligen Rosenkranz gehen. Ja wohl Rosenkranz. Hier weiß man nichts was ein Rosenkranz ist.« – *Sein regierender Bruder:* Christian IV. von Zweibrücken-Birkenfeld; s. auch Anmerkung zum 161. Brief.

24. *den 1. April*

M. Berryer wird Ihnen, lieber Bruder, die Übereinkunft mit M. de L. M. mitgeteilt haben; sie wird nach Ostern, wenn er vom Land zurückkommt, unter Dach und Fach gebracht werden. Sie werden aus der Pacht, die jetzt abgelaufen ist, ganz gewiß 350 000 L. erzielen; für den Verzicht auf Ihre Rechte habe ich 100 000 L. verlangt, so daß Sie bei Ihrer Ankunft über 450 000 L. verfügen können, die Hälfte unseres Hauses nicht gerechnet, das, meine ich, bis dahin verkauft sein wird.

Die Anweisungen für mein Portrait sind nach Marseille abgegangen; ich werde es Ihrem Wunsch gemäß aufhängen lassen.
Bei Ihrem Abschiedsbesuch gab es sicherlich ein Mißverständnis, denn abgesehen davon, daß M. de N. nichts tut, was mir mißfallen könnte, teilt er mir in seinem letzten Schreiben mit, daß Sie abgereist seien und daß Sie einen hervorragenden Auftritt gehabt hätten; er bittet mich, Ihnen auszurichten, wie sehr er von Ihren Aufmerksamkeiten ihm gegenüber gerührt sei.
Ich bin entzückt, daß der Heilige Vater Sie gesegnet hat. Es scheint mir, daß mein Vater auf den Rosenkranz begierig ist, also sollten sie ihm den Vortritt lassen, ich bringe ihm dieses Opfer gerne. Ich kann mir vorstellen, daß Sie uns einen ganzen Stoß Ablaßzettel mitbringen.
Die arme Madame de Mailly ist tot; das tut mir wirklich leid. Sie war unglücklich; den König hat die Nachricht erschüttert.
Ich vergaß, Sie zu bitten, weiße venezianische Masken zu besorgen; sie kosten 7 S. das Stück, so daß ich einige für einen Louis weiterverkaufen könnte.
Guten Abend, liebes Bürschchen, ich umarme Sie von ganzem Herzen.

Berryer: Generalleutnant der Polizei, später Marineminister. – *M. de L. M.:* nicht identifiziert. – *M. de N.:* Monsieur de Nivernois. – *Madame de Mailly:* frühere Maitresse Ludwigs XV. – *S.:* Sou. – *Louis:* Louisdor.

25. *den 26. April*

Ich schicke Ihnen, mein liebes Bürschchen, das Schreiben, das Sie von mir für M. de Chavigny haben wollen. Da der Kurier wartet, nur noch ein Wort. Gestern haben wir in Bellevue die Hochzeit von Mademoiselle de Romanet mit dem Comte de Choiseul gefeiert. M. de T ist hochzufrieden, und das aus gutem Grund. Er hat mir übrigens Ihren letzten Brief gezeigt. Was Sie ihm mitteilen und alles sonstige sollte Sie nicht beunruhigen.
Guten Abend, liebes Bürschchen, ich umarme Sie.

Mademoiselle de Romanet: Die Braut war von Madame de Pompadour lange umsorgt worden. Sie entpuppte sich jedoch plötzlich als Liebesrivalin. Ein Jahr nach ihrer Hochzeit mit dem Comte de Choiseul-Beaupré stürzte die Achtzehnjährige mit aufgelöstem Haar aus dem Zimmer des Königs und rief: »Ja, es ist soweit! Ich werde geliebt ... Er ist glücklich ... Sie [die Pompadour] wird fortgeschickt. Er hat mir sein Wort darauf gegeben.« Statt der Marquise wurde jedoch bald danach die Comtesse Rosalie-Charlotte de Choiseul-Beaupré, aus Gründen seiner Familienehre gemeinsam mit ihrem Mann, weggeschickt. Sie starb wenige Monate später im Kindbett.

26. *Zu Marly, den 20.*

Ich habe mich wohl gehütet, mein liebes Bürschchen, Ihr Gesuch dem König vorzutragen; da dieses Haus für das Amt der Bauten reserviert ist, hielt ich es für unschicklich, es für Ihre Person zu erbitten. Ich war sogar über M. de T verstimmt, weil er dies dem König gegenüber erwähnt hatte. S.M. hat es so geregelt, daß er dieses und andere Häuser M. de La Vallière überläßt und das Hôtel de La Vallière das Amtspalais der Bauten bleibt. Beide sind nicht vergleichbar.
All die köstlichen Dinge, die Sie mir aus Bologna schicken, kenne ich nicht; ich werde auf Ihr Wohl trinken, wenn ich sie verspeise.
Ich bin arg erkältet und hatte einen Tag lang Fieber; jetzt geht es ein wenig besser. Heute abend werde ich mich in den Salon hinunterwagen, der, nebenbei bemerkt, bei Erkältungen die reine Hölle ist; es ist dort furchtbar heiß; wenn man hinausgeht, friert man, also grassiert mehr Husten als zu Weihnachten.
Ich beabsichtige, Montag bis Pfingstsamstag und dann wieder vom 4. bis zum 9. nach Crécy zu fahren. Falls das Wetter so wie heute bleibt, verzweifle ich, denn es ist wie im schlimmsten Februar.
Ich werde Ihnen eine Wohnung in Bellevue einrichten lassen; ich denke, Sie werden sie nach Ihrer ersten Reise beziehen, denn vor August wird sie nicht fertig.
Mein Vater hat mir einen Brief von Ihnen geschickt, der mich nicht verwundert, Sie beurteilen den fraglichen Punkt

sehr vernünftig. Wenn Sie sich verheiraten und es denn so sein soll, werden Sie den Namen Ihrer Landgüter annehmen wie so viele andere auch; bis dahin halte ich es nicht für notwendig.
M. de T harre Ihrer Rückkehr, heißt es, um sich zur Ruhe zu setzen; ich hoffe, daß dem nicht so ist; falls doch, würde ich ihn mit aller Macht davon abhalten, erstens seinetwegen, der daran stürbe, dann Ihretwegen. Obwohl Sie sich Kenntnisse angeeignet haben, sind Sie doch nicht einmal fünfundzwanzig; wenn Sie mit achtundzwanzig oder dreißig seine Nachfolge anträten, wäre das allemal besser.
Guten Tag, lieber Bruder, ich umarme Sie sehr zärtlich; Ihre Nichte, die sich hier erholen soll, umarmt Sie von ganzem Herzen.

Wenn Sie sich verheiraten: die großen Ehepläne seiner Schwester scheiterten. Schließlich heiratete Abel-François eine uneheliche Tochter Ludwigs XV. Die Verbindung verlief katastrophal. Die Frau wurde die Geliebte des Kardinals de Rohan, der sich in ihrer Begleitung stets als Abbé, als Weltgeistlicher, verkleidete.

27. *zu Choisy, den 21. Juni*

Das ist sehr wohlgetan, mein liebes Bürschchen, sich, da sie nun einmal auf Reisen sind, auf Ihrem Weg alles Bemerkenswerte anzusehen. Sie können sich gar nicht genug bilden, um die Gunst des Königs zu verdienen.
M. de T ist noch immer erkältet, sein Zustand beunruhigt mich und mehr noch seine Stimmung, die schrecklich finster geworden ist. Wenn Sie ihm schreiben, sparen Sie nicht mit netten Worten, er ist dafür empfänglich; das kostet Sie keine Überwindung, denn Sie lieben ihn gewiß, wie er Sie liebt.
Alexandrine ist hier; ich weiß nicht, wann sie in ihr Kloster zurückkehrt.
Madame Dornoy stirbt an genau der gleichen Krankheit wie Ihre arme Mutter; es ist ein fürchterlicher Verlust für meine Tochter.
Am Freitag brechen wir für sechs Wochen nach Compiègne auf. Wir lassen Madame la Dauphine und ihr höchst reges

Kind in bester Gesundheit zurück. Wolle Gott, daß es bald gut auf die Welt kommt und ein Junge wird. Ich versichere Ihnen, und Sie werden mir dies sofort glauben, daß ich vor Kummer vergehe, wenn ich nur lauter Mädchen sehe. Dem, das wir jetzt haben, geht es derweil gut, aber wir wären vor Glück außer uns gewesen, wenn es ein Junge gewesen wäre. Guten Abend, lieber Bruder, ich liebe und umarme Sie von ganzem Herzen.

Ich umarme Sie, lieber kleiner Onkel, von ganzem Herzen.

ALEXANDRINE

M. de T: die Anhänglichkeit an den Onkel ihres Ehemanns, Monsieur de Tournehem, ist nicht verwunderlich. Er hatte sich während der Auslandsflucht des Vaters um die Erziehung der Poisson-Kinder gekümmert und war vielleicht sogar der leibliche Vater von Jeanne-Antoinette de Pompadour. – *Reges Kind:* am 13. September 1751 kam das zweite Kind des Thronfolgerpaars, der Thronerbe, zur Welt. Aus Dank für die Geburt seines Enkels ordnete Ludwig XV. eine Senkung der Steuern um 4 Millionen Livres an und befahl der Stadt Paris, die Ausgaben für Freudenfeste als Mitgift für arme Mädchen zu verteilen. Der langersehnte Knabe starb 1761. Sein jüngerer Bruder, drei Jahre nach ihm geboren, wurde später Ludwig XVI.

28. *Freitag, 6.*

Über den Sturz, den der König gestern getan hat, wird man Ihnen womöglich Schreckliches melden. Es ist glücklicherweise nichts: er hat kleine Schürfwunden am Arm und am Kopf und durch die Flinte eine Quetschung am Schenkel; aber ihm war weder übel noch schwindlig. Es war letztlich so geringfügig, daß die Ärzteschaft einen Aderlaß verworfen hat. Sie erraten gewiß, daß mein Kopf von dem plötzlichen Schrecken angegriffener ist. Guten Abend, Bürschchen.

29.

Dem König geht es weiterhin gut, mein liebes Bürschchen, und man merkt ihm nichts von seinem Sturz an. Die schwangere Madame la Dauphine hat einen ungeheuerlichen Umfang, aber es geht ihr ausgezeichnet.

M. de T ist ziemlich krank; das macht mir angst; gestern wurde er zweimal zur Ader gelassen; heute geht es ihm allerdings besser, das Fieber und der Husten haben merklich nachgelassen.

Guten Tag, lieber Bruder, ich umarme Sie von ganzem Herzen.

M. de T: verstarb im selben Jahr.

30. *den 7. August 1751*

Ich habe Ihnen erst vorgestern geschrieben, mein Bürschchen, aber ich hatte solche Angst, daß Ihnen die Schreckensmeldungen aus Paris ohne ein Gegengift zu Ohren kommen, daß ich Ihnen nur ganz rasch mitgeteilt habe, wie es um den König steht. Es geht ihm vorzüglich, gestern um fünf ist er trotz seiner Prellungen zur Jagd ausgeritten. Die Pariser trauten ihren Ohren nicht, und in der Tat, ich glaube, es wäre schwierig, auf der Welt einen ähnlichen Herrn zu finden.

Sie waren in säuerlicher Laune, als Sie das Haus von M. de T malten; es ist trotzdem wiederzuerkennen, nur ein wenig schief und verzerrt. Derzeit geht es ihm wunderbar, er ist sehr munter, ganz zufrieden. Ich habe ihm inständig versichert, daß weder Sie noch ich jemals seine Demission gestatten würden. Das hat sein Blut wieder in Wallung gebracht, und darüber bin ich beglückt, denn für Sie wäre es ein großer Verlust.

Wir brechen übermorgen auf, am Mittwoch werde ich Bellevue sehen. Ich freue mich wie ein Kind darauf, es wiederzusehen. Auch Alexandrine, die seit zwei Monaten dort wohnt, werde ich sehen.

Als die arme Madame Dornoy sich angesteckt hatte, war ich gezwungen, meine Tochter aus ihrer Wohnung, deren Ausdünstung höchst verderblich war, zu holen. Die arme Frau hat mir vor zwei Tagen geschrieben, um mir Lebewohl zu sagen. Das Herz krampfte sich mir zusammen; ich glaube, sie ist jetzt tot.

So reisen Sie denn nicht ins Languedoc; dort gibt es, meine ich, für Sie nichts Großartiges zu besichtigen, und übrigens werde ich sehr froh sein, Sie früher wiederzusehen. Da Sie diese Reise nicht unternehmen, wäre der früheste Zeitpunkt der beste.

Guten Tag, lieber Bruder, ich liebe und umarme Sie von ganzem Herzen.

Ich schicke Ihnen nicht den Brief eines Mannes aus Marseille, der Ihnen nach Paris schrieb, wobei es um Würste ging, die Sie mir aus Bologna geschickt haben. Die Sache, deretwegen er geschrieben hatte, wurde geregelt.

Madame Dornoy: Gouvernante der Tochter Alexandrine.

31. *23. Juni 1752*

Hochwerter Herr von Frischling, hören Sie mir geduldig und vernünftig zu. Sie haben M. de Choiseul einen Brief geschrieben, den er für völlig zutreffend hält, wiewohl M. Duverney ihm ganz das Gegenteil versichert hat. Zwei Punkte wurden im Rat verhandelt. Zum einen die Erneuerung des Gebälks: gut, dem haben Sie zugestimmt; zum anderen das Schloß von Grenelle, das man wieder braucht, um die Kinder, die krank waren, dort zur Genesung unterzubringen. Ich finde das richtig und vernünftig, 1. weil es der Schule gehört, die dafür auch bezahlt hat, sodann: wenn man die Leute von der Baubehörde ein Haus in Vaugirard oder in Gros-Caillou mieten läßt, wären sie anständig und in nächster Nähe untergebracht, wenn es mit den Staatsbauten wieder weitergeht, wobei vieles eine Sisyphosarbeit ist; 2. weil wir dann nichts mehr von diesem alten Narren hören werden, der uns so lange vollschwätzen wird, bis Gott nach seiner Seele verlangt, woran ich aber zweifele, denn es wird schon der Teufel sein müssen, der sie sich bei ihrer Verflüchtigung aus seinem Leib schnappt. Ich glaube also, daß man ihnen das Haus zurückgeben sollte, damit die Sache ein für allemal erledigt ist.

Falls Sie bessere Ideen haben als ich, lassen Sie es mich wissen, damit wir es entsprechend regeln. Ich habe M. de Choiseul gesagt, mich diese banale Angelegenheit mit Ihnen aushandeln zu lassen; es gibt viel wichtigere, die ihn nicht zu Atem kommen lassen.
Gabriel hat mir mitgeteilt, daß Sie Lemaire austauschen und ihn nach Bellevue schicken möchten. Falls dieser Wechsel Ihnen genehm ist, stimme ich zu; doch falls er Ihnen gleichgültig ist, wäre ich froh, wenn er in La Muette bliebe. Der Dienst für den König wird darunter nicht leiden, denn ich verspreche Ihnen, daß er nie woanders übernachten und nur tagsüber auf meinen Baustellen vorbeischauen wird. Sagen Sie mir Ihre Meinung mit dem Ihnen eigenen Freimut.
Guten Abend, Frischlingus, Frischlinga, Frischlingum, ich umarme Sie ganz fest, wie frischlingshaft Sie auch sein mögen.
Meine Tollheiten umgarnen Sie.

Choiseul: Günstling der Marquise, später Premierminister. – *Alter Narr:* nicht identifizierbar. – *Gabriel:* Ange-Jacques, Architekt des Kleinen Trianon, der Place de la Concorde, der Militärschule etc. – Abel-François Poisson de Marigny starb 1781 in Amt und Unglück.

An Frau von Lützelburg

1 *zu Choisy, den 28. Juli 1747*

Gewiß, meine liebe, große Frau, war ich entzückt über den Sieg, den der König über seine Feinde davongetragen hat, und Ihren Glückwunsch empfange ich mit Genugtuung.
Es ist kein gefärbter Nanking, den ich mir wünsche, doch wenn Sie Seide von einer Farbe finden, die sich für Möbelüberzüge eignet, sei es in Gelb oder Weiß, Scharlach, Grün oder Blau, so hält das besser als Taft. Wenn Sie noch etwas von diesen Barchantstoffen auftreiben, wären mir zwei- oder dreihundert Ellen für Garderobenschränke nicht unlieb.
Adieu, Madame, seien Sie überzeugt, daß ich Sie höchst liebenswert finde und entzückt sein werde, mit Ihnen zusammenzuleben.

La M^{ise} DE POMPADOUR

Lützelburg: oder Lutzelbourg; über die elsässische Gräfin/Comtesse, geborene Maria Ursula von Klinglin, wissen wir wenig. Dennoch muß »Ma grand' femme« eine der liebsten Vertrauten der Pompadour gewesen sein. Von Voltaire erbat die Gräfin ein Portrait der Marquise. – *Sieg:* Schlacht von Lafeld am 2. Juli.

2. *den 26. März 1748*

Es ist eine Ewigkeit her, daß ich Ihnen geschrieben habe, große Frau. Das Theaterspielen und tausenderlei andere Sachen haben mich daran gehindert.
Das Unglück des armen Coigny hat uns in Verzweiflung gestürzt. Der König ist davon so getroffen gewesen, daß ich es mit der Angst zu tun bekommen habe. Sein gutes Herz hat solche Anteilnahme gezeigt, daß ich um seine Gesundheit gefürchtet habe. Glücklicherweise hat die Vernunft die Oberhand gewonnen. Nachdem ich Ihren Herrn Bruder lange erwartet hatte, sah ich ihn gestern. Wir hatten einander nicht

treffen können. Er hat mir ein schönes Buch überreicht und mir versprochen, Ihnen sein Haus wegzunehmen, um Sie zu zwingen, hierher zurückzukommen; Sie werden leicht erraten, daß ich ihm dafür herzlich dankbar bin.
Ich habe Tretou aufgegeben und statt dessen La Celle gekauft, ein kleines Schloß hier in der Nähe, recht hübsch.
Ich brauche meine Barchantstoffe; lassen Sie mich wissen, was ich Ihnen schulde, denn ich bin über derlei nicht mehr im Bilde.
Mit M. de Venelle habe ich gesprochen; er hat mir gesagt, daß er Ihnen, wenn möglich, das Lagerhaus abnehmen würde.
Die kleine Madame ist soeben an kranken Zähnen gestorben. M. le Dauphin ist untröstlich darüber.
Guten Abend, große Frau, meine Freundschaft kennen Sie.

Coigny: enger Freund Ludwigs XV., der nach einem Duell an der Straße von Versailles starb. – *Tretou* = Montretout: ›Zeige-Alles‹, Schloß der Marquise. – *Kleine Madame:* Kind des Thronfolgers und seiner ersten Frau, die drei Tage später im Kindbett gestorben war.

3. *den 27. Februar (1749)*

Ich war über Madame la Dauphines Fehlgeburt verzweifelt, aber ich hoffe, alles wird sich bald wieder zum Guten wenden. Dem König geht es, dem Himmel sei Dank, vorzüglich, mir ebenso. Sie glauben, wir reisten nicht mehr, da irren Sie sich, wir sind unablässig unterwegs: Choisy, La Muette, Petit Château, dann eine gewisse Eremitage beim Drachentor in Versailles, wo ich mein halbes Leben zubringe. Sie ist acht Klafter lang und fünf breit, größer nicht, Sie mögen sie schön finden oder nicht; aber dort bin ich allein oder mit dem König und nur wenigen Leuten zusammen, also bin ich dort glücklich.
Man wird Ihnen mitgeteilt haben, daß es ein Palais sei wie Meudon; aber in Paris ist zur Zeit das Faseln in Mode, und zwar über alles.
Guten Tag, meine große Frau, ich werde Ihnen in Meudon

ein Zimmer einrichten, und ich will, daß Sie mir versprechen, dorthin zu kommen.

Fehlgeburt: der zweiten, sächsischen Thronfolgergemahlin. – *Meudon:* Schloß Bellevue.

4. *(1749)*

Ich hoffe und schmeichle mir sehr, große Frau, daß mein Schweigen Sie nicht im mindesten irritiert hat; Sie wären jedenfalls sehr im Unrecht. Das Leben, das ich führe, ist schrecklich, ich habe kaum eine Minute für mich: Proben und Vorstellungen zweimal in der Woche; beständiges Reisen nach Petit Château, La Muette etc. Beträchtliche und unerläßliche Pflichten: Königin, Dauphin, Dauphine, die glücklicherweise die Chaiselongue hüten muß, drei Töchter, zwei Infantinnen, urteilen Sie selbst, ob man dabei noch zu Atem kommt; bedauern Sie mich und klagen Sie mich nicht an.

5. *den 29. (?) 1750*

Der Unglücksfall der kleinen La Faye ist schrecklich, große Frau, und ich denke wie Sie, daß es unmöglich ist, daß Ihr Sohn sie heiratet. Noch nie hat sich irgendwer mit jemandem aus einem Irrenhaus vermählt; das wäre hier der Fall, und obwohl ich sie sehr bedauere, ist es nicht machbar.
Der König hat mir das Appartement von Monsieur und Madame de Penthièvre gegeben, was für mich sehr bequem ist. Sie ziehen in das von Madame la Comtesse de Toulouse um, die einen kleinen Teil davon für sich behält, um den König abends besuchen zu können. Alle sind hochzufrieden, ich auch; es ist also eine treffliche Regelung. Ich werde erst nach dem Aufenthalt in Fontainebleau einziehen können, da alles erst noch hergerichtet werden muß.
Ihre Grüße an Madame la Duchesse habe ich mit großer Genugtuung empfangen. Es gibt sicherlich wenige Men-

schen, die sich über schöne Hoffnungen, die wir hegen, genauso freuen wie ich.
Was man Ihnen über mich berichtet hat, ist absolut falsch.
Ich werde Ihnen unverzüglich zurückerstatten lassen, was ich Ihnen schulde; für alle meine Möbel in Bellevue habe ich jetzt, was ich brauche, darum benötige ich keinen Perserstoff mehr, und ich danke Ihnen dafür, indem ich Sie, große Frau, ganz herzlich umarme.

Appartement: die ›Kapellengemächer‹ mit Gartenblick; anderen Quellen zufolge waren Herzog und Herzogin von Penthièvre höchst verstimmt, hier ausziehen zu müssen, s. S. 123.

6. *den 3. Januar 1751*

Die Kinder, große Frau, sind wohlbehalten angelangt und auf der Stelle ins Gartenkabinett des Königs geschickt worden. Ich finde sie nicht allzu niedlich anzuschauen.
Sie erraten wohl, wie entzückt ich war, den König in Bellevue zu empfangen. S. M. ist dreimal dorthin gereist; am 25. dieses Monats ist es noch einmal nötig. Man hat hier eine köstliche Aussicht; das Haus, wiewohl nicht sehr groß, ist bequem und bezaubernd, ohne eine Spur von Prunk. Wir werden dort Komödien aufführen. Die Schauspiele in Versailles haben noch nicht wieder angefangen. Der König wird seine Ausgaben in allen Bereichen einschränken; obwohl sie hierfür nicht sehr beträchtlich sind, glaubt die Öffentlichkeit dies, und durch ein gutes Beispiel wollte ich ihr entgegenkommen. Ich hoffe, man empfindet es auch so.
Ich glaube, daß Sie mit dem Erlaß des Königs, die Militärs zu adeln, recht zufrieden sind. Sie werden es noch mehr mit jenem sein, durch welches bald die Einrichtung einer Anstalt für fünfhundert Edelleute verkündet wird, die S. M. in der Kunst der Kriegsführung ausbilden lassen wird. Diese königliche Schule wird beim Invalidendom gebaut. Die Anstalt ist um so schöner, als S. M. bereits seit einem Jahr daran arbeitet und seine Minister keinerlei Anteil daran gehabt und erst davon erfahren haben, nachdem er alles in seinem Sinn geregelt hatte, was nach der Reise nach Fontainebleau der Fall

war. Ich werde Ihnen den Erlaß senden, sobald er gedruckt ist.
Was Sie für Ihren Sohn wünschen, scheint mir nicht möglich.
Ich habe erfahrene Leute um Rat gebeten, die mir sagten, daß die Gardeoffiziere es als einen Diebstahl betrachten würden, den ich an ihnen beginge, daß im übrigen die 12 000 Livres Solderhöhung gewiß wieder gestrichen würden; 2 000 Livres wiederum wären für Ihren Sohn keine sonderliche Wohltat, für einen Offizier der Gendarmerie hingegen sehr viel. Suchen Sie nach etwas anderem, das ich erreichen kann, ich werde mich mit aller Freundschaft, die Sie kennen, darum kümmern.

Sohn: dieser Sohn der Gräfin von Lützelburg muß ein prächtiger Offizier gewesen sein. Selbst Voltaire schrieb an die Gräfin: »Gott behüte, daß eine Kugel seinem schönen Gesicht eine Narbe zufüge!« – *Kriegsschule:* s. auch S. 403ff.

7. *den 1. April 1751*

Es ist wahr, große Frau, daß ich Ihnen schon lange nicht mehr geschrieben habe. Vor der Fastenzeit waren wir fortwährend unterwegs, und danach hat mich die Trägheit überwältigt. Halten Sie mir zugute, daß ich sie Ihretwegen überwinde.
Ich zweifle nicht, daß Sie mit Madame de Chevreuse zufrieden waren. Sie ist eine sehr gute Frau und zählt zu meinen Freundinnen, seit ich auf der Welt bin.
Der Tod von Madame de Mailly hat den König bekümmert; ich bin traurig darüber; auch ich habe sie immer beklagt: sie war unglücklich. Sie setzt den kleinen Vintimille als ihren Erben ein.
Seit drei Wochen hält sich der Herzog von Zweibrücken hier auf; liebenswürdiger als er kann man nicht sein.
Guten Abend, große Frau, ich liebe Sie aufrichtig.
Senden Sie mir nicht die Leichenrede auf den Marschall von Sachsen; ich kann nicht ohne Schmerz an seinen Tod denken.

Madame de Mailly: frühere Maitresse. – *Marschall:* Moritz von Sachsen war im November 1750 verstorben. – *Herzog von Zweibrücken:* der Wittelsbacher Christian IV. von Zweibrücken-Birkenfeld; s. auch 161. Brief.

8. *zu Choisy, 29. September 1751*

Von meiner Anhänglichkeit für den König, große Frau, können Sie auf meine Freude schließen; ich war plötzlich so ergriffen davon, daß ich im Vorzimmer von Madame la Duchesse ohnmächtig wurde. Glücklicherweise schob man mich hinter einen Vorhang, und außer Madame de Villars und Madame d'Estrade gab es keine Zeugen. Madame la Dauphine geht es vorzüglich, M. le Duc de Bourgogne ebenfalls; ich habe ihn gestern gesehen: er hat die Augen seines Großvaters, was ihm nicht übel zu Gesicht steht.
Am Montag werde ich für fünf Tage nach Crécy aufbrechen, dann sofort nach Fontainebleau; ich verheirate in meinen Dörfern die Töchter, damit gebe ich ein Fest für den König. Am Tag darauf kommen sie zu mir, um im Schloßhof zu essen und zu tanzen. Diejenigen, die der König nach Paris befohlen hat, sind seines Wohlwollens würdig; aber in der Provinz werden sie noch mehr Gutes leisten.
Guten Abend, große Frau; jetzt habe ich lange geplaudert für jemanden, der immer unterwegs ist, denn das sind wir wahrlich ständig.

Duc de Bourgogne: der ersehnte Sohn des Thronfolgerpaars. Als er zur Welt kam, umstanden so viele Menschen das Bett seiner Mutter, daß der Gatte nicht vordringen konnte und rief: »Meine Frau ist niedergekommen, aber ich weiß nicht, mit was!«

9. *5. Dezember 1751*

Ich fühle nur zu sehr, große Frau, welch Unglück es ist, eine empfindsame Seele zu haben: meine Gesundheit war durch den Tod von M. de Tournehem ein wenig angegriffen. Seit vier Tagen geht es mir ein bißchen besser.
Die Sauvé ist nichts als eine Wahnsinnige, die sich vorgestellt hat, wenn sie ein beängstigendes Paket ins Bett von

M. le Duc de Bourgogne lege, sähe es so aus, als würde sie ihm, indem sie Alarm schlägt, das Leben retten, und sie könne damit ihr Glück und das ihrer Familie machen. Wohlgemerkt, in dem Paket war nichts, wodurch das Bettuch hätte Feuer fangen können, es sei denn, man hätte eines gelegt; es war also unmöglich, dem Kind damit etwas zuleide zu tun. Deshalb hat sie angeblich auch Gift genommen, und zwar schluckte sie Quecksilber, das sie von einer Spiegelrückseite abgekratzt hatte, erbrach es aber wieder. Sie ist in der Bastille, wo sie bleiben wird, bis sie ihre Motive bekennt; aber für den Prinzen hat nicht die leiseste Besorgnis bestanden, es geht ihm vorzüglich.

Wir sind derartig oft auf Reisen, daß ich seit drei Jahren nicht mehr auf die Jagd gehe. Man muß sich doch Zeit zum Nachdenken geben.

Guten Abend, große Frau, ich liebe Sie wirklich aufrichtig.

Sauvé: die ehemalige Fischverkäuferin galt als Geliebte des Kriegsministers d'Argenson. Nach dem Attentat auf den übernächsten Thronfolger verbrachte sie ein halbes Jahr in der Bastille und wurde dann in die Provinz verbannt. Angeblich fand man bei ihrem Brennstoffpaket ein Papier mit der Drohung: »Falls wir den einen verfehlen, wird der andere uns nicht entwischen.« War damit der König selbst gemeint?

10. *18. September 1756*

Wen nennen Sie den *Salomon des Nordens*, große Frau? Nennen Sie ihn *Tyrann*, und Sie sollen recht behalten.

Ich danke Ihnen für die kleine Karte; man hat mir gesagt, in Straßburg gäbe es die für ganz Deutschland, ähnlich der, die Sie mir geschickt haben. Ich hätte sehr gerne drei Exemplare; selbstverständlich werde ich sie bezahlen.

Mein Fieberanfall ist folgenlos geblieben, und mir geht es so gut, wie es bei meinem armen Herzohr eben möglich ist.

Guten Abend, große Frau, ich umarme Sie von ganzem Herzen.

Salomon des Nordens: Friedrich der Große. Soeben hat der Siebenjährige Krieg begonnen. – *Herzohr:* Auricula (sinistra u. dextra), Ausbuchtungen der Herzvorhöfe.

11. *29. Mai 1757*

Ich habe heute Madame de Crèvecœur gesehen, große Frau. Ich glaube, sie wird Ihnen nichts Schlechtes über mich berichten.
Ich hasse Ihre Lutheraner bis auf den Tod, weil sie den König von Preußen lieben; und wäre ich in Straßburg, würde ich mich den ganzen Tag herumprügeln.
Schicken Sie mir rasch das Kleid, da Sie es schön finden, ich habe Ideen für Stickereien, die man noch applizieren könnte; senden Sie es Janel mit dem ersten Kurier.
Guten Abend, große Frau, ich liebe Sie von ganzem Herzen.

Janel: Königlicher Postmeister, s. auch S. 105.

12. *1. September 1757*

Mit meiner Gesundheit steht es seit zwei Wochen nicht allzu gut, große Frau; die Krise, in der wir wegen des Parlaments stecken, hat mir ein schreckliches Nervenleiden verursacht. Ich sehe nur Narren und schlechte Bürger. Doch ich will Sie nicht länger mit meinen Qualen langweilen, sprechen wir von Ihrem Sohn.
M. de Moras hat (bevor er den Posten als Generalkontrolleur quittierte) ihm und seiner zukünftigen Frau auf die erste vakante Stelle als Postpächter achtzehntausend Livres Rente zugesichert. Vielleicht müssen sie sich noch ein paar Jahre gedulden, vielleicht kommen sie auch bald in den Genuß. Ich wünsche der großen Frau alles, was ihr Freude bereiten und ihr Beweis meiner Freundschaft sein kann.

13. *28. November 1757*

Mein Bouillon ist nicht länger unglücklich, meine arme Comtesse, dafür ist M. de Soubise dies aufs alleräußerste: Sie kennen meine Freundschaft für ihn; ermessen Sie meinen Schmerz über die ungeheuerlichen Ungerechtigkeiten, die man ihm in Paris angetan hat, denn was seine Armee angeht,

so bewundert und liebt sie ihn, wie er es verdient. Madame la Dauphine ist in großer Bekümmernis über den Tod der Königin, ihrer Mutter, sie ist eines der Opfer des Preußenkönigs. Weshalb läßt die Vorsehung ihm die Macht, so viele Menschen ins Unglück zu stürzen? Darüber verzweifle ich.
Guten Abend, meine große Comtesse, ich will Sie nicht länger mit Sorgen unterhalten, die Sie aus Freundschaft zu mir teilen, die ich erwidere.

Bouillon: unklar, ob ein Mitglied dieser Familie gemeint ist; oder aber etwa einer der King-Charles-Hunde der Marquise mit Namen *Bouillon:* Sprudel. – *M. de Soubise:* der Feldherr, der in Roßbach den Preußen unterlag; s. S. 218-220. – *Große Bekümmernis:* die Dauphine war die Tochter der in Dresden von Friedrich dem Großen gedemütigten Kurfürstin von Sachsen und Königin von Polen, s. S. 192ff.

14. *(1758)*

Ich habe Ihre Briefe erhalten, große Frau, dazu die Ihres Sohnes; sie haben mir viel Vergnügen bereitet. Ich halte fortwährend nach einer besseren Hälfte für ihn Ausschau und würde ihn gern noch vor Winterende mit Frau und Haushalt versorgen.
Ich danke Ihnen für Ihre Stoffe, ich ändere mich und bin so vernünftig, daß es mich selbst überrascht. Ich habe meine Diamantenschleife verkauft, um Schulden zu begleichen; ist das nicht schön? Sie werden sagen, ich sei wie Cicero, der niemanden brauchte, um ihn zu loben; ich werde Ihnen indes offen sagen, daß ich das nicht verdiene, denn dieses Opfer hat mich wenig gekostet.
Guten Abend, große Frau, ich umarme Sie von ganzem Herzen.

15. *6. Mai 1759*

Die nützliche Regelung, die für den Dienst beim König jetzt getroffen wurde, große Frau, beraubt Ihren Sohn eines anständigen Einkommens, aber S.M. gewährt ihm gleichzei-

tig, bis zu anderen Gunstbeweisen, eine Gratifikation; das ist ein Zeichen höchst schmeichelhafter Güte.
Der Marschall kann nicht tun, was Sie für Ihren Neffen wünschen. Was Ihre Bewässerungen betrifft, so hat er mir versichert, daß Sie sie bekommen, ohne daß es Sie etwas kostet.
Ihre Schmerlen sahen köstlichst aus; ich habe sie nicht verspeist, weil ich zur Eselsmilch, die ich seit vier Monaten trinke, nur Fleisch esse.
Die Schlacht hat mir große Freude bereitet. M. de Soubise hatte seine Quartiere so gut verteilt und bei Bergen ein so gutes Schlachtfeld ausgewählt, daß wir nicht geschlagen werden konnten. Ich bedaure nur, daß er nicht selbst zugegen war, da der König ihn bei sich zurückbehalten hatte.
Quälen Sie sich nicht wegen der Reise nach Lyon, sie birgt keinerlei Gefahr für mich. Falls das Vertrauen, mit dem der König mich ehrt, keine zwei Wochen Abwesenheit überstünde, wäre es schlecht bestellt und nicht sehr schmeichelhaft für mich. Ich werde mich während dieser Zeit in Saint-Ouen auf meinem Gestüt erholen.
Sie werden das Portrait noch nicht so rasch bekommen; Vanloo putzt es für den Salon von Saint-Louis heraus, was keine Kleinigkeit ist.
Guten Abend, große Frau, ich umarme Sie von ganzem Herzen.

Schmerlen: Süßwasserfisch. – *Die Schlacht:* bei Bergen besiegten die Franzosen am 13. April 1759 die Hannoveraner.

An Joseph Pâris-Duverney, Bankier, Armeelieferant und Finanzberater

1. *den 4. April 1750*

Mein liebes Dummerchen, ich habe vom kleinen Heiligen die Unterlagen über die Akademie für adelige Kadetten erbeten; er sagte, er sei sicher, sie dem großen Pâris zurückgegeben zu haben; dennoch hatte er sie suchen lassen – und nicht gefunden. Teilen Sie mir mit, ob man bei Montmartel nachforschen muß, denn ich könnte mir vorstellen, daß er sie hat.

Der König hat größte Lust, das Projekt zu verwirklichen; er will vorab wissen, welche Kapitalien für dieses Haus nötig sind, damit sein Betrieb für alle Zeit gesichert bleibt, und S. M. will keine Sonderfonds für das Gebäude, da er den Bau aus Staatseinkünften zu finanzieren gedenkt, zumal die volle Zahl der Kadetten des Pensionats erst in zehn Jahren erreicht sein wird.

Regeln Sie bei sich alles dementsprechend, liebes Dummerchen, und seien Sie sich meiner zärtlichen Freundschaft ganz sicher.

Pâris-Duverney: einer der vier höchst erfolgreichen Brüder Pâris. In den Briefen an Joseph Pâris geht es in der Folge um eines der Lieblingsprojekte von Jeanne de Pompadour: den Bau der Königlichen Militärschule, mit der sie sich ein bleibendes Andenken schaffen will. – *Kleiner Heiliger:* der Staatsminister für innere Belange Saint-Florentin. – *Montmartel:* Pâris-de-Montmartel, ein weiterer Bruder aus der Unternehmer- und ›Manager‹-Familie Pâris; s. auch S. 6.

2. Von Pâris-Duverney *Zu Plaisance, den 5. April 1750*

Madame,

M. de Saint-Florentin sagte mir vergangenes Jahr, daß er die fraglichen Denkschriften zu haben glaube; da er sie jedoch nicht gefunden hat, haben Sie doch die Güte, meinen Bruder

darum zu bitten, desgleichen um die Baupläne, die einer meiner Verwandten entworfen hatte. Ich bräuchte das Ganze sehr dringend. Falls man diese Papiere und Pläne nicht finden sollte, würde ich sie, so gut es geht, neu anfertigen lassen, aber das wäre ein recht mühsames Geschäft, zumal man sich ein beträchtliches Wissen aneignen muß; genau damit befasse ich mich zur Zeit.
Es ist ein leichtes, den Wünschen des Königs entgegenzukommen, um bei dem Bau nicht auf Sonderfonds zurückgreifen zu müssen.
Die Vorstellung, Madame, die ich mir von einem so großen Bauwerk zum Ruhme des Königs gemacht habe, und seine Vorzüge entfachen in mir den heißen Wunsch, es vollendet zu sehen.
Ich bitte Sie, von der unverbrüchlichsten Verbundenheit wie von dem Respekt überzeugt zu sein, mit dem ich, Madame, die Ehre habe.

Ihr etc.

3. An Pâris-Duverney *Versailles, den 18. September 1750*

M. d'Aucourt, der, wie Sie wissen, mein liebes, großes Dummerchen, die ältere Mlle. de Malvoisin geheiratet hat, fragte mich, was in der hier beigefügten Denkschrift stehe. M. d'Argenson hat mir mitgeteilt, daß er Sie über alles entscheiden lasse. So zähle ich darauf, daß Sie mir dieses Vergnügen bereiten werden, wenn es denn möglich ist, ohne jemandem Unrecht zu tun.
Vorgestern waren wir in Saint-Cyr. Ich kann Ihnen gar nicht sagen, wie sehr mich dieses Institut und alles, was dort zu sehen war, gerührt hat. Alle sind sie zu mir gekommen, um mir zu sagen, daß etwas Gleichartiges für Männer geschaffen werden müsse. Ich bekam Lust zu lachen, denn alle werden glauben, wenn unser Projekt bekannt wird, daß sie den Anstoß dazu gegeben hätten.
Ich umarme Sie von ganzem Herzen, mein liebes Dummerchen.

D'Argenson: Kriegsminister. – *Saint-Cyr:* Mädchenpensionat, das die Maitresse Ludwigs XIV., Madame de Maintenon, gegründet hatte. Diesem Vorbild eiferte die Pompadour mit ihrer Kadettenschule nach.

4. Von Pâris-Duverney *Mont-Saint-Père, den 23. September 1750*

Ich habe Ihren Brief erhalten, den Sie die Güte hatten, mir am 18. zu schreiben, und beigefügt die kleine Denkschrift von M. d'Aucourt. Sicherlich hat er Ihnen gesagt, Madame, daß ich bei jeder Gelegenheit, sofern es von mir abhing, seinen Wünschen entsprochen habe. Der Minister wird nicht vor Anfang November, in Fontainebleau, wohin ich mich dann begeben werde, über die fragliche Angelegenheit entscheiden, und ich werde Ihnen, Madame, nach bestem Wissen Rechenschaft ablegen, um sodann, so gut ich kann, Ihren Willen auszuführen.

Der Besuch, Madame, den Sie Saint-Cyr abstatteten, hat Ihr Herz gerührt. Wenn Sie sich, zum Vergleich, vorstellen wollen, worin in jeder Beziehung der Unterschied zu dem Projekt besteht, das ich vorgeschlagen habe, so bin ich überzeugt, daß Sie eine strahlende Schirmherrschaft einem Institut angedeihen lassen werden, das, indem es unseren Monarchen ehrt, in sämtlichen Herzen, überall, das Gefühl hervorruft, das Ihr Herz bereits beim Besuch eines Klosters empfunden hat; denn ein solches Projekt kann eines der sichersten Mittel werden, die Ruhe aufrechtzuerhalten und sämtliche Unternehmungen im Keim zu ersticken, die zur Minderung des Ruhms unseres großen Königs ersonnen werden könnten.

Doch gestatten Sie mir bei dieser Gelegenheit, Madame, Sie daran zu erinnern, was ich bei meinem letzten Gespräch Ihnen gegenüber zu erwähnen die Ehre hatte, daß nämlich die ersten Pläne des Königs darauf hinausliefen, die Einrichtung dauerhaft zu gestalten und keine Fonds für das Bauwerk einzurichten.

Saint-Cyr wurde durch eine Stiftung abgesichert; das königliche Hôtel des Invalides hat aus demselben Grund Bestand; die Mittel und Wege, die ich vorgeschlagen habe, sind mei-

nes Erachtens die einzigen, mit denen sich hier dasselbe zuwege bringen ließe. Man sieht allerdings Schwierigkeiten voraus und will daher eine Summe festsetzen, aus Furcht, daß die Spielkartensteuer nicht mehr als das Nötigste abwirft. Was ich von diesen Anordnungen flüchtig gesehen habe, hat mich dazu veranlaßt, eine Denkschrift abzufassen, von der mit Ihnen zu sprechen ich die Ehre hatte. Ich habe sie M. d'Argenson vorgelesen, der sie nicht mißbilligt hat, aber da er sich auf die Spielkartensteuer bezieht, ist dies eine Sache, die mit dem Generalkontrolleur der Finanzen diskutiert werden muß, dessen Amtsgeschäfte es mir nicht erlaubten, ihm darüber Bericht zu erstatten. Er war so freundlich, mir zu schreiben, daß er mir in Fontainebleau so viel Zeit einräumen werde, wie ich benötige. Ich muß Ihnen gestehen, Madame, daß ich mit aller Kraft die Ideen bekämpfe, die man dem König über die Ausschüttung der Kartensteuer und die Mittel, sie sich anzueignen, eingegeben hat; ich fürchte, daß es mir einige Scherereien einbringt, und nach allem, was ich im Laufe meines Lebens erlitten habe, kann man meine Scheu nicht tadeln. Dennoch sollte man es niemandem verübeln, wenn er seine eigene Meinung hat; ich schmeichle mir, daß der Herr Generalkontrolleur zumindest damit zufrieden sein wird, daß ich seinen Gedanken nur in einem persönlichen Gespräch widersprechen will.
Sie haben geruht, mir anzuvertrauen, Madame, daß es die Absicht des Königs war, sich vor der letzten Entscheidung in dieser Angelegenheit beraten zu lassen. Ich hatte die Ehre, Ihnen zu sagen, daß dies alles wäre, was ich erhoffen könnte; aber daß es unabdingbar wäre, daß die Leute, die zu Rate gezogen würden, sich eine Meinung bilden können und also zuvor informiert werden müßten. Die bloße Vorstellung von einem Projekt, das nicht in allen Teilen zu Ende gedacht ist, würde die Geister nur verwirren; die Diskussion über die Mittel zur Ausführung eines so großen Vorhabens erfordert gleichfalls ein gewissenhaftes Abwägen.
Ich habe die Ehre, Madame, mit ebensoviel Respekt wie Verbundenheit zu verbleiben.

Ihr etc.

5. An Pâris-Duverney *Fontainebleau, den 10. November 1750*

Ich schicke Ihnen, mein liebes Dummerchen, ein Briefbündel, das mir der Abbé de Bernis für Sie schickte. Gewiß macht er sich bei Ihnen für den Sieur Pluyette stark, denn auch mir hat er lang und breit darüber geschrieben. Sie haben mir gesagt, daß Sie ihn beim selben Preisangebot vorzögen; eben deswegen bitte ich Sie (trotz meines Widerwillens) darum, denn bislang habe ich dem Abbé noch nichts Gutes tun können, er ist der einzige unter meinen Freunden, bei dem dies der Fall ist. Wohlverstanden, kein Wort davon, daß ich mit Ihnen darüber gesprochen habe.
Ich war begeistert, wie detailliert der König sich heute nachmittag damit befaßt hat; ich brenne darauf, daß die Sache öffentlich wird, denn dann könnte man nicht mehr zurück. Ich zähle auf Ihre Redegewandtheit, um M. de Machault zu verführen, obwohl ich glaube, daß er dem König zu sehr ergeben ist, um sich seinem Ruhm in den Weg zu stellen. Nun denn, mein lieber Duverney, ich zähle auf Ihre Wachsamkeit, damit die Welt alsbald im Bilde ist.
Sie werden mich am Donnerstag besuchen, hoffe ich; ich brauche Ihnen nicht zu sagen, daß ich entzückt wäre und daß ich Sie von ganzem Herzen liebe.

Sieur Pluyette: nicht identifiziert. – *M. de Machault:* der Marquise feindlich gesonnener Minister.

6. An Pâris-Duverney *Versailles, den 1. Dezember 1750*

Ich glaube, Sie haben die Verordnung bezüglich der Invaliden und die für Saint-Cyr; falls nicht, lassen Sie sie rasch holen. Der König will sie sehen.
M. de Machault wird Sie morgen um halb zehn erwarten.
Ich umarme Sie.

Verordnung: Stiftungsmodelle, die auch für die Militärschule gelten sollen.

Nein, gewiß nicht, mein liebes Dummerchen, ich werde ein Projekt nicht beim Stapellauf sinken lassen, das den König unsterblich, seinen Adel glücklich machen und der Nachwelt meine Verbundenheit mit dem Staat und der Person des Königs verkünden soll. Ich habe Gabriel heute gesagt, alles so einzurichten, daß er die nötigen Arbeiter nach Grenelle zurückschicken kann, um dort letzte Hand anzulegen. Meine diesjährigen Einkünfte sind noch nicht eingetroffen, ich werde Sie vollständig für die Halbmonatslöhne der Bauleute verwenden. Ich weiß nicht, ob ich für die Bezahlung Bürgschaften auftreiben kann, aber ich weiß sehr wohl, daß ich mit großer Genugtuung hunderttausend Livres für das Glück dieser armen Kinder riskieren werde.
Guten Abend, liebes Dummerchen, wenn Sie imstande sind, am Dienstag nach Paris zu kommen, werde ich Sie dort mit großem Vergnügen sehen. Falls Sie nicht können, schicken Sie mir gegen sechs Uhr Ihren Neffen.

Neffe: es könnte sich um den Sohn des Bruders Jean Pâris-de-Montmartel handeln. Dieser Bruder hatte es zum Hofbankier des Königs und zum Marquis de Brunoy gebracht. Als er 1766 starb, legte sein exzentrischer Sohn, eben jener Neffe, überaus große Betrübnis an den Tag: er ließ nicht nur seine leibeigenen Bauern Trauer tragen, sondern auch Tiere und Bäume mit Trauerflor schmücken.

An den Herzog von Aiguillon, Gouverneur der Bretagne

1758 planen die Engländer eine Invasion der Bretagne. Im April landen sie bei Saint-Malo und werden zurückgeschlagen. Doch damit ist die Gefahr nicht gebannt. Im Spätsommer nähert sich abermals eine britische Invasionsflotte.

1. *den 6. September 1758*

Ich habe, Monsieur, Ihren umfangreichen Brief erhalten, an dem ich, inmitten höchst ehrenvoller Mitteilungen an mich, den kleinen kranken Kopf erkenne (den Sie selber ja auch recht gut kennen), den ich nur mühsam werde kurieren können. Nun, ich werde die Mühe gerne auf mich nehmen, weil ich meine, daß er es, trotz all seiner Fehler, verdient.
Mich beunruhigt es nicht, daß die Feinde vor Ihnen Posten beziehen; Ihr Eifer findet meine Anerkennung, und ich zweifle nicht an Ihren Erfolgen. Ich versichere Ihnen, daß ich sie von ganzem Herzen ersehne, zum Wohle unserer Sache wie auch aus dem ganz aufrichtigen Interesse heraus, das ich an Ihnen habe. Seien Sie davon, ich bitte Sie, vollends überzeugt.
M. de La Châtre wird Saint-Malo gewiß nicht preisgeben.

2.

Die Lumpen werden Sie nicht erwarten, Monsieur, ich sterbe deshalb vor Angst, denn ich bin mir gewiß, daß Sie sie aufs prächtigste durchbleuen würden.
Ihre Briefe zu lesen macht Freude; man erkennt darin den Bürger, den tüchtigen und intelligenten Untertan und einen derzeit vorzüglichen kleinen Kopf, von dem ich alles Gute auf der Welt sage, weil ich es denke.
Guten Abend, Monsieur.

Die Lumpen: die Engländer.

Am 4. September 1758 schlagen die rasch gesammelten Truppen unter dem Herzog von Aiguillon bei Saint-Cast die Briten zum zweiten Mal zurück.

3. An die Herzogin von Aiguillon

Empfangen Sie, Madame, all meine Glückwünsche zum strahlenden Erfolg von M. d'Aiguillon. Niemand nimmt lebhafter und aufrichtiger daran Anteil als ich. Sie haben mir, wie ich hoffe, verziehen, daß ich vor einem Monat seinem Drängen nicht nachgegeben habe. Ich gratuliere mir dazu der guten Sache wegen und um seines Ruhmes willen.
Ich habe die Ehre, Madame, Ihre sehr ergebene und sehr gehorsame Dienerin zu sein.

Seinem Drängen: der selbstherrliche und in der Bretagne verhaßte d'Aiguillon wollte aus der schon immer schwer regierbaren ›Front‹-Provinz versetzt werden.

4. *Dienstag, den 19.*

Nur mit großem Bedauern, Monsieur, habe ich nicht alles ausgesprochen, was ich vorgestern über den Ruhm dachte, mit dem Sie sich nunmehr bedeckt haben; aber ich war von solchem Kopfschmerz heimgesucht, daß ich nicht die Kraft hatte, Ihnen ein Wort zu sagen.
Wir haben heute Ihr Te Deum gesungen, und ich versichere Ihnen, daß es mit der größten Befriedigung geschehen ist. Ich hatte Ihre Erfolge vorausgesagt, und wie wäre es in der Tat möglich gewesen, daß soviel Tüchtigkeit, Intelligenz, ein kühler Kopf und Truppen, die (wie ihr Kommandant) darauf brannten, den König zu rächen, nicht gesiegt hätten? Das konnte nicht sein. Ein kleines Billett, das ich vor Ihrem Glanztag an Sie schrieb, mußte Sie erkennen lassen, wie ich über Sie denke, sowie die Gerechtigkeit, die ich aus Prinzip übe.
Sagen Sie mir jetzt, ich bitte Sie darum, ob Sie mir sehr böse sind, daß ich Ihrem Drängen und den schönen Gründen, die

Sie mir vorgetragen haben, nicht nachgab? Sie taugten schon damals nichts, und heute fände ich sie noch abscheulicher. Ein anderer hätte es nicht so gut gemeistert wie Sie, und ich hätte Schmerz empfunden, anstatt mich zu freuen, Sie hätten verspielt, und das mit einigem Grund. Wagen Sie nun noch zu behaupten, daß mein Kopf nicht mehr wert ist als der Ihrige, ich wette, Sie lassen es.
Die Herren de Broc und d'Aubigny werden Ihnen bezeugen können, welchen Anteil ich am General und seinen Truppen nehme.

5. *den 21.*

Gewiß, Monsieur, Ihre Leutnants sind ihres Kommandanten würdig, und damit sie es weiterhin bleiben, muß er ihnen bis zum Frieden erhalten bleiben. Für mich gibt es nur den Dienst für den König, und da lasse ich nicht mit mir feilschen, das wissen Sie; kein Wort mehr darüber. Sprechen wir lieber über den Sieger von Saint-Cast, und wie herrlich M. de Sainte-Croix ihm nachgeeifert hat, ihm weiter nacheifern wird, denn es heißt, daß diese Herren Mylords es wieder versuchen wollen. Ich wünsche von ganzem Herzen, daß sie denselben Preis bezahlen werden. Ich könnte Ihnen dann abermals meine Komplimente machen und eines von Ihnen zurückbekommen, das eine wie das andere wäre mir unendlich angenehm.

Sieger von Saint-Cast: die Ansichten über die Strategie des Gouverneurs zur Abwehr der Invasion waren geteilt. Von einer Mühle aus dirigierte d'Aiguillon den Kampf, andere sagten, er hätte sich dort versteckt und sich »nicht mit Ruhm, sondern mit Mehl bedeckt«.

Bei Saint-Cast wurde der feindliche Kommandeur Lord Cavendish gefangengenommen. Die Marquise ehrt den Herzog von Aiguillon mit dem Namen dieser Trophäe. Zeitgleich mit der Bedrohung durch die Briten bereitet Frankreich die Invasion Englands vor: ›unser Plan‹. Truppen und Schiffe werden in Vannes zusammengezogen.

6. *den 6. Februar 1759*

Sie sind wirklich sehr liebenswürdig, Hilfsquellen für unseren Plan aufzuspüren. Ich schmeichle mir, ungeachtet aller Widrigkeiten, des guten Gelingens, denn ich setze auf das Glück von Cavendish. Ich wünschte, wir bekämen bis zu vierzig Millionen, die wir auch unbedingt brauchen. Ich vertraue Ihnen an (denn ich habe den Brief gelesen), daß La Bollière dem Generalkontrolleur mitgeteilt hat, seine Pariser Gewährsleute hätten ihn wissen lassen, daß man mit diesem Darlehen nicht rechne. Sie sollen über diesen Umstand informiert sein, dürfen es sich jedoch nicht anmerken lassen. Ich kann mich noch so sehr schonen, um meine Gesundheit steht es weiter elendiglich; diese Nacht hatte ich wieder einen Fieberanfall. Ihr Mitgefühl freut mich; falls die Freundschaft diesem Interesse folgt, werde ich sehr versucht sein, Ihnen die meinige zu gewähren, denn ich hege eine sehr gute Meinung von M. Cavendish.

7. *den 25. abends*

Aus der Antwort von M. Boulogne, die ich hier beifüge, ersehen Sie, Monsieur, daß der Brief, den ich ihm gestern geschrieben habe, ihn veranlaßt hat, Ihnen den Sieur Dumesnil zu schicken; ich kenne ihn nicht, aber man spricht viel Gutes über ihn, und er ist bei M. de Saint-Florentin ausgebildet worden, der Sie genauer darüber informieren wird, was er taugt.

Der Brief von M. Berryer wird Ihnen vor Augen führen, daß er, genau wie wir, den Erfolg unserer Angelegenheit wünscht; ich fürchte höchstens, daß sie aus Mangel an Geld fehlschlägt, der Kontrolleur hat mir auf diesen Punkt meines Briefs nicht geantwortet. Ich kann nicht glauben, daß M. de la Bollière in so vielen Handelsstädten keine Million auftreiben kann.

Sie haben recht, Monsieur, es stimmt fürwahr, daß mein Geist und mein Herz fortwährend mit den Geschäften des Königs befaßt sind; aber ohne die unaussprechliche Hingabe

an seinen Ruhm und seine Person wäre ich oft vor den ewigen Hindernissen, denen man bei guten Taten begegnet, zurückgeschreckt. Ich hätte den großen Coup bevorzugt, und es verdrießt mich, daß ich mich mit dem kleinen zufriedengeben muß; der paßt ganz und gar nicht zu meiner Gemütsart.
Lassen Sie mich wissen, welchen Gunstbeweis Sie für M. de Pontval wünschen, ich verspreche, mich darum zu kümmern.
Ihre Pläne kamen mir ausgezeichnet vor, und ich hatte den Eindruck, der Marschall denkt wie ich.
Sie wollen also unbedingt, daß ich auf Ihr Herz zähle?
Ich werde mich nun allerdings wirklich nicht überwinden müssen, mir zu wünschen, daß Sie zu einer Freundschaft fähig sind, die jener würdig ist, zu der ich Ihnen gegenüber völlig geneigt bin.
Guten Abend, M. Cavendish.
Letzte Woche hatte ich noch Fieber, und ich erhole mich nur recht langsam.

Berryer: Staatsminister. – *Der Kontrolleur:* der Finanzen.

8. *den 14. Oktober 1759*

Endlich, Monsieur, weckt meine äußerst schmerzliche Krankheit Sie aus Ihrer Schläfrigkeit; es lag gewiß nicht an mir, daß Sie geschlafen haben, denn ich hatte Ihnen alles Nötige gesagt, um Sie aufzuscheuchen. Mir geht es sehr gut, nachdem ich grausam gelitten habe.
Ich habe M. Orry gesehen; er kam mir sehr einsichtig vor und hat mir bezüglich unseres Projekts Hoffnung gemacht. Was die Marine leisten muß, ist gewaltig, und ich bezweifle, daß es sich der Marschall de C. ausgedacht hat. Ich habe vielmehr Sie in Verdacht, dazu M. de Beauveau. Voller mit großer Sorge vermischter Unruhe warte ich auf den Erfolg.
Vielleicht werde ich noch Böses über Ihren Kopf sagen, doch habe ich dabei niemals an Ihr Herz gedacht; ich halte es für sehr ehrenhaft; ich bin überzeugt, daß, wenn ich es besser

kennenlerne, Sie dadurch unendlich gewinnen würden und ich Ihnen, Monsieur, die Freundschaft entgegenbringen könnte, die Sie sich wünschen.

Orry: Generalkontrolleur der Finanzen. – *de C.:* wahrscheinlich der Marschall de Coigny.

9. *den 8. abends, 1760*

Sie werden mir gleich zustimmen, Monsieur, daß ich recht unerträglich bin, weil ich immer recht habe. Nun also, ich habe Ihnen zu sagen gewagt, daß Sie zusammen mit den besten und großartigsten Eigenschaften einen kleinen Kopf hätten, der zu rasch in Hitze gerät, und eben jetzt beweisen Sie es mir; fürwahr, ich bin hassenswert, und ich begreife nicht, weshalb Sie mir, nach einer solchen Verunglimpfung, freundlicherweise noch antworten. Sie erbosen sich über eine Entscheidung, die noch nicht gefallen ist und die, wenn es soweit sein wird, exakt Ihren Wünschen entspricht; forschen Sie beim Marschall nach, dem M. Berryer dies in meiner Gegenwart gesagt hat. Sie wollen die Bretagne verlassen – schöne Torheit, die Ihnen da durch den Kopf geht; ich werde sie Ihnen ebensowenig durchgehen lassen wie die erste zum selben Thema. Erinnern Sie sich nur, daß Sie, wenn Sie Ihrer ersten Regung nachgegeben hätten, nicht Cavendish wären. Sie haben schlechte Laune; sagen Sie mir, wer hätte sie nicht, wenn er sich so gehen ließe? Ah, pfui! Ich erröte, wenn ich sehe, daß Sie weniger Mut haben als ich. Sie haben die Unannehmlichkeiten Ihres kleinen Kommandos zu tragen, ich die der ganzen Verwaltung, denn es gibt keinen Minister, der nicht käme, um mir seine Kümmernisse zu erzählen. Daß davon nicht mehr die Rede sei, ich bitte Sie; ich will meine Freundschaft ohne Einschränkungen M. Cavendish gewähren, und wenn seine Seele ihrer würdig erscheint, soll es der Kopf auch sein. Ich werde aus Ihrem Verhalten erkennen, wieviel Wert Sie darauf legen.

10. *den 28. Juni 1760*

Sie finden keinen Anhaltspunkt dafür, Monsieur, daß die Engländer es auf Brest abgesehen haben; ich meinerseits wünsche geradezu, daß sie über Ihren Oberbefehl wütend sind, weil ich ganz sicher bin, daß Sie ihnen ihre Dreistigkeit heimzahlen werden. Sie haben nicht vergessen, daß ich vor zwei Jahren ein guter Prophet gewesen bin; ich bitte Sie also, mir zu vertrauen, falls sie an der Küste auftauchen.
Alles, was Sie mir über die Seelen der Bretonen berichten, ist nichts im Vergleich zu denen in diesem ungeheuerlichen Land hier, und über Menars denke ich ganz genauso wie Sie über Verets. Gebe Gott, daß unter diesen Umständen meine Schlösser keine Luftschlösser werden, und obwohl ich nicht vorhabe, mein Leben mit meinen Nachbarn zu teilen, nehme ich Sie von dieser Regel aus. Sie sehen, daß ich Ihnen in puncto Abscheu vor dieser Welt in nichts nachstehe.

Menars: Schloß der Marquise an der Loire; sie besuchte es nur einmal.

11. *den 10. September 1760*

Sie haben ganz recht, Monsieur, über die Parlamentarier mit Empörung zu sprechen; ich denke durchaus wie Sie, und das Arrangement, das M. de Choiseul getroffen hat und das vom Staatsrat genehmigt wurde, hat mir größte Freude bereitet, weil es uns die Mittel verschafft, diese unwürdigen Bürger beiseite zu lassen, die Bedürfnisse des Staats nur dazu mißbrauchen, ihren Herrn Schwäche zeigen zu lassen. Mögen Sie krakeelen, wie sie wollen, es kümmert uns nicht.
Die Zeit ist noch nicht reif für ihr »nunc dimittis«. Wir brauchen keinen Gedanken daran zu verschwenden, daß Sie während des Krieges die verrückten Bretonen verlassen. Schauen Sie sich dennoch um, wer Sie ersetzen könnte, denn ich habe niemanden im Auge, und M. de Lorges will man nicht; er ist ein Aktenkrämer, zu geizig, und es fehlt ihm der Seelenadel, um einer großen Provinz vorzustehen. Das ist die Meinung des Rats, die mir erst gestern durch Ihren kleinen Onkel

übermittelt wurde; Sie sehen, daß ich Sie nicht auf meine Antwort warten lasse.
Ich weiß nicht, ob es in Ihrem Kopf wie in dem des Staatsanwalts Guingamp aussieht; aber ich weiß sehr wohl, daß Sie offenbar in übelste Stimmung gerieten, nachdem Sie meinen Brief bekommen hatten, daß ein Scherz Sie die Fassung verlieren ließ.
Das will ich nicht noch einmal, und ich beschränke mich darauf, Monsieur, Ihnen einen guten Abend, eine vollkommene Gesundheit und ein glückliches Jahresende, dem viele weitere folgen mögen, zu wünschen.

Etc.

Nunc dimittis: hiermit entläßt du mich.

12. *den 14. September 1760*

Ich mache Ihnen mein Kompliment, Monsieur, und nehme Ihres entgegen, wegen des Eifers, von dem die Bretonen dem König jetzt einen neuen Beweis gegeben haben. Ich wünsche sehr lebhaft, daß die Ständeversammlung so endet, wie sie begonnen hat. Und trotz Ihres kleines Wutanfalls über den Finanzkontrolleur müssen Sie zugeben, daß Sie ihn sehr einsichtig gefunden haben. Ich prophezeie Ihnen, daß die Stände die besten Beschlüsse fassen und Sie (wie üblich) dem König bestens gedient haben werden. Wenn alles vorbei ist, will ich Sie untertänigst um Vergebung bitten, Ihnen gegenüber immer recht zu haben. Das ist ein großer Fehler, aber weil er auf der guten Meinung beruht, die ich von Ihrem Diensteifer für den König und von Ihren Talenten habe, die Sie erfolgreich sein lassen, hoffe ich, Monsieur, daß Sie mir verzeihen werden.

13. *den 20. August (1761)*

Der Eifer und die Talente, mit denen Sie dem König in der Bretagne gedient haben, Monsieur, haben in mir das aufrichtigste Interesse an Ihnen geweckt, wofür ich freudig Beweise

erbracht habe, sobald sich Gelegenheit dazu bot. Dasselbe Interesse verlangt von mir, Ihnen wegen des Briefs, den Sie mir geschrieben haben, heftig zu zürnen.
Was ist aus dem Eifer geworden, den Sie vor noch nicht einmal drei Monaten an den Tag legten? Wie ist es möglich, daß ein Augenblick des Ekels Sie ihn vergessen läßt? Es entspricht den gewöhnlichen Seelen, wegen einer Unannehmlichkeit ihre Entlassung einzureichen, aber die Seele M. d'Aiguillons muß über solche Niedrigkeit erhaben sein und darf nur den Vorteil seines Herrn vor Augen haben. Ihrer schlechten Sache geben Sie den denkbar besten Anstrich; ich bitte Sie, halten Sie mich nicht für so einfältig, mich einverstanden zu erklären. Prüfen Sie Ihr Gewissen, und Sie werden darin alles so finden, wie ich es Ihnen sage.
M. de Saint-Florentin, der mir gestern abend Ihren Brief überbrachte, kann bezeugen, wie ich heute morgen mit M. Massiac darüber gesprochen habe; er hat mir versichert, daß Sie zufriedengestellt würden. Ich bin böse, und zwar sehr böse auf Sie. Der kleine Kopf, von dem ich am Tag Ihrer Abreise sprach, hat eine zu große Rolle gespielt. Ich weiß nicht, wann ich Ihnen verzeihen werde; Sie verdienten es, daß ich mich nicht mehr für Sie interessiere.
Guten Abend, Monsieur, mein Groll ist dauerhaft und sehr groß.

14. *Sonntagabend (1761)*

Freuen Sie sich, M. de Cavendish: 1. ich bin nicht tot, und (trotz Ihres kleinen Herzens) will ich Ihnen zugestehen, daß Sie darüber nicht böse sind; 2. der Brief, den Ihnen der Herr Generalkontrolleur heute geschrieben hat, wird Ihnen beweisen, daß ich, trotz meiner Qualen, Ihre Eroberung nicht vergessen habe. Erteilen Sie schnell Ihre Befehle, wir dürfen keinen Augenblick verlieren. Wer kann Ihnen gesagt haben, daß die Minister den Plan nicht gutheißen? Nichts kann falscher sein.
Guten Abend, M. de Cavendish; dies ist eine Menge für einen schwachen und genesenden Kopf.

An Papst Clemens XIII.

Die Marquise de Pompadour schrieb an den Papst.
Gab es einen wichtigeren Adressaten, um eine ehrbare Seele offenzulegen und als mächtige Frau auch die Achtung der Öffentlichkeit einzufordern?

(nach 1758)

Anfang des Jahres 1752 erklärte ich dem König aus Gründen, die ich hier nicht zu erörtern brauche, daß ich ihm fortan nur Gefühle der Dankbarkeit und der reinsten Neigung entgegenbringen könne. Ich bat ihn, die Rechtsgelehrten der Sorbonne um ein Gutachten zu bitten und in dieser Angelegenheit auch an seinen Beichtvater zu schreiben, der zudem auch die Meinung anderer einholen sollte, damit ich die Möglichkeit hätte, dem Wunsch des Königs gemäß bei seiner Person zu leben, ohne deswegen einer Schwäche bezichtigt zu werden, von der ich mich frei wußte. Der König, der mich sehr wohl kennt, sah, daß mein Entschluß unabänderlich sei, und war bereit, meinen Wunsch zu erfüllen. Er ließ die Gelehrten der Sorbonne befragen und schrieb an Pater Pérusseau. Dieser forderte die völlige Trennung. Der König erwiderte, es sei ihm absolut unmöglich, dem zuzustimmen. Nicht er wünsche diese Regelung, die in der öffentlichen Meinung jeden Verdacht von ihm wie auch von mir nähme, sondern allein mir zuliebe solle sie erfolgen. Er brauche mich zu seinem Lebensglück, zum Wohl des Staates. Ich wäre beispielsweise die einzige, die es wage, ihm heilsame Wahrheiten zu sagen. Der Pater gab die Hoffnung nicht auf, den Willen des Königs zu beugen, und blieb bei seiner Forderung. Nach den Gutachten der Rechtsgelehrten hätte eine Einigung wohl erzielt werden können, wenn die Jesuiten zugestimmt hätten. In Gesprächen mit Leuten, die für König und Religion das Beste wollten, versicherte ich, daß der König, wenn Pater Pérusseau ihn nicht mehr durch die Sakramente in Schranken hielte, sich einer Lebensführung hingeben werde, die überall Anstoß erregen würde. Damit wollte ich dem Pater nichts einreden, und man sah bald, daß ich mich nicht getäuscht hatte.

So blieb bis 1755 anscheinend alles beim alten. Jetzt aber gelangte ich durch reifliches Nachdenken über das Unglück, das mich auch im größten Glück verfolgte, durch die Einsicht, daß irdische Güter mich nie beglücken könnten – denn ich hatte sie ja genossen und war doch nicht glücklich geworden –, und schließlich auch durch den Verzicht auf Genüsse, die mich nicht mehr erfreuten, zu der Überzeugung, daß das Glück nur bei Gott zu finden wäre. Ich wandte mich an Pater Sacy, den einzigen, der von dieser Wahrheit völlig durchdrungen war. Ich öffnete mich ihm rückhaltlos, und er unterwarf mich heimlich von September bis Januar 1756 einer Probe. Er schlug mir vor, an meinen von mir getrennt lebenden Gatten einen Versöhnungsbrief zu richten; das von ihm selbst geschriebene Konzept befindet sich noch in meinen Händen. Mein Gatte weigerte sich jedoch, mich wiederzusehen. Nun veranlaßte der Pater, dem äußeren Anschein zuliebe eine Stellung bei der Königin zu erbitten. Er ließ die Treppen, die von den Gemächern des Königs zu meiner Wohnung führten, verlegen; der König betrat diese nun nur noch durch das allgemeine Besuchszimmer; zudem erlegte er mir Regeln für mein Verhalten auf, die ich sorgfältig beachtete.

Diese Änderungen verursachten bei Hofe und in der Stadt großes Aufsehen. Allerlei Intriganten mischten sich in die Angelegenheit. Sie bedrängten Pater Sacy derartig, daß er mir erklärte, er müsse mir die Sakramente verweigern, solange ich am Hofe bliebe. Ich erinnerte ihn an all die Verpflichtungen, denen ich mich bereits unterworfen hätte, und gab ihm zu bedenken, wie sehr sich seine Haltung durch die Hetze geändert hätte. Er erzählte mir schließlich, wie man sich bei der Geburt des Comte de Toulouse über den Beichtvater des Königs lustig gemacht hätte. Er wolle nicht, daß das gleiche ihm geschehe. Darauf hatte ich nichts zu erwidern, und nachdem ich vergeblich alle Argumente erschöpft hatte, die meine Pflichterfüllung mir eingab, um ihn zu überzeugen, daß er nur auf die Stimme des Glaubens und nicht auf Intriganten hören dürfe, traf ich ihn nie wieder.

So kam der schreckliche 5. Januar 1757 und der Mordanschlag Damiens'. Und nun setzte wieder die gleiche Hetze ein wie im Jahr zuvor. Der König versuchte alles, um dem Pater Desmarets die wahren Forderungen der Religion klar zu machen. Dieser aber ging von veralteten Ansichten aus, und seine Antwort war die gleiche; der König, der lebhaft wünschte, seine religiösen Pflichten zu erfüllen, wurde daran gehindert und gab sich allmählich denselben Irrtümern hin, vor denen man ihn hätte schützen können, hätte man im Geist wahren Glaubens gehandelt.

Trotz der großen Geduld, die ich mir achtzehn Monate lang mit Hilfe des Paters Sacy auferlegt hatte, war mein Herz zerrissen. Ich besprach mich mit einem Ehrenmann, dem ich vertraute. Er war bewegt und versprach Abhilfe. Ein ihm befreundeter Abt, ein gebildeter und kluger Mann, und eine weitere ebenso urteilsfähige Persönlichkeit sprachen ihre Überzeugung aus, daß mein Verhalten nicht die Strafe verdiene, die man über mich verhängt hatte.

Infolgedessen machte mein Beichtvater nach abermaliger langer Prüfungszeit dem Unrecht ein Ende und gestattete mir, mich auf die Sakramente vorzubereiten, und wenn ich es auch als bedrückend empfinde, darüber schweigen zu müssen, um meinem Beichtvater Angriffe zu ersparen, so ist dies doch ein großer Trost für meine Seele.

Clemens XIII.: Papst von 1758-1769; da sowohl Anrede beziehungsweise Einleitung als auch Schlußformel fehlen, handelt es sich wohl um einen Briefentwurf. – *Pérusseau*: Beichtvater des Königs. – *Pater Sacy:* Kaplan der Familie Soubise; unter seinem Einfluß schrieb die Marquise an ihren Ehemann, um ihre Rückkehr in die Ehe anzubieten, s. S. 180. – *Desmarets:* Nachfolger des Paters Pérusseau als Beichtvater des Königs. Die Kirche verweigerte dem Herrscher wegen seiner außerehelichen Beziehung die Sakramente.

Jeanne-Antoinette de Pompadour
Die Liebe opfert der Freundschaft

Testament

Ich, Jeanne Antoinette Poisson, Marquise de Pompadour, in Gütertrennung lebende Gattin des Charles Guillaume Lenormant, habe mein vorliegendes Testament gemacht und meinen Letzten Willen niedergeschrieben, von dem ich wünsche, daß er in seinem ganzen Umfang ausgeführt werde:
Ich befehle meine Seele Gott und flehe ihn an, Erbarmen mit mir zu haben, mir meine Sünden zu verzeihen und mir die Gnade zu gewähren, dafür Buße zu tun und in einer Verfassung zu sterben, die Seiner Barmherzigkeit würdig ist; ich hoffe, Seiner Gerechtigkeit durch die Verdienste des kostbaren Blutes Jesu Christi, meines Erlösers, und durch die mächtige Hilfe der Heiligen Jungfrau und aller Heiligen teilhaftig zu werden.
Ich wünsche, daß mein Körper ohne Feierlichkeit nach Paris zu den Kapuzinern an der Place Vendôme gebracht und dort in der Gruft beigesetzt werde, die mir in ihrer Kapelle gewährt worden ist.
Ich hinterlasse Monsieur Collin aus Dankbarkeit für seine Treue zu meiner Person eine Pension von 6000 Livres, Monsieur Quesnay 4000 Livres, Monieur Nesmes 3000 Livres, Monsieur Lefèvre 1200; meinen drei Kammerfrauen, Mademoiselle Jeanneton, meinen drei Kammerdienern, meinen Köchen und Bediensteten, dem Haushofmeister, dem Kellermeister und dem Pförtner für jedes Dienstjahr eine Lebensrente von zehn Prozent aus einem Fonds von 500 Livres – um es klarer zu sagen: Madame Labbary ist seit zwölf Jahren in meinen Diensten; wenn ich in diesem Augenblick stürbe, würde man ihr 12 mal 10 Prozent von 500 Livres des Fonds, also 600 Livres, als Rente auszahlen, eine Summe, die sich mit jedem Dienstjahr um 50 Livres erhöht. Ferner hinterlasse ich meinen Lakaien, Kutschern, Schweizern, Trägern, Pförtnern, Gärtnern, Garderobenfrauen und Zofen je einen Fonds von 300 Livres, deren Zinsen man ihnen auszahlen wird. Sowie meinen übrigen Dienstboten, die nicht zu diesen beiden Gruppen gehören, je einen Fonds von 150 Livres, aus

denen man ihnen eine Rente auszahlen wird. Überdies bestimme ich, daß alle Pensionen und Stiftungen, die zu meinen Lebzeiten eingesetzt worden sind, gänzlich beibehalten werden.
Meinen Kammerfrauen gebe ich alles, was meine Garderobe an Roben, Wäsche und Kleidungsstücken umfaßt, die Spitzen inbegriffen. Zu den Leibrenten erhalten an Gratifikationen außerdem meine Dritte Kammerfrau 3 000 Livres, die Garderobenfrau, die mich täglich bediente, 1 200 Livres und meine drei Kammerdiener 3 000 Livres.
Ich beschwöre den König, als Geschenk mein Haus in Paris anzunehmen, das geeignet ist, einem seiner Enkel als Palais zu dienen. Ich wünsche, daß es für Monseigneur le Comte de Provence vorgesehen werde. Ferner bitte ich Seine Majestät, all meine von Guay geschliffenen Steine von mir anzunehmen, ob nun Armbänder, Ringe, Siegel oder anderes, und damit seine Sammlung bearbeiteter Edelsteine zu vergrößern.
Was den Rest meiner Mobilien, Immobilien und Güter betrifft, welcher Art sie auch sein und an welchem Ort sie liegen mögen, so gebe und vermache ich sie Abel-François Poisson, Marquis de Marigny, meinem Bruder, den ich zu meinem Universalerben ernenne; im Fall seines Todes setze ich an seine Stelle Monsieur Poisson de Malvoisin, Quartiermeister bei der Armee, derzeit Brigadekommandant der Füsiliere, sodann seine Kinder.
Zum Vollstrecker dieses meines Testaments bestimme ich Monsieur de Soubise, den ich ermächtige, alles zu unternehmen und zu tun, was zur vollkommenen Durchführung meines Letzten Willens nötig sein wird. Im besonderen möge er jene Fonds, Renten und Wertpapiere meines Nachlasses auflisten, die er für geeignet hält, alle Pensionen zu decken, die ich hinterlassen habe; sollten keine entsprechenden Werte vorhanden sein, so bevollmächtige ich Monsieur de Soubise, meinen Barbesitz heranzuziehen, aus dessen Zinsen besagte Personen bezahlt und all jene Personen entlohnt werden sollen, die mit der Durchführung dieser Bestimmung betraut werden. Ich erkläre ausdrücklich, daß über die obengenannte Verfügung hinaus die betroffenen Erben weder irgendwelche Ansprüche erheben noch Privilegien oder Hy-

potheken auf andere Güter meines Nachlasses erhalten können.
Wie mühevoll dieser Auftrag für Monsieur de Soubise auch sein mag, so diene er ihm doch als sicherer Beweis des Vertrauens, das seine Redlichkeit und seine Tugenden mir eingeflößt haben. Ich bitte ihn, zwei meiner Ringe anzunehmen, und zwar den großen aquamarinblauen Diamanten und den Stein, auf dem Guay die Freundschaft dargestellt hat. Ich schmeichle mir, daß er sich nie von ihnen trennen wird und daß sie ihn an jene Frau erinnern werden, die ihm die zärtlichste Freundschaft der Welt entgegengebracht hat.
Gegeben zu Versailles, 15. November 1757.

Jeanne Antoinette Poisson,
Marquise de Pompadour

(1. Zusatz vom 30. März 1761:)

Zum Nacherben meines Marquisats Menars samt der Pairswürde und allen Liegenschaften, das ich meinem Bruder Abel-François Poisson, Marquis de Marigny, vermacht habe, setze ich dessen erstgeborenen Sohn und dessen jeweils ältesten männlichen Nachkommen ein. Falls mein Bruder nur Töchter hat, soll der Besitz zwischen ihnen geteilt werden; die Bestimmung über die fernere Nacherbenschaft ist dann ungültig.
Falls mein Bruder ohne Nachkommen stirbt, setze ich an seine Stelle zu denselben Bedingungen Monsieur de Malvoisin, derzeit Brigadekommandant der Füsiliere.

(2. Zusatz, am Todestag dem Hausintendanten Charles Collin diktiert:)

Es ist mein Wille, daß die nachstehenden Personen als Zeichen meiner Freundschaft und damit sie meiner gedenken aus meinem Besitz folgendes erhalten:
Madame du Roure das Portrait meiner Tochter in einem diamantenbesetzten Kästchen; die Marschallin de Mirepoix

meine neue mit Diamanten besetzte Uhr; Madame de Châteaurenaud ein Kästchen mit dem diamantenbesetzten Portrait des Königs, das man mir dieser Tage liefern sollte; die Duchesse de Choiseul eine silberne, mit Diamanten besetzte Dose; die Duchesse de Gramont eine Dose mit einem diamantenen Schmetterling; der Duc de Gontaut einen Trauring aus rosafarbenen und weißen Diamanten, die von einem grünen Band umfaßt sind, dazu ein Kästchen aus Karneol, das er immer sehr geliebt hat; der Duc de Choiseul eine durchbrochene schwarze Schatulle mit mehreren Fächern; Monsieur de Soubise, wie schon erwähnt, einen aquamarinblauen Diamanten und einen Ring von Guay, der die Freundschaft darstellt, ein Portrait unserer unwandelbaren Beziehung während der zwanzig Jahre, die ich ihn kenne; Madame d'Amblimont meinen Smaragdschmuck.

Falls ich irgend jemanden von meinen Bediensteten bei meinen Verfügungen vergessen haben sollte, so bitte ich meinen Bruder, es auszugleichen.

Ich bestätige hiermit mein Testament und hoffe, daß mein Bruder auch diesen zweiten Zusatz gutheißen wird, den mir die Freundschaft diktiert hat und den ich durch Monsieur Collin habe schreiben lassen, da ich nur noch die Kraft hatte, ihn zu unterzeichnen.

Zu Versailles am 15. April 1764
Marquise de Pompadour

Titelkupfer der *Suite d'Estampes*
gravées par Madame La Marquise de Pompadour

Aufstellung der verfügten Pensionen und Zuwendungen

	L. = Livres
Madame Lebon, Wahrsagerin, die ihr im Alter von neun Jahren eine Zukunft als Maitresse des Königs prophezeit hatte:	600 L.
An Madame Sainte-Perpétue, Tante mütterlicherseits:	3000 L.
An Mademoiselle Clerget, ehemalige Kammerzofe ihrer Mutter:	600 L.
An die Kapuziner von Paris:	720 L.
An die Töchter des Ave-Maria:	240 L.
An Madame Becker, Nonne zu Saint-Joseph:	240 L.
An Madame Plantier, Amme ihrer Tochter Alexandrine:	200 L.
An Madame Pin, ehemaliges Garderobenmädchen:	50 L.
An Monsieur Dablon, deren Pflegevater:	300 L.
An den Sohn der Ersten Kammerfrau:	212 L.
An den Sohn von Douy:	300 L.
An den Sohn von Madame du Hausset, der Zweiten Kammerfrau:	400 L.
An den kleinen Beaulieu, Edelmann:	150 L.
An den kleinen Capon, Edelmann:	300 L.
An das Mädchen Manoyé:	380 L.
An Mademoiselle Guillier:	300 L.
An Mademoiselle de Pontavici:	250 L.
An die Baronin de Rhone, 80 Jahre alt:	3000 L.
An die Demoiselles de La Forge:	2000 L.
An die kleine Nymphe von Compiègne:	400 L.
An den kleinen Jean-Simon:	300 L.
An die Witwe Bourgeois, ehemalige Wickelfrau:	120 L.
Neujahrsgeschenke für die unter den Dächern von Versailles untergebrachten Bediensteten:	1200 L.
An den Jungen ohne Arme:	144 L.
An den armen Buckligen:	36 L.
An Madame Questier:	72 L.
An Mademoiselle de Gosmond, weil sie Nonne geworden ist:	1800 L.
An Mademoiselle Du Laurens, weil sie Nonne geworden ist:	1800 L.
An Mademoiselle Mazagathy, weil sie Nonne geworden ist:	1800 L.
An Mademoiselle du Hausset:	400 L.
An Mademoiselle de Longpré:	600 L.

An Madame La Croix:	300 L.
An Madame Trusson, um es einer bestimmten Person in Paris auszuhändigen:	260 L.
An den Pfarrer von Choisy:	120 L.
An die Grauen Schwestern von Choisy:	120 L.
An die Grauen Schwestern von Fontainebleau:	120 L.
An alle Pfarrer von Compiègne:	600 L.
An alle Klöster von Compiègne:	1200 L.
An den armen Abbé in Compiègne, bei den Karmelitern:	48 L.
An Madame de Villars für ihre Armen:	1200 L.
An die Brüder im Wald von Sénart:	46 L.
An die Versailler Krämerin, die mit dem Hof reist:	120 L.
Für ein Hochamt bei den Karmelitern von Compiègne:	600 L.
Zum Neujahrstag für alle Bediensteten der Kleinen Appartements des Königs und Schloßburschen je eine sehr schöne Jacke:	1000 L.
Für die übrigen Dienstboten des Königs, die Schweizer der Großen und Kleinen Appartements, Laufburschen, Parkettbohnerer, Kutscher, Vorreiter und Stallknechte des Königs, und für alle, die im Schloß arbeiten:	1200 L.
Bei der Geburt der Herzogs von Burgund zu verteilen an die Armen von Versailles:	3000 L.
Bei den nächsten drei Geburten:	9000 L.
An die Armen von La Trappe, zweimal:	15 000 L.
Für die Hochzeiten in Crécy, Mitgiften und Gewänder:	21 000 L.

Im Zusammenhang mit ihrem Testament erstellte die todkranke Marquise mit Hilfe ihres Verwalters Collin noch eine Übersicht. Darin wird zum ersten Mal die Epoche ›meiner Herrschaft‹ erwähnt.

Meine Ausgaben und mein Besitz insgesamt

	Livres
Ich hatte an Silbergeschirr im Wert von	537 600
Dazu, an Goldgeschirr und Kleinigkeiten	150 000
Für verschiedene Lustbarkeiten und zu ihrer Freude hat sie ausgegeben	1 338 867
Für ihre Küche, während der neunzehn Jahre ihrer Herrschaft	3 504 800
Für die Reisen des Königs, Außergewöhnliches, Theater, Opern und in verschiedenen Häusern gegebene Feste	4 005 900
Löhne für meine Dienerschaft, neunzehn Jahre lang	1 168 886
Pensionen, die ich bis zu meinem Tod ausgezahlt habe (sic)	229 236
Eine Schatulle, die 98 Golddosen enthält, jede etwa im Wert von 3000 Livres	394 000
Eine andere Schatulle mit all meinen Diamanten	1 783 000
Eine herrliche Sammlung mit vom Sieur Leguay bei mir geschnittenen, dem König geschenkten Steinen, geschätzt auf	400 000
Verschiedene alte Lackarbeiten	111 945
Altes Porzellan	150 000
Für den Kauf edler Steine zur Vervollständigung der Sammlung	60 000
Bett- und Tischwäsche für Crécy, macht	600 452
Dann für meine anderen Häuser	400 325
Meine Garderobe, alles in allem	350 235
Mein Küchengeschirr für alle meine Häuser	66 172
Meine Bibliothek, Handschriften mitgerechnet	12 500
Verschiedene Geschenke für die Damen, die mich immer begleitet haben, macht	460 000
Den Armen während meiner ganzen Herrschaft gegeben	150 000
Wohltaten für die Hausdiener wie auch für die Bediensteten des Königs in Form von Gewändern, Jacken, Stoffen	100 000
Für die Angelegenheiten meines Vaters, die M. de Machault mit der Summe von 400 000 Livres regelte, macht	400 000
Gemälde und andere Liebhabereien	60 000
Ausgaben für Wachskerzen während neunzehn Jahren	660 000
Ausgaben für Laternen und Talglichter	150 000

Für Zuchtstuten, Wagen, Sänften, Reitpferde, was auch immer der Zeitungsschreiber in Utrecht darüber gesagt haben mag, alles in allem	1800000
Futter, Pflege meiner Pferde, neunzehn Jahre lang	1300000
Meine Dienerlivreen in allen meinen Häusern	250000
Für den Kauf von Crécy	650000
Von La Celle	260000
Von Aulnay	140000
Der Baronie von Tréon	80000
Von Magenville	25000
Von Saint-Rémy	24000
Kauf von Oville, auf halbem Wege nach Orléans	11000
Kauf des Hôtel d'Évreux [Élysées], in Paris	650000
Kauf einer Liegenschaft neben dem genannten Hôtel	80000
Ausgaben in Champs während drei Jahren	200000
Ausgaben in Saint-Ouen während fünf Jahren, ungefähr 50000 Livres, ohne die Schäden zu beheben, die vom Hause Gesvres festgestellt wurden	500000
Insgesamt	23213918
Gold- und Silbermünzen	400000

»Zu diesen 23 Millionen muß man mehrere vergessene Erwerbungen und Ausgaben hinzurechnen, welche, nach den Zahlen, die M. Le Roi überschlagen hat, die Kosten der neunzehnjährigen Herrschaft von Madame de Pompadour auf 36 Millionen ansteigen lassen.« (E. u. J. de Goncourt)
Über ihre testamentarischen Verfügungen hinaus hinterließ die Marquise ihrem Bruder Abel-François Poisson de Marigny Kunstschätze, die er später zum Teil auf zwei Auktionen versteigern ließ. Im Jahr 1766: 54 Gemälde von Boucher, Oudry, Huet u.a.; 39 Stiche und Radierungen von Watteau, Chardin u.a.; 6 Miniaturen, Pastelle und Zeichnungen. Sechzehn Jahre später: 163 flämische oder französische Gemälde von Boucher, Chardin, Greuze, Vernet u. a.; Zeichnungen von Boucher und Cochin; eine Marmorbüste Ludwigs XV.; ein goldenes und ein silbernes Reiterstandbild, Terrakotten, Möbel, Porzellan aus Japan, China und Frankreich; Schmuck, Schatullen, ein Klavichord und anderes mehr.

Inhalt der ersten der 9 Kleider-, Stoff- und Spitzentruhen, der beim Tod der Madame de Pompadour von den Kammerfrauen Nicole du Hausset und Jeanne Perceval zur Inventarisierung vorgelegt wurde:

»Eine Staatsrobe mit dazugehörigem weißseidenem Rock mit indischer Stickerei, ein festlicher Rock aus Goldgaze auf gelbem Stoff, ein Hauskleid mit gestreiftem Seidenunterkleid, ein weiteres Kleid und dazugehöriges, gleichfalls seidenes, auf violettem Grund rosa und weiß gestreiftes Seidenunterkleid, ein weiteres Kleid mit seidenem, auf purpurnem und gelbem Grund besticktem und gestreiftem Unterkleid, ein weiteres Kleid mit dazugehörigem, gleichfalls rosaseidenem Unterkleid, ein weiteres Kleid mit gleichfalls rosa und weiß gestreiftem Unterkleid *broché en chenille*, ein weiteres Kleid mit auf weißem Grund gestreiftem Seidenunterkleid *broché en chenille*, ein weiteres Kleid mit gleichfalls weißseidenem gestreiftem und durchwirktem Unterkleid, ein weißes gestepptes Seidenkleid, ein weiteres Kleid mit weißseidenem Unterkleid mit Blumenschmuck, ein weiteres Kleid und seidenes Unterkleid mit Blumenkränzen, ein weiteres Kleid mit weißseidenem spitzenbesetztem Unterkleid, ein weiteres, auf blauem Grund gestreiftes und spitzenbesetztes Seidenkleid, ein weiteres Hausgewand, dazu sein gelbseidenes gestreiftes Unterkleid, ein weiteres Gewand mit Unterkleid aus indischer Seide mit gemalten Blumen, ein weiteres Gewand mit mattgelbem durchwirktem und gestreiftem, grobgewebtem Unterkleid, ein weiteres Gewand und Unterkleid aus grüner gerippter Seide mit Blumen, ein weiteres Kleid und sein blau-damastenes gestreiftes Unterkleid mit Spitzenblumen, ein weiteres Kleid mit rosafarbenem und getigertem Unterkleid, ein weiteres Kleid und sein geripptes und durchwirktes Unterkleid, ein weiteres Gewand aus durchwirktem indischem Taft.«

Nachbemerkung

Es war ein überraschender Besuch. Und es ist kaum übertrieben: noch immer höre ich ihr Seidenkleid scharf durch meine Zimmer rauschen.
Ursprünglich hatte ich nur zwei neuere Bändchen ihrer Briefe übersetzen wollen. Als kleine Sommerarbeit. Doch so läßt sich eine Jeanne-Antoinette de Pompadour auch mehr als zweihundert Jahre nach ihrem Tode keinesfalls abspeisen. Sie gebietet größere Aufmerksamkeit. Die Annäherung entwickelte sich Erkundung um Erkundung, währte schließlich zwei Jahre und kann im Grunde kein in sich ruhendes Ende finden. Ihr Resultat aber ist der vorliegende Band über eine der schillerndsten Gestalten der Menschheitsgeschichte. Madame de Pompadour, die nicht einmal fünfundvierzig Jahre alt werden durfte, hat sich bereits zu Lebzeiten in ihre eigene Legendengestalt verwandelt. Das ist eine Leistung, wie sie nur wenigen, fast ausschließlich Männern, vorbehalten war. Die Fleischlieferantentochter bildet eine Ausnahme. Wirklich jedem, der mich nach meiner Arbeit fragte, sagte der Name Pompadour etwas. Das ist wohl weltweit der Fall. Nach der Erwähnung ihres Namens, was stets mit einem Lächeln verbunden ist – eine seltene Form des Nachruhms – hört rasch alles weitere und exakte Wissen auf.
Ich hoffe, das vorliegende Buch kann einige Lücken schließen – falls noch Interesse an der Vergangenheit, an den Fermenten unserer Gegenwart besteht. Daran mußte ich in den letzten Jahren meine Zweifel entdecken.
Frühzeitig habe ich mich bei der Übertragung in älteren Übersetzungen umgeschaut, die alle mindestens fünfundsiebzig Jahre zurückliegen. »Mademoiselle« wurde darin noch als »Jungfer« übersetzt, »entzückend« oder »zärtlich« als »artig«. Erotische Anspielungen wurden kommentarlos eliminiert. Hauptsächlich verblüfften mich in diesen Übertragungen erstens die Frauenfeindlichkeit und zweitens der eingewebte Nationalismus. So heißt es 1913 im Vorwort der zweibändigen Ausgabe im angesehenen *Georg Müller Ver-*

lag: »Verlangen und Lust, Zügellosigkeit und vor allem der grenzenlose Ehrgeiz ließen die ehemalige Jungfrau Jeanne Poisson, die spätere Mutter und Gattin d'Etioles zur Verräterin ihrer Ehe werden und trieb sie in die Arme des schwachsinnigen Königs von Frankreich ...« Bald folgt die Herabsetzung: »Hier blieb nach dem Verlangen, nach der Lust der maßlose Ehrgeiz Sieger über das Weib!«
Im widerwärtigen Tonfall dieser Vorverurteilung, die in den Jahren um den Ersten Weltkrieg genehm war, siegte noch das preußische Propagandabild aus dem Siebenjährigen Krieg von der »französischen Unterrockspolitik«. Auf Maria Theresia oder Katharina die Große hätte in Deutschland niemand diesen Begriff anzuwenden gewagt, auch nicht auf die einflußreiche Schwester Friedrichs des Großen, Wilhelmine von Bayreuth.
Dagegen war Jeanne-Antoinette de Pompadour – die Person und ihre Legende – ideal geeignet, Haß auf sich zu ziehen, wenn auch oft bewundernden Haß.
Sie war die erste Frau aus dem Bürgertum, sogar aus einer skandalträchtigen Familie, die in Europa zu solcher Macht aufstieg. Frühere Maitressen in Frankreich, Deutschland oder England entstammten zumeist dem *Establishment*, dem Adel. Sie schwangen sich von oben nach ganz oben auf, im Rahmen der Spielregeln einer exklusiven Oberschicht. Herrscher und Geliebte paarten sich halbwegs distinguiert, beispielsweise August der Starke mit der Gräfin Aurora von Königsmarck, zwischenzeitlich mit der Fürstin Lubomirska, dann mit der Reichsgräfin Cosel, später mit der Gräfin Dönhoff.
Madame de Pompadour hingegen konnte bestaunt und gehaßt werden: von der Adelselite, die ihren Aufstieg kaum verhindern konnte, aber auch von der Schicht, aus der sie stammte, dem Mittelstand, über den sie plötzlich emporschwebte.
Sie war in ihrer neuen Position eine Fremde, und was solch ein ›Fremdkörper‹ für Reaktionen auslöst, läßt sich auch heute noch ahnen: man stelle sich eine britische EU-Präsidentin mit westindischen oder einen katholischen US-Präsidenten mit mexikanischen Wurzeln vor.
Es spricht für die Weltläufigkeit der französischen Gesell-

schaft des 18. Jahrhunderts, daß die Häme gegenüber Madame de Pompadour schließlich verlosch. Auch die Mozarts warteten der schwerkranken Favoritin im Elysée-Palais am Ende wie einer natürlichen europäischen Instanz auf: »Sie giebt sich viele Ehre und hat einen ungemeinen Geist.« So Leopold Mozart.

Dabei war dieser Geist einer der ruhelosesten, und an ihm können sich die Geister scheiden.

Alles vermischt sich im Leben dieser bedeutenden Frau.

War sie aber befähigt und vorbereitet, ihre Machtfülle förderlich auszuspielen?

Lenkte sie, wie bisher gerne vorausgesetzt, den Staat, oder gehorchte das Staatsschiff nicht auch seiner Schwerkraft und anderen Kommandanten, der Bürokratie?

Jeder einzelne Entscheidungsfall wäre zu prüfen.

Hervorstechend bleibt in der Tat von Anfang an ihr Ehrgeiz. Übertrieb Jeanne-Antoinette de Pompadour ihre *Selbstverwirklichung*? Ihr Tatendrang war so breit gefächert, daß er je nach Zielrichtung oder Epoche, die ihn bewertet, der Marquise-Herzogin Sympathie, Entrüstung oder Unverständnis einträgt. Sie wird als wirkungsmächtige Beschützerin der Aufklärung, der Künste gefeiert. Dann wieder schockieren ihre Kriegsbesessenheit, ihr radikaler Royalismus. Und überraschend viele ihrer Briefe lesen sich wie Schreiben aus einem frühen Kommandobunker: »Wir haben 11 Stück große Kanonen, 2 Standarten, 1200 Mann kassiert. Die Zahl wäre ansehnlicher, wenn Prinz Ferdinand, der nicht weit von seinem Neffen stand, durch seine Kanone nicht unsere Dragoner niedergedonnert hätte ...«

Was dieses *Niederdonnern* im Namen der Monarchen oder Nationen für den einzelnen bedeutete, bleibt völlig unfaßlich.

Ehrgeiz war ihr in die Wiege gelegt oder von ihrer Umgebung von der Wiege an eingeträufelt. Jeanne-Antoinette Poissons Drang, sogar über eine zwischenzeitliche Ehe, eine Art eleganter Raststätte, zur Geliebten eines der mächtigsten und attraktivsten Männer zu werden, geht weit über schlichte Emanzipation hinaus. Vom völlig düpierten Ehemann, den sie kurzum verläßt, fordert sie ihre Mitgift wieder ein, und erst

später versucht sie ihn durch Postenangebote zu begütigen oder zu entlohnen. Das alles war ein unerhörter Streich.
Jeanne-Antoinette de Pompadour geriet in eine Dynamik, über die sie selbst nicht immer Herrin blieb.
Sie mußte sich der Maschinerie des Hofes fügen. Ihre Aktionen oder Reaktionen lösten stets so viele Aktionen und Reaktionen aus – oft mit weitreichenden Folgen –, daß die Szenarien wie in einer magischen Laterne vorbeirasen. Eine klar benennbare Philosophie, ein stabiles Lebenscredo konnten sich bei dieser Geschehnisfülle nicht entwickeln. Logik, Intuition, edle Vorsätze, momentane Wallungen, ob in Dingen des Kriegs oder des Friedens, vermengen sich. Die entfesselten Kräfte in einer Zentrale der Macht wirkten mitunter bedrohlich zurück: »Mein Leben ist ein beständiger Tod. Ich sollte mich zweifellos vom Hof zurückziehen: aber ich bin schwach, und weder kann ich ihn ertragen, noch ihn verlassen.«
Falls man denn Rubriken will, lassen sich die Briefe der Madame de Pompadour, zur Gänze oder in ihren Abschnitten, vielleicht am ehesten in euphorische und in abgründig melancholische unterteilen. Nur wenige Jahre, aber spürbar eine Weltepoche zurück liegen die Briefe der Liselotte von der Pfalz. In ihnen observierte noch eine unantastbare Aristokratin ihr Gemüt und die Gemüter, die sie umgaben. In der Post der Pompadour-Zeit drückt sich ein anderes Schwärmen und eine andere Sentimentalität aus. Eine größere seelische Erosion in allen Bereichen.
Sie geht Hand in Hand mit der Erosion des Feudalstaates.
Als schwach wird man Jeanne de Pompadour keinen Moment lang bezeichnen können. Schon gar nicht im nachhinein aus unseren eher biedereren Verhältnissen heraus. Nach außen wankte sie nicht unter Schmähschriften oder nach dem Tod ihres einzigen Kindes. Die Tochter sollte aus dem Kampf der Mutter den Glanz erben. »Von allem Kummer, den Sie erlitten haben, ist der Verlust Ihres Kindes der bitterste«, schreibt noch acht Jahre danach die Schwägerin Charlotte von Baschi.
Als sie selbst schon dem Tod nahe war, diktierte die Marquise noch den höfischen Festkalender.

Beeindruckend bleibt auch, mit welcher Rasanz sie sich zunehmend eine bleibende und gültige Rolle in der Welt eroberte. Dazu eigneten sich am Anfang die Titel und Besitztümer, die sie sammelte – Marquise de Pompadour, Baronne de Brette, Dame de Crécy-Couvé etc.; dazu kamen die Rolle der Mäzenin, die Rolle einer zweiten Jeanne d'Arc, dann die Position der frommen Gefährtin des Königs, schließlich, als Mischung aus allem aber mit Weltgeltung, nur noch: *Die Pompadour*.

War sie unbeständig, unberechenbar oder gefährlich? Ihre Gönnerschaft für Künstler erlosch nie. Manchen Freunden, etwa dem Prinzen von Soubise, blieb sie selbst nach dessen schwerwiegendem Versagen in der Schlacht von Roßbach treu. Ihren Bruder quälte sie geradezu mit ihrer fordernden Anhänglichkeit. Wahrscheinlich stellt ihr detailliertes Testament die bewegendste Verbindlichkeit und Aufmerksamkeit dar, wenn man erfährt, daß die Sterbende einen »Jungen ohne Arme«, einen »armen Buckligen«, die »Laufburschen« und »Parkettbohnerer« von Versailles mit Zuwendungen bedenkt.

Wohl unbeabsichtigt erfüllt sich ihr Wunsch nach Nachruhm auch in solchen knappen Verfügungen.

Beständig bis zum Tod blieb ihr Gestaltungswille.

Im Umgang wird sie zumeist gewinnend gewesen sein. Ihre direkte Ausstrahlung ist durch nichts zu rekonstruieren, insbesondere jene Macht nicht, die ihre beiden Wangengrübchen beim Lächeln auszuüben pflegten. Den nachhaltigsten Eindruck von dieser Aura vermittelt gewiß der Gesprächsbericht des Präsidenten de Meinières. Hier wird sogar der ideologische Gegner der Pompadour durch einen Zauber gebannt. »Sie neigte leicht ihren Kopf und verschwand wie ein Pfeil zu ihrem Schlafgemach, wo eine Menge Leute warteten ... Ich ging erstaunt und voller Bewunderung fort.«

Dieser Bericht ist gerade durch die Verschachtelung – die in diesem Buch bewußt nicht simplifiziert wird – mehr als ein Zeitzeugnis. Zeitlos nämlich, beinahe im Vorgriff auf Kafkas Weltsicht, zeigen sich die Labyrinthsysteme der Macht, in deren Mitte die Pompadour auf einem Louis-XV-Sessel sitzt. Für ihr Gespräch mit dem Politiker Meinières, eines von

wahrscheinlich unabsehbar vielen, hatte sie sich instruieren und vorbereiten lassen wie die besten Taktierer nach ihr; zu politischer Härte gesellt sich bei ihr der Charme.
Sicherlich: nur als Begünstigter hätte man mit ihr zu tun haben wollen. Man hätte mit sich zu Rate gehen müssen, um in sich auszuloten, welchen Wert und welches Ziel diese Begünstigung haben sollte.
Auf den Kriegsschauplätzen kämpften und starben die Leidtragenden, und Voltaires Befund »Frankreich kann auch ohne Quebec glücklich sein« könnte für alle übrigen Kriegsparteien gelten. Eine Andersartigkeit der blutigen Gegnerschaften damals bleibt dennoch zu erwähnen: Volkskriege entwickelten sich erst ab der Revolution, um noch später zu totalen Kriegen zu werden. Speziell im 18. Jahrhundert wurden Feindschaften – nach den grauenhaften Erfahrungen aus Religionskriegen und dem Dreißigjährigen Krieg – auch aus ökonomischer Einsicht nach Möglichkeit limitiert und lokalisiert ausgetragen. Diese *Kabinettskriege* des rationalen Zeitalters, in denen es zumeist um Wirtschaftsräume ging, waren weitgehend frei von religiösem und ideologischem Fanatismus. Während der schwersten Jahre für Frankreich wurde im Elternhaus Goethes der hohe französische Besatzungsoffizier Comte de Thuronc einquartiert. Er machte es sich zum Gesetz, die preußenfreundliche Familie in Frankfurt möglichst nicht zu stören. Goethe schildert: »Nicht einmal seine Landkarten wollte er an die Wand genagelt haben, um die neuen Tapeten nicht zu verderben.«
Viele Briefe oder Billetts der Marquise sind nicht erhalten, andere ruhen wohl in Archiven oder Schlössern, manche könnten bearbeitet sein – verschiedene Meinungen dazu halten sich seit zweihundert Jahren; Liebesbriefe oder Nachrichten des Königs sind nicht ans Licht gekommen. In diesem Band, der eine wissenschaftliche Ausgabe nicht ersetzen will, sind die verstreut publizierten Schreiben chronologisch zusammengetragen. Ein früherer Versuch, sie durch verbindende Zwischentexte zum wachsenden Lebensbild zu ordnen, ist mir nicht bekannt. Nur auf wenige Briefe, die politische Inhalte wiederholen, wurde verzichtet.

Ludwig XV., der sich 1913 nicht gegen die Verunglimpfung »schwachsinnig« posthum wehren konnte, ist in fast allen Zeilen der Marquise und ihrer Zeitgenossen präsent. Jeanne-Antoinette de Pompadour liebte ihn geradezu fanatisch, ungebrochen und gestaltete die wechselvolle Symbiose mit ihm.

Sie war seine Geliebte, seine Unterhalterin, seine Stütze im Leben, Ratgeberin, Erfinderin von Zeitvertreib, sein Sprachrohr, seine Freundin, seine Mitkämpferin.

Das Bild Ludwigs XV. und seiner Regierungszeit vor der Revolution zeichnet sich noch lange nicht klar ab. Die Klassifizierung als gekrönter Lüstling, der die Gelangweiltheit zum Amt erhoben habe und durch den Frankreich unausweichlich auf den Abgrund oder die Wende von 1789 zugesteuert sei, ist in dieser Form längst nicht mehr haltbar. Briefe, hier erstmals auf deutsch wiedergegebene Zeitzeugenberichte – insbesondere des Herzogs de Croÿ – belegen auch die Wohlinformiertheit des Monarchen, seine bewußte Würde, sein tagtägliches Arbeitspensum in einem bewegten Weltreich, das auch mit einem halben Tausend Unterschriften am Tag von keinem Alleinherrscher mehr zufriedenstellend gelenkt werden konnte. Der Ausbreitung der Aufklärung, der scharfen Gegenbewegung der Geistlichkeit, dem Erstarken des Bürgertums, der Entleerung aristokratischer Ideale und Pflichten, dem oft mißgünstigen Kriegsglück stand die überkommene Regierungshierarchie schwankend gegenüber. Viele Reformen mit der Tendenz zu größerer Liberalität reichten nicht aus. Sie verstärkten aber den Wunsch nach entscheidenden Veränderungen. Der gottgesalbte Monarch und seine ehrwürdigen Institutionen mußten im Grunde ihrer Entmachtung entgegenarbeiten. Das gelingt dem Bestehenden fast nie. Unbedacht, sogar leichtfertig entwertete Ludwig XV. das Königtum durch seinen innenpolitischen, jedoch nie grundlosen Wankelmut, seine Ferne vom Tagesgeschehen, seine Flucht in teure Vergnügungen. Hatte Heinrich VIII. von England noch Frauen, deren Liebe er überdrüssig geworden war, enthaupten lassen, so galt nun in Frankreich der wohlorganisierte Wechsel von Liebhaberinnen, die entlohnt wurden, für die bürgerliche Öffentlich-

keit, die immer selbstbewußter Angriffsstellen im System suchte, schon nicht mehr als erträglich.
In der Gesellschaft erweist sich nichts als einheitlich. In diesen letzten Jahrzehnten des alten Königtums wuchs der Wohlstand in Frankreich jedenfalls erheblich. Freiheiten waren da und dort möglich, wie es sie zuvor nicht gegeben hatte, selbständige Meinungsbildung, so daß schließlich die Einforderung sämtlicher Bürgerrechte und die Revolution unausweichlich wurden. Pierre Gaxotte hielt fest: »Ludwig XV. hat nicht über ein armes, sondern über ein reiches Frankreich regiert. Kinkerlitzchen, Abgeschmacktheiten, Hofabbés, Liebesbriefe, Boudoir, Perversitäten? Dummes Zeug! Dieses Jahrhundert ist größer. Es ist ein Jahrhundert der Bauern, Geschäftsleute, Hüttenbesitzer, Makler, der Reeder und Sklavenhändler. Verderbtheit der Sitten, gewiß, aber ohne Heuchelei!«
Bewegung erzeugt Bewegung. Zum Zeichen, daß bald jedoch fast nichts mehr bleiben durfte, wie es gewesen war, wurde Jeanne du Barry, die gleichfalls bürgerliche Nachfolgerin der Madame de Pompadour, neunzehn Jahre nach dem Tod Ludwigs XV. 1793 aus ihrem Alterswohnsitz gezerrt und guillotiniert.

Die berühmte Parole Napoleons »Activité! Vitesse!« – »Handeln! Schnelligkeit!« gilt auch schon für die ganz anders geartete Repräsentantin an der Spitze der Macht, Jeanne-Antoinette de Pompadour. Ihre Schwäche, wohl aber auch ihre Menschlichkeit mag darin liegen, daß sie kaum nach einem ideologischen Schema agierte: der König, Größe und Reichtum ihrer Nation, Glanz und Macht, Denkmäler für die Ewigkeit waren ihre Leitsterne.
Die heiß begehrten Privilegien und Verantwortungen überwältigten die Marquise, die wohl selten mehr als fünf, sechs Stunden Schlaf fand, immer wieder aufs neue. Die Kriegszeiten steuerten in Katastrophen, und die gesamte französische Führung geriet in einen kurzatmigen Aktionismus. Ein Leck im Staatsschiff nach dem anderen mußte gestopft werden. Jeanne de Pompadour verglich sich gelegentlich mit einer römischen Heldin.

Ihr widerfuhr in der geschichtlichen Rolle, die sie spielen wollte, allerdings auch viel Mißgeschick. Etliche Männer, die sie begünstigte, denen sie – wie andere Politiker es auch taten – vertraute, erwiesen sich als unfähig oder selbst vom Unglück verfolgt. Die Schlacht von Roßbach unter dem Prinzen von Soubise mußte nicht zwangsläufig verloren gehen; der Ausgang der Seegefechte mit den Engländern war nie absehbar.
Die ungeheuerliche, permanente Anspannung der Marquise bewirkte, innerlich, ihre völlige Ermattung. Sie konnte sich allein durch Leistungen auf allen Gebieten von Staat und Kultur legitimieren. Ihr Tod war möglicherweise eine Erlösung für sie.
Dieser Spaltung entsprechend finden sich eindrucksvolle Briefe. Neben ihren Schreiben an die Feldherren bleibt ihre Zurechtweisung des Erzbischofs von Paris, sich um menschliche Güte und nicht um Glaubensverfolgung zu kümmern, einer ihrer beeindruckendsten Eingriffe in die Politik: »Ich wünschte, daß gewisse Prälaten ... uns ... das Beispiel von Mäßigung, von Demut und Friedensliebe geben sollten.«
In neunzehn Jahren verlieh sie der Diplomatie durch ihren Ton, ihre Schachzüge eine spürbare Subtilität. Jeanne de Pompadour personifiziert weiterhin den Höhepunkt an Eleganz, und sie hat Maßstäbe für die Verfeinerung der Zivilisation gesetzt. Daran zerschellen viele erwägbare Vorwürfe. Über die »neunzehn Jahre ihrer Herrschaft« erfuhr George Sand noch von ihrer Großmutter: »Damals verstand man zu leben und zu sterben. Hatte man die Gicht, so ging man trotzdem mit heiterem Gesicht. Die gute Erziehung verbot, seine Schmerzen zu zeigen. Man dachte nicht ewig an Geschäfte, was den Frieden des Hauses stört und den Geist abstumpft. Man ruinierte sich, ohne daß jemand es merkte, wie Spieler, die sorglos und fröhlich verlieren.«
So versteht man denn auch das Paradox, daß die Pompadour, dieser Inbegriff von heiterer Verschwendung und Ausschweifung, schon ab etwa dem dreißigsten Lebensjahr physische Liebe nicht mehr ertragen konnte. Bemerkenswert auch, daß diese ruhelose Frau nie über einen Radius von

zweihundert Kilometern hinaus Paris verließ; Abwesenheit hätte den Untergang besiegeln können.
Es ist ein zufälliges, aber starkes Symbol, daß man bei der Inventarisierung des Reisegepäcks der Verstorbenen am Schluß ein Gewand mit Tigermuster ans Licht zog.
Eine letzte Ruhestätte für Jeanne-Antoinette de Pompadour existiert nicht mehr.
Keine historischen Erwägungen und Analysen dürfen oder können den Genuß ihres Briefaustauschs stören, der aus der Mitte des Lebens kommt.
Und ich danke ihr für ihren rauschenden Besuch.

Hans Pleschinski

Bibliographie

Michel Antoine, *Louis XV*. Paris 1989.
Duc de Castries, *La Pompadour*. Paris 1983.
Jean-François Chiappe, *Louis XV*. Librairie Académique Perrin 1996.
Emmanuel de Croÿ, *Journal inédit*. Paris 1906-1907; 4 Bde.
Danielle Gallet, *Madame de Pompadour ou le pouvoir féminin*. Paris 1985.
Pierre Gaxotte, *La France de Louis XIV*. Paris 1946. Dt.: *Ludwig XV. und sein Jahrhundert*. München 1954.
Edmond und Jules de Goncourt, *Madame de Pompadour*. Paris 1888.
Caroline Hanken, *Vom König geküßt. Das Leben der großen Mätressen*. Berlin 1996
Madame de Hausset, *Mémoires de femme de chambre de Madame de Pompadour*. Brüssel 1925.
Peter Claus Hartmann, *Ludwig XV*. In: ders. (Hrsg.), *Französische Könige und Kaiser der Neuzeit*. München 1994.
Otto Krabs, *Wir, von Gottes Gnaden. Glanz und Elend der höfischen Welt*. München 1996.
Jacques Levron, *Louis le bien-aimé*. Paris 1965. Dt.: *Ludwig XV. Der verkannte König Frankreichs*, München 1987.
Charles-Philippe Duc de Luynes, *Mémoires du duc Luynes sur la cour de Louis XV*. Hrsg. von L. Dussieux u. E. Soulie. Paris 1860-1865, 17 Bde.
Mozart, *Briefe und Aufzeichnungen*, Bd. 1, ges. u. erläutert von W. A. Bauer und O. E. Deutsch. Kassel 1962.
Jean Orieux, *Voltaire*. Frankfurt a. M. 1968.
Jeanne-Antoinette Poisson, *Marquise de Pompadour, Lettres de la Madame la Marquise de Pompadour*. London 1776. Neuauflage: Paris 1985-1986; 2 Bde.
Dies., *Lettres et Réponses écrites à la Madame la Marquise de Pompadour*. London 1772.
Dies., *Briefe der Marquise de Pompadour*, übers. u. hrsg. v. Max Adler. Dresden 1923.
Dies., *Correspondance de Madame de Pompadour*, hrsg. v. A. Poulet-Malassis. Paris 1878.
Dies., *Briefe der Marquise von Pompadour*, übers. u. hrsg. v. Georg Chr. Stephany. München 1913; 2 Bde.
Charles-Augustin Sainte Beuve, *Madame de Pompadour*, in *Frauenbildnisse*, hrsg. v. S. Strizek. München u. Leipzig 1914; 2. Bde.
Jürgen Schneider u. Oskar Schwarzer (Hrsg.), *Geld und Währungen in Europa im 18. Jahrhundert*. Stuttgart 1992.
Tibor Simanyi, *Madame de Pompadour. Eine Biographie*. Düsseldorf 1979.

Claus Süßenberger, *Abenteurer, Glücksritter und Maitressen. Virtuosen der Lebenskunst an europäischen Höfen.* Frankfurt a. M. 1996.
Paul Verlet, *Le Château de Versailles.* Paris 1985.
Voltaire/Friedrich d. Große, *Briefwechsel*, übers. u. hrsg. von H. Pleschinski. Zürich 1992.

Inhalt

Bildnachweis

Seite 27: Jean Marc Nattier, *Madame de Pompadour*, Archiv für Kunst und Geschichte, Berlin.

Seite 87: Jean-Baptiste Pigalle, *Mausoleum des Marschalls von Sachsen*, Straßburg, Saint-Thomas.

Seite 155: François Guérin, *Die Marquise de Pompadour mit ihrer Tochter Alexandrine*, ehemals Sammlung Baron Edmond de Rothschild, verschollen.

Seite 203: Maurice-Quentin de La Tour, *Ludwig XV.*, Archiv für Kunst und Geschichte, Berlin.

Seite 279: Jean-Marc Nattier, *Maria Leszczynska*, Versailles, Musée National du Château.

Seite 327: François-Hubert Drouais, *Madame de Pompadour*, letztes Portrait von 1763/64, London, National Gallery.

Seite 421: Jeanne-Antoinette de Pompadour, *Die Liebe opfert der Freundschaft.* Aus *Suite d'Estampes gravées par Madame La Marquise de Pompadour*… Bibliothèque Municipale de Troyes.

Seite 427: Jeanne-Antoinette de Pompadour, Titelkupfer der *Suite d'Estampes, gravées par Madame La Marquise de Pompadour*… Bibliothèque Municipale de Troyes.